질적연구 아틀라스:
열다섯 가지 성공전략

질적연구 아틀라스:
열다섯 가지 성공전략

김영천·정상원·조재성

아카데미프레스

서문

질적연구를 다룬 이론서가 시중에 많이 나와 있지만 질적연구를 실천하려는 연구자에게는 큰 도움이 되지 않는 것이 현실이다. 특히 현장 작업 경험이 없거나 수업만으로 질적연구를 배운 연구자라면 막연하게 느껴질 것이다. 게다가 우리나라에는 질적연구 수업이 개설된 학교가 별로 없어서 질적연구자가 현장 작업과 관련된 의미 있는 경험을 하기가 어렵다. 그러므로 초보자로서 연구 현장에 발을 들여놓거나 구체적인 가이드 없이 시행착오를 거치면서 연구를 하게 된다.

이 책은 그와 같은 이론과 실천의 괴리 및 간격을 좁히는 것이 목적이다. 연구자가 연구를 시작하는 데 필요한 전체적인 지식에서부터 연구를 끝낼 때 필요한 이슈까지 전 과정을 12개로 구분하여 구성했다. 연구 계획서 시작 단계부터 현장 작업을 하는 과정에서 그리고 연구 텍스트를 질적연구로 마감하는 일까지 연구자가 구체적으로 알아야 하는 내용을 순서에 따라 제시하고, 각 과정마다 어떻게 그 일을 잘할 수 있는지 상세히 설명했다. 질적연구와 관련된 일반적인 내용은 배제하고 연구자가 실제로 연구를 하는 데 필요한 구체적인 주제와 단계, 지식이 무엇인지 집중적으로 다루었다.

따라서 이 책은 필자가 저술한 질적연구 방법론 시리즈의 현장 적용 판이라고 할 수 있다. 나아가 국내에 출간된 많은 질적연구 개론서가 구체적으로 다루지 않았던 실천의 문제와 노하우를 자세하게 알려준다. 또한 외국의 사례 대신 우리나라의 최신 사례를 소개함으로써 우리나라 연구자들이 더욱 친숙하게 내용을 받아들일 수 있도록 했다. 그럼으로써 우리나라 역시 서구처럼 질적연구가 많이 실천되었을 뿐 아니라 참고할 만한 훌륭한 사례가 많다는 것을 밝히고 싶었다.

다행히도 필자의 제자인 정상원 박사와 조재성 박사가 이 책의 목적과 의미를 잘 이해했기에 이 책을 성공적으로 마칠 수 있었다. 두 학자의 오랜 현장 경험을 통해 각 주제의 최신 자료와 사례를 이 책에 수록할 수 있었다. 약 1년에 걸쳐 이 책을 저술하면서 두 학자는 이 주제에 대해 깊이 숙고했으며, 이러한 지적 고민과 글쓰기는 이들이 이 분야의 대표 연구자로 성장하는 데 영향을 주었을 것이다. 그리고 이러한 지적 경험과 탐구가 이 분야의 지식 생산과 확산, 후학 양성에 실제적으로 기여할 것으로 믿어 의심치 않는다.

그러한 점에서 이 책이 출간됨으로써 우리나라의 현장에서 질적연구를 어떻게 잘할 것인가에 대한 방법적 지식의 탐구와 이론화가 더욱 심도 있게 이루어질 수 있기를 바란다. 이를 통해 질적연구의 방법적 탐구, 특히 현장과 관련된 노하우에 대한 탐구가 질적연구의 중요한 탐구 영역이면서 이론화 영역이라는 사실이 우리나라에서도 널리 인식되기를 희망한다. 그리고 탈실증주의 연구 패러다임 속에서 양적연구가 폐쇄해버렸던 인간/사회 연구에 대한 독특하고 개별적이며 객관화하기 어려운 숨겨져 있는—다루어지지 못했던—방법적 지식에 대한 보다 개방적 · 진보적 · 탈경계적인 아이디어가 개척될 수 있기를 바란다.

2019년 2월 25일
김영천

차례

열다섯 가지 성공전략

제1장

자신의 연구 패러다임 인식하기 ·············· **17**

1. 패러다임: 개념과 발달 ··· 18
2. 연구 패러다임의 특징과 예 ··· 23
　가. 실증주의 패러다임 ··· 23
　나. 해석주의 패러다임 ··· 29
　다. 비판 이론 패러다임 ··· 37
　라. 해체적 패러다임 ··· 45
참고문헌 ··· 53

열다섯 가지 성공전략

제2장

연구 계획서 작성하기 ·························· **59**

1. 개요 ··· 60
2. 연구 계획서의 역할과 구조 ··· 61
3. 연구 계획서 작성의 실제 ··· 63
　가. 서론 작성하기 ··· 64
　나. 이론적 배경 작성하기 ··· 76
　다. 연구 방법 작성하기 ··· 80
4. 참고문헌 작성하기 ··· 102
참고문헌 ··· 103

열다섯 가지 성공전략

제3장

연구 문제 진술하기 ································· **107**

1. 연구 문제의 개념 ··· 108
2. 연구 문제의 역할 ··· 111
   가. 연구 방법에 영향을 끼침 ··· 111
   나. 자료 유형과 수집 결정 ··· 112
   다. 분석 방향에 영향을 끼침 ··· 114
3. 연구 문제의 원천 ··· 115
   가. 개인적 경험 ··· 115
   나. 문헌 ··· 117
   다. 사회적 이슈나 사건 ··· 122
4. 질적연구 전통에 따른 연구 문제의 형태 ··· 125
   가. 문화기술지 ··· 125
   나. 현상학적 질적연구 ··· 126
   다. 근거 이론 ··· 128
   라. 자서적전 연구 ··· 129
   마. 실행 연구 ··· 130
   바. 비판문화기술지 ··· 131
5. 연구 문제가 갖추어야 할 조건 ··· 131
   가. 독자의 흥미를 불러일으키는 주제 ··· 132
   나. 질적연구 패러다임과 그 연구 전통이 잘 드러나는 형태 ··· 132
   다. 학문적 배경에 부합하는 연구 문제 ··· 133
   라. 연구에 대한 구체적인 정보를 제공하는 연구 문제 ··· 134
   마. 학술적으로 정의된 용어를 사용하여 기술된 연구 문제 ··· 134
7. 결론 ··· 134
참고문헌 ··· 135

열다섯 가지 성공전략

제4장

표집하기/사례 선정하기 ················ 141

1. 표집의 개념 ··· 142
2. 양적연구에서의 무선 표집 ··· 143
3. 질적연구에서의 목적 표집 ··· 146
4. 포화를 통한 적절한 사례 수 결정 ··· 154
5. 다양한 방법으로 목적 표집하기 ··· 156
   가. 일반적인 사례 ··· 156
   나. 극단적인 사례 ··· 158
   다. 이론적인 사례 ··· 159
   라. 눈덩이 ··· 160
   마. 기준 ··· 161
   바. 정치 ··· 162
   사. 기회 ··· 163
   참고문헌 ··· 164

열다섯 가지 성공전략

제5장

심층 면담 가이드 개발하기 ··········· 167

1. 심층 면담 가이드의 필요성 ··· 168
2. 심층 면담 가이드의 특성 ··· 170
3. 심층 면담 가이드에 반드시 포함해야 하는 영역 ··· 176
   가. 심층 면담의 맥락 ··· 176
   나. 개별 탐구 주제 ··· 177
   다. 변화되는 질문 내용 ··· 179
4. 질적연구 전통에 따른 다양한 심층 면담 가이드 ··· 180
   가. 문화기술지 면담 가이드 ··· 180
   나. 현상학적 질적연구 면담 가이드 ··· 182
   다. 내러티브 면담 가이드 ··· 184
   라. 생애사 면담 ··· 185
   참고문헌 ··· 188

열다섯 가지 성공전략

제6장

질적연구 논문의 연구 방법 구성하기 ········· 191

1. 질적연구 논문 제3장의 구성 요소 ··· 192
2. 양적연구 및 질적연구 논문의 제3장에서 강조하는 내용 ··· 194
3. 제3장의 구성 요소에 대한 설명 ··· 196
　가. 자신의 연구 주제가 어떤 연구 패러다임과 관련이 있는지
　　설명한다. ··· 196
　나. 목적 표집을 강조하고 연구 참여자와 현장을 자세히
　　묘사한다. ··· 198
　다. 연구 방법에 대한 설명을 제공한다. ··· 202
　라. 활용한 자료 수집 방법에 대해 설명한다. ··· 204
　마. 자료 분석 과정에 대해 논리적으로 표현한다. ··· 207
　바. 어떻게 타당도 작업을 했는지 제시한다. ··· 208
　사. 연구윤리를 어떻게 실천했는지 설명한다. ··· 211

열다섯 가지 성공전략

제7장

연구윤리 실천하기 ······················ 215

1. 윤리적 민감성에 초점 맞추기 ··· 216
2. 다양한 윤리 지침 숙지하기 ··· 219
　가. 자발적인 연구 참여 ··· 220
　나. 연구 참여자 보호 ··· 221
　다. 윤리위원회 승인 ··· 223
　라. 연구 결과 조작 및 유출 금지 ··· 223
3. 연구 계획서 작성 단계에서 포함해야 할 지침 ··· 224
　가. 연구의 배경과 목적 ··· 225
　나. 연구 기관 및 연구 지원 기관에 대한 사실적인 정보 ··· 225
　다. 연구자 정보 ··· 225
　라. 연구 참여자에 관한 정보 ··· 225
　마. 연구 참여자 모집과 동의 절차 ··· 226
　바. 연구의 부작용과 이익 ··· 226
　사. 개인 정보 수집 및 처리에 관한 내용 ··· 226

4. 연구자가 속한 대학/기관의 IRB 확인하고 신청하기 … 227

5. 참여자 연구 동의서 받기 … 230

6. 현장 작업에서 연구윤리 지키기 … 232

    가. 심층 면담에서의 연구윤리 … 232

    나. 참여관찰에서의 연구윤리 … 234

    다. 문서 분석에서의 연구윤리 … 234

    라. 글쓰기에서의 연구윤리 … 236

    마. 윤리 성찰 일지 작성 … 236

7. 최종 연구 결과 출판 전 연구윤리 실천하기 … 237

참고문헌 … 238

열다섯 가지 성공전략

제8장

성공적으로 현장 작업 이끌기 ……………… **239**

1. 연구에 적극적으로 도움을 줄 수 있는 현장 섭외하기 … 240

    가. 연구자의 현장 섭외하기 … 241

    나. 다양한 현장에 대한 초기 탐구를 통해 선정하기 … 243

2. 연구 참여자에게 연구 과정을 지속적으로 설명하기 … 244

    가. 연구 시작 단계에 연구 목적, 방법 등을
       자세히 설명하기 … 245

    나. 연구 중간 단계에 지속적으로 연구의 진행 상황
       설명하기 … 246

    다. 연구 마지막 단계에 최종적인 연구 결과에 대해
       확인받기 … 247

3. 연구자에 대해 무한한 신뢰감 느끼게 하기 … 248

    가. 연구자로서의 전문성 드러내기 … 248

    나. 연구 참여자를 연구자의 세계로 이끌기 … 249

    다. 연구자가 연구 참여자의 세계로 들어가기 … 249

4. 길게 인터뷰하기보다는 자주 인터뷰하기 … 251

    가. 인터뷰 시간은 1시간 30분을 넘기지 않기 … 252

    나. 인터뷰 중 떠오르는 질문을 통해 깊은 의미 탐색하기 … 252

    다. 인터뷰 후 즉시 전사와 분석 진행하기 … 253

5. 현장에 널려 있는 다양한 자료 찾기 ⋯ 255

　가. 새로운 연구 참여자 ⋯ 256

　나. 다양한 문서 ⋯ 256

6. 현장에 맞게 연구 과정을 조정하고 변화시키기 ⋯ 257

　가. 연구 설계의 조정 ⋯ 257

　나. 연구 주제의 조정 ⋯ 259

7. 메모 잘하기, 생각 기록하기, 질문 던지기 ⋯ 260

　가. 현장 노트 잘 쓰기 ⋯ 261

　나. 분석적 메모 잘 쓰기 ⋯ 263

8. 결론 ⋯ 264

참고문헌 ⋯ 264

열다섯 가지 성공전략

제9장

현장의 문서 수집하고 활용하기 ⋯⋯⋯⋯⋯ 267

1. 문서의 개념 ⋯ 268

2. 질적연구에서 문서의 역할 ⋯ 270

　가. 개인의 내면적 의식 탐구 ⋯ 270

　나. 사적 영역에 대한 정보 제공 ⋯ 271

　다. 지나간 사건에 대한 정보 획득 ⋯ 272

　라. 접근할 수 없은 현상에 대한 정보 제공 ⋯ 273

　마. 사회적 의식 탐색 ⋯ 274

　바. 현상에 대한 시각적 자료 혹은 전체적인 조망 제공 ⋯ 276

3. 다양한 문서의 종류 ⋯ 277

　가. 텍스트 문서 ⋯ 278

　나. 평면적 시각적 문서 ⋯ 290

　다. 입체적 시각적 문서 ⋯ 294

4. 문서 수집과 활용 시 유의점 ⋯ 297

　가. 문서의 존재나 위치를 미리 예상하고
　　　적극적으로 문서를 수집할 것 ⋯ 297

　나. 연구 참여자에게 문서의 작성을
　　　적극적으로 요청할 것 ⋯ 297

다. 문서 수집 후 인터뷰나 참여관찰 자료와의 교차 점검으로
    진실성을 확인할 것 ⋯ 298
라. 지속적으로 문서를 생산하고 보관할 것 ⋯ 298
5. 결론 ⋯ 299
참고문헌 ⋯ 297

열다섯 가지 성공전략

제10장

자료 분석 방법 설명하기 ⋯⋯⋯⋯⋯ 303

1. 자료 분석의 전체적인 개요 제시하기 ⋯ 304
2. 분석의 기반이 되는 연구 전통 확인시키기 ⋯ 306
3. 연구자의 귀납적 분석 과정을 순차적으로 보여주기 ⋯ 310
    가. 기존 분석 기술 방법의 문제점 ⋯ 310
    나. 귀납적 분석 절차 보여주기 ⋯ 314
    다. 연구자의 분석 방법을 구체적으로 보여주기 ⋯ 317
4. 자료 분석의 결과를 시각적으로 보여주기 ⋯ 327
    가. 프로세스형 구조 ⋯ 328
    나. 연대기 ⋯ 329
    다. 순환형 구조 ⋯ 331
    라. 순서도 구조 ⋯ 332
    마. 패러다임 모델 구조 ⋯ 333
    바. 위계적 트리형 구조 ⋯ 335
    사. 벤다이어그램 ⋯ 335
    아. 복합적 구조 ⋯ 337
5. 결론 ⋯ 337
참고문헌 ⋯ 338

열다섯 가지 성공전략

제11장

타당도 작업 설명하기 ················· **343**

1. 양적연구: 객관적이고 합리적인 타당도의 구안 ··· 344
2. 질적연구: 타당도의 다양성에 대한 논의 ··· 345
　가. 진실 찾기로서의 타당도 ··· 346
　나. 심층적인 묘사를 위한 타당도 ··· 347
　다. 발전적 타당도 ··· 347
　라. 자기 연구에서의 타당도 ··· 348
　마. 사회적/프락시스 타당도 ··· 348
3. 주목할 만한 타당도의 종류 ··· 349
　가. Lincoln과 Guba: 최초의 신뢰성 준거 제공 ··· 349
　나. Erickson: 촉매 타당도 ··· 350
　다. Kvale: 의사소통적 타당도 ··· 350
　라. Richardson: 결정화 타당도 ··· 351
　마. Bochner: 정직성 타당도 ··· 352
　바. Lather: 포스트모던 타당도
　　　(자기반성/자기성찰 타당도) ··· 352
3. 보편적으로 적용되는 타당도 기준 ··· 353
　가. 집중적인 관찰: 연구하려고 하는 장면이나 인물을 주의 깊게
　　　오랜 시간 관찰한다. ··· 354
　나. 삼각검증: 연구하려는 대상의 모든 측면을 입체적으로
　　　살펴본다. ··· 356
　다. 심층적인 기술: 글만 읽어도 현장의 모습을 알 수 있도록
　　　매우 자세하게 묘사한다. ··· 358
　라. 증거 자료 수집: 결과와 관련된 실제 자료를
　　　축적한다. ··· 361
　마. 동료 연구자의 자문, 연구 참여자의 피드백: 많은 사람에게
　　　의견을 듣는다. ··· 363
　바. 연구자의 성찰: 스스로 변화되는 내용을 포착하여 기록으로
　　　남긴다. ··· 365
참고문헌 ··· 367

제12장

열다섯 가지 성공전략

질적 자료와 텍스트를 질적으로 바꾸기 …… 369

1. 논문 제목을 매력적으로 만들기 ⋯ 370
   가. 은유적 표현으로 제목 짓기 ⋯ 372
   나. 문학작품 차용하기 ⋯ 373
   다. 연구자의 목소리 사용하기 ⋯ 374
2. 논문 전체/각 장(chapter)을 질적연구 분위기로 바꾸기 ⋯ 375
   가. 목차를 통해 연구 결과로 주제 드러내기 ⋯ 378
   나. 다양한 수사적 방법으로 목차의 질적 분위기 강조하기 ⋯ 379
3. 연구 내용과 결과를 논리적으로 설득하기 ⋯ 382
   가. 실증적 자료 제시하기 ⋯ 382
   나. 연구자의 해석을 풍부하게 드러내기 ⋯ 386
4. 텍스트에 몰입할 수 있도록 이야기하기 ⋯ 388
   가. 대화의 어조 유지하기 ⋯ 388
   나. 일인칭 사용하기 ⋯ 389
   다. 구체적으로 보여주기 ⋯ 390
5. 인상적인 방법으로 감동 주기 ⋯ 391
   가. 이미지적 표현 사용하기 ⋯ 391
   나. 은유와 비유 사용하기 ⋯ 392
   다. 일화적 표현 사용하기 ⋯ 393
6. 문학과 논문 사이에서 균형을 맞추며 글 쓰기 ⋯ 394
7. 결론 ⋯ 395
참고문헌 ⋯ 396

제1장

자신의 연구 패러다임 인식하기

연구자가 연구를 실행하기 위해 먼저 해야 할 가장 중요한 일은 자신의 연구 패러다임을 인식하는 것이다. 연구자의 패러다임, 즉 연구자의 존재론적, 인식론적, 방법론적, 가치론적 전제나 관점 등은 연구의 전 과정에 영향을 미치기 때문이다. 특히 패러다임의 정확한 인식은 연구자로 하여금 연구 방법론, 연구 방법, 분석의 틀 등에 대해 적절한 결정을 할 수 있도록 도와준다. 뿐만 아니라 적절한 연구 패러다임을 결정하는 것은 연구 문제의 해답이나 이해에 도달할 수 있는 가능성을 높여준다. 그러므로 연구자는 자신의 연구 패러다임을 명료하게 인식하고 정당화할 수 있어야 한다. 또한 연구자는 자신의 연구 패러다임을 명확하게 인식함으로써 자신이 탐구하고자 하는 문제가 무엇인지, 자신의 연구 방법이 타당한지와 관련한 올바른 결정을 내릴 수 있다.

이 장에서는 먼저 패러다임의 개념과 성격에 대한 설명을 통해 패러다임 인식의 중요성을 강조할 것이다. 그리고 양적연구 패러다임과 이 패러다임에서 이루어지는 연구를 간략하게 소개한다. 마지막으로 대표적 질적연구 패러다임인 해석적 패러다임, 비판적 패러다임, 해방적 패러다임이 무엇이며 어떤 연구가 행해지고 있는지 설명한다.

이 장을 통해 독자는 자신이 어떤 패러다임을 견지하고 있는지 이해하고 적절한 연구 문제와 연구 방법을 선택할 수 있을 것이다. Balikie와 Priest가 주장했듯이 연구자의 패러다임은 연구 수행에서 무엇보다 우선적으로 고려해야 하는 사항이므로 우리는 독자들에게 이 장을 여러 차례 정독하기를 권고한다.

1. 패러다임: 개념과 발달

패러다임은 어떤 한 시대 혹은 사람들이 세상을 바라보고 현상을 이해하는 견해나 사고를 지배하는 이론적 틀이나 개념의 집합체이다. Khun(1970)은 패러다임을 한 시대의 과학적 가설, 법칙, 이론, 믿음, 실험의 총체로 정의했다. 즉 패러다임이란 세계가 어떻게 질서를 이루고 있는지, 무엇이 지식인지, 만약 지식을 얻을 수 있다면 어떻게 그 지식을 얻을 수 있는지에 대한 총체적인 사고의 방식이다(Khun, 1970). 패러다임을 이해하기 위해 연구자는 패러다임의 개념, 등장과 발달을 파악할 필요가 있다. 패러다임의 등장과 발달을 도식화하면 다음과 같다.

패러다임의 변화에 대해 Khun은 '과학혁명'으로 이야기하는데, 이는 학자들이 신뢰하던 특정 패러다임에 의문을 제시하고 새로운 패러다임을 수용하는 과정에서 나타나는 과학적 행위에 대한 새로운 개념 체제를 재구성하는 과정을 의미한다. Khun에 따르면 과학혁명은 기존과 다른 새로운 아이디어나 물품을 만들어내는 발명가, 또는 기존의 부족을 벗어나 새로운 지역을 찾아 떠나는 원시인의 행위와 유사한 것이다. 이들처럼 과학 분야의 학자들 역시 정설로 믿었던 이론이나 연구 방법이 특정한 어떤 현상을 만족스럽게 설명해주지 못하거나 기존의 패러다임으로 설명하기 어려운 새로운 현상에 직면하면 진실로 받아들였던 해결 방법(패러다임)을 의문시하고, 나아가 더욱 적합한 설명 체계(패러다임)를 창조하거나 차용하게 된다는 것이다.

Khun에 의해 촉발된 논의는 현상을 바라보는 특정한 시각 혹은 사고방식의 총체인 패러다임을 구성하는 주요 요소를 규명하는 작업으로 이어졌다(Denzin & Lincoln, 1994; Guba & Lincoln, 1994; Hatch, 2002). 연구 패러다임의 종류를 처음으로 이론화한 Habermas(1972)는 연구 패러다임을 인간의 관심이 반영된 결과로 이해하고 다음과 같은 세 가지 형태로 분류했다.

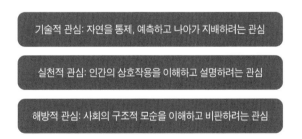

첫째, 기술적(technical) 관심은 인간 활동과 노동의 영역에서 자연을 통제하고 예측하며 지배하려는 연구 활동과 작업으로 구현된다. 인간의 기술적 관심이 가장 잘 드러나는 학문은 경험/분석적 과학 분야이다. 대부분의 자연과학 학문 분야, 즉 물리학, 공학, 천문학, 생물학, 화학, 기계학 등이 이 범주에 속한다. Habermas에 따르면 인간의 기술

적 관심이 표출되는 경험/분석적 과학 행위는 인간의 생존 과정에 필수적인 것으로, 자연에 대해 기술적으로 유용한 정보를 획득하려고 노력한다. 그리고 그러한 정보의 획득은 자연과학에서 많이 활용되고 있는 실험, 관찰, 통제된 상태에서의 연구 대상에 대한 경험적 데이터의 분석을 통해 이루어진다. 우리가 잘 알고 있는 상대성 이론과 같은 물리학 이론은 이러한 기술적 관심에서 비롯된 것이다.

둘째, 실천적(practical) 관심은 상호작용의 영역에서 상호이해와 자기이해의 가능성을 보존하고 확장하려는 관심으로서 역사 해석적 과학으로 나타난다. 기술적 관심이 물질적 삶의 차원에서 노동을 통한 자연 지배의 의도와 관련이 있다면, 실천적 관심은 또 다른 인간 삶의 차원, 곧 사회문화적 삶의 차원에서 상호 주관적 이해, 설명과 관련이 있다(Habermas, 1972). 실천적 관심을 드러내는 대표적 학문으로는 해석학, 현상학, 구성주의, 민속학, 사회학, 인류학, 역사학 등 대부분의 인문/사회과학 분야이다. 이러한 학문이 추구하고 탐구하는 목표는 인간 자신 또는 인간 집단에서 구성되는, 변화하고 재구성되는 경험의 세계와 그 의미를 이해하는 것이다. 이를 위해 연구자들은 새로운 개념, 모델, 지적 구조나 이론을 만들려고 노력한다. 인간의 실천적 관심의 예로 상징적 상호작용론을 들 수 있다. 이 이론에 따르면 인간은 복잡한 상징 조작 동물이며, 상징의 의미는 보편적, 고정적, 절대적인 것이 아니다. 실천적 관심은 객관적 지식이라기보다는 사회적으로 구성된 지식, 주관적 이해를 나타내는 지식을 창조하는 것을 목적으로 한다.

셋째, 해방적(emancipatory) 관심은 사회에 존재하는 이데올로기에 의해 야기되는 지배와 피지배, 인간의 왜곡된 경험과 자기이해로부터 벗어나려는 관심을 말한다. 따라서 이 관심에는 자신의 구속과 지배를 구조화하는 권력과 관계가 무엇인지를 규명하려는 자기반성과 사유가 중요한 개념으로 자리 잡고 있다. 이 관심은 주체의 비판과 반성을 강조하며 인종, 사회계층, 성별 요인으로 인한 강제와 제약을 벗어나 인간 자신의 권리와 실존감을 회복하려는 연구 행위로 나타난다. 이 해방적 관심은 인간의 자율과 성숙에 대한 계몽적 관심과 관련이 있다. 비판 이론에서 이야기하는 지배와 억압 그리고 이데올로기적 행위의 요소와 요인을 분석하고 왜곡되거나 불평등한 구조를 비판하려는 관심이 좋은 예가 될 수 있다. 대표적인 학문 영역으로는 마르크시즘, 네오마르크시즘, 페미니즘, 탈식민적 연구, 실천 지향적 연구(해방신학, 남성학, 여성학 등)가 있다.

Lather(2007)는 Habermas(1972)가 제시한 인간의 세 가지 관심에 기초한 패러다임과 학문 세계의 이해에 근거하여 인간/사회과학 분야에서의 연구 패러다임을 체계화했다. Lather는 Habermas의 세 가지 패러다임에 '포스트모더니즘'이라는 새로운 패러다임을 연구 패러다임으로 인정하고 이론화하는 선도적인 역할을 했다. 그리고 이 네 번째 패러다임을 '포스트구조주의와 포스트모더니즘' 패러다임이라고 칭했다(이 책에서는 이러한 개념 전체를 포괄하는 용어로 포스트모더니즘을 사용할 것이다).

　패러다임의 용어와 활용은 학자에 따라서 다르게 표현 및 해석되고 있다. Hatch (2002)는 패러다임의 유형을 ① 실증주의, ② 후기실증주의, ③ 구성주의, ④ 비판적/페미니즘, ⑤ 후기구조주의로 구분했고, Denzin과 Lincoln(2000)은 포스트모더니즘과 여성 해방론(feminism) 등을 포괄하는 비판적 패러다임을 기존의 패러다임에 대한 저항과 재해석으로 규정했다. 그리고 탈실증주의 대신 후기실증주의라는 용어를 사용하면서 탈실증주의를 실증주의에 반하는 주의(-ism)가 아니라 뒤, '다음'이라는 뜻으로 나타냈다. 한편 패러다임의 종류를 후기실증주의, 비판 이론, 해석주의로 제시한 학자들도 있다(Cupchik, 2001; Greene, Benjamin, & Goodyear, 2001; Guba, 1990).

　이처럼 다양한 해석과 분류가 있으나 우리는 Lather의 구분이 여러 패러다임에 대한 구분과 특징을 가장 명료하게 체계화한 것이라고 평가한다. 따라서 Lather의 구분에 근거하여 이 절에서는 네 가지 패러다임의 주요한 특성과 내용을 좀 더 자세하게 소개하려 한다. 이러한 차이점과 특성에 대한 규명 작업은 개별 연구 패러다임에 대한 이해뿐만 아니라 그것들을 구분하는 데 도움을 줄 수 있을 것이다.

　먼저 패러다임의 요소에 근거하여 Lather가 정리한 4개의 패러다임은 〈표 1-1〉과 같다. 각 패러다임은 다음 절에서 간략하게 설명할 것이다. 패러다임에 대한 보다 상세한 설명은 김영천의 《질적연구 방법론 I: Bricoleur》(2016)를, 각 방법론에 대한 자세한 설명은 김영천의 《질적연구 방법론 II: Methods》(2013), 김영천과 이현철의 《질적연구: 열다섯 가지 접근》(2017)을 참고하기 바란다.

　초심 연구자나 일부 독자는 이러한 패러다임 사이에 위계적 관계가 있는지 의문을 가질 수도 있을 텐데 패러다임은 우열을 가릴 수 없는 것이다. 심지어 패러다임 간의 일반적이고 범주적인 사고는 바람직하지 않다. Khun은 '공약 불가능성'이라는 개념으로 패러다임 간의 관계적 특징을 설명했는데 그 특징은 다음과 같다.

　첫째, 경쟁적 패러다임은 동일한 기준으로 비교할 수 없다. 둘째, 패러다임의 우열을 가리는 독립적, 객관적인 기준이 없다. 셋째, 패러다임 비교가 언제나 합리적인 것은 아니다. 따라서 연구자는 자신의 세계관, 존재론, 인식론 및 연구의 목적이나 대상에 따라 각기 다른 패러다임에 속해 있으므로 무엇이 옳고 그르다거나 무엇이 우등하고 열등한지 논의하는 것은 바람직하지 못하다. 다만 특정한 연구 문제나 주제의 탐구에 어떤 패러다임으로 접근하는 것이 더 적절한지 논의하는 것이 바람직할 것이다.

〈표 1-1〉	Lather의 네 가지 패러다임			
구성 요소	실증주의	해석주의	비판 이론	해체주의
존재론	협소한 실재론: 실재는 인간의 지각과는 독립적이고 객관적으로 존재함	상대주의: 실재는 본질적으로 다양함	역사적 실재론: 사회, 정치, 문화, 경제, 민족, 인종, 성에 대한 가치에 의해 형성되고 변화함	객관적 실재와 보편성을 부정함. 다양성, 차이, 타자를 강조함
인식론	앎의 대상과 주체의 구별. 실제로 세계는 어떤 질서를 이루고 있는가?	지식은 인간에 의해 구성됨. 연구자와 참여자는 이해를 상호구성	주관적이고 정치적인 인식. 연구자의 가치 체제 안에서 탐구	알려진 '진리'에 의문을 제기함. 연구자는 있는 그대로를 통해 세계를 고찰함
방법론	가설의 검증과 반증: 실험적 연구, 통계연구	자연주의적 질적 방법: 문화기술지, 자서전, 근거 이론, 현상학적 연구, 해석학적 연구, 실행 연구, 담화 분석 등	변형적 탐구(대화적/변증법적), 비판적 담화 분석, 비판적 문화기술지, 실행 연구, 이데올로기 비판	해체, 고고학, 계보학, 다층적 연구
가치론	객관적, 중립적	주관적, 상대적, 역사적, 문화적	비판적, 상대적, 상황적, 역사적, 정치적	상대적, 제한적, 비영속적
대표 학자	A. Comte J. S. Mill H. Spencer E. Durkheim	M. Van Mannen M. Ponti J-P. Sartre W. Dilthey E. Husserl M. Weber	M. Horkheimer O. Kirchheimer J. Harbermas T. Adorno	J. M. Thompson W. T. Anderson M. Foucault G. Deleuze J. Lacan J. Derrida J. Butler J. Kristeva

2. 연구 패러다임의 특징과 예

앞에서는 패러다임에 대한 이해와 연구자 자신의 패러다임 인식이 왜 중요한지, 그리고 어떤 패러다임이 존재하는지 알아보았다. 이제 각 패러다임의 일반적 특징을 설명하고 각 패러다임에 속하는 대표적인 연구 방법을 소개하고자 한다. 우리는 패러다임에 속하는 연구 방법 자체를 설명하기보다는 각 연구 방법이 추구하는 연구 목적과 의도를 명확하게 밝힐 것이다. 이는 이 책을 읽는 연구자가 자신의 패러다임을 명확하게 인식할 수 있도록 안내하기 위함이다.

각 패러다임의 등장 순서에 따라 실증주의, 해석주의, 비판 이론, 해체주의의 순서로 살펴볼 것이다. 실증주의는 대부분의 양적연구가 취하는 연구 패러다임이며, 이어지는 해석주의, 비판 이론, 포스트모더니즘 패러다임은 대부분의 질적연구가 취하는 관점이다. 따라서 질적연구자와 질적연구자가 되고자 하는 독자는 이 세 가지 패러다임을 깊이 이해해야 한다.

가. 실증주의 패러다임

실증주의 패러다임의 특징		
• 가설 검증	• 이론 생성	• 일반화 추구
• 변인 간의 관계 규명	• 과학적 방법	• 객관적 자료
• 통계 자료	• 객관적 자료 수집과 해석	• 연구자의 주관성 개입 방지

실증주의 패러다임에 속하는 연구자가 지향하는 연구의 특징은 다음과 같다.

첫째, 실증주의 연구자는 사회 세계와 사회현상을 설명할 수 있는 명확한 법칙이나 이론 또는 진실이 있다고 간주한다. 따라서 연구를 통해 일반적인 법칙이나 관계를 밝히기 위해 노력한다(Borland, 1990; Guba, 1981; Lincoln, 1988; Willis, Jost, & Nilakanta, 2007). 이에 실증주의의 패러다임이 추구하는 핵심적인 목적은 '예측'과 '일반화'로, 자연과학이 미래 현상을 예측하는 것처럼 사회과학에서 또한 미래 혹은 또 다른 맥락에서 무슨 일이 어떻게 일어날지를 예견하고자 노력한다.

둘째, 실증주의 패러다임 연구는 연구되는 현상을 설명할 수 있는 하나의 이론을 만들어내는 것이기 때문에 주로 기존의 연구 이론과 연구 결과를 토대로 이루어진다. 이에 특정한 연구를 뒷받침하는 이론적 배경에 대한 탐구와 선행 연구 결과에 대한 면밀한 분석이 매우 중요하다. 따라서 실증주의 패러다임에 속하는 연구자는 선행 연구 분석을 통해 가설을 설정하고 연구를 통해 자신의 가설을 검증한다.

셋째, 실증주의 연구자는 연구 자료가 이론 또는 연구자의 편견이나 주관성으로 오염되지 않는다고 간주한다. 이러한 대전제하에 실증주의 연구자는 연구의 객관성을 보장하기 위해 연구의 전 과정에 개입하지 않는다. 대신에 중립적인 도구라고 할 수 있는 검사지, 체크리스트, 관찰지, 설문지 등을 통해 자료를 수집한다. 즉 실증주의 연구자는 실험, 탐구, 조작에서 정립된 가설통계 검증 과정을 거쳐 이론을 확인하며, 논란의 여지가 없는 명확한 객관적인 탐구 방법을 활용한다.

넷째, 실증주의 패러다임 연구에서 수집된 모든 자료는 객관적인 자료, 즉 숫자 등으로 변환되어 해석된다. 연구자는 수집된 자료로 확률, 검정통계량, 유의확률 등을 알아보기 위해 SAS, SPSS, Minitab, SYSSTAT, S-plus, RATS 등과 같은 통계 소프트웨어를 사용한다. 통계 처리 프로그램에 의해 드러난 분석 자료는 '유의하다', '상관관계에 있다' 등으로 해석된다.

다섯째, 실증주의 패러다임에서는 연구와 실천이 분리되어 있다. 그러므로 연구자가 자신의 역할을 수행하려면 전문적인 실천가의 역할에서 벗어나야 한다. 연구자가 연구 대상과 개인적으로 연루되면 연구 자료에 오차를 초래하는 등 연구 결과에 영향을 미칠 수 있기 때문이다. 이에 실증주의 패러다임이 수용하는 연구 방법은 주의 깊은 측정과 조작, 통제이다. 실증주의 패러다임 범주에 들어가는 연구 전통 또는 학문 분야는 우리가 익히 알고 있는 대부분의 양적연구 방법이며, 대표적인 연구 방법은 다음과 같다.

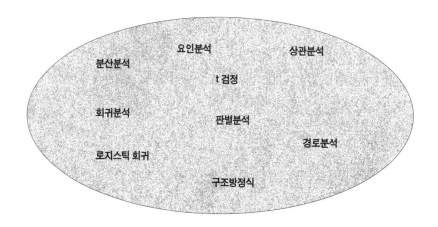

실증주의 패러다임에 속하는 연구 방법 중 대표적인 몇 가지를 소개한다.

1) t 검정

t 검정 연구의 핵심 개념 및 대표 학자

모집단, 표본, 평균, 정규분포 | William Sealy Gosset

t 검정은 실증주의 연구 패러다임의 가장 대표적이고 기초적인 방법이다. t 검정을 사용하는 가장 뚜렷한 목적은 가설의 기각을 통해 새로운 집단의 속성을 발견하거나 사용한 방법의 효과를 검증하는 데 있다. 따라서 연구자는 연구를 통해 나타난 사실을 다른 사례에 적용할 수 있는 일반화된 지식을 도출하려고 노력한다.

t 검정에서 가장 중요한 조건은 연구하고자 하는 집단을 최대한 일반적인 것으로 만드는 것이다. 법칙을 발견하는 데 장애가 될 수 있는 특수한 맥락이나 변인을 가능한 한 제거하여 모든 실험 집단을 동일한 조건으로 만들수록 공정하고 타당한 연구로 인정받게 된다.

일반적으로 t 검정을 활용하여 유의 수준을 .05 이상 얻으면 그 연구는 '유의하다'고 판별한다.

[t 검정 연구의 예]

문선화, 류기형, 김경호, 이경남, 홍봉선의 〈아동의 삶의 질: 과거, 현재, 미래〉

인구 분포에 따른 적정 배분으로 전국의 초등학교 5·6학년, 중학교 1·2학년 아동 3,547명을 임의 추출하여 조사를 실시했다. 학년별, 성별, 가족 형태, 사회계층, 지역 등의 독립변수와 부모 관계, 가족생활, 학교와 또래 관계, 소비·여가·오락 등의 생태 환경 요소 및 안전, 가치, 학대 등 아동의 권리와 관련된 종속변수를 가지고 아동의 삶의 질을 살펴보았다. 그 결과 지난 30년간의 산업화로 인해 도시 간의 격차는 심하지 않았지만 대도시, 중·소도시, 농어촌으로 나누었을 때는 어느 정도 차이가 나타났다. 대부분의 아동은 긍정적 삶의 태도를 가지고 있었으며, 특히 성적, 사회계층, 학년, 성별, 안정된 가정생활 등이 모두 유의미한 관계가 있는 것으로 밝혀졌다.

2) 상관분석

상관분석 연구의 핵심 개념 및 대표 학자

적률상관계수, 선형성, 동변량성, 무선독립표본 | Karl Pearson, Lee Cronbach

상관분석은 적률상관계수를 활용하여 연구하고자 하는 대상 간의 관계를 파악하는 연구 방법이다. 예를 들면 사회·경제적 배경과 학업 간의 관계, 학력과 수입 간의 관계, 청소년 비행의 원인 등을 연구할 때 상관분석을 실시한다.

상관분석을 실시할 때는 다음과 같은 점을 고려해야 한다. 우선 적정한 사례 수를 확보해야 한다. 사례 수가 지나치게 부족하면 상관의 정도가 표본에 의해 변하게 된다. 그리고 사례의 분포가 연속적인지, 중간에 끊어져 있는지 알아보아야 한다. 자료가 절단된 경우에는 자료 해석에 주의가 필요하다. 마지막으로 극단 값을 고려해야 한다. 두 변수 간의 경향성과 관련된 통계분석 방법이므로 몇몇 자료가 경향에서 동떨어져 있다면 그러한 자료를 다시 한 번 검토하여 불필요한 자료를 제거한 뒤 상관분석을 다시 실시하는 것이 좋다.

일반적으로 상관계수의 범위가 ±.40 이상이면 상관이 있다고 판별하며 ±.80 이상이면 상관이 매우 높다고 결론 내릴 수 있다.

[상관분석 연구의 예]

송주연의 〈성취 목표와 학업 성취의 상관관계에 대한 메타분석〉

성취 목표와 학업 성취의 상관에 관한 국내 연구를 종합 정리함으로써 국내 학습자의 성취 목표와 학업 성취의 관계를 명확히 밝혔다. 또한 성취 목표 측정 도구, 성취 목표의 정의, 성취 목표의 구성 요소 등에 따라 성취 목표와 학업 성취의 관계가 변하는지 확인했다. 이를 토대로 성취 목표에 대한 이론적, 방법론적 의의를 도출해내고 성취 목표에 대한 교육적 시사점도 규명했다.

3) 요인분석

요인분석 연구의 핵심 개념 및 대표 학자	
변인, 요인, 공통성, 고윳값, 공통변량	Charles Edward Spearman

요인분석은 알지 못하는 특성을 규명하기 위해 문항이나 변수 간의 상호 관계를 분석하여 상관이 높은 문항이나 변수를 모아 요인으로 규명하고 그 요인의 의미를 부여하는 통계적 방법이다. 요인분석은 인간의 심리적 특성을 규명하기 위해 개발된 통계적 방법으로서 주로 지능을 밝히는 데 사용되고 있다. 요인분석은 복잡한 통계적 방법이기는 하지만 다양한 변수 간의 관계를 규명할 수 있다는 점에 의미가 있다.

일반적으로 변수가 어떤 요인과 관련이 있는지는 요인계수를 구하면 알 수 있는데, 요인계수가 .3 이상이면 문항이나 변수가 요인과 관계가 있다고 해석한다.

[요인분석 연구의 예]

오정아, 이은경의 〈한·중·일 청소년의 가치관에 관한 요인분석〉

한·중·일 청소년의 가치관에 대한 설문 자료 중 인생에서의 중요도와 가족, 사회, 국가에 대한 신뢰도 관련 항목을 이용하여 요인분석을 실시하고 각 국가의 도출 결과를 비교·분석했다. 인생에서의 중요도의 경우 중국, 일본이 한국과 다른 요인분석 결과를 나타냈으나 차이가 크지는 않았다. 반면 가족, 사회, 국가에 대한 신뢰도의 경우 일본이 한국, 중국의 결과와 다소 큰 차이를 보였다.

4) 회귀분석

회귀분석 연구의 핵심 개념 및 대표 학자	
자료의 경향성, 모형, 최소제곱법, 예측, 결정계수, 선형모형	Francis Galton

회귀분석은 하나의 종속변수에 영향을 주는 변수가 무엇인지, 그리고 그 변수 중에서 가장 큰 변수가 무엇인지를 밝히는 통계적 방법으로서 상관분석에서 도출되었다. 회귀분

석은 알지 못하는 사회적인 현상을 설명하는 데 널리 사용된다. 특정한 변수를 밝히기 위해 사전 문헌 연구를 통해 다양한 독립변수를 미리 설정하고, 이러한 변수가 살펴보고자 하는 변수에 얼마나 많은 영향을 끼치는지를 검증한다.

회귀분석으로 도출되는 결정계수는 R^2으로 표현하는데, 결정계수가 높을수록 독립변수와 영향력이 강하다는 것을 의미한다. 또한 각각의 독립변수가 종속변수에 영향을 주는 정도는 회귀계수 B로 나타내는데, 회귀계수가 높으면 특정 변수가 종속변수에 더욱 강한 영향을 미친다는 것을 의미한다.

[회귀분석 연구의 예]

최은영, 주소현의 〈다변량 다중회귀분석을 이용한 은퇴와 삶의 만족에 관한 연구〉

우리나라 대표 표본을 가지고 국내에서 삶의 만족도에 대한 다변량 다중회귀분석을 수행하여 은퇴와 삶의 만족도에 대한 분석의 정확성을 향상했다. 분석 결과는 다음과 같다. 첫째, 은퇴는 고령자의 삶의 만족을 감소시키는 결정적인 요인이다. 둘째, 은퇴 시기가 늦을수록, 고용 상태를 유지하는 기간이 길수록 삶의 만족도가 높았다. 셋째, 인구·사회적 특성에 따라 삶의 만족에서 다섯 가지 하위 요인에 미치는 영향이 다르게 나타났다. 남자의 경우 배우자와의 관계에 대한 만족도가 증가했고, 가구 총소득이 높은 계층은 가구 총소득이 낮은 계층보다 경제 상태 만족도가 높았다. 자발적 은퇴의 경우 비자발적 은퇴에 비해 경제 상태 만족도, 배우자와의 관계에 대한 만족도가 높았다. 넷째, 건강 상태가 좋을수록, 학력이 높을수록 삶의 만족도가 높았으며, 직업 상태의 경우 상용직에 비해 임시직/일용직의 삶의 만족도가 낮았고 자영업자는 상용직보다 경제 상태 만족도가 낮았다.

---

5) 구조방정식

구조방정식 연구의 핵심 개념 및 대표 학자

관측변수, 외생변수, 내생변수, 오차변수, 경로분석	Karl Gustav Joreskog

구조방정식은 일반적인 통계 연구에서 활용되고 있는 경로분석, 회귀분석, 요인분석과 같은 여러 방법을 수학적 논리에 근거하여 결합한 것으로, 최근 실증적 연구를 지향하는 연구자가 많이 활용하고 있다. 구조방정식의 가장 큰 장점은 직접 측정하는 것이 현실적으로 불가능한 변수도 분석 과정에 포함할 수 있다는 것이다. 이를 통해 그동안 밝혀지

지 않았던 다양한 사회 변수를 찾아내고 연구하는 것이 가능하게 되었다. 다만 구조방정식에서 인과관계를 밝혀내기 위해서는 측정이 타당하고 신뢰할 수 있다는 사실을 증명해야만 한다. 또한 다른 연구 방법보다 더 많은 사례 수가 필요하다. 변인이 많아짐에 따라 필요한 사례의 수가 달라진다.

[구조방정식 연구의 예]

오숙영의 〈구조방정식과 다중집단 구조방정식을 활용한 정서지능의 효과성 연구〉

정서지능, 인지적 창의성, 변혁적 리더십, 학업 성취 간의 관계를 구조방정식 모형으로 분석하고, 다중집단 구조방정식을 활용하여 남자 · 여자 집단별 경로계수 차이 검정, 특목고 · 일반고 집단별 경로계수 차이 검정을 하는 것이다. 연구 결과 첫째, 정서지능과 학업 성취 간 경로계수, 정서지능과 변혁적 리더십 간 경로계수, 정서지능과 창의성 간 경로계수, 창의성과 학업 성취 간 경로계수, 변혁적 리더십과 학업 성취 간 경로계수, 변혁적 리더십과 창의성 간 경로계수는 유의하게 나타났다. 둘째, 정서지능과 관련 변인 간의 간접 효과는 모두 유의한 것으로 나타났다. 따라서 구조적 모형에서 매개 역할을 하는 변인을 확인할 수 있었다. 셋째, 남자와 여자의 개별 경로계수를 보면, 정서지능에서 학업 성취로의 경로계수, 정서지능에서 변혁적 리더십으로의 경로계수, 창의성에서 학업 성취로의 경로계수, 변혁적 리더십에서 학업 성취로의 경로계수가 유의하게 나타났다. 남자 · 여자 집단별 경로계수의 차이 검정에서는 모든 경로계수가 차이가 없는 것으로 나타났다. 넷째, 특목고 · 일반고의 개별 경로계수를 보면, 특목고는 정서지능에서 변혁적 리더십으로의 경로계수, 일반고는 모든 경로계수가 유의했다. 특목고 · 일반고 집단별 경로계수의 차이 검정에서는 정서지능에서 변혁적 리더십에 미치는 영향력만 특목고가 더 강력하게 영향을 주었다.

나. 해석주의 패러다임

해석주의 패러다임의 특징

- 현상 자체에 대한 이해
- 인간의 의식, 신념, 경험에 대한 맥락적 이해
- 특정 사회 구성원의 인식, 행위의 패턴 발견
- 객관적, 주관적 연구 방법을 모두 취함
- 면담 자료, 관찰 기록, 다양한 문서, 인터넷 자료
- 연구에서 연구자의 주관성 인정

해석주의는 Habermas의 두 번째 인간의 관심인 해석을 구현한 연구를 지칭한다. 질적 연구의 목적 중 하나인 이해를 가장 강조하는 해석주의 패러다임에 기초한 연구자의 특징은 다음과 같다.

첫째, 해석주의자는 실재와 진실이 사회적으로 구성되는 것이라고 믿는다. 이러한 관점에서 해석주의자는 영원불변한 진리는 없으며 지식이 객관적이지도 않다고 간주한다. 다시 말해 그들에게 지식은 인간의 경험에 기반하며 맥락적이고 국지적이며 특수한 것이다(Guba & Lincoln, 1994).

둘째, 해석주의 연구는 보편적인 법칙이나 규칙을 발견하기보다는 주어진 특정한 사회적 상황 속에서 일어나는 현상을 이해하려고 노력한다. 이해는 연구자가 어떤 행위 속의 의미, 즉 특정 행동이 무엇을 의미하는지 또는 행위자가 무엇을 하는지에 대해 연구자 나름대로 해석을 내리는 것이다. 실재를 이해하기 위해 연구자는 연구 대상이 실제 세계에 대해 지니고 있는 견해와 지각을 이야기하고 상호작용한다. 이러한 점에서 해석주의 패러다임은 밖으로 드러난 행위 그 자체보다는 그러한 행위 이면에 놓인 행위자의 의미 파악에 관심을 둔다.

셋째, 해석주의 연구자는 특정한 사회 · 문화적 공간에서 살아가는 사람들의 내부자적 관점을 이해하기 위해 노력한다. 이미 밝힌 바와 같이 해석주의에서 진리는 사회적으로 구성되는 것이기 때문에 특정한 사회에서 살아가는 사람들의 말과 행동의 양상 및 그것들의 의미를 이해하려고 노력한다. 이러한 현상에 대한 이해는 한 차례의 설문지나 체크리스트로는 얻을 수 없기 때문에 해석주의 연구자에게는 장기간의 현장 작업을 통한 자료 수집과 분석이 필수적이다.

넷째, 해석주의 연구에서 연구자는 자신과 참여자의 관계를 윤리적이고 평등하게 만들기 위해 노력한다. 신뢰도가 높은 의미 있는 자료를 수집하는 데에는 연구자와 참여자 간의 상호 존중과 신뢰가 바탕이 되어야 하기 때문이다. 연구자를 신뢰하는 참여자는 자신의 마음속에 담긴 솔직한 이야기를 들려줄 가능성이 높기 때문에 연구자는 참여자와 인간적이고 평등한 관계를 형성하기 위해 노력한다.

다섯째, 해석주의 연구는 연구 절차와 방법, 심지어 연구 문제에 있어서 유연한 태도를 취한다. 실증주의 연구는 연구 과정에서 가설이 바뀌거나 추가되지 않는 반면 해석주의 연구에서는 진행 중에 연구 절차나 방법, 심지어 연구 문제까지 바뀔 수 있는 여지를 둔다. 즉 해석주의 연구자가 자신이 미처 경험하거나 이해하지 못한 사람들을 만나고 그들의 상호작용을 이해하는 과정에서 자신의 연구 계획에 수정을 가할 수도 있다.

여섯째, 해석주의 패러다임 연구의 결과는 기술적이고 묘사적이다. 실증주의 연구의 결과가 숫자로 치환되는 반면 해석주의 연구의 결과는 이야기, 비유나 은유, 특수한 현상의 패턴을 드러내는 개념으로 나타난다. 이러한 질적 데이터와 결과에 대한 논의를 통해 해석주의 연구자는 독자를 감동시키고 설득시키고자 노력한다. 이러한 해석주의 패러다임에 기반을 둔 대표적인 연구 방법은 다음과 같다.

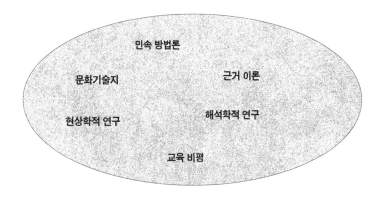

해석적 패러다임 연구 전통에 속하는 가장 중요한 여섯 가지 연구 방법을 소개한다.

1) 문화기술지

문화기술지 연구의 핵심 개념 및 대표 학자

생활, 문화, 규범, 가치, 발달, 민족, 진화, 성, 인종, 사회	Gerhard F. Müller, Bernardino de Sahagun, E. B. Tylor, Franz Boas, Lewis H. Morgan, Bronislow Malinowski, Ruth Benedict, Margaret Read

문화기술지는 문화를 기술하고 이해함으로써 특정 문화권 사람들의 세계관, 존재 양식을 이해하려는 문화인류학의 전통적인 연구 접근이다. 이러한 입장은 '문화적 존재로서의 인간'과 '문화의 다양성'을 인정한다. 인간의 사회적 행위가 문화에 의해 크게 지배받으므로 우리가 이해해야 할 사회 문제나 현상 가운데 문화의 역할을 보다 중요한 것으로 간주한다(Benedict, 1977: 25-26). 또한 문화상대주의적 입장에서 왜 사람들이 특정한 방식으로 생각하고 느끼며 행동하는지 이해하려 한다. 따라서 현지 작업의 목표는 현지 사람의 관점, 즉 삶과 그들의 관계를 그들의 입장에서 파악하고 그들의 세계관을 실감하는 데 있다(한경구 외, 2009: 33). 문화기술지를 택하는 연구자는 다음과 같은 개념과 학

자에 익숙해질 필요가 있다.

[문화기술지 연구의 예]

Ruth Benedict의 《국화와 칼》

1944년 6월 미 국무성의 의뢰를 받은 이 연구는 제2차 세계대전의 적대국으로서 일본에 대해 아는 바가 거의 없다는 이유로 시작되었다. 국무성은 일본이 취하는 전시 행동이 서구의 '상식적인' 관행과 관념으로 볼 때 도저히 납득되지 않았기 때문에 이 연구를 의뢰했다. Benedict는 인류학의 가장 기본적인 출발점인 문화상대주의적 자세로 일본 문화를 분석했다. 즉 미국인이 '낯선 적'으로서 일본인에 대해 인종적 편견을 가질 수 있는 당시 상황에서 일본인의 행동 방식과 가치관을 일본 문화의 맥락에서 '이해 가능한 것'으로 분석해내려 했다. Benedict는 일본 현지를 조사하지 못하는 대신 미국 내에 거주하는 일본인과 그들의 기록물, 여러 문헌을 통해 일본의 국민성을 연구했다.

하재현, 박형숙의 〈응급실 간호사의 일상에 대한 문화기술지〉(2016)

하재현과 박형숙은 응급실 간호사의 일상에 대한 경험의 의미를 이해하고 기술하기 위해 응급실 간호사 10명의 일상적인 삶을 연구했다. 심층 면담, 참여관찰 및 사회학적 조사를 통해 응급실 간호사의 '공간성', '시간성', '관계성' 및 '응급실 간호사가 되어감'의 주제로 그들의 경험을 특성화했다. 이들의 문화기술지는 한국 병원의 응급실에 근무하는 간호사의 문화를 기술하고 분석함으로써 간호사들이 만들어내는 독특한 문화에 대한 이해의 폭을 넓혔다.

---

2) 민속 방법론

민속 방법론 연구의 핵심 개념 및 대표 학자

실천지, 언어적 상호작용, 지표성, 성찰, 사회 구조, 관습, 가치, 실천, 생활 세계, 경구, 설명과 해명	Harold Garfinkel, Alfred Schutz, Peter L. Berger, Thomas Luckman, John Heritage, Jean Lave, Michael Lynch, Robert Sternberg

민속 방법론은 사람들이 일상적으로 사회적 실제, 즉 현실을 구성하는 데 사용하는 방법, 즉 실천지 발견과 이해에 관심을 둔다(손민호, 2011). 종종 이 접근을 앞서 설명한 문화기술지와 혼동하기도 한다. 자연주의적 탐구 태도를 취하는 문화기술지는 현지 사람

들의 시각이 곧 실재라고 보기 때문에 그들이 경험하는 '그 무엇'을 드러내는 데 관심을 둔다. 하지만 민속 방법론은 사람들의 이야기나 그들이 만들어내는 의미에 일차적 관심을 두지 않고 그들이 그러한 의미를 부여하고 이야기하는 방식 자체에 관심을 가진다. 그 방식 자체가 더 생생한 현실이고 문화라고 보기 때문이다. 따라서 민속 방법론은 어떤 맥락에서 의미를 부여하면서 그들의 일상적인 업무나 일, 생활을 해나가는 실천 전략을 규명하기 위해 노력한다. 민속 방법론을 선택하는 연구자는 다음 개념과 학자에 관심을 가지고 공부할 필요가 있다.

[민속 방법론 연구의 예]

Harold Garfinkel의 〈The Story of Agnes〉

Garfinkel은 17세까지 평범한 소년으로 살았던 19세 백인 여성 아그네스를 민속 방법론적 관점에서 연구했다. Garfinkel은 아그네스가 자신은 정상적인 여성이며 다만 신체적인 이상으로 남성으로 오해받을 뿐이라는 식으로 자신의 여성성을 강조하고 남성적 흔적을 감추려 한다는 점에 주목했다. Garfinkel은 아그네스가 생물학적 성 개념과 규범적 성 개념을 교묘하게 섞으며 자신의 경험이나 행위를 '설명할 수 있는 것', 즉 사회가 받아들일 만한 것으로 재구성한다고 해석했다. Garfinkel은 아그네스의 이야기를 통해 남성과 여성의 범주가 생물학적으로 규정되는 것처럼 명확하고 불변하는 개념이 아니라고 주장했다. 이 연구를 통해 Garfinkel은 사회의 구성원이 문화적 규범에 따라 움직이는 허수아비(cultural dope)가 아니라고 주장했다.

3) 근거 이론

근거 이론 연구의 핵심 개념 및 대표 학자

상징적 상호작용, 포화성, 코딩 (개방 코딩, 축 코딩, 선택 코딩), 이론적 민감성	Barney G. Glaser, Anselm L. Strauss, Juliet Corbin, George Herbert Mead, Herbert Blumer

근거 이론은 실제적인 자료에 근거하여 중간 규모의 실체적 이론 혹은 이론적 틀을 창출하려 한다. 근거 이론의 철학적 배경인 상징적 상호작용론은 인간이 모든 사물에 대해 주관적인 의미를 부여하며, 그것을 매개로 하여 상호작용한다고 보았다. 근거라는 개념은 사람들이 자신의 경험을 통해 실제적, 구체적인 현실적 기반을 가지는 것을 말한다.

그리고 근거라는 용어에 이론이라는 개념을 합성하면, 사람들이 살고 있는 세계에 대한 경험에 기반을 두고 구성된 실체적 이론을 의미한다.

근거 이론을 수행하는 질적연구자는 실체적인 이론을 분석하고 개발하기 위해 체계적인 연구 절차를 따르는데, 개방 코딩, 축 코딩, 선택 코딩과 같은 절차를 사용하여 범주 간의 관계를 밝힘으로써 하나의 내러티브 진술, 시각적 그림, 일련의 이론적 명제 가설을 생성한다. 오늘날 근거 이론은 질적연구의 가장 대표적인 연구 방법론으로 자리 잡았으며 사회학, 간호학, 교육학 등 제 사회과학 분야에서 널리 사용되고 있는 질적연구 방법론이다(Bryant & Charmaz, 2010).

[근거 이론 연구의 예]

김요완의 〈근거 이론을 적용한 이혼 소송 과정 분석〉(2009)

김요완은 '결혼한 이후에 어떤 과정으로 부부 관계가 와해되어 이혼 소송에 이르게 되었는가?'라는 연구 문제를 상정하고 근거 이론을 적용하여 이혼 소송 과정을 분석했다. 김요완은 개방 코딩, 축 코딩, 선택 코딩을 통해 '자존감 손상과 이것의 간과로 인한 상고 공격과 관계 단절'을 도출했다. 또한 과정 분석을 통해 이혼 소송 과정으로 갈등 발생-자존감 손상-무시-성관계 단절-역할 중단-상호 공격-단절이라는 일곱 단계를 도출했다. 이러한 일련의 부부 관계 와해 패턴은 기존의 이론이나 설문조사만으로는 밝힐 수 없는 것이다. 심층 면담을 통해 연구 참여자의 주관적인 이해와 상호작용을 드러내고 한국 사회에서 '이혼'이라는 현상을 심층적, 실증적으로 파악했다는 데 의의가 크다.

4) 현상학적 연구

현상학적 연구의 핵심 개념 및 대표 학자

생활 세계, 본질, 현상학적 환원, 주관성, 간주관성, 지향성, 의도성, 직관, 의식과 의식을 통한 의미 형성, 실존	Edmund Husserl, Max Scheler, Martin Heidegger, Alfred Schutz, Francico Varela, Nicolai Hartmann, Maurice Merleau Ponty, Amedeo Giorgi, Max van Manan

현상학이란 말 그대로 현상에 대한 과학이다. 현상학에서 세계는 자연적인 인과 관계가 아니라 인간과 세계의 긴밀한 상호 연관 관계 속에서 인간의 적극적이고도 능동적인 의

미에 의해 구축된다. 이에 현상학적 연구자는 인간이 의식을 통해 만들어내는 의미를 해명하거나 의미의 생생한 그리고 본질적인 구조를 밝히려 한다(van Manan, 1994: 18). 현상학적 연구자는 실증주의적 사고, 자연주의적 태도, 나아가 형이상학적 사고에 반대하면서 사물이 의식과 관계없이 또는 세계 내의 다른 존재와 관계없이 독자적으로 존재하지 않는다고 간주한다. 그리하여 Husserl은 '사태 그 자체로 돌아가라'라는 명제를 통해, 사태 그 자체에 대한 탐구가 모든 지식의 근원과 그 기원이라고 주장했다.

[현상학적 연구의 예]

황영희, 이명선의 〈심장 이식 환자의 체험: 현상학적 연구〉(2017)

연구 참여자, 즉 심장 이식 환자들이 인지하고 해석한 생생한 경험을 현상학적으로 잘 드러낸 연구이다. 황영희와 이명선은 참여자들의 경험을 '천운으로 얻은 재탄생의 기쁨', '약물 부작용으로 인한 고통', '갈피를 못 잡는 몸과 마음', '사회와의 메울 수 없는 단절', '감사와 책임감으로 극복되는 고통', '심장과 함께 딸려온 고통의 수용'으로 개념화했다. 특히 이 연구는 '몸과 마음의 불협화음', '항상 따라다니는 죽음에 대한 공포' 등의 표현과 참여자들의 생각, 감정, 느낌을 드러내는 심층적 기술을 통해 심장 이식 환자들의 생세계를 밝혔다.

5) 해석학적 연구

해석학적 연구의 핵심 개념 및 대표 학자

텍스트, 이해, 해석, 표현, 해석학적 순환, 불안, 진정성, 차이, 실존적 위기, 사실성, 상호작용	Wilhelm Dilthey, Hans-Georg Gadamer, Martin Heidegger, Jürgen Habermas, Emilio Betti, Bernard Lonergan, Paul Ricoeur, Walter Benjamin, Karl Popper, Sigmund Freud

해석학은 텍스트(글, 그림, 사진, 음악, 현상에 대한 관찰 기록 등)와 창의적, 창조적인 상호작용을 추구한다. 즉 연구자는 자신이 연구하는 텍스트와 변증법적 대화에 참여하여 새로운 이해와 해석을 도출하려 한다. 현상학과 마찬가지로 해석학 또한 학자의 관심과 연구 경향에 따라 다양하게 정의된다.

Schleiermacher는 해석학을 '이해의 기술'로 정의했다. 그는 해석학이 담론이나 이해에 관련된 기술이나 실천으로, 해석학의 기술은 성경, 고전, 법률적 텍스트를 해석하는 데 관련이 깊다고 보았다. Heidegger는 해석학과 이해의 개념을 실존적인 차원으로 진전시켰는데, 인간에 대한 현상학적 분석이 실존적이며 존재론적인 특성을 지닌다고 했다. 반면에 Gadamer는 해석학을 '이해를 가능하게 하는 조건을 밝히는 이론'으로 보았다. Gadamer의 해석학적 존재론에 따르면 사물은 자신을 스스로 드러내지 않으며, 오로지 사물의 현상 너머로 들어가는 주체의 창조적 해석 행위를 통해서만 드러난다. Gadamer는 개인이 가지고 있는 선입견(기존의 이해) 혹은 오해가 심화되기 위해서는 '지평 융합'이라는 적극적인 해석 과정이 있어야 한다고 주장한다.

[해석학적 연구의 예]

이민정, 이동언의 〈김수근의 공간사옥 계단에 대한 해석학적 연구〉(2016)

이민정과 이동언은 건축가 김수근의 건축물 계단을 해석학적 접근을 통해 연구했다. 먼저 자신들의 선입견 혹은 오해를 '편리와 안전', '계단에서 일어나는 공간과 정신의 상호 관계', '오름과 내림의 기호성'으로 논의했다. 그리고 계단에 대한 해석학적 재조명으로 '계단 소외 현상', '사이로서의 계단', '외부에서 내부로: 길로서의 계단', '궁극공간을 향하는 계단'을 논의했다. 이 연구는 계단을 이해하는 다양한 관점을 드러내고 건축물의 부분으로서 그리고 문화적 요소로서 계단을 재조명하고 재해석했다는 점에서 해석학적 연구의 특징을 잘 보여준다.

6) 교육 비평

교육 비평 연구의 핵심 개념 및 대표 학자

감식안, 기술, 해석, 평가, 판단, 주체화, 예술, 성찰, 구조적 확증, 합의적 정당화, 참조적 적절성	John Dewey, David J. Flinders, Elliot W. Eisner, T. E. Barone, D. S. Blumenfeld-Jones

교육 비평은 예술 작품 비평, 즉 순수예술 비평에서 착안하여 현장에서 발생하는 다양한 현상을 기술하고 분석하는 질적연구 방법이다. Flinders와 Eisner는 문학, 미술, 음악, 무용 비평 작업을 통해 전통적으로 과학적이고 객관적이며 수치에 근거하던 비평에 예술적 요소를 가미하여 비평의 개념을 연구의 수준으로 끌어올렸다. 교육 비평은 현상에 대한 인식이나 이해의 질을 확장할 수 있는 도전적이고 풍부한 해석을 추구한다(Flinders

& Eisner, 1994). 교육 비평의 특징으로는 현상에 대한 심층적인 기술, 연구자의 다각적인 해석, 현상에 대한 연구자의 판단과 평가, 연구 결과의 주제화를 들 수 있다.

교육 비평을 연구 방법으로 선택하는 연구자는 '감식안'을 갖추어야 한다. 감식안이란 현상에서 무언가를 배우고 전문적인 판단을 내릴 수 있는 능력을 말한다. 이는 또한 복잡하고 미묘한 현상의 특징을 구별해낼 수 있는 섬세함과 감수성을 지칭한다. 따라서 연구자는 자신의 모든 지식, 사유, 감각을 동원하여 현상을 해석하고자 노력해야 한다.

[교육 비평 연구의 예]

Elizabeth J. Evans의 〈Categorical alternatives: An educational criticism study〉(2015)
Evans는 자신의 집 근처에 있는 대안교육 현장인 Ellen's Learning Annex를 참여관찰하고 '다양한 연령대의 학급', '장소 기반 교육', '감각'을 중심으로 심도 깊게 기술했다. Evans는 1학년인 아들을 위해 그 대안교육이 어떻게 도움이 될 수 있을 것인지 평가하고 판단했다. 무엇보다 이 연구의 가치는 연구자의 감식안을 통해 그려진 생생한 교육 현장에 대한 묘사와 평가에 있다. 이러한 점에서 교육 비평 연구 방법을 이해하는 데 좋은 예라고 할 수 있다.

다. 비판 이론 패러다임

비판 이론 패러다임의 특징

- 사회에 존재하는 힘과 권력의 관계 분석
- 역사적, 문화적, 제도적 구조의 모순 비판
- 억압받고 소외된 계층의 사람들에게 자율권 부여와 해방 추구
- 이데올로기적 접근
- 연구자의 가치와 신념에 기초한 접근(객관적 방법 비판)
- 현장과 참여자에 대한 연구자의 윤리적 의무 강조(실천의 안내로서의 연구)

비판 이론 패러다임은 Habermas가 이야기한 인간의 세 번째 관심, 즉 해방적 관심에 관한 것이다. 비판 이론 패러다임에 바탕을 둔 연구자의 특징은 다음과 같다.

첫째, 비판 이론 패러다임에 속하는 연구자는 사회의 구조적 모순을 이해하고 비판하기 위해 사회에 존재하는 힘과 권력의 관계를 분석한다. 그러한 분석을 통해 연구자는 궁극적으로 소외되고 차별 대우를 받는 집단을 '해방'시키기 위해 노력한다. 여기서 해

방이란 인간의 자기계발과 자기결정력을 제한하는 현재의 비합리적이고 불공정한 구조의 속박으로부터 사람들을 풀어주는 것을 말한다. 이를 위해 비판 이론은 사회의 불평등과 권력의 문제에 초점을 맞추며, 억압적 상황을 발생 및 지속시키는 힘의 역학 관계를 밝히고 나아가 변화시키는 것이다. 이렇게 직접적으로 사회적 억압에 대항한다는 점에서 비판 이론 패러다임의 연구는 정치성을 표방한다.

둘째, 비판적 패러다임 연구자는 실제, 즉 인간의 사회적 행동을 사회 구조에 의해 영향을 받는 가변적인 것으로 인식한다. 따라서 차별적 구조에서 기인하는 사회적 행동이 인종, 성별, 계층, 문화, 성지향성 등에 근거하여 개인이나 집단을 차별하는 것으로 귀결된다고 믿는다(Hatch, 2002). 따라서 비판 이론 연구자는 사회의 문화나 제도, 또한 구성원들이 공유하는 관심이나 생활 습관이 어떻게 차별을 유지시키거나 강화시키는지에 대한 메커니즘을 이해하고자 노력한다.

셋째, 앞에서 언급한 인식을 바탕으로 비판 이론 패러다임 연구자는 차별적 실제를 개선하기 위해 노력한다. 비판 이론 패러다임은 흔히 삼위일체로 비유되곤 하는 인종, 사회계층, 성별 요인으로 인한 강제와 제약을 벗어나 상대적으로 소외된 사람들의 권한을 회복하는 데 연구의 초점을 둔다. 즉 사회 구성원들이 살아가는 실제에 대한 개선은 법적, 제도적, 문화적, 심리적인 측면에서 다양하게 추구된다. 나아가 비판 이론은 연구 참여자 및 다른 사람들의 태도, 신념, 의식을 고양함으로써 사회적 상황을 변화시키기 위해 노력한다(Glesne, 1998).

넷째, 비판 이론 패러다임 연구는 실용성, 사회 정의와 같은 특정한 가치 판단을 내포한다. 비판 이론 패러다임 연구자는 해석학적 패러다임과 달리 연구 대상이나 연구 이슈에 대한 문제 의식을 명확하게 가지고 연구에 접근한다. 예를 들어 여성의 인권, 비이성애자의 삶 등에 관심을 가진 연구자는 그들이 살아가고 있는 사회의 여러 구조가 그들에게 차별적이라는 인식하에 차별적 구조와 차별의 메커니즘을 드러내고자 노력한다. 이러한 이해의 작업은 변화를 위해 필요 불가결한 것으로 간주된다.

다섯째, 비판 이론 패러다임 연구자에게는 연구와 실천이 분리된 것이 아니다. 다시 말해 해석주의가 현상의 이해에 초점을 맞춘다면, 비판 이론은 이해를 넘어 현장의 개선을 위해 적극적으로 노력한다. 따라서 연구자는 연구 과정에서 참여자와의 상호작용 현장 작업을 통해 현장의 개선과 참여자의 삶에 긍정적인 기여를 하기 위해 노력한다. 비판 이론 패러다임 연구자에게 연구는 지식 생성을 위한 것임과 동시에 보다 나은 정의로운 혹은 평등한 사회로 나아가기 위한 실천의 의미도 가지고 있다.

비판 이론 패러다임에 속하는 연구 방법은 다음과 같다.

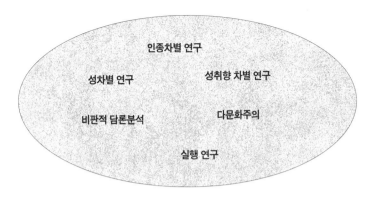

1) 인종차별 연구

인종차별 연구의 핵심 개념 및 대표 학자

인종, 민족, 문화, 표현, 사회 구조, 불평등, 차별, 편견, 윤리성, 사회 정의, 억압, 지배와 피지배, 문화변용, 자민족 중심주의, 혼합

Benjamin Bowling, Coretta Philips,　Anthony Giddens, David Theo Goldberg, John Solomos, John Rex, David Mason, Barbara Ballis, Paul Gilroy

인종차별 연구는 비판 이론 패러다임의 가장 대표적인 연구 분야이다. 서구에서는 주로 유색 인종이 백인에 비해 어떻게 차별적으로 대우받고 있는지에 대한 현상과 메커니즘을 밝히려고 노력한다. 이러한 연구는 사회의 인종적 불평등, 불합리, 혹은 부당함의 과정을 이해하고 설명해야 한다는 윤리적 책임 의식으로부터 출발한다. 윤리적 책임은 개인이나 집단의 고통에 대한 동정심에서 비롯되는 의무감이나 책임감을 말하며, 연구자는 사회 환경을 자유와 평등을 실현할 수 있는 방향으로 바꾸기 위해 노력한다.

　　이러한 목적하에 인종차별 연구자는 사회의 인종차별 내부를 보여주고, 현재의 상태를 동요시키고, 표면적인 것의 기저에 깔려 있는 권력과 통제의 작용을 밝혀냄으로써 근거 없이 당연히 받아들여지는 '가정'이나 '현재'를 흔들어놓는다(Medison, 2012). 이를 통해 인종차별 연구는 억압받는 지위에 있던 인종의 입장에서 보다 평등하고 비차별적인 사회로의 변화를 추구한다.

[인종차별 연구의 예]

엄한진의 〈한국 사회 인종주의 현상의 주요 양상과 특징〉(2016)

엄한진은 한국 사회의 인종주의 양상과 특징을 이해하기 위해 인터넷 카페, 다문화 정책 관련 자료를 분석했다. 또한 이주민, 이주민 전문가, 다문화 기관 및 단체의 현장 활동가를 인터뷰했다. 엄한진은 '반다문화 인터넷 카페', '외국인 범죄를 바라보는 인종주의 시각', '미디어에 나타난 인종주의' 등을 한국 사회에서 나타나고 있는 인종주의 확산의 징후로 지적한다. 그리고 한국 사회의 인종주의를 '이민 현상의 산물'로 바라보고 문제점을 논의했다. 이 연구는 한국 사회의 최근 사회적 현상에 집중하여 인종주의의 역사성을 드러내는 데에는 실패했으나, 한국 사회의 인종주의가 '보편적이라고 인식되는 평범한 사람들의 증오'로 드러난다는 것을 날카롭게 지적했다.

2) 성차별 연구

성차별 연구의 핵심 개념 및 대표 학자

성, 남성 중심주의, 남성성, 여성성, 성의 사회화, 성차별, 몸, 이분법적 고정관념, 성적 계약 타자, 권력	Julia Kristeva, Bracha L. Ettinger, Sigmund Freud, Jacques Lacan, Mark Blechner, Judith Butler

성차별 연구는 사회에 존재하는 남성과 여성 간의 차별적 지위에 대한 분석과 해체, 그리고 여성의 지위 향상과 해방에 관심을 가진다. 특히 여성의 상대적 불이익을 초래하는 구조적인 문제, 남성과 여성의 계급적 권력 관계에 관심을 가진다. 앞서 소개한 비판 문화기술지, 비판적 담론 분석과 마찬가지로 여성 해방론 또한 비판 이론의 관점에서 현상을 이해하고 분석한다.

여성 해방론이 관심을 두는 주제는 성평등, 여성의 정치 참여, 직업 사회에서 여성의 지위, 가족 구성, 교육, 건강, 성지향성 등 매우 다양하다. 최근 한국 사회에서 이슈가 되고 있는 '자신의 몸에 대한 여성의 결정권과 낙태 합법화'는 여성 해방론적 관점에서 연구할 만한 중요하고 흥미로운 주제라 할 수 있다.

Carol Gilligan의 《In a Different Voice》(1982)

여성의 도덕성을 이론화한 《In a Different Voice》는 인간의 도덕성으로 널리 인정되어왔던 Kohlberg의 도덕성 이론의 구조를 정면으로 비판했다. Gilligan은 자신의 개인적 경험과 주위 여성들의 경험이 Kohlberg의 이론으로는 설명될 수 없다고 주장하며, 또 다른 인간 도덕성의 준거로 '책임감'과 '보살핌'이라는 인간의, 특히 여성의 숨겨진 도덕성을 찾아내고 이론화했다. 그리고 Kohlberg의 연구 과정에 대한 재해석을 통해 Kohlberg의 연구가 여성의 경험을 배제했다는 점에서 여성 차별적이라고 주장했다.

3) 성취향 차별 연구

성취향 차별 연구의 핵심 개념 및 대표 학자

젠더, 트랜스젠더, 시스젠더, 남성애, 여성애, 무성애, 동성애, 성소수자, 생물학적 성, 사회적 성지향성, 권력과 성, 사회화, 유동성	Karl Heinrich Ulrichs, Richard von Krafft-Ebing, Magnus Hirschfeld, Havelock Ellis, Michael Bailey, Kenneth Zucker, Rodriguez Rust

성지향성 연구는 인종차별 연구, 성차별 연구와 같은 관점에서 비이성애자가 주류, 즉 이성애자로부터 어떻게 소외되고 억압받는지를 밝힌다. 이를 위해 특정 사회의 문화, 관습, 법, 제도 등이 어떻게 비이성애자를 소외시키는지를 분석한다. 이러한 연구는 이성애 이외의 다양한 성지향성을 가진 사람들이 법적, 제도적으로 차별 대우를 받는 상황을 개선하고자 노력한다. 우리나라에서 이 분야의 연구는 시작 단계이며, 성소수자가 일상적인 삶 속에서 어떻게 소외되거나 소외된다고 느끼는지를 드러내려는 노력이 이루어지고 있다.

주재홍의 〈한국의 청소년 성소수자들로부터 알게 된 그들의 삶의 이야기들〉(2017)

주재홍의 사례 연구는 질적연구로서 한국에서는 새로운 연구 주제인 성소수자 청소년의 삶을 이해하기 위해 노력했다. 또한 우리의 사회적, 문화적, 역사적 상황 속에서 성소수자 청소년이 어떻게 성장하는지를 드러내고 그들의 발달적 특징을 이해하려 했다. 이 연구는 한국의 성소수자 청소년이 학교와 사회에서 '차별과 배제의 낙인'을 경험하고 '침묵과 금기의 대상'이 된다는 것을 밝혔다.

4) 비판적 담론 분석

비판적 담론 분석 연구의 핵심 개념 및 대표 학자

담론, 텍스트, 이데올로기, 권력, 언어적 상호작용, 비판 이론, 마르크시즘, 영역, 사회적 실천, 사회적 역할, 프레임	Norman Fairclough, Michael Kryzanowski, Paul Chilton, Ruth Wodak, John E. Richardon, Siegfried Jager, James P. Gee, Roger Fowler, Bob Hodge

비판적 담론 분석은 '사회적 담론은 언어를 매개로 한 사회적 행위로서 그 사회의 권력 관계와 그것을 유지하고자 하는 이데올로기를 잘 들여다볼 수 있는 창'으로 간주한다. 그러므로 사회적 담론이 표출되고 유통되는 통로인 언어를 분석함으로써 그 사회의 현실을 잘 이해할 수 있다고 믿는다. 이러한 태도에 기초하여 비판적 담론 분석은 비판 이론 관점에서 불평등 관계가 어떻게 개인 간의 관계와 사회적 행위에 영향을 미치는지를 분석한다(Gee, 2004). 언어적 관계에만 천착했던 담론 분석과 달리 비판적 담론 분석은 미시적인 자료 분석에서 그치지 않고 사회적 실천으로서 담론 효과를 중층적으로 보여 주기 위해 노력한다(김학실, 2015).

비판적 담론 분석에서 고려되는 중요한 영역은 텍스트, 담론, 사회이다. '텍스트'는 문법, 어휘, 결합, 텍스트의 구조뿐만 아니라 텍스트에 존재하지 않지만 당연시되는 것, 즉 전제에 관심을 갖는다. '담론'은 텍스트의 생산, 분배, 소비 과정을 분석하는 것으로서 사회적 요소에 따른 담론의 변화 과정에 관심을 갖는다. '사회'는 경제적, 정치적, 문화적 이데올로기와 헤게모니를 분석하여 담론이 어떻게 구조화되고 다른 담론과의 관계에서 어떻게 변화하는가를 밝힌다.

[비판적 담론 분석 연구의 예]

이연선의 〈유아 다문화 교육 정책 및 실제에 관한 비판적 담론 분석〉(2013)

이연선은 유아 다문화 교육 정책 분석을 통해 '유아 다문화 교육'의 개념, 목적과 이데올로기를 밝히고, 교사 담론 분석을 통해 재해석, 협상, 저항의 가능성을 살펴보았다. 텍스트 차원에서

'유아 다문화 교육 정책에 나타난 교육 목표, 의도, 이데올로기는 무엇인가?', 담화적 차원에서 '지역 교육청은 유아 다문화 교육 정책과 관련하여 어떤 역할을 하고 있는가?', 사회·문화적 차원에서 '교사는 유아 다문화 교육 정책과 관련하여 현장에서 해석, 협상, 또는 저항을 하는가?'의 연구 문제를 탐구했다. 이 연구는 미시 어휘 분석을 통해 정책 텍스트의 생산, 재해석, 소비 과정에 나타난 이데올로기의 발현과 실행 격차를 드러냈다는 점에서 비판적 담론 분석을 이해하는 데 좋은 예가 된다.

5) 다문화주의

다문화주의 연구의 핵심 개념 및 대표 학자

다문화주의, 다민족주의, 병행사회, 주도문화, 신자유주의, 반세계화, 우생학, 관용, 인권, 다양성, 차별, 문화상대주의, 민족주의, 인종주의, 세계시민주의	Cormac Taylor, Neil Bissoondath, Bhikhu Parekh, David T. Goldberg, J. L. Kincheloe, Tariq Modood, Will Kymlicka, Carl A. Grant, Christine E. Sleeter

다문화주의는 문화적 다양성을 인정하고 장려하려는 태도를 취한다. 따라서 특정한 사회에서 특정한 집단의 문화(여성 문화, 소수민족 문화, 비서양 문화 등)가 어떻게 차별적인 대우를 받아왔는지를 분석한다. 또한 다문화주의는 주변적 문화로 간주되었던 사람들의 문화를 동일하게 가치로운 것으로 인정하고 존중하려는 태도를 취한다. 이는 다른 문화에 대한 존중과 문화적 차이에 대한 관용을 중시한다. 다문화주의는 1960년대 북미에서 대중화되기 시작했으며, 우리나라도 이민 가정과 다문화 가정이 증가하면서 다문화주의에 대한 관심이 증가하고 있다. 한 예로 한국의 순혈주의에 의문을 던진 연구를 소개한다.

[다문화주의 연구의 예]

김영천의《가장 검은 눈동자: 한국 다문화 아동의 슬픈 자화상》(2011)

이 책은 한국에서 살아가고 있는 다문화 학생과 가족의 이야기를 비판적 관점에서 보여준다. 김영천은 지난 50년 동안 학교교육과 미디어, 국가 정책을 통해 한국에 자리 잡고 있는 '단일민족', '순혈주의' 이념 속에 전 세계적으로 유래를 찾기 힘든 중증의 인종차별주의적인 요소가 들어 있다고 비판한다. 이 책은 한국의 다문화 가정 아동이 일반 가정 아동과 다르게 어떻게 적응하고 살아가는지 그들의 교육적 경험을 실제적이고 구체적으로 묘사했다. 다섯 아동의 슬픈 이야기는 단일성이나 통일성 대신에 배려와 관계의 도덕적 가치 실천의 의미와 중요성을 일깨운다. 이처럼 비판 이론적 패러다임에 기초한 질적연구는 사회의 구조적, 문화적, 정치적, 경제적 틀이 어떻게 특정한 집단이나 개인을 차별하고 억압하는지를 드러내고 개선하기 위해 노력한다.

6) 실행 연구

실행 연구의 핵심 개념 및 대표 학자

실행, 장 이론, 반성, 성찰, 개선, 자기성찰, 협력, 실제성, 이론과 실천의 변증법적 관계, 순환적 연구 과정, 발달	Kurt Lewin, Donald Schon, Lawrence Stenhouse, Ken Zeichner, Stephen Kemmis, Robin Mctaggart, James McKernan, Jean McNiff, Susan E. Noffke, Timothy Diamond, Rory O'Brien

실행 연구는 실천가가 자신 및 주변의 문제를 해결하기 위해 연구자가 되어 현장 실천의 변화와 개선을 위해주체적으로 수행하는 연구를 말한다. 또한 실행 연구는 현장의 변화는 현장을 가장 잘 알고 있는 내부자, 즉 실천가의 주체적인 노력에 의해 가능하다고 믿는다. 실행 연구자는 이론과 실제가 엄격히 구분할 수 있는 것이 아니라고 믿는다. 즉 실행을 통해 생성된 지식은 이론의 정립에 기여하고, 이러한 이론은 다시 더 나은 실행에 영향을 미치는 변증법적인 발달을 거친다. 이러한 점에서 실행 연구의 창시자인 Lewin(1946)은 실행 연구를 사회적 삶에 중요하게 영향을 미치는 법칙을 생성하기 위해 수없이 검증하는 실행의 과정으로 정의했다. 자신의 환경적, 내면적 실제의 변화와 개선을 추구하는 연구자라면 개인적으로 혹은 집단적으로 실행 연구를 수행할 수 있을 것이다.

[실행 연구의 예]

Timothy Diamond의 〈Social policy and everyday life in nursing homes〉(1986)
Diamond는 사설 양호 시설에서 근무하는 간병인의 삶을 연구하기 위해 직접 간병인이 되어 3년간 일하면서 이 연구를 수행했으며, 질 낮은 간병 서비스의 사회적 이슈인 '서비스의 상품화', '극빈 수준의 보수', '육체적 노동에의 초점', '편의성 중심의 정책' 등에 대해 논의했다. 실행연구의 정전 중 하나인 이 연구는 통계적 연구나 외부 연구자 중심의 연구가 도달하기 어려운 실제적인 이해에 도달했음은 물론, 보다 나은 실천과 정책을 위한 실제적이고 경험적인 연구 결과를 만들어냈다.

라. 해체적 패러다임

해체적 패러다임의 특징

- 기존의 이해와 관점 해체와 재구성
- 기존의 사유나 의식에 대한 적극적인 물음과 도전
- 보편성을 부정하고 다양성과 차이 드러내기
- 기존의 이론적 관점에 기초한 해석의 거부
- 사회와 문화의 다양하고 다차원적인 의미 드러내기
- 해체적 방법: 기존의 텍스트를 구성하고 있는 의미 체계가 '진실'이 아니라 모순적 의미를 포함한 허구임을 드러내기
- 자료의 의미를 이해할 수 있는 독창적인 원본이 없다고 간주하고 텍스트들이 서로 결합된 텍스트들만이 있다는 '상호 텍스트성'을 강조

해체는 Lather가 체계화한 패러다임 차트의 마지막에 위치한다. 이 패러다임의 특징은 다음과 같다.

첫째, 해체적 패러다임에 속하는 연구자는 객관적 현실의 존재를 부정하고, 예측과 인과적 설명의 가능성에 의문을 제기하며, 기존의 사유나 의식에 대해 적극적으로 도전하고 물음을 제기한다. 즉 지금까지 이성적, 합리성, 보편적, 실제적이라고 믿어왔던 우리의 사고 체계, 신념 등을 드러내고 재구성하려 한다. 특히 이 패러다임의 방법론은 근대의 사회과학적 패러다임, 즉 개념, 가정, 철학적 전제에 근본적으로 도전한다. 예컨대 해체는 현실에서의 주변성, 특이성, 특수성, 패러독스, 다원성, 애매성, 불확실성 등의 측면을 부각할 수 있는 방법에 관심을 가진다.

둘째, 해체적 패러다임에 속하는 연구자는 단일한 해석에 도달하기보다 실재의 다중성을 드러내기 위해 노력한다. 다시 말해 해체적 패러다임 연구자는 하나의 현상이 하나의 이해와 설명으로 다루어질 수 없다고 간주하고 연구자와 인간의 주관적인 인식으

로 드러나는 다양한 관점에 의한 해석을 추구한다(Grbich, 2003; Graham, Doherty, & Malek, 1992). 따라서 해체적 패러다임의 연구 결과는 하나의 관점에서 최종적인 결론에 도달하기보다 독자의 이해를 넓혀줄 수 있는 복수의 해석을 내놓는다. 결코 종결된 결론이나 닫힌 비평이 아니라 항상 결과와 해석이 개방된 지평의 연속을 지시하게 된다. 이러한 '결정 불가능성'을 추구하는 해체적 패러다임 연구자는 가능한 한 모든 시도와 이해, 해석에 열려 있다(Norris, 1987).

셋째, 해체적 패러다임은 텍스트와 상호 텍스트성, 연구자에 의한 텍스트의 해석을 강조한다. 이때 연구자는 밀착 독서를 통해 텍스트를 구성하고 있는 의미 체계가 온전한 하나의 통일체가 아니라 사실은 모순적 의미를 포함한 허구임을 드러내기 위해 노력한다. 이처럼 해체는 텍스트 속에 숨어 있는 의미의 발생과 발달, 즉 역사적 생성과 끊임없이 연관이 있다. 따라서 해체는 텍스트가 어떤 관점에서 작성되었는지 들추어낸다. 이러한 관점에서 해체주의 연구자는 자신의 텍스트도 해체의 대상으로 인식하므로 더욱 적극적으로 자신의 주체성을 드러낸다.

넷째, 해체적 패러다임 연구자는 연구 자료를 프리즘과 같이 다양한 빛, 즉 다양한 해석을 가능하게 하는 매개체로 간주한다. 해체적 패러다임의 연구 자료는 그 자체로서 연구의 결론이나 연구자의 주장을 합리화하지 않는다. 다시 말해 연구자는 다양한 각도와 관점에서 데이터를 바라보고 다르게 비춰지는 양상과 의미를 중층적으로 표현하려 한다.

다섯째, 해체적 패러다임 연구자는 기존의 거대 담론과 주류적 관점을 해체한다. 이 때 해체는 거대 담론을 자신들의 새로운 담론으로 대체하는 것이 아니라 어떤 것도 중심적이지 않음을 주장함으로써 주류와 비주류, 핵심과 주변, 주체와 타자의 유동적인 관계를 드러낸다. 그러므로 이들에게 주류의 권위는 항상 움직이고 변화하는 것이다. 따라서 해체적 패러다임 연구자는 '타자의 다양한 목소리'를 통해 지배적이고 억압적인 모든 힘의 역학 관계 및 불평등으로부터 해방과 자유를 추구한다.

해체적 패러다임의 대표적인 연구 방법론은 다음과 같다. '해체'는 학자마다 다소 상이하게 정의되므로 이 패러다임과 방법론을 이해하기 위해서는 특정한 학자나 철학자의 작품을 다수 읽어서 용어에 익숙해지고 그 의미를 이해해야 한다.

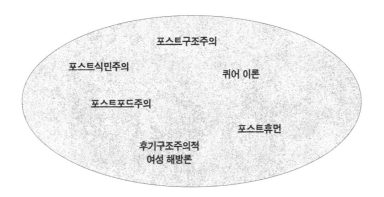

1) 포스트구조주의

포스트구조주의 연구의 핵심 개념 및 대표 학자	
탈구축, 해체, 불안정화, 탈주변화, 탈경제, 노마드	Jacques Derrida, Michel Foucault, Judith Butler, Jacques-Marie-Emile Lacan, Jean Boudrillard, Jula Kristeva

포스트구조주의자는 '불안정화', '탈주변화'라고 불리는, 권위적이지 않고 일관성을 보장하지 않는 태도를 취하며 존재하는 구조와 체계를 탈피하기 위해 노력한다. 따라서 포스트구조주의 연구자는 해체와 재건을 통해 새로운 이해와 시각을 드러낸다. 포스트구조주의 연구자는 현존하는 관념, 개념, 이해, 이론의 구성과 역사적 발달을 탐구하여 그것이 유일한 해석이나 이해가 아님을 밝히려 한다.

　포스트구조주의를 선택한 연구자는 이 접근과 구조주의의 관계를 이해해야 한다. 구조주의는 구체적 실제나 추상적 개념과도 다른 양자를 중재하는 질서인 언어를 통해 만들어진 구조(structure)를 통해 인간의 문화를 이해할 수 있다고 보았다. 하지만 포스트구조주의자는 객관적인 실제와 고정불변의 구조를 정당화하는 구조주의의 모든 관점에 의문을 제기한다.

[포스트구조주의 연구의 예]

장은정, 정은숙의 〈포스트구조주의 논의를 통해 본 한국 대중춤의 사회문화적 의미〉(2012)

이 연구는 대표적 포스트구조주의 철학자인 Gilles Deleuze의 '리좀(rhizome)', '되기(becoming)', '기관 없는 신체(body without organs)'라는 개념을 통해 한국 대중춤의 약동성과 생명성을 강조한다. 장은정과 정은숙은 전통춤이나 극장 예술춤과 비교하여 소외되거나 가치 폄하적으로 인식되었던 대중춤의 지위를 새롭게 조명하여 대중춤을 '끊임없이 의미를 만드는 과정'으로 바라본다. 또한 대중춤에 나타난 일상적인 몸의 패턴이 사회적 가치를 반영하며 새로운 사회적, 문화적 의미를 만들어간다는 점에서 이를 주변적이고 소외된 행위로 간주하는 시각에 의문을 제기한다.

2) 포스트식민주의

포스트식민주의 연구의 핵심 개념 및 대표 학자

식민, 탈식민, 하위 계층, 식민 주체, 해방, 타자성, 오리엔탈리즘, 혼성성, 신제국주의, 신자유주의, 경계 넘기, 다국적주의, 원주민, 분리 정책

Antonio Gramsci, Frantz Fanon, Edward Said, Gayatri Spivak, Homi Bhabha, R. Siva Kumar, Derek Gregory, Amar Acheraiou

포스트식민주의는 식민주의 작용과 그것의 모순 및 극복에 관심을 둔 연구 접근이다. 포스트식민주의 학자는 탈식민주의 이론과 그 시사점을 통해 식민주의 헤게모니가 한 시대나 사회의 지배 담론을 반영하여 '식민주의의 구조와 실천을 전달하는 역할을 한다'고 주장한다(Asher, 2009). 특히 비서구 학자는 토착적 지식을 바탕으로 서구 지식에 대한 새로운 비평을 통해 서구 중심의 거대 담론에 도전하여 지식을 탈중심화하고 재구조화하기 위해 노력한다. 우리나라 교육학 분야의 탈식민적 연구를 한 예로 소개한다.

[포스트식민주의 연구의 예]

주재홍, 김영천의 〈탈식민주의 텍스트로서 교육과정 연구: 새로운 지평의 탐구〉(2017)

주재홍과 김영천은 포스트식민적 관점에서 한국 교육과정 연구의 동향을 분석하고 그 연구의 지형을 체계적으로 규명했다. 포스트식민주의 교육과정 연구의 주제를 '식민주의 역사와 실천 분석', '주체와 타자의 불평등한 관계 이해', '토착적 지식의 생성', '식민적 지식의 해체', '식민주의 극복을 위한 저항과 전략의 발달' 등으로 체계화하고 각각의 주제가 어떤 철학적, 이론적 관점에 기초하는지 분석했으며, 그러한 포스트식민적 연구 주제가 한국에서 어떻게 이루어지고 있는지 규명했다. 이 연구는 다소 모호하게 이해되고 있는 포스트식민주의 연구가 무엇인지 체

계적으로 이해할 수 있는 기반을 마련했다.

3) 퀴어 이론

퀴어 이론 연구의 핵심 개념 및 대표 학자

젠더, 성지향성, 게이, 레즈비언, 양성애, 트랜스젠더, 퀴어, 정체성, 정치학, 주관성, 이성애 규범성, 수행성

Michael Warner, Cathy Cohen, Josiah Flynt, Lauren Berlant, Annamarie Jagose, Lee Edelman, Judith Butler

퀴어 이론 연구자는 이성애주의로 환원될 수 없는 인간관계를 드러내고 그들의 정체성을 낯설게 만듦으로써 이성애주의 중심 문화와 담론을 변화시키기 위해 노력한다. 특히 퀴어 이론은 성정체성의 정치학적 관점에서 게이나 레즈비언이 독특하고 본질적인 정체성을 가지고 있다고 주장한다.

따라서 퀴어 이론의 접근을 취하는 연구자는 정체성의 정치학이 지닌 배타성을 극복하고 이성애자와 성소수자 사이의 경계, 나아가 성소수자들 내부의 경계를 넘어서려 한다. 이 관점에서 이성애자와 동성애자, 게이와 레즈비언 같은 개념을 인간의 정체성을 규정 짓고 제한하는 장벽으로 바라보고 개인의 독특한 정체성을 인정한다. 한편 우리나라의 퀴어 이론 관점에 기초한 연구는 아직 시작 단계이다.

[퀴어 이론 연구의 예]

이준수의 〈겨울왕국의 엘사 캐릭터에 나타난 젠더 정체성의 변화〉(2015)

이 연구는 디즈니 영화에 나타난 '사랑' 개념의 변화를 추적하고 겨울왕국에 나타난 변화를 강조한다. 이준수는 Judith Butler의 이론적 관점에서 엘사의 성정체성을 분석했는데, 엘사의 동성애적 성향을 강조하지만 결론에서 엘사의 퀴어 정체성이 남성/여성 혹은 이성애/동성애의 이분법적 관점으로 환원될 수 없다고 주장한다. 즉 엘사의 정체성이 끊임없이 가변되고 재전유될 수 있는 것이라고 해석한다. 이 연구는 성정체성을 퀴어적, 즉 해체적 관점에서 바라봄으로써 우리 문화 속에 존재하는 이분법적 사고에 질문을 던진다.

4) 포스트포드주의

포스트포드주의 연구의 핵심 개념 및 대표 학자

노동자주의, 자율주의, 콘트라디예프 파동, 축적 체제, 신슘페터 경제학, 유연 전문화	Christian Marazzi, Antonio Negri, Paolo Virno, Carlo Vercellone, Ash Amin, George Beca, Bob Jessop, Jeremy Rifkin

포스트포드주의가 포드주의를 반대한다는 점에서 연구자는 먼저 포드주의를 이해할 필요가 있다. 포드주의는 세계대전 이후 대량 생산과 소비를 지향하는 자본주의적 기술 체계와 작업 조직의 지배적인 방식을 일컫는다. 1960년대 후반 대량 생산 체제의 둔화와 단순 반복적 작업에 대한 노동자의 불만에 직면하고 다품종 소량 생산을 지향하는 경향이 등장했는데 이를 포스트포드주의라고 한다.

포스트포드주의는 분업의 최소화와 폭넓은 자율성, 숙련화, 팀 작업, 노동자의 경영 참여, 규모의 경제에서 벗어난 범위의 경제, 직업 만족도 극대화를 위한 작업 설계 등에 관심을 가진다. 포스트포드주의의 핵심 개념은 '유연성'으로 유연한 전문성, 유연한 노동/회사, 핵심적 노동과 주변적 노동의 경계 붕괴, 작업자 수의 유연성, 기능적 유연성을 추구한다(Thursfield, 2017).

[포스트포드주의 연구의 예]

이영수, 임기택의 〈들뢰즈 공간 담론과 유연적 생산 구조의 관계성에 관한 연구〉(2006)

이영수와 임기택은 Deleuze의 이론에 영향을 받아 실행되는 건축 공간이 오히려 자본에 종속되고 자본을 강화하는 공간 구조를 대변하는 경향이 있다고 주장하며, 자본의 생산 구조의 변화 및 경계 해체적인 기하학적 공간을 만들어내는 건축 작업에 의해 생성되는 재현 구조와 생산 구조의 관계를 연구했다. 또한 포스트포드주의의 관점에서 '유연적 생산 구조의 진화 양상', '유연적 생산 구조에 따른 도시 공간의 변화 양상', '경계 해체 공간 담론의 등장'에 대해 논의했다. 이 연구는 도심 건축물의 다양한 기능과 이해를 드러냈다는 점에서 포스트포드주의 연구의 특성을 잘 보여준다.

5) 후기구조주의적 여성 해방론

후기구조주의적 여성 해방론 연구의 핵심 개념 및 대표 학자

평등, 여성 교육, 여성 혐오, 오이디푸스 콤플렉스의 해체, 체화된 주체성, 정체성의 정치학, 문화, 맥락, 언어	Judith Butler, David Lodge, A. S. Byatt, Vicky Randall, Margaret A. McLaren, Helene Cixous, Luce Irigaray

후기구조주의 페미니스트는 근대 주체 철학의 합리적 절대적 주체와 주체성 이론이 여성에 대한 남성의 지배를 합리화하고 여성 억압의 기저로 작동했다고 믿는다. 이들은 형이상학적 본질주의의 정체성 이론을 해체하려 하며(Kristeva, 2002), 나아가 여전히 남성 중심적으로 편향된 후기구조주의자의 한계를 넘어 구체적 실존적 상황 속에서 억압받는 여성의 해방을 궁극적 목적으로 한다. 그리고 고정된 여성성에 대한 어떤 입장도 거부하고 본질주의에 근거한 모든 여성성의 해체를 지향한다. 후기구조주의 페미니스트는 사회적, 문화적 맥락 속에서 형성되고 변화에 열려 있는 주체로서의 여성, '과정으로서의 주체'인 여성을 주장하며, 그럼으로써 여성 또한 사회 변혁의 주체가 될 수 있음을 주장하는 이론적 토대를 제공한다(김정숙, 2006).

[후기구조주의적 여성 해방론 연구의 예]

김정숙의 〈후기구조주의 페미니즘 시각에서 본 주체성 문제와 신학적 인간학에서 말하는 하나님 형상의 의미〉(2014)

김정숙은 전통적인 신학적 인간학에서 주장하는 '하나님의 형상'으로서의 인간 이해에 대한 의문을 제기했다. 그리고 그러한 관점이 인간됨의 본질에 대한 단일한 이해를 강화함으로써 인간과 자연의 구별은 물론 인간의 개별성, 다양성, 우연성을 배제하는 토대가 되어왔다고 주장한다. 특히 계급적, 성적 차별과 억압의 역사에서 고통 받은 여성의 정체성에 대한 의식, 즉 '나는 누구인가'라는 의문을 배제하는 방향으로 나타났다고 지적했다. 김정숙은 여성의 주체성은 축소나 환원의 방향이 아니라 다양함을 인정하는 확장의 관점에서 바라보아야 한다고 주장한다.

6) 포스트휴먼

포스트휴먼 연구의 핵심 개념 및 대표 학자

휴머니즘, 트랜스휴머니즘, 사이보그, 인공두뇌학, 생명공학의 혁명, 유전공학, 포스트휴먼 몸	Francesca Ferrando, Rosi Braidotti, Katherine N. Hayles, Francis Fukuyama, Judith M. Halberstam, Ira Livingston

포스트휴먼은 해체적 패러다임의 새로운 연구 전통으로 성장하고 있다. 포스트휴먼은 현재 인류의 생물학적 능력을 뛰어넘는 능력을 갖춰 현재의 기준으로 인간으로 분류될 수 없는 인간 이후의 존재를 뜻한다(한국포스트휴먼연구소, 2015). 인간의 수명이 비약적으로 늘어나고 인공물이 인간의 고유 능력과 역할을 수행할 수 있는 경우가 점차 늘어나고 있다. 이러한 상황에서 포스트휴먼은 기술의 발전이 인간의 행동과 의식에 미치는 영향, 그리고 인간과 기계의 상호작용을 이해하려 한다. 이를 통해 포스트휴먼 연구 접근은 인간 존재성에 대한 이해에 새로운 관점과 해석을 드러내기 위해 노력한다.

[포스트휴먼 연구의 예]

최병학의 〈포스트휴먼 시대의 예술―기술적 상상력과 딥드림, 그리고 '새개념 미술'〉(2018)

최병학은 이 연구에서 기존 전통을 해체하고 새로움을 추구하는 예술의 속성, 예술과 기술의 상호 연관성을 고려하여 포스트휴먼 예술이 '새개념 예술'로 출현했음을 주장한다. 그리고 포스트휴먼 시대에 예술은 기술 발전의 힘으로, 동시에 기술은 예술의 창조성으로 서로 소통하여 발전할 것으로 조망했다. 포스트휴먼 연구 전통은 고도로 발달한 기술과 그 결과물이 인간 삶의 많은 부분에 직간접적으로 영향을 미치는 현실에서 인간이 기술과 어떻게 상호작용하며 기술의 사용이 인간의 생각, 행동, 존재성에 어떤 영향을 미치는지에 관심을 갖는다.

이 장에서는 연구자가 자신의 연구 패러다임을 인식하는 것이 연구를 수행하는 데 가장 중요한 요소임을 주장했다. 또한 네 가지 연구 패러다임에 기초하여 다양한 연구 전통이 어떤 존재론적, 인식론적, 가치론적, 방법론적 특성을 지니고 있는지 예를 들어 설명했다. 이 장의 설명을 통해 자신이 현재 가지고 있는 패러다임의 위치를 가늠해보고, 어떤 패러다임으로 나아가고자 하는지 조망할 수 있기를 바란다.

참고문헌

강영계 역(1983). 인식과 관심. **고려원 문화총서 7**. 고려원.

곽영순(2009). **질적연구: 철학과 예술 그리고 교육**. 교육과학사.

곽영순(2003). **질적연구로서 과학수업비평: 수업비평의 이론과 실제**. 교육과학사.

김동규(2001). 하버마스의 반성철학에 관한 연구: 인식과 관심을 중심으로. 부산대학교 석사학위
　　　논문.

김상록 역(2006). **목소리와 현상**. 인간사랑.

김요완(2009). 근거 이론을 적용한 이혼 소송 과정 분석. **한국심리학회지: 상담 및 심리치료**, 21(2),
　　　559-583.

김욱동(1990). '포스트모더니즘의 개념과 본질'. 김욱동 편. **포스트모더니즘의 이해**(pp. 417-459).
　　　문학과지성사.

김정숙(2014). 후기구조주의 페미니즘 시각에서 본 주체성 문제와 신학적 인간학에서 말하는 하
　　　나님 형상의 의미, **한국조직신학 논총**, 16, 157-187.

김진철 외(2000). **현대 사회과학의 패러다임 위기**. 세계정치경제연구소.

김태양(2001). '하버마스의 인식론'. **김천과학대학 논문집**, 27, 23-30.

김형효(2005). 포스트모더니즘과 무(無)를 닮으려는 사유. 철학문화연구소, **철학과 현실**, 2005년
　　　봄호(통권 제64호), 21-33.

서도식(2006). 하버마스 "인식과 관심". **철학사상**, **별책 제7권**, **제22호**, 도서출판 관악.

서상명(2007). Derrida의 해체주의적 교육과 그 윤리교육적 함의. 경북대학교 박사학위 논문.

손민호 · 문성숙(2011). 구성원들의 실천지에 관한 이해로서의 민속 방법론 활용 탐색, **교육과정연
　　　구**, 29(2), 45-68.

신승환(2003). **포스트모더니즘에 대한 성찰**. 살림.

양진방(1997). 해석적 연구 패러다임의 체육학에의 적용 가능성과 그 함의. **용인대학교 체육과학연
　　　구논총**, 7(1), 59-66.

유형식(2001). 실증주의적 방법론. **외국학연구**, 5, 213-241.

유혜령(1997). '포스트모더니즘과 교육'. 허숙 · 유혜령 편. **교육현상의 재개념화**. 교육과학사.

이규호(1985). **앎과 삶**. 연세대학교출판부.

이민정 · 이동언(2016). 김수근의 공간 사옥 계단에 대한 해석학적 연구, **대한건축학회 논문집**,
　　　32(2), 111-119.

이종규(2006). **질적연구 방법론**. 교육과학사.

이지만(2004). 탈실증주의 사회과학 방법론의 고찰. **연세경영연구**, 41(1), 285-309.

장일조(1980). **이성적인 사회를 위하여**. 종로서적.

지순희(1988). 하버마스의 '인식주도적 관심' 개념. 이화여자대학교 석사학위 논문.

진영은 역(2008). **교육 상황에서 질적연구 수행하기**. 학지사.

최병학(2018). 포스트휴먼 시대의 예술: 기술적 상상력과 딥드림, 그리고 '새개념 미술'. **철학논총**, 92(2). 283-301.

최지영(2009). 결혼과정을 통해서 본 모-자녀 관계 변화에 관한 질적연구: 기독교 가정을 중심으로. **상담학연구**, 10(3), 1697-1725.

한국포스트휴먼연구소(2015). **포스트휴먼 시대의 휴먼**. 아카넷

Bauman, Z. (1991). *Modernity and Ambivalence*. Cambridge: Polity Press.

Bell, D. (1973). *The Coming of Post-industrial Society*. New York: Basic Books.

Bloland, H. G. (1995). Postmodernism and higher education. *Journal of Higher Education*, *66*, 521-559.

Borland, J. H. (1990). Postpositive inquiry: Implication of the 'New philosophy of science' for the field of the education of the gifted. *Gifted Child Quarterly*, *34*(4), 161-167.

Bogdon, R. C. & Biklen, S. K. (1998). *Qualitative Research for Education an Introduction to Theory and Methods*. Allyn and Bacon: Needham Height, MA. p. 276.

Caputo, J. (Ed.) (1998). *Deconstruction in a Nutshell: A Conversation with Jacques Derrida*, New York: Fordham University Press.

Carnap, R. (1934). *The Unity of Science*. London: Kegan Paul.

Carr, W. (1995). *For Education: Toward Critical Educational Inquiry*. Buckingham, UK: Open University Press.

Christopher, J., Richardson, E., & Christopher, S. (2001). *Philosophical hermeneutics: A metatheory to transcend dualism and individualism in Western psychology*. Retrieved January 27, 2006, from http://htpprints.yorku.ca/archive/00000163/01/HTP_Prints--Philosophical_Hermeneutics--A_Metatheory.pdf

Creswell, J. W. (2003). Research design: qualitative inquiry. *Qualitative Inquiry*, *6*, 256-265.

Crotty, M. (1988). *The Foundations of Social Research: Meaning and Perspective in the Research Process*. Thousand Oaks, CA: Sage Publications.

Cupchik, J. (2001). Constructivist realism: An ontology that encompasses positivist and constructivist approaches to the social sciences. *Forum for Qualitative Social Research*, *2*(2).

Denzin, N. K. & Lincoln, Y. S. (2000). *The Handbook of Qualitative Research*. Thousand Oaks, CA: Sage Publications.

Denzin, N. K. & Lincoln, Y. S. (1994). Introduction: Entering the field of qualitative research.

In N. K. Denzin & Y. S. Lincoln (Eds.). *Handbook of Qualitative Research* (pp. 1-18). Thousand Oak, CA: Sage Publications.

Denise, E. (1995). Deconstrucation Revisited and Derrida's Call for Academic Responsibility, *Educational Theory*, *Vol. 45*, Illinois: University of Illinois.

Doy, G. (1998). *Materializing Art History*. Oxford: Berg.

Ermarth, E. D. (1996). 'Postmodernism'. E. Craig (Ed.), *Routledge Encyclopedia of Philosophy*(pp. 587-590). New York: Roultedge.

Ernest, P. (1994). *An Introduction to research methodology and paradigms: Educational research monograph series 1*. The Research Support Unit, University of Exeter.

Gitlin, A. (1994). *Power and Method: Political Activism and Educational Research*. New York: Routledge.

Giroux, H. (1988). *Schooling and the Struggle for Public Life: Critical Pedagogy in the Modern Age*. Minneapolis: University of Minnesota Press.

Graham, D., Doherty, J., & Malek, K. D. (1992). Introduction: The context and language of postmodernism. In J. Doherty, E. Graham, & M. Malek(Eds.). *Postmodernism and the Social Science*(pp. 1-23). New York: St. Martin's Press.

Grbich, C. (2003). *New Approach in Social Research*. London: Sage Publications.

Glesne, C. (1998). *Becoming Qualitative Researchers: An Introduction*. Addison Wesley Longman, Inc., NY. p. 224.

Greene, J., Benjamin, I., & Goodyear, I. (2001). The merits of mixing methods for evaluation. *Evaluation*, *7*(1), 25-44.

Grundy, S. (1987). *Curriculum: Product or Praxis*. Philadelphia: The Falmer Press.

Guba, E. G. (1981). The paradigm revolution in inquiry: Implications for vocational research and developement. Present at National Center for Research Education Staff Development Seminar, Columbus: OH.(ERIC Document Reproduction Service No. ED 212 829).

Guba, E. (Ed.). (1990). *The Paradigm Dialog*. Newbury park, CA: Sage.

Habermas, J. (1972). *Knowledge and Human Interests*. 2nd ed., London, Heinemann.

Harding, S. (2004). *The Feminist Standpoint Theory Reader: Intellectual and Political Controversies*. New York: Routledge.

Harvey, D. (1990). *The Condition of Postmodernity*. Oxford: Blackwell.

Hatch, A. (2002). *Doing Qualitative Research in Education Setting*. New York: State University of New York Press.

Hatch, A. (1985). The quantoids versus the smooshes: Struggling with methological rapprochement. *Issues in Education*, *3*, 158-167.

Held, D. (1980). *Introduction to Critical Theory*. Horkheimer to Habermas. University of California Press.

Khun, T. (1970). *The Structure of Scientific Revolution*. Chicago: University of Chicago Press.

Kristeva, J. (2002). *Intimate Revolt* (J. Herman, Trans.). New York: Columbia University Press.

Lather, P. (2007). *Getting Lost: Feminist Efforts Toward a Double(d) Science*. Albany: State University of New York Press.

Lather, P. (2004). Scientific research in education: A critical perspective. *Journal of Curriculum and Supervision*. *20*(2), 14-30.

Lather, P. (1997). *Troubling the Angels: Womens Living with HIV/AIDS*. Boulder: Westview/HarperCollins.

Lather, P. (1994). Fertile obsession: Validity after poststructuralism. *The Sociological Quarterly*, *34*(4), 673-693.

Lather, P. (1991). *Getting Smart: Feminist Research and Pedagogy with/in Postmodern*. New York: Routledge.

Lincoln, Y. S. (1988). Naturalistic inquiry: Politics and implications for special education. *Research in Education of the Handicapped, Project Directors' Meeting* (3rd, Washington, DC). (ERIC Document Reproducation Service No. ED 306 711).

Mertens, D. M. (1998). *Research Methods in Education and Psychology: Integrity Diversity with Quantitative & Qualitative Approaches*. Thousand Oaks, CA: Sage Publications.

Meyerhoff, B. & Ruby, J. (1982). Introduction. J. Ruby(Ed.). *A Crahk in the Mirror*(pp. 1-39). Philadelphia University Press.

Misher, E. G. (1986). *Researching Interviewing: Context and Narrative*. Cambridge, MA: Harvard University Press.

Morrow, R. & Brown, D. (1994). *Critical Theory and Methodology*. Thousand Oaks, CA: Sage Publications.

Newell, A. & Simon, H. A. (1972). *Human Problem Solving*. Englewood Cliffs, NJ: Prentice Hall.

Nietzsche, F. (1967). *The Will to Power*. New York: Random House.

Norris, C. (1987). *Derrida*. Massachusetts: Harvard University Press.

Park, K. S. & Raylene, K. (2005). Postpositive and naturalistic research paradigms philosophy and methodology: Implications for technology education research. 중등교육 연구, 53(1), 331–352.

Popper, K. (1970). *The Logic of Scientific Discovery*. New York: Science Education.

Schon, D. (1978). *Educating the Reflective Practitioner: Toward a New Design for Teaching and Learning in the Profession*. San Francisco: Jossey–Bass.

Schwandt, T. A. (2001). *Dictionary of Qualitative Inquiry*. CA: Thousand Oaks, Sage Publications.

Skinner, B. F. (1953). *Science and Human Behavior*. New York: Free Press.

Smith, J. (1993). *After the Demise of Empiricism: The Problem of Judging Social and Educational Inquiry*. New York: Ablex.

Stringer, E. T. (1993). Socially responsive educational research: Linking theory and practice. In D. J. Flinders & G. E. Mills (Eds.), *Theory and Concepts in Qualitative Research: Perspectives from the Field*(pp. 141–162). New York: Columbia University, Teachers College Press.

Thursfield, D. (2017). *Post–fordism and Skill: Theories and Perceptions*. New York: Routledge.

Willis, J. W., Jost, M., & Nilakanta, R. (2007). *Foundations of Qualitative Research: Interpretative and Critical Approach*. Thousand Oaks, CA: Sage Publications.

제 2 장

연구 계획서 작성하기

이 장에서는 질적연구 계획서를 어떻게 작성할 것인지를 다룬다. 모든 사회과학적 연구에서 연구 계획서는 진행될 연구와 관련한 연구자의 패러다임, 구체적인 자료 수집·분석의 절차와 방법을 명료화한다는 점에서 매우 중요하다. 그러므로 명료하고 면밀한 계획서 작성은 연구의 가장 중요한 단계라 할 수 있다. 하지만 괄목할 만한 질적연구의 확산과 발전에도 불구하고 연구자가 연구의 시작을 위해 참고할 수 있는 질적연구 계획서 쓰기에 대한 구체적인 안내가 부족한 것이 현실이다. 이에 연구 계획서 쓰기 단계에서 연구자가 고려해야 할 사항, 그리고 각 사항을 어떻게 효과적으로 명료하게 드러낼 것인지를 구체적, 실제적으로 설명할 것이다.

1. 개요

연구 계획서를 쓸 때 가장 먼저 해야 할 일은 독자나 심사자를 위해 연구의 개요를 제공하는 것이다. 개요에는 연구 주제나 연구 문제, 연구 목적, 연구의 질문, 연구의 모형 등이 들어간다. 이 부분은 간결하지만 짜임새 있게 써야 하는데, 독자의 흥미를 유발하고 뒤따르는 부분에 대한 소개를 포함해야 한다. 먼저 연구에서 진술할 연구 주제나 연구 문제를 소개하고 이를 실천과 정치, 사회적 이슈 및 이론, 연구의 중요성으로 연결시켜야 한다. 다음으로 이론의 배경과 관련된 연구를 이론적 고찰 부분에서 다루어야 한다. 그리고 연구의 구체적인 설계, 즉 어떤 방법론을 활용할 것이고, 중요한 자료 수집 기법이 무엇이며, 해당 모형만의 독특한 특징이 무엇인지 제시해야 한다. 마지막으로, 주제와 관련된 더욱 상세한 논의의 변화, 연구의 중요성과 연구 질문을 제시한다.

김영천(2017)의 사교육 연구 프로젝트를 위해 작성한 연구 계획서의 개요는 간결하고 짜임새 있게 필요한 내용을 명료하게 제시했다는 점에서 좋은 예라고 할 수 있다.

> 그림자교육(shadow education)은 지금까지 학교 바깥에서 이루어지고 있는 보충학습 형태로 알려져 왔지만 최근에 와서는 그 전통적 목적을 넘어서 학교의 역할을 능가하고 위협하는 수준으로 확산되고 있다. 그러한 이유 때문에 동북아시아, 북미, 그리고 유럽에서는 최근에 그림자교육에 대한 연구들이 활발하게 이루어지고 있다. 이에 그림자교육이 가장 활성화되어 있는 우리나라를 하나의 대표적인 목적 표집 사례로 간주하고 그림자교육이 우리나라 교육에서 맡고 있는 실제적인 역할과

역할에 대해 알아보고자 한다. 이와 더불어 우리나라 학생들이 학교교육과 그림자교육 사이에서 어떻게 살아가고 있는지, 그리고 그들이 겪고 있는 딜레마는 무엇인지도 총체적으로 탐구하고자 한다.

본 연구는 한국에서 학생들이 참여하는 다양한 그림자교육의 방법과 실제들을 장기간의 질적연구(참여관찰, 심층 면담, 문서 분석 등)를 통하여 분석하고자 한다. 이를 통하여 한국의 학생들의 그림자교육의 경험에 대한 학생들의 실제적 경험의 이해와 분석을 통하여 한국 학생들이 일상적으로 참여하고 있는 그림자교육의 공부문화의 그 내용과 특징을 밝혀내는 것이다. 이를 통하여 학술적으로 제시되지 못한 한국 학생들의 새로운 학습 문화로서 학교 바깥에서의 학습 그리고 이를 학교교육과 연계하여 공부하고 있는 한국 학생들의 새로운 탈경계적 학습의 방법을 국내 최초로 개념화시키기 위한 것이다. 이러한 분석은 한국의 학생들이 자신의 진로와 교육 그리고 성장을 위하여 어떻게 이 두 가지 방법을 통합적으로 조화하여 이용하고 있는지를 이해하는 데 실제적인 기여를 할 것으로 추측한다.

2. 연구 계획서의 역할과 구조

연구 계획서는 연구 목표 달성을 위해 어떻게 연구를 계획하고 실행할 것인지에 대한 청사진을 제공해야 한다. 학위 논문을 위해 계획서를 작성하는 경우와 같은 초심자에게 연구 계획서 작성은 감당하기 힘든 작업으로 느껴질 수도 있다. 하지만 이 장에서 소개하는 요소와 절차, 구체적인 방법과 예를 참고한다면 감당할 만한 일로 느껴지게 될 것이다. 따라서 이 절에서는 질적연구 계획서의 목적을 간략하게 알아보고 일반적인 질적연구 계획서의 구조를 설명할 것이다.

먼저 연구자는 연구 계획서가 무엇인지 이해할 필요가 있다. Punch는 《Developing Effective Research Proposal》에서 연구 계획서를 '4 Ps(phase, process, produce, plan)'로 설명했다. 첫째, 단계로서의 연구 계획서는 하나의 연구 프로젝트를 시작하는 가장 중요한 첫 번째 단계이다. 둘째, 연구 계획서 작성은 연구 주제와 관련한 기존의 연구 담론과 연구 결과를 고려하여 연구를 계획하고 설계하는 과정이다. 셋째, 완성된 연구 계획서는 공식화되는 하나의 산출물이다. 넷재 연구 계획서는 연구의 수행에 관한 전반적인 계획이다.

이러한 연구 계획서의 정체성에 대한 이해를 바탕으로 연구자는 연구 계획서가 의도하는 바가 무엇인지, 다시 말해 연구 계획서 작성의 목적이 무엇인지, 인지해야 한다. 연구 계획서는 일반적으로 다음과 같은 목적을 가진다. 여기서 제시하는 연구 계획서의 목적은 다양한 연구 계획서 안내서와 미국교육학회 등의 연구 계획서 심사 기준, 학술대회 발표 지원서 심사 기준을 참고하여 공통되고 일반적인 사항을 발췌·정리한 것이다.

첫째, 연구자가 탐구하고자 하는 연구 주제가 무엇인지 안내한다.

둘째, 왜 그 주제가 탐구할 만한 가치가 있는지 이해시킨다.

셋째, 연구를 통해 연구자가 궁극적으로 무엇을 얻거나 발견할 것인지 제시한다.

넷째, 연구 목적을 어떻게 성취할 것인지 실천 가능한 방식과 절차를 구체적으로 밝힌다.

다섯째, 그러한 방식과 절차가 왜 적절하고 효과적인지 이해시킨다.

여섯째, 자료의 수집과 분석에서 어떻게 타당도와 신뢰도, 연구의 윤리적 사항을 고려할 것인지 밝힌다.

일곱째, 연구가 어떤 이론적, 실제적 기여를 할 수 있는지와 관련한 연구의 잠재적 가능성을 논의한다.

이러한 목적을 가진 질적연구 계획서의 일반적인 체계는 [그림 2-1]과 같다.

- **서론**: 서론에서는 연구의 필요성, 연구 목적, 연구 문제, 연구의 가치를 명료하게 밝힌다. 왜 이 연구가 필요한지, 왜 이 연구에 관심을 가지게 되었는지, 어떤 연구가 이루어져왔고 어떤 문제가 해결되지 않았는지, 어떤 연구 문제를 탐구해야 하는지 등에 대한 연구자의 통찰을 제시하는 공간이다.
- **이론적 배경**: 자신의 연구 주제와 관련한 선행 연구의 분석을 제시하고 자신의 연구에서 중요하게 다루어질 개념이나 이론을 소개하는 공간이다. 선행 연구 분석은 연구 주제와 관련한 담론에 대한 연구자의 통찰을 보여줌과 동시에 자신의 연구가 어떻게 학문적으로 혹은 실제적으로 기여할 수 있는지를 보여주어야 한다.
- **연구 방법**: 연구자가 해당 연구를 위해 사용하는 질적연구 전통을 소개하고 자료를 수집 및 분석하는 방법과 절차를 상세하게 제시함과 동시에 연구 현장과 연구 참여자를 소개한다. 또한 신뢰도와 타당도를 어떻게 확보할 것인지, 그리고 연구윤리를 준수하기 위한 구체적인 전략을 소개한다.

1. 서론

- 연구의 필요성
- 연구 목적
- 연구 문제
- 연구의 가치

2. 이론적 배경

- 기존 연구 정리와 분석
- 기존 연구의 문제점 및 해결되지 않은 점 드러내기

3. 연구 방법

- 연구 방법론적 배경 설명
- 연구 현장과 참여자
- 연구 방법
- 수집 자료의 종류
- 자료 분석 방법
- 타당도
- 연구윤리

4. 참고문헌

5. 부록

- 면담 가이드
- 참여관찰 프로토콜
- 연구 참여자 동의서

[그림 2-1] 질적연구 계획서의 체계

- 참고문헌과 부록: 참고문헌은 일관성과 정확성의 원칙에 따라 엄밀한 확인을 거쳐 제시한다. 부록에서는 질적 면담 가이드, 참여관찰 프로토콜, 연구 참여자 동의서 등 연구에 필요한 양식이나 가이드라인을 추가적으로 제시한다.

3. 연구 계획서 작성의 실제

앞에서는 연구 계획서가 무엇인지, 그리고 연구 계획서의 목적과 일반적인 구조에 대해 알아보았다. 이 절에서는 연구자가 실제로 연구 계획서를 어떻게 작성할 것인지를 앞서 제시한 일반적인 구조와 요소의 순서로 설명할 것이다. 우리의 목적은 질적연구 방법론 자체에 대한 설명이 아니라 연구 계획서를 '어떻게' 작성해야 하는지, 그리고 고려해야 할 사항이 무엇인지를 다양한 예를 통해 이해시키는 것이다. 따라서 각 요소와 관련된 구체적인 방법론적 지식을 얻고자 하는 독자는 이 장을 건너뛰고 이후의 장을 읽기 바란다.

가. 서론 작성하기

서론에서는 연구의 필요성과 목적을 밝히고 연구 문제를 명료화하며 연구의 가치를 제시해야 한다. 연구자는 왜 이 연구가 필요한지, 왜 이 연구에 관심을 가지게 되었는지, 어떤 연구가 이루어져왔고 어떤 문제가 해결되지 않았는지, 어떤 연구 문제를 탐구해야 하는지 등에 대한 통찰을 제시한다. 이때 이러한 기본적인 요소를 갖추면서도 독자가 연구에 흥미를 느낄 수 있게 써야 한다. 즉 이 연구에서 기대해야 하는 것이 무엇인지 독자에게 알려주는 동시에, 연구에 더 깊은 관심을 갖도록 그들을 몰입시키는 글로 풀어내야 한다(Biklen & Casella, 2007: 72). 무엇을 쓰느냐에 더하여 어떻게 매력적으로 쓰느냐가 질적연구 계획서의 질을 결정하는 중요한 요소이다. 질적연구 계획서의 서론에 포함해야 할 요소는 연구 주제, 연구 목적, 연구 문제, 연구의 가치에 대한 설득적인 논의이다.

1) 연구 주제

질적연구 계획서의 시작은 연구자가 자신의 연구 주제가 무엇이며 왜 중요한지를 밝히는 것이다. 이를 위해 처음 해야 할 작업은 독자가 연구 주제에 관심을 가지게 하고, 그것이 탐구할 만한 가치가 있다는 것을 설득시키는 것이다.

연구자는 다양한 방식으로 계획서의 서론 글쓰기에 접근할 수 있다. 연구 주제를 소개할 때는 전략적으로 접근할 필요가 있는데, 어떤 방식이 연구 주제를 가장 강력하고 설득적으로 드러나게 해줄 것인지 결정해야 한다. 예를 들어 '직접적으로 기술하는 방법', '역사적 맥락 속에서 연구 주제를 강조하는 방법', '미디어 담론을 통한 연구 주제의 시대적, 사회적 중요성을 강조하는 방법', '상식이나 거대 담론에 배치되는 지식이나 현상을 소개하는 방법', '실제적이고 구체적인 이야기를 들려주는 방법', '연구자 자신의 경험을 중심으로 강조하는 방법' 등의 접근을 취할 수 있다.

다음 예를 통해 서론의 연구 주제 소개 부분을 살펴보자. 정정훈은 〈교사 전문성으로서의 독특성〉(2017) 서론에서 교사 전문성 담론의 역사성에 자신의 연구를 위치시켰다.

교사의 삶은 교육 연구의 중요한 주제로 자리해왔다. 이는 교사의 삶에 대한 이해를 통해 그들이 어떠한 사회화를 거치고 전문성을 발달시키며 경험하는 특징, 단계, 어려움 등에 대한 이해를 가능하게 하였다(김영천, 정정훈, 이영민, 2006; 채현주, 1999; 최상근, 1993; Bullough, 1987; Connelly & Clandinin, 1988; Lortie, 1975). 이러한 연구들은 교사의 전문성 발달을 이해하기 위해 개별 교사들의 삶을 이해하는 것의 필요성과 중요성을 공고히 하였다. 교사 전문성 발달에 관한 많은 연구들은 교사들의 삶에서 드러나는 '공통성', 즉 그들의 삶에서 대체적으로 드러나는 사회화, 발달 단계, 생존 전략 등에 주목하였다. 교사들의 실제적 삶에 대한 연구가 괄목할 만한 성과를 거두었다고는 하나, 이러한 연구들에서 '개별 교사의 독특성'은 많은 주목을 받지 못하였다. 다시 말해 개별 교사의 경험, 삶, 신념 등의 독특성에 주목한 이해를 통해 교사 전문성을 새로이 개념화 혹은 이론화하려는 노력은 미미한 실정이다. 이에 본 연구는 한 초등학교 교사의 삶을 생애사적으로 탐구함으로써 교사 전문성으로서 '독특성'을 개념화하고자 한다.

한편 이동성은 〈현장교사들의 전문성 발달에 대한 예술 기반 생애사 연구〉(2013)에서 자신의 연구 주제에 담긴 시대적, 사회적 중요성을 강조했다.

학교교육을 개선하기 위한 국가 단위의 교육 정책 변화와 노력에도 불구하고 교육 수요자들의 불만과 불신은 날로 거세지고 있다. 이러한 현상의 원인은 거시적인 교육 정책 및 교육 연구가 주로 학교교육을 둘러싼 외적 환경 요인, 즉 교육 여건, 입시 정책 등에 치우쳐서 실제적인 교육 혁신으로 나아가지 못했기 때문이다(이동성, 2009: 4-8). 이러한 반성에 기초하여, 일부 교육학 연구는 미시적이고 질적인 연구 패러다임에 기초하여 학교교육의 내부자를 탐구하려 한다. 특히 최근의 교육학 연구는 현장교사들의 직업적 삶과 교수 전문성을 탐구하기 위해 생애사 연구에 주목하고 있다.

주재홍(2014)은 '상식이나 거대 담론에 배치되는 지식이나 현상을 소개'함으로써 서론에서 연구 주제를 부각했다.

최근 동성애는 질병이나 정신병이 아니라 새로운 대안적 성적 지향이라고 정의 내리고 있어 전 세계적으로 동성애 금지나 처벌에 관한 규정이 폐지되는 추세이다. 성적 지향은 개인의 선택이 아니라 선천적인 것이며, 다수의 연구자들에 의해 동성애가 정신질환이 아니라는 사실이 알려졌다(Ross et al., 1988; Cabaj & Stein, 1996). 미국정신의학회(American Psychiatric Association, 2004)는 성적 지향은 본인이 마음대로 선택할 수 있는 것이 아니라 선천적으로 타고나는 것이라고 하였다. 따라서 성정체성을 바꾸려는 정신과적 치료가 필요 없고, 동성애는 정신장애도 행동장애도 아니어서 정서적, 사회적으로 문제가 되지 않는다고 판단하여 1973년에 동성애를 《정신질환 진단 및 통계 편람(Diagnostic and Statistical Manual of Mental Disorders-III)》에서 공식적으로 삭제하였다. 또한 이 학회는 게이와 레즈비언이 참된 부모의 역할을 수행할 수 있다고 주장하였다. 1975년 미국심리학회도 동성애는 정신질환이 아니라고 재확인한 바 있다(신승배, 2013; Glassgold et al., 2009).

이와 같이 연구자는 서론에서 연구 주제를 부각하는 다양한 전략과 방법이 있음을 알고, 자신의 계획서를 위해 어떤 전략이 가장 효과적일지 고민하여 선택해야 한다.

2) 연구 목적

연구자는 연구 계획서에서 연구를 수행하려는 의도, 즉 연구 목적을 명확하게 밝혀야 한다. 연구 목적은 이후에 진술하게 될 연구 문제와 연구 방법을 결정하는 중요한 요소이므로 연구자는 자신의 연구 목적을 논리적으로 명확하고 간결하게 진술해야 한다. 연구 목적 부분에서는 연구와 관련한 담론을 확장·심화하기 위해 자신이 연구를 통해 무엇을 성취할 것인지를 명료하게 드러내고 그러한 성취의 학문적 기여점을 밝혀야 한다. 이러한 점에서 연구 목적의 진술은 왜 이 연구가 질적연구로 수행되어야 하는지, 어떻게 관련 담론의 확장과 발전에 기여할 수 있는지를 가늠하는 중요한 요소가 된다. 질적연구 계획서의 연구 목적 진술을 위해 연구자는 다음 사항을 고려할 필요가 있다.

가) 연구의 필요성 정당화

연구자는 자신의 연구가 왜 필요한지 정당성을 확보하기 위해 기존의 연구가 성취하지 못한 부분을 드러내야 한다. 이는 연구자가 심사자나 독자가 가질 수 있는, '왜 이 연구가 필요하지?'라는 의문에 설득적으로 답하는 작업이기도 하다. 이를 위해 연구자는 기존의 연구가 도달하지 못한 이해의 수준, 취하지 않은 관점이나 접근, 고려 사항을 지적해야 한다. 다시 말해 연구자는 연구 주제와 관련한 담론의 '사각지대'를 드러냄으로써 자신의 연구가 어떻게 그 감추어진 이해의 영역을 채우는 데 기여하는지 주장할 수 있다.

나) 선행 연구 분석과 문제점 제시

연구 주제와 관련한 담론의 '사각지대'를 드러내기 위해 연구자는 자신의 연구 주제와 관련 있는 중요한 선행 연구 분석의 핵심을 제시해야 한다. 이 부분에서 연구자는 선행 연구 분석을 통해 얻은 통찰을 제시할 수 있어야 한다. 선행 연구 분석의 모든 내용을 제시할 필요는 없지만, 자신이 알게 된 내용을 간결하게 제시하고 그것의 '사각지대'를 강조하여 자신의 연구가 기여하는 점과 학술적 가치를 밝힌다. 이를 위해 연구자는 연구 주제가 학계에서 어떻게 연구되어왔는지, 어떤 이론적 관점에서 다루어져왔는지 간략하게 논의해야 한다.

다) 연구 원천 밝히기

연구자는 자신의 연구 원천을 명확히 인지하고 밝혀야 한다. 질적연구에서 연구 문제의 원천은 대체적으로 '개인적 경험', '문헌', '사회적 사건'에서 나오는데 각각의 원천은 각기 다른 방식으로 연구의 필요성과 중요성을 강조할 수 있다. 보다 구체적인 내용과 예는 이 책의 3장을 참고하기 바란다.

라) 연구 목적의 명확한 진술

연구 문제는 한 문장으로 명확하게 진술해야 한다. 연구 목적의 명확한 진술은 독자에게 이 연구가 질적연구로 수행되어야만 하는 이유를 이해시키는 기능을 한다. 따라서 일반적으로 질적연구의 문제에는 '어떻게', '왜', '이해', '탐구', '기술' 등의 용어가 포함된다.

연구자는 자신의 연구 문제 진술에 따라 적절한 연구 방법론과 자료 수집 및 분석 방법의 결정을 인식하고 있어야 한다. 1장에서 소개했듯이 다양한 패러다임에 속하는 다양한 질적연구 방법론은 각기 다른 철학적 배경을 가지고 있으며 관심을 두는 탐구 대상과 이해의 접근이 다르다. 따라서 연구 목적을 토대로 연구자와 독자 모두 이후에 제시될 연구 문제가 강력하며 의미 있고 창의적인 연구 문제인지 가늠할 수 있다. 나아가 연구 목적은 가장 적절한 연구 방법론과 연구 방법이 무엇인지 가늠할 수 있도록 진술되어야 한다. 3장에서 논의하겠지만 각각의 질적연구 방법론 전통에 따라 연구 문제의 형태와 진술이 달라진다.

다음은 질적연구에서 연구 문제를 명료하게 제시한 예이다. 각 연구에서 연구자가 연구 문제를 어떻게 규명하고 강조하는지 잘 살펴보기 바란다.

James McDonald는 박사학위 논문(2004)에서 간호사의 임상 경험이 간호 교육으로 어떻게 바뀌는지를 밝히면서 연구 목적을 진술했다.

> 과거 각 교육 기관은 각 분야에서 전문가로 인정받는 박학다식하고 숙련된 교육자를 고용해왔다. (중략) 간호계에서 이러한 새로운 교육자들은 어떤 체계적인 교수 훈련이나 이론적 기반 없이 가르치기 위해 자신의 임상적 경험을 바탕으로 교육을 실시한다. 간호계에 널리 퍼져 있는 교육에 대한 생각은 유능한 간호사가 곧 좋은 교육자라는 것이다. 즉 간호에 대한 풍부한 경험과 숙련된 간호사가 가장 성공적인 교육을 할 수 있다는 생각이다. 그래서 그들은 훌륭한 간호사가 곧 훌륭한 교사라는 관념을 전제하고 있다. 그러나 여러 문헌에서는 교육자들 역시 잘 가르치기 위해 다방면으로 노력한다는 사실을 제시하고 있다. 이 논문은 이처럼 자신의 경험을 가르치는 것에 접목한 간호사의 경험이 무엇인지를 밝히기 위한 것이다.

정정훈(2017)은 자신의 연구 의도를 보다 직접적으로 서술했다.

> 본 연구를 통해 나는 교사 전문성으로서 '교사의 독특성'의 개념을 상정한다. 나는 독특성을 '객관화 문화'(Phelan, 2015) 그리고 '조직적 전문성 담론'(이동성, 2015)으로 비판받는 교사 전문성의 주류적 담론과 역동적 관계에 있는 대안적 교사 전문성으로 개념화하고자 한다. 다시 말해 본 연구를 통해 나는 교사의 전문성이 교사집단의 일원으로서 공통적으로 요구되는 지식, 기능, 태도 등으로 환원되는 것을 넘어 개별 교사가 주체적으로 자신의 전문성을 추구해야 함을 논의하고자 한다.

주재홍(2014)은 자신의 연구 문제를 다음과 같이 진술했다.

> 본 연구는 우리나라 청소년 성소수자들이 성장 과정에서 겪게 되는 성정체성에 대한 자기인식과 이에 따른 딜레마를 규명하고자 한다. 즉 청소년 동성애자들이 성정체성의 이해와 발달을 위하여 어떤 문화적/사회적 관계를 형성하는지 질적연구를

통하여 묘사하고, 이들이 지각하는 교육적 요구나 핵심 이슈들은 무엇인지를 교육학적 측면에서 탐구하는 것이다.

3) 연구 문제

연구자는 이미 진술한 연구 목적에 기초하여 구체적인 연구 문제를 만들어야 한다. 아이디어의 생성과 과학의 진보라는 측면에서 기존과는 다른 참신한 연구 문제를 진술할 수 있는 능력이 그 무엇보다 중요하다.

미국연구위원회(National Research Council, NRC)는 교육에서의 과학적 연구에서 좋은 질문을 제기하는 것이 어쩌면 문제를 해결하는 과정보다 더욱 중요하다고 강조했다. 나아가 양적연구자든 질적연구자든 오래된 질문을 새로운 각도에서 해석하기 위해 창의적인 능력을 발휘해야 한다고 강조했다(NRC, 2002: 55). 그 예로 Guba는 개념, 행동, 가치적 측면에서의 갈등이 연구를 하게 만들기 때문에 기존의 이론이나 가설을 거부하고 의심하는 태도에서 좋은 연구 질문이 만들어질 수 있다고 했다. 그러한 점에서 연구의 목적과 필요성을 구체화한 연구 문제는 연구자가 구체적으로 무엇을 연구할 것인가를 진술한 문장으로, 연구에서 차지하는 위치가 상당히 크다.

질적연구의 연구 문제는 다음과 같은 일반적인 특성을 가진다.

가) 개방적 진술

질적연구의 경우 연구자는 무엇을 연구할 것인가를 구체적으로 알 수 없는 상황에서 연구를 시작하게 된다. 따라서 있을 수 있는 모든 연구 주제와 의미를 찾아내기 위해 연구 문제를 개방적이고 포섭적으로 진술하는 것이 바람직하다.

나) 새로운 탐구 관점이나 초점 강조하기

질적연구에서의 연구 문제는 기존의 이론이나 결과로부터 출발할 수 있지만 대부분 연구자가 일상생활에서 경험한 사실, 고민, 아니면 학습한 이론과 일치하지 않는 현상을 새롭게 탐구하기 위해 만들어진다(Marshall & Rossman, 2011: 28). 그러한 점에서 연구 문제는 기존의 이론에서 출발하기보다는 연구자가 평소에 관심을 두었던 현장의 이슈나 현상이 연구 문제로 승화된다. 이는 좋은 연구 문제를 찾고 만들기 위해서는 질적연구자가 일, 연구 세계, 탐구 대상에 대해 계속적인 반성과 비판 작업을 해야 한다는 것을 시사한다.

다) 잠정적 변화/수정 가능성

훌륭한 질적연구는 기존 이론에 얽매여서는 안 되며 현장에서 연구 참여자, 작업, 계속적인 의문의 과정을 거치면서 예기치 않게 좋은 연구 문제를 만나거나 만들게 된다(Barbar & Duncan, 1982: 3). 질적연구에서 연구 문제는 연구가 진행되면서 더 개선되고 발전된다(Strauss, 1987; Agee, 2009; Miles, Huberman, & Saldana, 2014). 특히 근거 이론의 경우 자료 수집과 분석 과정에서 도출되는 연구 문제의 중요성을 강조하는데(Strauss, 1987), 이는 질적연구의 특징인 연구 문제의 점진적 개발과 개선을 가장 극명하게 보여주는 것이라 할 수 있다. 연구자는 초기 연구 문제를 가지고 현장으로 들어가지만, 수집된 자료와 이에 대한 분석을 통해 연구 문제는 연구 진행 전반에 걸쳐 지속적으로 개선되고 정선된다.

라) 중립적이지 않은 연구 문제

연구 문제는 주관적이며, 중립적이지 않다. 사회과학 연구에서는 연구 문제가 중립적이어야 하고 이러한 중립성이 연구의 엄밀성, 신뢰성, 타당성 등을 보장하는 것이라는 믿음이 널리 퍼져 있다(Diebel, 2008). 하지만 한편으로 많은 학자가 이러한 연구 문제의 중립성에 의문을 제기한다(Tarozzi, 2013; Brayman, 2007). 질적연구에서는 연구자가 속해 있는 패러다임, 연구자가 가지고 있는 가치 등이 연구 문제 구성에 영향을 미칠 수 있다. 연구 문제 구성은 연구자의 성향과 같은 내적 요소와 학계의 풍토, 정책과 같은 이슈, 연구비와 연구 기간 같은 물리적 제약 요소와의 타협의 결과로 도출되는 것이기 때문에 중립적이기보다 정치적인 성격을 띠고 있다.

마) 연구자의 패러다임에 기초

질적연구의 연구 문제는 연구자의 패러다임에 근거하여 만들어진다. 연구 문제는 '무엇'을 '어떻게' 탐구할 것인지를 규명하는 진술이다. 따라서 연구 문제 안에는 '무엇'과 관련된 존재론, '어떻게'와 관련된 인식론과 방법론이 내재되어 있다(김영천, 2016). 따라서 연구자가 몸담고 있는 패러다임은 연구 문제의 철학적 기반이 되고 그에 따라 연구 문제가 구성된다고 할 수 있다.

이러한 연구 문제는 그 문제가 요구하는 답의 성격에 따라 여러 유형으로 구분될 수 있다. Mashall과 Rossman(2006)은 이러한 연구 문제의 유형을 현지 조사적, 설명적, 기술적, 해방적으로 구분했다. 자세한 설명은 3장을 참고하기 바란다. 또한 질적연구에서의 연구 문제는 '질적연구를 왜 하는가'라는 목적이나 특징과 깊은 관련이 있기 때문에, 연구 문제를 진술하려고 할 때 질적연구의 목적에 대해 생각해볼 필요가 있다.

연구자는 이러한 질적연구의 연구 문제 특성을 이해하고 자신의 연구 목적에 부합하는 연구 문제를 진술해야 한다. 연구 문제의 명료한 진술과 더불어 연구자는 각각의 연구 문제와 관련한 다음의 물음에 답할 수 있어야 한다.

첫째, 각각의 연구 문제가 왜 자신의 연구 목적에 부합하는가?

둘째, 각각의 연구 문제는 어떤 면에서 탐구할 가치가 있는가?

셋째, 각각의 연구 문제를 탐구함으로써 어떤 실천적, 학문적 기여를 기대할 수 있는가?

자신의 연구 목적에 기초한 연구 문제를 제시하고, 그 연구 문제의 당위성을 설명하며, 각 연구 문제의 탐구가 어떤 기여를 할 수 있을지까지 설득적으로 기술했다는 점에서 주재홍(2014)의 연구 문제 진술은 좋은 예이다.

청소년 동성애자들이 성정체성의 이해와 발달을 위하여 어떤 문화적/사회적 관계를 형성하는지 질적연구를 통하여 묘사하고, 이들이 지각하는 교육적 요구나 핵심 이슈들은 무엇인지를 교육학적 측면에서 탐구하는 것이다. 이를 위해서 다음과 같은 세 개의 연구 문제를 설정하였다.

연구 문제 1: 우리나라 청소년 성소수자들의 자아 정체성은 어떻게 발달하고 그 특징은 무엇인가?

연구 문제 2: 우리나라 청소년 성소수자들의 학교와 학교 바깥 생활 세계의 특징은 무엇인가?

연구 문제 3: 우리나라 청소년 성소수자들이 경험한 학교교육의 다양한 반동성애적 교육 문화와 요소는 무엇인가?

이동성(2013)의 연구 문제 진술 또한 독자의 이해에 도움을 준다.

앞서 밝힌 바와 같이 이 연구는 초 · 중등 현장교사들의 전문성 발달에 대한 개인적 기억과 체험 그리고 이야기들을 예술 기반 생애사 연구법을 통하여 조명함으로써 교사 전문성의 발달 기제와 구조를 해석적으로 탐구하고자 한다. 아래에 제시한 연구 문제들은 순차적이고 독립적인 관계가 아니라 상호작용적인 관계를 나타낸다. 연구 목적을 달성하기 위한 세부적인 연구 문제를 제시하면 다음과 같다.

연구 문제 1: 초·중등 교사들이 이야기하는 전문성의 개념과 의미는 무엇인가?

연구 문제 2: 초·중등 교사들은 각자의 고유한 전문성을 어떻게 형성하는가?

연구 문제 3: 현장교사들이 전문성을 형성하는 데 영향을 미친 요소는 무엇인가?

연구 문제 4: 전문성 발달은 교사로서의 직업적 삶에 어떤 변화를 가져왔는가?

연구 문제 5: 초·중등 교사들은 전문성과 관련하여 어떤 공통점과 차이점을 나타내는가?

김영천(2017)의 그림자교육(사교육) 연구 계획서도 매우 설득적으로 연구 문제를 제시했다. 김영천은 네 개의 연구 문제를 상정했는데 다음은 그중 하나를 발췌한 것이다. 연구 문제가 어떤 점에서 탐구할 만한 가치가 있는지, 나아가 어떤 기여를 할 수 있을지에 대한 설득 전략을 주의 깊게 살펴보기 바란다.

연구 문제 1. 한국의 학생들이 참여하는 그림자교육에는 어떠한 형태들이 있는가?

서구의 그림자교육 연구는 그동안 드러나지 않았던 학교 바깥에서의 교육을 이론화하였다는 데 큰 의미가 있다. 그럼에도 불구하고 서구의 연구에는 비판적인 측면도 존재한다. 그것은 그림자교육이 정확히 무엇을 말하는지, 그리고 그 형태는 몇 가지 종류가 되는지 언급하지 않고 있다는 점이다.

특히 한국의 그림자교육 연구에서 다양한 용어가 등장하고 있지만 그것이 통일되지 않은 모습을 보인다. 예를 들면 private-tutoring(Bray, 2009; Lee, 2007), private education institute(Bray & Lykins, 2012), hakwon(Park & Abelmann, 2004), education outside school(Askew, Hodgen, Hossain, & Bretscher, 2010) 등의 용어가 우리나라의 그림자교육을 설명하는 용어로 등장한다. 한편으로는 연구의 결과가 잘못 도출되기도 한다. 대표적으로 Bray와 Kobakhidze(2014)는 EBS 수능 강의를 한국의 대표적 그림자교육으로 소개하는 오류를 범하고 있다.

이러한 현상이 벌어지는 근본적인 이유는 한국의 그림자교육의 종류가 다양하기 때문이다. 우리나라에서는 국가가 주체가 되어 제공하는 공교육을 제외한 나머지 교육 방식을 대부분 그림자교육에 포함시킨다. 따라서 그림자교육의 형태가 상당히 다양하다. 이러한 다양한 유형의 그림자교육에 대한 이해가 선행되지 않으면 우리나라의 그림자교육을 제대로 연구할 수 없다.

그렇기 때문에 본 연구에서는 우리나라 및 서구의 학자들을 위하여 한국 그림자교육의 다양한 형태에 대한 이해를 돕고자 한다. 이를 위하여 본 연구에서는 기존에 다루어진 과외, 그리고 학원 이외에 학습지, 온라인 학원, 방과 후 학교를 추가하고자 한다. 왜냐하면 이러한 새로운 그림자교육의 방법은 그 존재와 특징 그리고 역할들이 아직 학술적으로 전혀 소개되지 않고 있기 때문이다.

이러한 유형의 분류를 정당화시키기 위해 각 유형을 가장 잘 설명할 수 있는 사례들을 수집하고 분석할 것이다. 이러한 사례들은 우리 주변에서 쉽게 찾을 수 있지만 그동안 엄격하게 구분되거나 연구되지 않았다. 따라서 연구를 통해 그림자교육의 유형과 특징을 제시하고 세분화할 것이다.

더 중요한 사실은 이미 이러한 유형의 그림자교육에 한국의 학생들이 적극적으로 참여하고 있다는 점이다. 따라서 본 연구에서는 구체적으로 다섯 가지 종류의 그림자교육이 어떠한 모습을 띠고 있는지, 학생들에게 어떠한 형태로 제공되는지, 교육과정과 교재는 무엇인지 등을 교육적, 학술적으로 규명하고자 한다. 추가적으로 이러한 그림자교육이 초 · 중 · 고등학생들에게 어떻게 다가오고 있는지를 제시하고자 한다. 즉 그림자교육의 다섯 가지 형태와 관련하여 학생들이 각 그림자교육 형태들을 어떻게 활용하고 있는지를 탐구하는 데도 목적이 있다. 즉 초등학생, 중학생, 고등학생들이 어떤 그림자교육을 활용하고 있는지를 알아보는 데 초점이 맞추어져 있다. 이러한 분석은 한국의 학생들을 하나의 모델로 삼아 다양한 형태의 그림자교육이 초등학교에서 고등학교까지 어떻게 달라지고 강조되는지를 분석하는 데까지 이를 수 있다. 이를 통해 한국 학생들의 그림자교육의 발달적 계보를 탐색할 수 있게 될 것이다. 학생들의 다양한 사례들을 바탕으로 하여 전형적으로 경험하게 되는 그림자교육의 패턴을 밝혀내고자 한다. 이러한 접근은 단순히 그림자교육이 무엇인가에 대한 이론적이고 수동적인 접근에서 탈피하여 보다 능동적으로 한국 학생들에게 그림자교육이 어떠한 영향력을 행사하고 있는지, 그리고 왜 학생들은 그림자교육을 매력적으로 생각하는지 확인하는 것을 가능하게 할 것이다.

4) 연구의 가치

연구의 중요성과 가치는 질적연구 계획서에서 많은 연구자가 놓치고 있는 글쓰기 영역이다. 연구의 중요성과 가치의 명료한 진술은 연구자가 밝히고자 하는 것이 무엇인지, 어떤 의미를 가지고 있는지를 독자에게 이해시키는 역할을 한다. 독자가 연구에 관한 상황 설명을 읽음으로써 그 연구가 보편타당하면서도 가치 있다는 것을 알게 되기 때문이다.

질적연구가 추구하는 현상 자체에 대한 묘사나 이해만으로도 연구의 가치가 있다고 이야기할 수 있지만, 학술 논문이나 학위 논문 심사자를 설득하기 위해서는 보다 구체적이고 실제적인 중요성을 명료하게 제시할 필요가 있다. 다시 말해 연구자는 자신의 연구가 연구자 한 사람의 개인적인 학술적 흥미를 넘어서 특정 연구 학문 분야의 새로운 지식 창출에 어떻게 기여할 수 있는지와 그 기여의 중요성을 기술해야 한다.

그런데 많은 질적연구 학위 논문의 경우 연구 문제에 대한 학술적 탐구의 필요성을 서론에서 강조할 뿐, 이 연구 문제에 대한 탐색이 학문 분야와 현장에서 어떤 실제적인 기여를 할 수 있는지는 자세하게 쓰지 않는다. 이렇게 된 가장 큰 이유는 연구/탐구 자체의 가치를 지나치게 강조하면서 그 결과가 지닌 실제적, 현장적, 기관적 시사점과 기여점에 대해 심도 있게 생각하지 않기 때문이다. 연구의 중요성과 가치를 충실하게 논의한 질적연구 계획서는 '연구의 중요성'이 누락된 연구 계획서에 비해 훨씬 무게감이 있고 연구의 의의를 찾을 수 있으며, 자칫 추상적이거나 이론적으로 끝날 질적연구 작업의 가치를 매우 현실적으로 관련시킬 수 있다는 점에서 심사자에게 좋은 평가를 받을 수 있다. 이와 관련하여 Burns와 Grove(2005: 667-668)는 연구의 중요성을 기술하기 위해 다음과 같은 사항을 고려할 것을 강조했다.

- 누가 이 탐구 주제에 관심을 가지고 있는가?
- 이 주제에 대해 우리가 이미 알고 있는 내용은 무엇인가?
- 기존의 연구에서 적절하게 답하지 않은 내용은 무엇인가?
- 이 연구 주제는 이 영역의 지식, 실제, 정책에 어떤 기여를 할 것인가?
- 연구가 수행된 맥락과 연구 담론을 어떻게 확장할 수 있는가?

연구의 가치를 설득적으로 기술한 연구를 몇 가지 소개한다. 먼저 Sandberg(2002)의 조직 관리에 대한 연구는 실제적이고 실천적인 측면에서의 가치를 강조하고 있다.

차량 생산, 질병 치료, 운송업, 교직과 같은 조직적 행위는 항상 인간의 수행 능력에 영향을 받는 직업이다. 그리고 그러한 조직에서의 관리 문제는 그 조직이 생존하고 생산성을 높일 수 있도록 그 조직 안에서 일하고 있는 구성원들의 수행 능력을 개발하는 일과 관련이 깊다. 그래서 그런지 최근에 와서 인간 수행 능력의 개발은 더욱더 중요한 인재 개발의 목표가 되고 있다. (중략) 그러나 훈련과 개발을 효율적으로 달성하기 위해 관리자는 구성원들이 작업을 하는 데 요구되는 인간적 수행 능력이 무엇인지를 잘 이해할 필요가 있다(p. 9).

이동성(2013)은 다양한 관점에서 연구의 가치를 논의했다. 먼저 연구 방법론적 측면에서 그리고 자료의 재현과 해석적 측면에서 연구의 가치를 다음과 같이 진술했다.

앞서 밝힌 바와 같이 논리실증주의에 기초한 양적연구 방법만으로는 교사들의 고유한 교수 경험에서 비롯된 전문성 발달의 기제와 구조를 밝히기가 쉽지 않다. 따라서 각 교사들이 형성한 전문성 발달의 복잡한 기제와 구조를 밝히기 위해서는 생애사 연구를 통하여 현장교사들의 개인적 삶에 대한 사회적 및 역사적 의미를 조명할 필요가 있다. 왜냐하면 생애사 연구는 개인적 경험을 역사적 및 사회적 맥락에 위치시킴으로써 특정한 경험과 사건에 대한 의미를 해석하기에 유용한 방법론이기 때문이다(김세은, 2012: 299). 따라서 우리는 현장교사들의 삶에 대한 생애사 연구를 통해서 교사들의 개인적 전문성을 한국의 사회문화적 및 역사적 맥락 속에서 이해할 수 있으며, 교사들의 직업적 삶을 역으로 추적함으로써 한국의 교육적 및 역사적 맥락을 심층적으로 이해할 수 있을 것이다. (중략)

따라서 생애사 연구자는 양적연구나 일반적인 질적연구에서의 언어에 기초한 사실적이고 객관적인 글쓰기와 차별화된 대안적 형태의 재현 방식을 적용할 필요가 있다(Hammersley, 2008: 22-36, Dhunpath & Samuel, 2009: 85-92). 또한 생애사 연구자는 연구 결과의 가독성을 강화하기 위한 장식적 수단으로 대안적 글쓰기를 하는 것이 아니라, 새로운 인식론적 가능성을 탐구하기 위한 수단으로 글쓰기를 해야 한다(Dhunpath & Samuel, 2009: 85-92). 왜냐하면 생애사 연구에서의 대안적 글쓰기는 독특한 존재론적 및 인식론적 가정에 근거하기 때문이다(Wicks & Whiteford, 2006: 94-100; Hammersley, 2008: 22-36). 여기에서 말한 존재론적 가정이란 '실재란 무엇인가'에 대한 물음이며, 인식론적 가정이란 우리가 '어떻게 아는가'에 대한 물음을 의미한다(Wicks & Whiteford, 2006: 94-100).

　　이러한 맥락에서 교육학을 비롯한 최근의 사회과학 연구는 새로운 탐구의 장르로서 '예술 기반 연구(arts-based research)'에 주목하고 있다. 그 예로 Cole 과 Knowles(2001: 10-11)는 생애사 연구에서 심미적 접근을 시도하였다. 소위 '예술 기반 생애사 연구'는 과학적 방법으로 칭해지는 전통적 탐구 방식의 엄격성, 선형성, 형식성, 체계성에 도전하면서 예술 장르의 상상적인 특징을 강조하고 있다 (Cole & Knowles, 2001: 10-11). 즉 예술 기반 생애사 연구는 다양한 문학 및 예술 장르, 즉 시, 소설, 자서전, 연극, 드라마, 그림, 콜라주, 영화, 비디오, 무용, 음악, 사진 등을 연구의 과정과 글쓰기 작업에 적용하고 있다(김영천·이동성, 2013: 5-15).

또한 이동성(2013)은 자신의 연구가 실천적인 측면에서 가치 있으며 연구 과정을 통해 그 함의를 드러내고 논의할 것임을 시사했다.

따라서 이 연구는 예술 기반 생애사 연구에 기초하여 현장교사들의 전문성 발달을 탐구하고자 한다. 즉 이 연구는 예술 기반 생애사 연구에 기초하여 현장교사들의 전문성 발달의 기제와 구조를 탐구함으로써 그들의 고유한 전문성이 우리나라의 정치적, 경제적, 사회문화적, 역사적, 교육적 맥락과 어떠한 관련성이 있는지 탐구하고자 한다. 이 연구의 결과는 우리나라 현장교사들의 전문성 발달의 과정과 그 결과를 심층적으로 해명함으로써 학교교육의 이해와 개선을 위한 이론적 및 실천적 함의를 제공할 것이다.

나. 이론적 배경 작성하기

이론적 배경에서 연구자는 연구 주제와 관련된 기존 연구의 핵심적 주장과 결과를 밀도 있게 제시하고 연구와 관련된 이론이나 개념을 명료하게 설명해야 한다. 이 작업은 문헌 분석을 통해 이루어지는데 Marshall과 Rossman(1989: 34-35)은 질적연구에서 문헌 분석의 역할을 다음과 같이 정리했다.

- 문헌 분석은 연구 질문 뒤에 감추어져 있는 가정이 무엇인지 드러내준다. 연구자가 어떤 연구 패러다임에 입각해서 연구하고 있는지, 연구라는 작업에 대해 연구자가 부여하는 가정이 무엇인지 밝혀야 한다는 것을 의미한다. 이는 연구자가 세계를 어떻게 바라보고 어떤 관점에서 해석하려고 하는지를 드러내는 역할을 한다.
- 문헌 분석은 연구자가 연구 주제와 관련하여 상당히 해박한 지식을 소유하고 있으며, 그 연구를 지지하는 지적 전통에 대해서도 깊은 지식이 있다는 것을 표현해준다.
- 문헌 분석은 기존 연구에서 해결되지 않은 문제점이 존재한다는 것을 발견했고, 이 연구 계획서가 그러한 문제점을 해결하는 데 도움을 줄 것이라는 사실을 강조해야 한다.
- 문헌 분석은 연구 문제를 보다 넓은 경험적 전통 속에 위치시킴으로써 연구 질문 및 관련된 잠정적 가설을 전문적으로 정련하고 세련화하는 역할을 한다.

이러한 역할을 이해한 연구자는 이론적 배경 작성을 위해 다음과 같은 물음을 던져야 한다. 나는 이 주제에 대해 얼마나 알고 있는가? 지금까지 이루어진 연구에 대한 나의 '비판적' 생각은 무엇인가? 나의 연구와 같은 혹은 유사한 연구가 있었는가? 나의 연구는 기존 연구의 어디에 위치하는가? 지금까지 이루어진 연구를 고려할 때, 나의 연구는 어떤 점에서 수행할 만한 가치가 있는가?

이러한 목적과 문제 의식하에 작성되는 이론적 배경의 핵심은 첫째, 연구 주제와 관련한 충분한 기존 연구의 정리와 분석을 제공하는 것이다. 둘째, 기존 연구에서 나타난 문제점 혹은 해결되지 못한 점을 드러내는 것이다. 이를 통해 이론적 배경은 해당 연구가 어떤 점에서 연구할 만한 가치가 있는지, 그리고 어떻게 학문적 기여를 할 수 있는지를 정상화하고 설득할 수 있어야 한다.

1) 연구 주제와 관련한 충분한 기존 연구의 정리와 분석

인상적이고 논리적이며 설득적인 이론적 배경을 쓰기 위해 연구자는 몇 가지 사항을 항상 염두에 두어야 한다. 첫째, 자신의 연구 목적, 연구 문제와 관련지어야 한다. 둘째, 자신의 이론적 배경이 어느 방향으로 나아가고 있는지 독자에게 명료하게 드러내야 한다. 셋째, 포함하는 선행 연구에 합당한 이유가 있는지 숙고해야 한다. 넷째, 이론적 배경 글쓰기 그 자체를 하나의 탐구 행위로 간주해야 한다. 다섯째, 기존 연구의 나열이나 요약을 피하기 위해 비판적으로 읽고 '논의'하는 태도를 견지해야 한다.

또한 이론적 배경 글쓰기와 관련하여 연구자는 이론적 배경 구조를 고려해야 한다. 이론적 배경의 구조는 '연대기적', '주제별', '정치적, 실천적, 방법론적, 지역적 영역별', '아이디어나 담론의 발달 단계별' 등을 예로 들 수 있다. 연구자가 원한다면 자신만의 구조를 만들어낼 수도 있고, 이미 제시한 구조를 통합적으로 사용할 수도 있다.

2) 기존 연구에서 나타난 문제점 혹은 해결되지 못한 점 드러내기

연구 주제와 관련한 기존 연구의 정리와 분석 과정에서 연구자는 기존 연구가 미처 논의하지 못한 부분을 논의해야 한다. 이를 통해 연구자는 자신의 연구가 기존의 담론에서 어디에 위치하고, 어떻게 담론을 발전 혹은 확장할 수 있을지 효과적으로 기술해야 한다. 다시 말해 자신의 주제와 관련한 담론의 '틈'을 찾아야 한다. 이 '틈'은 기존 연구에서 나타난 문제점일 수도 있고, 기존 연구가 해결하지 못한 부분일 수도 있다. 이와 관련하여 Sandberg와 Alvesson(2011)의 '틈 찾기(gap-spotting)' 개념과 유형을 참고할 수 있다. Sandberg와 Alvesson은 다음과 같이 틈 찾기 모델을 제시했다.

- 혼란스러운 틈 찾기: 어떤 이론이나 현상에 대해 상반되는 다양한 증거나 이론이 존재하는 경우
- 무시된 틈 찾기: 간과되었던 것, 연구가 부족한 것, 실증적 근거가 부족한 경우
- 적용할 수 있는 틈 찾기: 특정 영역의 특정한 이론이나 관점이 부족하여 기존 문헌의 확장이나 보충이 필요한 경우

이론적 배경 글쓰기의 예로 주재홍의 계획서에서 '선행 연구 검토 및 결과' 부분을 발췌했다. 첫 번째 문단에서 주재홍은 기존 연구의 연구 목적과 결과의 핵심을 중심으로 분석했다. 그리고 기존 연구의 접근과 논의의 한계를 비판적으로 논의하면서 '무시된 틈 찾기' 접근으로 자신의 연구 목적과 기여를 강조했다.

최근 성소수자에 대한 사회적 관심과 인식의 변화에 따라 전 세계적으로 학문적 관심이 높아지고 있다. 이런 상황에서 서구의 청소년 성소수자에 대한 선행 연구를 분석하여 정리하면 다음과 같다. 첫째는 동성애에 대한 부정적인 사회적 인식의 관점에서 이들이 갖고 있는 여러 문제 행동과 이에 대한 사회적 지원에 초점을 맞추고 있다. (중략) 둘째는 사회적 차별과 배제 속에서 청소년 성소수자들이 주로 우울, 자살, 비행, 폭력, 노숙 등 위험 요인에서의 취약성을 강조하고 있다. 청소년 동

성애자들은 언어, 위협, 물건, 신체, 무기 등에 의한 반동성애 폭력에 노출되어 있고 (Russel1 & Joyner, 2001), 이는 두려움, 낮은 자아 존중감, 불안, 수치, 슬픔 등과 같은 내재화된 문제에 영향을 미치는 것으로 나타났다(Elze, 2002). 더욱이 청소년 동성애자는 청소년기라는 발달적 특성과 함께 동성애자로서의 성적 정체성을 동시에 형성해나가야 하기 때문에 이런 심리사회적 문제들이 더욱 두드러질 수 있다(Harri-on, 2003; Curtis & Victor, 1994). 특히 이들의 자살 위험성은 많은 연구 결과에서 공통적으로 지적하고 있다(Kulkin et al., 2000; Russell et al., 2001). 이러한 연구 결과들은 청소년 성소수자들의 안전과 심리적 건강을 위협하는 사회적 환경의 문제들을 제기하면서 사회적 인식의 변화 및 지원 체계의 확대를 강조하고 있다(강병철·한경희, 2012: 103).

국내에서도 동성애와 관련된 청소년들의 고민이 늘어나는 사회적 추세에 맞추어 청소년 동성애 또는 성적 소수자들에 대한 연구가 늘어나고 있는 실정이지만 아직까지 초보적인 수준에 머물고 있다. 국내의 연구들 역시 주로 청소년 성소수자들이 겪는 어려움(강병철·하경희, 2005, 2007; 김태균, 2013; 이영선·김소라, 2010; 이영성·권보민·이동훈, 2012), 청소년 성소수자의 성정체성 형성 과정 및 경험에 대한 연구(강병철·하경희, 2012; 성정숙·이현주, 2010; 이영식·전창무·김소연·고복자, 2005), 상담 방안에 대한 연구(김경호, 2009; 동성애인권연대 등, 2014) 등이 주를 이루고 있다. 이러한 국내의 선행 연구들은 질적으로나 양적으로 아직은 초기 단계에 있다고 볼 수 있다. 특히 청소년 성소수자들을 위험에 처한 집단으로 보는 입장을 강조함으로써 사회적 지원과 서비스의 필요성을 제기한다. 하지만 여전히 이들이 가지는 우울, 자살 위험성 등의 문제에만 초점을 맞춤으로써 '요보호자 계층'이라는 편향된 이미지를 고착시키는 한계가 있다.

이와 같은 국내외의 선행 연구들은 사회복지 실천가나 원조 전문직에서 치료와 개입의 목적을 위해서 주로 청소년 성적 소수자들이 직면하는 문제와 어려움에 관해서만 편중되어 있다는 공통점이 있다. 이러한 선행 연구 결과들은 동성애에 대해 척박한 우리 사회의 청소년 성소수자들이 직면하는 문제와 어려움을 밝혀내고 목록화함으로써 동성애를 혐오하는 사회의 구조적 억압과 차별, 배제의 문제와 실태를 드러낸다는 점에서 가치가 있다. 또한 청소년 성소수자들의 척박한 삶의 질을 이슈화하고, 그동안 잘 드러나지 않았던 그들의 존재를 공적으로 드러냄으로써 학생과 성소수자라는 이중의 억압과 차별 속에서 그들이 인간으로서 누릴 수 있는 기본권을 누리게 해줄 수 있다는 점에서 중요한 역할을 수행한다고 할 수 있다. 하지만 이러한 선행 연구들은 지나치게 결함과 문제에 관해서만 편중되어 동성애에 대한 부정적인 인식을 더 강화시키고 있어, '우리'가 아니라 '그들'로 타자화하는 한계가 있다. 그래서 Tully(2000)는 사회복지 실천가가 진단과 치료의 전문적 관계를 통해 동성애를 '사악한 것' 또는 '정신적인 질병'으로 바라보는 시각을 만든다는 신랄한 비판을 하기까지 한다. 또한 이마저도 주로 양적인 분석이 주를 이루고 있는 실정이어서 청소년 성소수자의 생생한 경험을 반영하여 이해하는 데에는 한계가 있다. 이 때문에 기존의 많은 선행 연구들은 청소년의 발달에 중요한 영향을 끼치는 성소수자들의 심리사회적인 경험을 간과하거나 주목하지 못하는 한계가 있다. 따라서 성정체성에 대한 청소년들의 고민이나 갈등이 그들의 발달적 이슈가 된다고 할 때, 청소년 성소수자들의 발달에 대한 보다 심도 있는 교육학적 연구가 필요하다. 본 연구는 우리나라 청소년 성소수자들이 성장 과정에서 겪게 되는 성정체성에 대한 자기인식과 이에 따른 딜레마를 규명함으로써 그들이 어떻게 교육적인 성장과 발달을 하게 되는지 그 과정을 심층적으로 설명할 수 있을 것이다.

다. 연구 방법 작성하기

연구 방법은 연구자가 어떻게 연구를 수행할 것인지에 대한 구체적, 종합적, 실천적 설계를 밝히는 공간이다. 따라서 연구 방법을 다루는 장에서는 연구자, 연구 현장과 참여자, 자료 수집과 분석 방법뿐만 아니라 신뢰도와 타당도 확보 방법 및 연구윤리에 관한 사항을 어떻게 충족할 것인지를 제시해야 한다. 여기에 포함되어야 할 요소는 [그림 2-2]와 같다.

1) 연구 방법적 배경 설명하기

연구 방법에서 연구자는 어떤 질적연구 전통에 의해 연구가 이루어질 것인지, 그리고 선택한 연구 방법론이 어떤 점에서 자신의 연구 주제 혹은 연구 문제 탐구에 적절한지를 설득적으로 기술해야 한다. 특히 질적연구의 지적 전통은 방법적 시사점을 내포하고 있기 때문에 이에 대한 소개가 자연스럽게 자료 수집, 자료 분석, 결과 표현 등에 직접적으로 아이디어를 제공한다는 점을 명심해야 한다.

　외국의 경우 질적연구를 사용하여 학위 논문을 쓸 때 질적연구에 대한 이해가 확산

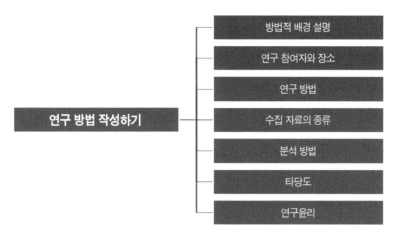

[그림 2-2] 연구 방법에 포함되는 요소

되어 있기 때문에 각 연구 방법의 개념과 특징에 대해 방법적 차원에서 소개할 필요가 없다. 그러나 우리나라의 경우 이 방법에 대해 잘 모르거나 그 근본 원리의 제시를 원하는 심사자가 있기 때문에, 그러한 상황에 처해 있는 연구자는 연구 계획서에 자신이 사용할 질적방법론을 소개할 필요가 있다. 가장 먼저 연구자는 1장에서 소개한 질적연구 패러다임에 속하는 질적연구 전통 중 자신의 연구 목적을 위해 가장 적합한 방법론이 무엇인지 결정해야 한다. 그리고 선택한 연구 방법론이 왜 자신의 연구에 가장 적절한지 설득적으로 설명해야 한다.

　　연구 방법적 배경 설명에 대한 예로 주재홍(2014)의 연구 계획서 중 연구 방법론 부분을 소개한다. 주재홍은 먼저 '생애사 연구'의 개념과 특징을 핵심적으로 제시하면서 이 방법론에 대한 학문적 관심이 높아지고 있음을 강조했다. 또한 비판적 패러다임에 속하는 자신의 연구 주제인 '성소수자의 삶에 대한 이해'와 관련지어 방법적 정당성을 강조했다.

　　본 연구는 생애사 연구로서 개인의 삶에 대한 복합적인 설명을 자신의 단어들과 자신의 목소리를 통해서 설명하는 방법이다. 생애사 연구는 화자의 주관적인 경험을 중시하며 사회적 실재를 어떻게 구성하는지에 집중하여 현실의 주관적인 세계를 그들의 시각에서 이해하려는 시도에서 비롯되었다(이효선, 2010: 52). 연구자는 화자가 들려주는 생애 이야기를 구성하고 있는 특정하고 주요한 생애 사건들에 초점을 맞추면서 이러한 사건들에 대한 주제적 해석과 이러한 해석들이 사회적 맥락 안에서 형성되는 방식을 탐구한다(Brotman & Kraniou, 1999: 420). 개인의 생애사 또는 생애 이야기가 개인의 '들여다보기'가 아니라, 그가 체현하고 있는 지평으로부터 '세상을 조망하는 것'이 되는 이유는 매우 개인적인 설명인 동시에 '시대의 살아가기'가 육체화(incarnation)된 사회적인 자료이기 때문이다(Schrager, 1983: 93). 그래서 Dülmen(1997: 17)은 인간의 개인화 과정은 사회 발전과 정치 상황 그리고 경제적 확장과 결부되어 있으며, 개인이 무엇인가는 시대의 변화 속에 놓인 각 개인의 삶과 행위의 맥락 속에서 규정된다고 하였다. 따라서 자기를 주제화하는 것은 언제나 사회문화적 맥락과 관련되어 있다(Dülmen, 1997: 68). 한 개인의 삶을 심층적으로 이해하기 위해서는 개인의 생애 경험뿐만 아니라 거시적인 사회문화적 및 역사적 맥락과의 연결에 대한 탐구가 필수적이다. 바로 이러한 이유에서 전기적 연구 방법론의 하나인 생애사 연구에 대한 학술적 관심이 급증하고 있다(한경혜, 2005: 1).

생애사는 외부자의 시선과 지배적 담론에 의해 소외된 이들의 삶이 왜곡되지 않도록 하는 내재적 접근의 가능성을 극대화하기 때문에 이제까지 공식적인 역사와 사회 연구의 대상에서 배제된 권력 없는 체험들을 언어화한다(이희영, 2005: 136). Brotman과 Kraniou(1999)는 정체성의 형성이 복합적이고 갈등적이라는 것을 전제하면서 인종적이고 민족적인 맥락이 복합적으로 교차하는 레즈비언의 구술 생애사를 통해서 그가 구성하는 주관적인 정체성들을 탐구하였다. 성정숙(2012)은 복합적이며 이야기적인 '정체성의 구성'에 주목하여 중년 레즈비언의 생애 이야기를 주의 깊게 경청하고, 이로부터 얻게 되는 이들의 삶에 대한 '앎'을 이론적으로 검토하고 그 함의를 성찰하였다.

청소년 성소수자 문제는 당사자 주축의 운동이 부재하고, 청소년 성소수자에 대한 담론이 극히 단면만이 이야기되고 있는 실정이어서 사회적으로 복잡하고 갈등이 보다 첨예하다. 그런 점에서 청소년 성소수자에게 생애사는 억압되고 배제되었던 자신들의 역사 쓰기이며, 동성애 인간으로서의 존재를 드러내고 주체성을 확립하는 과정이며 탄압과 차별에 대항하는 첫걸음이라고도 할 수 있다. 생애사 연구는 교육학에서도 개인과 집단이 살아온 삶의 기억 속에 경험과 성장, 변화라는 교육학적 핵심 범주를 파악할 수 있는 중요한 방법으로 선택되어왔다(이병준 · 석영미, 2013: 106-107). 따라서 생애사 연구는 사회적으로 배제되고 차별받는 청소년 성소수자의 삶과 딜레마를 가시화하고, 이를 통해 그들이 지각하는 교육적 요구나 핵심 이슈들은 무엇인지를 교육학적 측면에서 탐구하는 본 연구에 가장 부합되는 연구 방법이라 하겠다.

2) 연구 참여자와 연구 장소

연구자는 참여자 선정 기준 및 맥락, 참여자에 대해 가능한 한 자세히 밝혀야 한다. 질적연구에서는 연구 참여자를 어떻게 선정했고, 이들이 어떤 환경적, 배경적 맥락을 지녔는지 상세히 묘사하는 과정이 연구 방법을 소개하는 부분에서 필수적이다. 질적연구는 특정한 한 장소나 대상 또는 소수의 사례를 대상으로 하는 연구이므로 연구 장소나 참여자에 대한 구체적인 소개가 중요하기 때문이다. 특히 사례 연구의 경우에는 사례의 물리적, 구조적, 인간관계적, 사회적, 문화적, 역사적 특징을 자세하게 기술해야 한다. 이와 관련하여 연구자가 고려해야 할 사항은 다음과 같다.

가) '연구 참여자'의 사용

질적연구에서는 '연구 대상' 또는 '피험자'라는 표현이 사용되지 않는다. 대신에 사회과학의 새로운 지식 생산을 위해 기꺼이 연구 작업에 참여한 사람들의 자유 의지와 능동성, 존중감을 드러내기 위해 '연구 참여자'라는 용어를 사용한다. 이러한 표현을 통해 질적연구에서는 양적연구에서 강화된 연구자와 연구 대상 간의 불평등한 권력 문화를 조금이나마 제거하고 보다 평등하고 인간적인 연구 문화를 만들어가려고 노력한다.

나) 표집 방법 설명

질적연구에서는 표집 방법으로서 목적 표집이라는 용어가 사용된다. 목적 표집은 연구자가 흥미를 느낀 연구 장소나 연구 참여자를 직접 선택하여 연구하는 것을 말한다. 질적연구에서 강조하는 비확률 표집 방법이 대표적인 양식이다. 양적연구에서 추구하는 일반화나 이론 검증이 연구 목적이 아니기 때문에 무선 표집을 하지 않으며, 연구자가 연구 목적에 맞는 대상을 직접 찾아서 선택하여 연구한다. 목적 표집에 사용되는 표집 방법은 〈표 2-1〉과 같다.

다) 연구 참여자 선정 기준 기술과 참여자 수

연구자는 연구 참여자의 표집 방법과 함께 참여자 선정 기준을 밝혀야 한다. 앞서 언급했듯이 질적연구는 목적 표집을 이용하기 때문에 참여자가 왜 해당 연구에 적합한 참여

〈표 2-1〉	표집 방법과 특징
표집 방법	**특징**
편의 표집	연구자가 어려움을 느끼지 않고 주위 사람들을 대상으로 표집하는 방법이다.
할당 표집	할당 표집에서는 조사자에 의한 작위적 방법이 사용된다. 할당 표집의 장점은 표집 과정이 편리하고 비용도 저렴하다는 것이다. 또한 모집단을 구성하는 계층이 골고루 반영되도록 할당하므로 표본의 대표성을 높일 수 있다. 확률에 근거하지 않지만 모집단안 부분 또는 범주의 전부에서 대표성을 선택하는 것을 시도한다.
포화 표집	연구자가 연구 목적에 적합한 자료를 찾을 수 있을 때까지 연구 참여자를 찾아서 표집하는 방법이다. 표집의 끝은 어떤 연구 참여자를 선택하더라도 더 이상의 새로운 자료나 정보가 나타나지 않을 때이다.
극단적/특별한 사례 표집	연구 주제에 대해 극단적인 자료를 제공해줄 수 있는 표집을 선택하는 방법이다. 극단적인 사례를 선정함으로써 연구 주제에 대해 특별한 자료를 획득할 수 있다.
최대 다양성 표집	표집 안에서 나타나는 다양한 사례를 최대한 많이 선정함으로써 개별 사례에서 나타나는 특별성을 기술하고, 아울러 각 사례에 공통적으로 나타나는 주제나 결과를 발견하는 방법이다.
동질 집단 표집	최대 다양성 표집 방법과는 반대로 작은 동질 집단을 선정하는 방법이다. 집단에 대해 심층적으로 이해할 수 있다.
지역 표집	특정 지역에 연구 목적을 반영하는 사례가 집중적으로 존재하는 경우의 방법으로서 지역 연구에 적합하다.
전형적 사례 표집	이 사례에서 나타난다면 다른 사례에서도 나타난다고 주장할 수 있는 사례를 선정하는 표집 방법이다.
눈덩이 표집	최초의 연구 장소에서 연구하면서 인간관계나 네트워크를 통해 연구 참여자로부터 연구에 적합한 또 다른 연구 장소를 추천받는 형식으로 연구 대상을 표집하는 방법이다.

자인지 설득할 수 있어야 한다. 참여자 선정 기준 진술의 목적은 어떤 점에서 참여자가 연구의 목적과 관련하여 충분하고 깊이 있는 정보를 제공해줄 가능성이 있는지를 설명하는 것이다. 질적연구를 위한 참여자의 표집과 관련하여 연구자는 '연구 주제에 관한 구체적이고 많은 정보를 누가 가지고 있는가?', '탐구하고자 하는 현상에 대한 이해나 견

해를 제공해줄 능력을 누가 충분히 가지고 있는가?'와 같은 질문을 가져야 한다(Ayres, 2007).

만약 질적연구에서 '편의 표집'이나 '눈덩이 표집'을 사용하는 경우 왜 그러한 표집 방법을 사용할 수밖에 없는지 충분히 설명해야 한다. 그렇지 않으면 연구자는 '어떻게 그 참여자들이 해당 연구를 위해 적절한가?'라는 질문을 적절히 방어할 수 없을 것이다. 특히 주된 연구 방법으로 인터뷰나 생애사 연구, 내러티브 탐구와 같은 연구 방법론을 사용하는 경우 참여자 선정 기준은 수집될 자료의 질을 결정한다는 점에서 매우 중요하다.

이에 Wicks와 Whiteford(2006)는 생애사 연구를 위한 참여자 선정 기준을 다음과 같이 제시했다. 첫째, 연구 참여자는 인터뷰에 오랫동안 참여할 수 있어야 한다. 둘째, 연구 참여자는 자신의 삶에서 발생한 사건과 경험을 풍부하게 회상하고 이야기할 수 있는 언어 능력이 있어야 한다. 셋째, 생애사 연구에 참여하는 화자는 이야기에서 유발될 지도 모르는 긍정적, 부정적 기억을 직면할 수 있는 강한 심리 상태여야 한다.

질적연구 참여자를 선정하는 데에는 참여자의 수 또한 중요한 고려 사항이다. '과연 몇 명의 참여자가 충분할까?'라는 질문은 질적연구를 수행하는 연구자로서 해결하기 쉽지 않은 문제이다. 때로는 1명 혹은 몇 명의 참여자로 연구를 수행할 수도 있으며 10명 혹은 그 이상의 참여자를 선정하는 경우도 있다. 그렇다면 어떻게 참여자의 수를 결정할 것인가? 이를 위해 연구자는 연구 목적과 사용하는 연구 방법론을 고려해야 한다.

일반적으로 질적연구에서 참여자 표집은 연구 목적을 위해 충분한 자료가 수집될 때 까지, 즉 '포화도'를 고려하여 이루어진다(Ayres, 2007). 질적연구의 특성상 선정된 참여자가 연구 도중 포기하거나 제외되는 상황이 발생할 수도 있으며, 필요에 의해 추가로 참여자를 모집할 수도 있다. 그러므로 연구자는 계획서에서 자료 수집과 분석을 진행함에 따라 포화도를 고려하여 참여자를 추가 선정할 수도 있다는 점을 명료하게 밝힐 필요가 있다.

라) 연구 참여자에 대한 구체적 기술

참여자 선정 기준과 더불어 연구자는 연구 참여자에 대해 구체적으로 기술하고 설명해야 한다. 연구 참여자가 어떤 사람인지를 여러 가지 측면(인구학적, 경제학적, 생애사적, 발달적, 인간관계적 등)에서 기술해야 하므로 나이, 학력, 가정 배경, 신념, 직업 등에 대한 인구학적 지식과 이들이 어떻게 살아왔으며 어떤 구조 속에서 삶을 살아가고 있는지 자세하게 소개할 필요가 있다. 연구 참여자가 여러 명인 경우에는 비교의 목적으로나 참조 자료로 연구 참여자의 특징을 잘 나타낸 표를 제시하면 도움이 된다. 연구 주제가 연구 참여자의 삶이 아니라 특정한 장소에서의 문화 또는 프로그램인 경우에는 인간에 대한 설명과 비슷하게 그러한 장소와 프로그램이 어떻게 실행되고 있는지를 매우 구체적으로 묘사할 필요가 있다.

연구 참여자에 대한 구체적인 기술을 통해 연구자는 참여자가 이미 밝힌 참여자 선정 기준에 어떻게 부합하는지 드러내야 한다. 즉 연구할 현상과 연구 참여자가 얼마나 깊이 있게 관계되어 있으며, 해당 현상에 대한 이해나 통찰이 얼마나 깊은지, 또한 자신의 생각을 효과적으로 전달할 수 있는지 등을 밝혀야 한다.

이를 구체적으로 풀어 쓰면 다음과 같은 형태를 띠게 된다. 주재홍(2014)의 계획서를 살펴보자.

본 연구에서의 참여자 선정 기준은 다음과 같다. 첫째, 연구 참여자는 인터뷰에 오랫동안 참여할 수 있어야 한다. 둘째, 연구 참여자는 자신의 삶에서 발생한 사건과 경험을 풍부히 회상하고 이야기할 수 있는 언어적 능력이 있어야 한다. 셋째, 생애사 연구에 참여하는 화자들은 이야기에서 유발될 수 있는 긍정적 및 부정적인 기억들을 직면할 수 있는 심리적 강인함이 필요하다. 본 연구에서는 이에 부합하는 청소년 성소수자들(N=6)을 선정하기 위해 노력할 것이다. 하지만 우리나라에서 동성애자를 포함한 성소수자에 대한 접근은 현실적으로 매우 어려운 실정이며, 특히 본 연구의 참여자들인 청소년 성소수자는 더욱 그렇다. 따라서 본 연구에서는 우선 성소수자 인권 단체를 통하여 한 명의 청소년 성소수자를 섭외할 예정이다. 그리고 그를 통하여 또 다른 청소년 성소수자를 소개받는 눈덩이 표집법(snowball sampling)을 실시할 것이다. 이 과정에서 본 연구의 목적에 부합하도록 청소년 성소수자가 익명이지만, 자신을 낯선 타인에게 드러낼 수 있을 정도로 어느 정도 자신의 성정체성에 대해 수용하고 있는 청소년들을 표집할 것이다.

이동성(2013)은 연구 참여자에 대한 묘사를 더욱 세밀하게 하여 독자의 이해를 돕는다.

첫째, 연구 참여자는 인터뷰에 오랫동안 참여할 수 있어야 한다. 둘째, 연구 참여자는 자신의 삶에서 발생한 사건과 경험을 풍부히 회상하고 이야기할 수 있는 언어적 능력이 있어야 한다. 셋째, 생애사 연구에 참여하는 화자들은 이야기에서 유발될 수 있는 긍정적 및 부정적인 기억들을 직면할 수 있는 심리적 강인함이 필요하다. 이 연구에 참여할 초·중등 교사들(N=6)은 이와 같은 요건을 충족시키며, 학교 현장에서 탁월한 전문성을 인정받아 학습 연구년을 보낸 교사들이다.

　　이진봉 교사(이하, 가명)는 서각, 서예, 콜라주 분야의 대가이며, 서각 분야의 초대 작가로서 2편의 저서를 발간하였다. 문학박사 학위를 취득한 김수민 교사는 시 교육, 영성 교육의 전문가로서 수 편의 학술 논문을 작성하였으며, 현재 시도 교육청 단위의 연수강사로 활약하고 있다. 중학교 국어교사인 이숙인 교사는 소설 분야의 대가이며, 오랜 동안의 여행 경험을 통하여 대안적인 가르침을 실천하고 있는 여교사이다. 초등 영화 교육의 대가인 차민승 교사는 10년간 영화 교육 카페를 운영하고 있으며, 최근에 영화 교육 관련 저서를 출간하였다. 음악 교육 전문가인 송세인 교사는 대안적인 음악 교육을 실천하고 있는 인물이다. 그는 초등교육 실천가로서 덕망이 높아 수차례 공모교장 추천을 받았으나, 평교사로서의 소신과 철학을 지키기 위해 교장직을 고사한 인물이다. 그는 수십 년 동안 동요를 작곡하고 있으며, 현재 초등국악교육학회 편집위원으로도 활약하고 있다. 마지막으로 이돈재 교장은 사진 분야의 대가로서 명성을 쌓아왔으며, 수차례의 사진전을 개최하였다. 현직 초등교장인 그는 교사 예능 경진대회(사진 분야) 심사위원으로도 활약하고 있다. 이 연구에 참여할 교사들의 개인적 맥락을 간략히 소개하면 〈표 1〉과 같다.

〈표 1〉　연구 참여자들의 맥락

순	학교급	성명(가명)	성별	보직	교직 경력	담당 교과	전문성 분야
1	중학교	이진봉	남	부장교사	25년 차	도덕	서각/콜라주 교육
2	고등학교	김수민	남	부장교사	27년 차	국어	시(詩) 교육
3	중학교	이숙인	여	평교사	26년 차	국어	소설 교육
4	초등학교	차민승	남	부장교사	15년 차	초등교과	영화 교육
5	초등학교	송세인	남	평교사	36년 차	초등교과	음악 교육
6	초등학교	이돈재	남	학교장	38년 차	초등교과	사진 교육

3) 연구 방법 설명하기

연구 방법 기술은 연구 목적을 달성하기 위해 어떤 연구 방법을 사용할 것인지를 전체적으로 기술하는 것을 말한다. 연구 방법에 대해 기술할 때 연구자는 다음과 같은 사항을 고려해야 한다.

가) 모든 연구 방법 설명

많은 질적연구에서 여러 가지 연구 방법이 사용된다는 점에서 연구자는 자신이 사용하게 될 모든 연구 방법(참여관찰, 심층 면담, 생애사 면담, 현장조사지, 내용 분석 방법 등)을 소개하는 것이 바람직하다. 그러나 각 방법을 연구 작업의 어떤 단계에서 어떻게 사용할 것인가를 논의하는 문제에서 연구자는 양적연구자와는 다르게 다소 유연하고 비결정적인 글쓰기의 형태로 연구 방법을 소개해야 한다.

나) 구체적인 실천 방법 명시

연구 방법에 대한 설명을 자신의 연구 상황과 관련하여 최대한 구체적으로 작성해야 한다. 너무 추상적이고 교과서적이며 이론적인 연구 방법 진술은 연구자가 자신의 연구를 위한 연구 방법과 과정을 어떻게 진행해나갈 것인지를 명확하게 이해하고 계획하지 못했다는 인식을 줄 수 있다. 따라서 연구자는 가상적으로 또는 상상적으로라도 연구 방법을 구체적으로 설명하기 위해 노력해야 한다.

사실 많은 연구자가 질적연구는 개방적, 점진적이라는 특징을 들어서 연구 방법과 연구 과정에 대한 설명을 생략하거나, 대강 쓰거나, 아니면 너무 교과서적으로 쓰는 경향이 있다. 이는 연구자가 정말로 연구에 대해 어느 정도의 청사진을 가지고 있는지, 고민은 해보았는지 의심하게 만든다. 이러한 의심은 연구자가 연구를 할 수 있는 준비가 되어 있는지에 대한 의심으로까지 이어진다.

기술할 때는 기존의 참고문헌이나 대가들이 설명해놓은 교과서적 지식(예: 심층 면담의 목적, 참여관찰의 의미 등)을 나열하지 말고 자신의 연구를 잘하기 위해 어떤 연구 방법을 어떤 상황에서 실행할 것인지에 대해 자신의 언어로, 생각에 기초하여 기술해야 한다.

다) 연구의 특수성을 고려한 실천 전략 제시

연구자는 어떤 대가의 말을 잘 인용했는지보다는 연구를 위해 각 연구 방법을 어떻게 적용할지 구체적으로 안내해야 한다. 이때 연구자가 연구 방법과 관련하여 얼마나 고민했는지, 그리고 연구자의 연구 수행 능력과 연구 방법에 대한 이해 정도를 드러내야 한다.

예를 들어 면담의 내용은 무엇인지, 몇 번을 할 것인지, 참여관찰을 못하게 된다면 어떤 다른 방법을 쓸 것인지, 어떤 자료를 어떻게 수집할 것인지 등을 설명해야 한다.

간단하게 말하면, 면담의 형식에 대해 장황하게 설명하기보다는 자신의 연구에서 어떤 면담 가이드가 쓰일 것인지, 그 면담 가이드의 내용이 무엇인지 직접 알려주는 것이 더 효과적이다. 이에 연구 현장, 연구 참여자의 특징, 연구 방법의 종류, 면담 가이드의 형식, 연구 방법의 실행 시기, 연구 방법 간의 신중한 적용 계획, 현장에서 있을 수 있는 다양한 이슈를 자세하게 설명하고 어떻게 해결해나갈 것인지를 기술해야 한다. 이를 위해 가끔은 표나 다이어그램, 차트로 연구 방법에 대한 구체적인 정보를 제공할 수 있다.

라) 연구 방법의 우선순위 고려

연구자는 자신의 연구에서 어떤 연구 방법이 더 가치가 있는지 혹은 더 핵심적으로 쓰이는지 이해하고, 중요도의 순서에 따라 연구 방법을 기술해야 한다. 그리하여 여러 가지 연구 방법이 사용되지만 연구 목적에 비추어 특정한 연구 방법이 더욱 중요하게 사용되는 경우에는 왜 그런지 그 이유와 함께 자신의 연구가 특정한 연구 방법과 더욱 밀접하게 관련된다는 사실을 강조해야 한다. 이때 참여관찰을 더 강조하는 연구인지 아니면 심층 면담을 강조하는 연구인지, 또는 심층 면담에서 개별 면담인지, 핵심 집단 면담인지 구분하면 연구의 성격을 이해시키는 데 도움이 된다.

마) 연구 방법 적용의 유연성 설명

연구자가 현장에 들어가 어떻게 연구 방법을 사용할 것인지에 대해서는 직접 경험하지 않고서는 정확하게 설명하기가 어렵다. 따라서 연구자는 연구 계획서에서 연구 방법에 대해 논의할 때 구체적인 절차나 적용의 과정은 개방적으로 기술하고, 연구가 끝나고 논문을 마감할 때 방법론 부분에서 현장 작업에 대한 종합적 검토와 요약을 기초로 하여 자세하게 쓴다. 현재의 계획이 연구 과정에서 변형되거나 추가될 수 있음을 연구 계획서에 기술할 필요가 있다.

연구 방법 설명의 예로 김영천(2017)의 계획서에서 '연구 방법' 부분을 발췌했다. 김영천은 세 개의 연구 방법을 자신의 연구에서 어떤 목적으로 사용할 것인지에 대한 계획을 구체적으로 밝혔다.

> 본 연구에서 주로 활용할 연구 도구는 질적연구 방법으로서 참여관찰, 심층 면담, 문서 분석의 방법들을 활용할 것이다.

1) 참여관찰

본 연구의 현장 작업에서는 가장 먼저 참여관찰을 수행할 것이다. 참여관찰 기간은 연구를 시작하는 2017년 5월부터 2018년 12월까지 20개월간이다. 즉 연구 결과 정리 기간을 제외한 모든 연구 기간을 참여관찰이 가능한 시기로 설정하였다. 특히 질적연구의 특성상 연구의 내용이 변경되거나 추가 연구가 필요할 경우 즉시 참여관찰을 수행하도록 계획하였다. 참여관찰의 특성상 장기간 수행할수록 연구 참여자들의 진솔한 모습과 잘 드러나지 않는 의미들을 추출하기 용이해진다. 따라서 연구의 전 과정 동안 풍부한 내용을 관찰하고자 하였다. 구체적으로 참여관찰을 수행할 장소와 대상은 다음과 같이 제시할 수 있다.

그림자교육의 형태	예상되는 참여관찰 장소
학원	학원 원장실, 학원 강의실, 복도, 상담실, 자습실 등
과외	과외 학생의 가정집, 커피숍, 독서실 등
학습지	학습지 사무실, 회의실, 방문 학습지 학생의 집 등
인터넷 학원	강의실, 녹화실, 교사 회의실, 전략실, 스튜디오 등
방과 후 학교	방과 후 학교 사무실, 교사 연수원, 방과 후 학교 교실 등

구체적인 참여관찰 항목으로는 다음과 같은 것들이 있다. 우선 주된 관찰 항목으로 학생들이 그림자교육 장소에서 학습하는 모습, 그림자교육의 형태에 따라 달라지는 생활 패턴, 교사와 학생 간의 관계, 친구 관계, 실제 수업의 장면, 개인별 지도 장면, 학부모 및 학생 상담 과정 등을 설정하였다. 그리고 부수적인 관찰 항목으로는 교사들의 교과 회의, 과목별 수업 준비 과정, 그림자교육과 관련된 놀이와 행사, 공부법 특강, 동기 부여 과정(입시 설명회) 등을 선정하였다. 본 연구에서는 이미 제시한 항목 이외에도 그림자교육을 이해하는 데 필요한 항목이 있을 경우 연구 도중이라고 할지라도 유연하게 관찰 대상에 포함시킬 것이다.

2) 심층 면담

심층 면담은 우리나라 학생들의 그림자교육 경험을 나타내는 데 주로 활용할 연구 방법이다. 심층 면담을 수행하는 기간은 2017년 9월부터 2018년 9월까지 약 1년으로 설정하였다. 심층 면담은 참여관찰이 수행된 결과 나타나는 연구자들의 궁금증과 의문들을 해소하고, 연구 참여자들의 실제 이야기를 연구에 담아내고자 하는 목적에서 수행될 것이다. 본 연구에서 심층 면담은 아주 중요한 역할을 담당한다. 한국 학생들의 학습 경험을 규명할 때 대화를 통한 심층 면담은 대부분의 자료를 수집하는 방법으로 기능하게 될 것이다. 특히 모든 학생들의 생활을 직접 관찰할 수 없는 상황에서 심층 면담은 효과적인 도구이다. 또한 단순히 사실관계를 떠나 공교육 혹은 그림자교육에 대한 연구 참여자의 생각, 시사점 등을 파악할 때에도 유용한 방법이 된다.

본 연구에서 심층 면담은 주로 반구조화된 면담 가이드에 의한 융통성 있는 면담 방식으로 진행될 예정이다. 물론 질적연구에서 가장 이상적인 형태의 면담은 연구자의 역량에 따른 완전히 비구조화된 면담일 것이다. 그러나 이번 연구는 긴 연구 기간 동안 상당히 많은 사례를 다루면서 대규모로 진행될 예정이다. 따라서 시간과 과정을 예측할 수 없는 비구조화된 면담으로만 진행하는 것은 어렵다는 판단을 하였다. 이에 따라 체계적으로 구성된 면담지의 내용에 따라 면담을 하되, 추가적인 질문과 개방적인 대화를 통해 연구 참여자의 반응을 이끌어내려고 한다. 실제 연구에 활용하게 될 면담 가이드에 대한 예시는 다음과 같다. 각 면담 가이드는 연구의 시작 이후 다시 연구 문제의 내용에 맞추어 제작될 것이다.

연구 문제 3과 관련하여 예상되는 면담 질문(예시)

- 자신의 생활을 되돌아볼 때 학교 공부와 학원 공부의 비율이 어떻게 되는가?
- 학원 숙제를 학교에서 하는 것에 대해 어떻게 생각하는가?
- 학교와 학원은 각각 어떠한 점에서 서로를 구별할 수 있는 특징이 있을까?
- 스스로 초·중·고등학생 경험을 되돌아보면서 학교 공부의 흐름과 학원 공부의 흐름을 묘사해주세요.
- 학원 교육이 자신의 진로 결정에 어떠한 영향력을 가져다주었다고 생각하는가?

면담을 통해 수집된 내용들은 면담을 수행했던 연구원에 의해 직접 전사되어 디지털 형식으로 저장될 것이다. 구체적으로는 한국형 질적연구 소프트웨어인 파랑새 2.0에서 기초적인 텍스트 자료로 구성되며 이는 분석 과정에서 가장 뼈대를 이루는 핵심 자료가 될 것이다. 한편으로는 심층 면담을 진행하며 연구자들이 느꼈

던 내용들, 그리고 이론적으로 좀 더 보충되어야 할 내용들도 심층 면담의 주요한 내용으로 기록되고 저장될 것이다.

3) 문서 분석

본 연구에서 분석하게 될 문서는 아주 다양한 종류로 구성되어 있다. 이것을 분석하면 크게 세 종류로 나눌 수 있다.

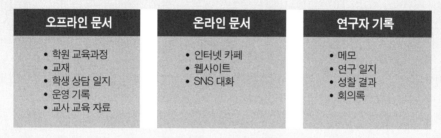

오프라인 문서	온라인 문서	연구자 기록
• 학원 교육과정 • 교재 • 학생 상담 일지 • 운영 기록 • 교사 교육 자료	• 인터넷 카페 • 웹사이트 • SNS 대화	• 메모 • 연구 일지 • 성찰 결과 • 회의록

문서 분석의 구체적 대상들

첫째, 우선 그림자교육의 구체적인 장소인 학원에서 제작한 교육과정 문서와 교재, 학생 상담 일지 등을 수집, 분석할 것이다. 이와 더불어 학생들이 직접 작성한 학습의 결과물로서 문제집이나 학습 일지, 계획표, 학원 수기(경험에 대한 회고록) 등도 수집할 것이다.

둘째, 온라인 문서들을 수집, 분석할 것이다. 한국 그림자교육 현상을 잘 드러내어주는 또 다른 장소는 바로 온라인 커뮤니티이다. 인터넷 카페, 웹사이트 등에서는 지금도 그림자교육에 대한 여러 정보들이 오가고 있으며, 학부모들과 학원 관계자들 간의 의사소통도 활발하게 이루어지고 있다. 이러한 내용들은 모두 기록으로 남아 있기 때문에 문서 분석의 대상이 될 수 있다. 본 연구에서는 온라인 문서들도 연구의 주요한 내용에 포함시킬 것이다.

셋째, 연구자의 성찰과 반성의 기록들을 수집, 분석할 것이다. 질적연구에서는 연구자가 연구를 수행하면서 남긴 기록물들도 분석의 대상이 된다. 참여관찰의 결과로 남은 메모, 연구 일지, 성찰 일지 등을 철저히 분석하여 질적연구의 타당성과 신뢰도를 동시에 높일 수 있는 증거 자료로 활용할 것이다.

4) 수집 자료의 종류 설명하기

자료 수집과 분석에서는 연구 현장에 들어가 자료를 어떻게 수집할 것이며 그러한 자료를 어떻게 분석할 것인가를 가능한 한 구체적으로 설명해야 한다. 양적연구와 달리 질적연구에서의 자료 수집과 분석 과정은 질적연구의 특징 부분에서 설명한 것처럼 점진적, 발달적이기 때문에 연구 계획서에서 확정적으로 설명하기가 어렵다. 대신에 어떤 자료를 얼마만큼 그리고 어떻게 수집하고 분석할 것인지를 포괄적으로 제시해야 한다. 이때 연구자가 사용하는 각각의 연구 방법에 대한 자료 수집 계획을 제시해야 한다.

참여관찰을 사용한다면 어디에서 어느 정도의 기간에 얼마만큼의 시간 동안 참여관찰을 할 것인지 밝혀야 한다. 또한 참여관찰의 기록은 어떻게 할 것인지 명료하게 제시해야 한다. 참여관찰 일지를 어떻게 어떤 목적으로 사용할 것인지, 참여관찰을 녹음할 것인지 녹화할 것인지, 참여관찰 시 자신의 위치성은 어떻게 작용할 것인지에 대해 안내해야 한다.

면담을 사용한다면 몇 명의 참여자를 몇 시간 동안 어디에서 면담할 것인지 밝혀야 한다. 또한 개방적인 면담이라 할지라도 면담 시 사용할 질문지의 예는 무엇인지 제시해야 한다.

문서 분석을 사용하는 경우에는 어떤 문서(텍스트 문서, 개인적 문서, 공적 문서, 사진 자료, 지도, 동영상, 구체물)를 수집할 것인지 밝혀야 한다. 또한 연구자는 자신이 원하는 문서를 누가 소유하고 있을지 혹은 어디에 있는지 예측하고, 그러한 문서를 어떤 경로를 통해 어떻게 수집할 수 있을지 제시해야 한다. 뿐만 아니라 수집된 문서는 참여관찰이나 인터뷰 자료와의 교차 점검을 통해 진실성을 확인할 것임을 밝힐 필요가 있다.

자료 수집에 관해 기술할 때 연구자가 고려할 사항은 다음과 같다.

- 자료 보관 및 관리: 수집된 모든 자료는 연구 참여자의 소중한 정보이므로 어떤 방식으로 어디에 안전하게 보관할 것인지에 대한 계획을 밝혀야 한다.
- 자료 수집 계획의 시각화: 때로는 자료 수집과 관련한 정보와 계획을 심사자나 독자가 한눈에 알아볼 수 있도록 일목요연하게 표로 제시하는 것이 효과적이다.
- 자료 수집 과정에서의 유의점: 각 자료 수집 과정에서 유의해야 할 점을 제시할 필요가 있다.

수집 자료의 종류 설명의 예로 주재홍의 연구 계획서에 제시된 자료에 관한 설명을 소개한다.

본 연구는 전반적인 연구 과정에서 연구 참여자와 일대일 심층 면담을 통하여 인터뷰 자료를 수집할 것이다. 생애사 인터뷰는 예비 인터뷰, 후기 모임 등을 제외하고 총 3시기에 따라 진행될 것이다(박성희, 2003: 7-10). 제1시기는 연구자가 연구 참여자에게 태어나면서 지금까지의 인생 이야기를 들려달라고 요청하는 것이다. 제2시기는 연구 참여자 자신의 생애 이야기를 스스로의 선택에 의해 중단 없이 구술하는 시기이다. 마지막으로 제3시기는 연구자가 연구 참여자의 생애 이야기를 경청한 후에 연구자의 시각으로 구성된 질문을 할 수 있는 시기이다. 그러나 인터뷰의 방법보다 더 중요한 것은 인터뷰의 횟수와 시간이다. 생애사 연구는 최소한 2회 이상의 인터뷰를 통하여 자료를 수집하는 것이 적절하며, 개인당 최소 4시간 이상의 시간을 할애하는 것이 적절하다(한경혜, 2005: 14). 따라서 이 연구는 개인당 5회(개인별 1회기 기준 3시간, 총 15시간)의 인터뷰(6명×15시간, 총 90시간)를 실시하고, 자료의 분석과 해석 결과에 따라서 추가적인 내러티브 인터뷰를 실시할 것이다.

생애사 인터뷰는 전적으로 연구 참여자인 화자에 의해 주도되는데, 연구자의 질문에 대하여 연구 참여자가 응답하는 것이 아니라, 자신의 생애사적 경험들을 스스로의 선택과 결정에 의해 연구자에게 '이야기하는 것(narrative)'이다(성정숙, 2012: 88). 그렇기 때문에 연구자는 연구 참여자의 생애사적 관점을 이해하고 재구성하기 위해서는 자유로운 인터뷰 조건이 충족되도록 해야 한다(이희영, 2005: 134). 즉 연구 참여자가 연구 주제, 시간, 장소의 제한 없이 자유롭게 내러티브를 구술할 수 있도록 해야 한다. 연구자는 연구 주제를 해명하기 위한 사전 질문 목록이 아니라 개방적인 질문을 통하여 상대적으로 자유로운 서술 공간을 제공해야 한다(이희영, 2005: 135). 즉 내러티브 인터뷰에서는 무엇을, 어떻게, 왜 등과 같은 질문을 통하여 연구 참여자의 주장이나 항변을 유도하는 것이 아니라, 연구 참여자가 자유로운 인터뷰 분위기 속에서 자신의 체험을 서사적으로 묘사할 수 있는 수평적 관계가 중요하다(이희영, 2005: 135).

5) 분석 방법 설명하기

연구자는 계획서에서 자료를 어떻게 분석할 것인지 분석의 절차, 분석의 종류와 방법, 더 구체적으로는 코딩에 대한 계획을 밝혀야 한다. 자료 분석은 수집한 많은 자료를 재검토하고, 요약하고, 다른 방법으로 입증해보고, 양식을 살펴보고, 의미는 찾는 과정이다(Wolcott, 1994; LeCompte & Schensul, 1999; 김영천, 2012). 연구자는 계획서에서 다음과 같은 사항을 밝혀야 한다.

가) 자료 수집과 분석의 동시성과 순환성

연구자는 자료 분석이 자료 수집과 함께 이루어질 것임을 밝혀야 한다. 질적연구에서 자료 수집과 자료 분석은 상호 보완적으로 이루어지기 때문이다. 자료 수집과 동시에 진행되는 초기 자료 분석은 이후에 이루어질 연구자의 자료 수집, 즉 참여관찰의 초점이나 면담의 질문지 작성 등에 통찰을 제공한다.

나) 자료 분석의 절차

연구자는 자료 분석의 절차를 제시해야 한다. 자신의 분석을 안내하는 이론이나 모형이 있다면 소개하고, 왜 그러한 이론이나 분석의 틀이 자신의 연구에 적절한지 설명해야 한다. 예를 들어 생애사 연구를 한다면 Lieblich, Tuval-Mashiach와 Zilber(1998)의 텍스트를 분석하기 위한 네 가지 접근 방식으로 총체적 내용 접근, 범주적 내용 접근, 총체적 형태, 담화 분석을 사용할 수 있을 것이다. 또는 민성은, 김영천, 정정훈(2015)이 제시한 연대기적 분석, 인간관계 양상 및 상호작용 방식, 공간 및 소속 집단, 가치관과 비전, 대응 방식의 변화, 물리적/제도적 환경의 관점에서 분석할 수도 있을 것이다. 많은 학자가 질적 자료 분석의 절차를 이론화했는데(Dey, 1993; Wolcott, 1994; LeCompte & Schensul, 1999) 일반적으로 세 단계를 거친다. 대표적인 자료 분석의 절차는 다음과 같다.

- Wolcott: 기술, 분석, 해석
- Patton: 자료의 정리, 압축, 유형과 주제 발견
- Huberman: 자료의 감소, 자료의 배열, 결론 도출
- Dey: 기술, 분류, 관련 짓기
- Lather: 사용 가능한 자료, 사용 가능하지 않은 자료, 가치 있는 자료, 가치 없는 자료를 연구자가 읽고 판단하여 연구 문제에 대한 자료를 엄선하고 체계화해서 이야기를 만드는 작업

다) 전사 작업의 방법

전사 작업은 현장 작업에서 수집된 모든 자료(참여관찰 일지, 녹음·영상 녹화, 각종 기록물 등)를 이후의 분석을 위해 체계적으로 정리하는 작업으로서 자료 분석을 위한 첫 번째 단계이자 매우 중요한 단계이다. 연구자는 구체적으로 전사된 자료가 어떤 형식(워드파일 등)으로 어디에 저장될 것인지 밝혀야 한다. 또한 자료의 왜곡을 막기 위해 문

제가 될 표현을 찾아 고치거나 표기의 오류를 교정하고, 자료마다 고유 명칭을 부여하여 체계적으로 정리할 것임을 밝힐 필요가 있다.

라) 자료 분석 소프트웨어 사용

자료 분석을 위해 질적 자료 분석 프로그램을 사용할 것을 권장하는데, 이 또한 계획서에 명시해야 한다. 서구 영어권에서 개발된 자료 분석 프로그램(Atlas.ti, QDA Miner, Tams Anazyler, NVivo, MAXQDA 등)이 많이 있지만 한국어로 한국어 사용자에게 적합하게 개발된 파랑새 2.0의 사용을 고려할 수 있을 것이다. 주재홍의 연구 계획서 중 자료 분석에 대한 설명을 참고하기 바란다.

> 이 연구는 수집된 생애담 자료를 분석 및 해석하기 위해 Lieblich, Tuval-Mashiach와 Zilber(1998)가 제안한 분석 방법을 혼합하여 활용할 것이다. Lieblich, Tuval-Mashiach와 Zilber(1998)는 생애사 내용 혹은 텍스트를 분석하기 위한 네 가지 접근 방식으로 ① 총체적 내용 접근, ② 범주적 내용 접근, ③ 총체적 형태, ④ 담화 분석을 제시하였다(한경혜, 2005: 15-16, 재인용). 첫째, 총체적 내용 접근은 개별적 생애사를 분석의 초점으로 하여 각 생애사의 주요한 주제를 찾아내는 방법이다. 둘째, 여러 개의 생애사로부터 공통의 주제를 도출하는 범주적 내용 접근은 개별 생애사의 전체성을 훼손하지만, 연구 참여자들의 생애 과정의 유형을 파악하고 다양한 유형과 사회문화적 요소와의 관련성을 탐색하는 데 유용한 분석 방법이다. 셋째, 총제적 형태의 분석 방법은 생애사의 내용적 측면보다 각 생애사의 전체적인 구조를 분석의 초점으로 삼는다. 가령 생애 과정에서 가장 행복했던 시점과 불행했던 시점의 위치를 중심으로 삶의 변화를 표시하는 생애 도표 구성 방식이나 생애 전이의 위치를 탐색해보는 것이 여기에 해당한다. 마지막으로 담화 분석은 '왜 그러한 방식으로 말하는가?'와 같은 이야기의 조직 원리에 초점을 맞추어 생애사 서술의 서사 구조를 탐색하는 접근이다. 앞서 언급한 네 가지의 분석 방법은 연구 참여자들이 어떻게 자아의 연속성을 유지하고 정체성을 구성하면서 삶의 의미를 창출해가는가의 공통점이 있다(한경혜, 2005: 15-16).

6) 타당도 작업 설명하기

연구자는 연구의 타당도를 어떻게 확보할 것인지 연구 계획서에서 명료하게 밝혀야 한다. 타당도를 검증하는 과정은 좋은 질적연구 결과물을 만들기 위해 수행해야 하는 필수적인 작업이다. 질적연구자는 타당도에 대한 실증주의적 입장과 실제를 거부하고 있다. 그들은 연구자의 해석을 보편적으로 수용할 수 있도록 만들어주는 특정한 방법이나 절차가 없다고 주장한다. 즉 진리를 찾기 위한 객관적인 증거나 합리적인 기준을 거부하는 것이다. 질적연구의 가장 기본은 현상과 인간에 대한 해석이기 때문에 주체와 객체가 분리될 수 없고 사실과 가치를 떼어놓을 수 없다. 따라서 질적연구 역시 실제 자료나 연구자의 가치관과 유리된 과학적 준거로 평가할 수 없다(Smith, 1989).

그리고 연구자가 연구에서 중립을 지킬 수 없다는 생각도 거부되고 있다. 따라서 사회현상의 복잡성과 의미 구조를 충분히 이해하고 해석하기 위해 연구 참여자에 대한 보다 깊은 관심과 상호 의사소통이 강조된다. 특히 연구자의 주관성이 연구 과정에, 결론의 도달에 중요한 역할을 하는 질적연구에서는 보다 사실적이고 확실한 자료를 얻기 위해 연구자가 얼마나 현장에 밀착하여 서로 영향을 주고받았는지가 더 중요하게 여겨지기도 한다. 이러한 입장을 견지하는 측에서는 실증적이고 과학적인 타당도에 대해 연구자의 시각을 제한하고 통제하는 것으로 생각한다. 또한 타당도를 구성하는 절차 역시 지나치게 절차와 방법을 강조하기 때문에 질적연구의 정신과 맞지 않는다고 생각한다.

이에 질적연구의 신뢰성과 타당도 확보를 위해 구체적으로 어떤 활동을 해야 하는지에 대해 다양한 의견이 있으며, 새롭고 진보적인 타당도 작업의 활동이 계속적으로 연구되고 있다. 이러한 노력의 결과로 새롭고 참신한 타당도 준거가 다양한 학문 분야, 즉 실행 연구(Bradbury & Reason, 2001), 인류학(Hammersley, 1998), 담화 분석(Seale, 1999), 후기구조주의(Lather, 1993), 사회학(Richardson, 1997), 심리학(Kvale, 1989), 교육학(Maxwell, 1992; Smith, 1984; Wolcott, 1990)에서 이론화되었다.

이러한 다양성에도 불구하고 과학과 비과학의 경계를 구분해야 하는 질적연구자로서 연구의 타당성 확보를 위해 구체적으로 어떤 활동을 해야 할 것인가에 대해 어느 정도의 합의가 이루어졌다. Lincoln과 Guba의 신뢰성 확보 방법은 서구의 질적연구 논문에서 타당도를 입증하는 방법으로 널리 인용되고 있다. 그러므로 연구 계획서에서 타당도 작업에 대한 내용을 기술하려고 하는 연구자는 Lincoln과 Guba, Richardson 혹은 Lather가 제시한 타당도 조건을 자신의 연구 작업에 적용할 것임을 강조할 수 있다. 질적연구의 타당도 확보를 위해 다음과 같은 방법을 사용할 수 있다.

- 삼각검증
- 심층적 기술
- 참여자의 피드백
- 연구자의 성찰
- 장기적 집중적 관찰
- 동료들과의 비평 작업
- 결정화 타당도
- 포스트모던 타당도
- 참고 자료 활용
- 부정적 사례 분석

조재식과 Trent(2006)는 이러한 내용을 종합하여 질적연구 타당도를 다섯 가지 목적과 유형으로 개념화했다(〈표 2-2〉 참조).

최근 들어 Lincoln과 Guba의 타당도 준거에 대한 비판이 계속되고 새로운 타당도

〈표 2-2〉	질적연구의 주요한 다섯 가지 타당도 개념(Cho & Trent, 2006)		
목적	**핵심 질문**	**타당도 확인 과정**	**주요한 타당도 기준**
'진실' 찾기	정답은 무엇인가?	발전적 귀납	기술적인 멤버 체크 인과적 삼각검증
심층적 묘사	사람들은 현상에 대해 어떻게 해석하는가?	전체론적 사고	묘사적 자료 삼각검증 생활 세계에 대한 정확한 지식 반복적인 멤버 체크
발전적	조직이 어떻게 변화해가는가?	분류적, 인과적	역사를 반영하는 자료 지속적인 삼각검증
개인적 에세이	연구자의 해석은 무엇인가?	반성적, 미학적	경험에 대한 자기평가 상황에 대한 판단
사회적/프락시스	인간과 조직은 어떻게 배우고 변화할 수 있는가?	연구 참여자의 참여	반성적 멤버 체크 자기비판 현상 재정의

준거가 개발되고 있다는 점을 주지할 필요가 있다. 특히 이 주제와 관련하여 Lather가 제시한 포스트모던 타당도 준거는 자료의 해석과 분석, 재현에서 연구자의 주관성을 해체하려고 한다는 점에서 이정표적인 타당도 준거로 수용되고 있다. 따라서 다양한 새로운 준거가 개발되고 수용되고 있다는 것을 이해해야 한다. 이동성(2013)의 연구를 통해 구체적인 사례를 살펴보자.

이 연구는 최종적인 연구 결과에 대한 타당도를 검증하기 위해 김영숙 · 이근무(2008), 김영천 · 한광웅(2012) 그리고 Sikes(2010)가 제시한 생애사 타당도 준거를 종합하여 적용하고자 한다. 즉 이 연구는 위에서 제시한 타당도 준거들을 재구성하여 다음과 같은 다섯 가지의 타당도 준거들을 적용하고 활용할 것이다: ① 대화성, ② 반영성, ③ 촉매성, ④ 진정성, ⑤ 연결성. 여기에서 대화성이란 연구자와 연구 참여자의 수평적인 대화적 관계를 의미하며, 반영성이란 연구의 과정과 결과에서 연구자의 위치성과 상황성의 제시 여부와 정도를 의미한다. 그리고 촉매성이란 연구의 과정과 결과를 통하여 연구자와 연구 참여자들의 삶이 실제적으로 얼마나 개선되었는지에 대한 이슈이며, 진정성이란 자료의 분석과 해석의 논리적 일관성과 정교함, 그리고 글쓰기의 솔직성과 진실성을 의미한다. 그리고 연결성이란 연구 참여자들의 개인적인 생애담과 보다 바깥의 정치적, 경제적, 사회적, 문화적, 역사적 맥락의 연결 유무와 정도를 의미한다. 이 다섯 가지 준거들은 각 생애사 텍스트에 동일하게 적용되기보다는, 연구 참여자들과 연구 상황의 맥락에 따라 차별적으로 적용될 것이다.

7) 연구윤리 준수 밝히기

연구윤리는 질적연구 계획서의 연구 방법 장에서 빠뜨려서는 안 되는 것 중의 하나이다. 연구자는 계획서에서 연구 수행 전반에 걸쳐 어떻게 윤리적으로 연구를 수행할 것인지 명확하게 밝혀야 한다. 어떻게 연구를 윤리적으로 수행할 것인지에 관한 계획은 Lincoln 과 Guba(1989), Beauchamp와 Childress(1979) 등이 지적한 연구의 윤리적 문제점, 즉 연구자가 개인의 직업적 목적을 위해 연구 참여자를 기만하는 것, 비인간적으로 대하는 것, 물상화하는 것, 참여자의 사생활을 침해하는 것, 참여자를 물리적, 심리적 위험에 빠뜨리는 것, 또는 참여자를 착취하는 행위를 경계하기 위함이다. 연구윤리와 관련된 사항을 진술할 때 연구자는 다음과 같은 내용을 밝혀야 한다.

가) 참여자의 복지와 안녕 고려

연구자는 연구를 하면서 연구 참여자의 복지와 안녕을 위해 어떻게 노력할 것인지 자세하게 묘사해야 한다. 이를 위해 연구자가 할 수 있는 방법은 첫째, 자신의 학문 영역에서 사용되고 있는 연구윤리의 요소를 알고 그 요소를 진술하는 방법, 둘째, 일반적 차원에서 사용되는 연구윤리 규정을 차용하여 진술하는 방법이 있다. 어떤 방법을 사용해도 좋다. 하지만 가장 중요한 것은 연구윤리가 무엇이며 어떤 요소를 포함해야 하는지 명확하게 알고, 자신의 연구에서 어떻게 실천해낼 것인지에 대한 구체적인 계획을 밝히는 것이다.

나) 참여자의 동의서

참여자의 동의서 획득 계획을 밝혀야 한다. 연구자는 참여자에게 연구 목적, 연구 활동의 구체적 사항, 참여자의 역할, 자료 수집 방법과 절차, 개인 정보 보호 등의 사항을 알려주고 동의서를 받을 계획임을 명확히 해야 한다. 참여자가 미성년자일 때는 부모로부터 동의서를 받아야 한다. 학위 논문을 위한 계획서의 경우 해당 연구 참여자의 동의를 받기 위한 동의서 양식을 만들어 부록에 제시할 수 있을 것이다.

다) 참여자의 익명성 보장

참여자의 익명성을 지킬 방법을 진술해야 한다. 참여자의 이름, 소속 등 참여자가 누구인지 가늠할 수 있는 모든 정보는 '가명'으로 바꿀 것이며, 참여자의 소중하고 민감한 정보를 어디에 어떻게 안전하게 보관할 것인지 진술해야 한다.

라) 참여자의 피드백 획득 계획

타당도의 한 방법인 '참여자의 피드백'을 연구윤리 부분에서 강조할 수 있다. 연구자는 수집된 자료, 특히 면담과 참여관찰의 전사 자료를 참여자와 공유하고 전사 과정에서 자료의 훼손이나 왜곡이 없었음을 참여자로부터 확인받는 계획을 밝혀야 한다. 또한 윤리적으로 수집되고 왜곡이 없었지만 참여자가 연구 자료로 활용되는 것을 원하지 않는 부분이 있다면 참여자의 의견을 존중할 것임을 밝혀야 한다.

마) 기관윤리심의위원회의 규정 준수

연구윤리에 대한 문제점이 지적되고 그 중요성에 대한 인식이 커짐에 따라 최근 연구윤리 심의를 하는 기관윤리심의위원회(Institutional Review Board, IRB)를 구성하는 대학이 늘어나고 있다. 이에 연구자는 자신의 대학에 기관윤리심의위원회가 있는지 확인하고, 자신의 연구와 관련한 연구윤리 기준을 미리 확인하여 계획서 단계에서 어떻게 그 연구윤리 기준을 충족할 것인지 명확하게 밝혀야 한다. 다음은 연구윤리 준수 기술의 예로 김영천의 연구 계획서 중 '연구윤리 보장' 부분이다.

본 연구는 다수의 인간을 대상으로 수행되는 연구로서 여러 윤리적인 문제들이 발생할 수 있다. 이러한 위험성을 줄이고 연구 참여자의 자발적 동의를 이끌어내기 위해 다음과 같은 방법을 사용하였다.

첫째, 모든 연구 참여 예정자들에게 연구 계획서 사본을 제시하고 연구를 설명하는 과정을 수행하였다. 연구에 대한 불필요한 오해를 줄이고 연구에서 개인 정보가 전혀 활용되지 않으며 불이익이 없다는 내용을 제시하였다. 특히 자료를 수집할 때부터 개인 정보는 모두 제거하는 작업을 실시한다는 점을 강조하였다. 이 과정은 연구 참여 예정자들의 상황에 따라 다양한 방법으로 수행되었다. 직접 면담, 전화, 전자 메일 등 다양한 방식으로 실시되었다.

둘째, 연구에 참여함으로써 얻을 수 있는 이점을 제시하며 설득하였다. 연구자는 연구 참여자들에게 강요의 방식이 아니라 자발적인 동의를 이끌어내기 위해 본 연구가 교육학 및 교육과정 이론에 기여할 수 있는 점들을 중점적으로 설명하였다. 연구 참여자로서 질적연구 방법을 경험하면서 스스로를 성찰하고 발전할 수 있는 계기가 된다는 점도 제시하였다.

셋째, 질적연구 방법에서 활용하는 여러 윤리 보장 방법들을 활용할 계획을 수립하였다. 우선 연구 참여자들의 권리와 연구자의 의무를 명시한 연구 동의서를 상호 작성하여 1부씩 보관하였다. 그리고 향후 연구에서 연구 참여자들의 인권과 사생활을 보장하기 위해 모든 이름을 가명으로 처리할 것이다. 사진이나 동영상을 촬영하는 경우에는 연구 결과 부분에 얼굴이 포함되지 않도록 조치할 것이다. 부득이하게 사용할 경우에는 얼굴을 알아볼 수 없도록 모자이크 처리하기로 하였다. 또한 수집한 연구 자료들의 경우 연구자가 직접 검수를 실시하여 개인을 알아볼 수 있는 정보들을 모두 제거하고 보관할 것이다.

4. 참고문헌 작성하기

연구자가 참고문헌을 어떻게 정리할지 고민하고 있다면 연구 설계를 포함한 연구 계획서의 모든 부분이 마무리되었다는 것을 의미한다. 참고문헌 정리는 연구 계획서에서 적지 않은 수의 연구자가 크게 주의를 기울이지 않는 부분이다. 참고문헌 작성하기는 내용의 문제가 아니라 형식을 어떻게 철저하게 잘 따르느냐의 기술적인 문제이다. 그러나 학술적인 글쓰기와 관련한 전문성을 지녔다는 인상을 심어주기 위해서라도 연구자는 참고문헌을 체계적이고 전문가적으로 정리해야 한다. 놀라운 사실은 대부분의 심사자나 심사위원이 논문 제출자의 글을 읽고 참고문헌이 잘 정리되었는지 반드시 확인한다는 것이다. 따라서 계획서를 작성하는 연구자는 자신이 속한 대학교 혹은 자신이 제출하고자 하는 학술지에서 사용하는 참고문헌 정리 규정이 있는지 반드시 확인해야 한다.

참고문헌 작성의 핵심 원리는 일관성과 정확성이다. 먼저 일관성은 자신이 사용하는 참고문헌 작성 매뉴얼(APA, MLA, Chicago, Harvard Referencing, Normas APA, Normas ABNT, Annotated Bibliography 등)을 논문 계획서 전체에 일관성 있게 적용하는 것을 말한다. 정확성은 참고문헌 작성 규칙을 정확하게 따르는 것과 참고문헌의 내용(자료의 제목, 저자의 이름과 철자, 날짜와 연도, 대문자·소문자 구별, 논문이나 책의 쪽수, 학술지의 호/권 등)을 정확하게 기재하는 것을 말한다.

우리의 연구 경험에 따르면 기존 연구물의 참고문헌에 제시된 저자의 이름, 제목, 특히 쪽수와 권/호 등에 적지 않은 오류를 발견했다. 따라서 연구자는 1차 자료를 접하지 않고 2차 자료에서 참고문헌 기술의 정보만을 복사해서 사용하는 '게으른' 행위를 지양해야 한다. 다시 말해 기존 연구물에 제시되어 있는 참고문헌 정보를 순진하게 모두 믿어서는 안 된다. 반드시 1차 자료를 찾아서 모든 정보를 확인하는 작업을 거쳐야 한다.

이 장에서는 연구 계획서의 목적이 무엇인지에서 출발하여 연구 계획서에 포함해야 할 요소별로 어떤 점을 고려하여 작성해야 하는지 설명했다. 서두에서 밝혔듯이 우리의 목적은 질적연구 연구 계획서를 '어떻게' 작성하는지 명료하게 설명하는 것이었다. 또한 독자를 위해 실제적인 예를 제시했다. 다음 장에서는 연구 문제를 어떻게 만들고 강력하게 진술할지에 대해 보다 상세하게 설명할 것이다.

참고문헌

김영천(2008). **차라리 학원에 보내라**. 브렌즈.

김영천(2013). **질적연구 방법론 II: Methods**. 아카데미프레스.

김영천 · 정상원(2017). **질적연구 방법론 V: Date analysis**. 아카데미프레스.

김영천 · 정정훈 · 이영민(2006), **미운 오리 새끼: 한국 초임교사의 일 년 생활**. 문음사.

김혜림 · 이미자(2017). 초임교사의 자기 수업 성찰 실행 연구. **학습자중심교과교육연구**, 17(5), 333-358.

박찬희 · 여한구(2017). 세월호 희생 학부모의 심리 경험. **목회와 상담**, 28, 124-148.

방기용(2012). **교사의 교육과정 재구성 저해 요인 분석: 근거 이론의 적용**. 경북대학교 대학원 박사학위 논문.

송영명(2009). **학생과 교사 수준 변인이 성취 목표 지향성에 미치는 영향**. 경북대학교 대학원 박사학위 논문.

엄진(2016). 전략적 여성 혐오와 그 모순: 인터넷 커뮤니티 '일간베스트저장소'의 게시물 분석을 중심으로. **미디어, 젠더 & 문화**, 31(2), 193-236.

이동성(2012). **질적연구와 자문화기술지**. 아카데미프레스.

이동성(2016). 한 교육대학원 교사교육자의 교수적 갈등과 딜레마에 대한 자문화기술지. **질적탐구**, 2(1), 1-31.

이현영(2012). **사이버 공간에서 청소년의 젠더 의식: 팬픽의 내용 분석**. 홍익대학교 일반대학원 박사학위 논문.

장경은(2008). **빈곤 노인의 노화 경험: 질적연구를 통한 빈곤 노인 복지 정책의 탐색**. 경북대학교 대학원 박사학위 논문.

정상원(2014). **초등학교 교사의 백워드 교육과정 설계와 실천에 대한 근거 이론적 접근**. 경북대학교 대학원 박사학위 논문.

정상원(2014). **초등학교 학생들의 평가와 성적 기록하기: 교사들의 현상학적 체험들**. 진주교육대학교 대학원 석사학위 논문.

정정훈(2015). 쿠레레를 통한 주관성의 회복: 좌절과 재건. **질적탐구**, 1(1), 37-65.

한슬기 · 이원일 · 여인성(2013). 비판적 문화기술지: 여성 승마 선수로 살아가기. **한국체육학회지**. 52(2), 41-55.

황철형 · 이용학(2013). 비판문화기술지의 방법적 탐색: 탐구 영역과 그 절차에 대한 이해. **교육문화연구**, 19(2), 31-68.

Agee, J. (2009). Developing qualitative research question: A reflective process. *Internation Journal of Qualitative Studies in Education*, 22(4), 431-447.

Alvesson, M. & Sandberg, J. (2011). Generating research questions through problematization. *The Academy of Management Review*, *36*(2), 247-271.

Anastasiadis, E., Rajan, P., & Winchester, C. L. (2015). Framing a research question: The first and most vital step in planning research. *Journal of Clinical Urology*, *8*(6), 409-411.

Bailey, K. D. (1994). *Methods of Social Research* (4th ed.). New York, NY: Free Press.

Berg, B. L. (2001). *Qualitative Research Methods*. CA: Allyn and Bacon.

Blount, B. A. (2018). Students' spiritual integration into bible colleges: A grounded theory study. A dissertation of Liberty University.

Bradley, T. L. (2011). Perceptions of in-service teachers on their interactions and behaviers on Facebook: A phenomenological study. A dissertation of Unversity of Phoenix.

Bryman, A. (2007). The research question in social research: What is its role? *International Journal of Social Research Methodology*, *10*(1), 5-20.

Choudhury, K. (2014). Materialism, religion, and implications for marketing: An ethnographic study of nichiren buddhism. *Psychology & Marketing*, *31*(9), 683-697.

Collins, D. R. & Heere, B. (2018). Sunday afternoon social capital: an ethnographic study of the Southern City Jets Club. *European Sport Management Quarterly*, *18*(4), 439-458.

Connelly, L. M. (2015). Research question and hyotheses. *Medsurg Nursing*, *24*(6), 435-436.

Creswell, J. W. (1998). *Qualitative Inquiry and Research Design*. London: Sage.

Creswell, J. W. (2003). *Research Design: Qualitative, Quantitative, and Mixed Methods Approaches*. Thousand Oaks, CA: SAGE.

Creswell, J. W. (2013). *Qualitative Inquiry and Research Design: Choosing among Five Approache* (3rd Ed.). Sage. 조홍식 · 정선욱 · 김진숙 · 권지성 역(2015). **질적연구 방법론: 다섯 가지 접근**. 학지사.

Diebel, A. E. (2008). Neutrality in qualitative research. In Given, L. M. (Eds.). *The Sage Encyclopedia of Qualitative Research Methods*. Sage.

Doody, O. & Bailey, M. E. (2016). Setting a research question, aim and objective. *Nurse Researcher*, *23*(4), 19-23.

Elez, T. (2015). The role of social ties in the process of settlement of migrant survivors of political violence: A critical ethnographic study. A thesis of the University of British Columbia.

Farrugia, P., Petrisor, B. A., Farrokhyar, F., & Bhandari, M. (2010). Research questions, hypotheses, and objectives. *Canadian Journal of Surgery*, *53*(4), 278-281.

Fullchange, A. & Furlong, M. J. (2016). An Exploration of effects of bullying victimization from a complete mental health perspective. *Sage Open, 6*(1), 1-12.

Gibbons, D. E. (2004). Friendship and advice networks in the context of changing professional values. *Administrative Science Quarterly, 49*(2), 238-262.

Gilmore, J. K. (2013). How mediators understand conflict: A phenomenological study. A dissertation of Duquesne Universtity.

Giorgi, A. (2009). *Descriptive Phenomenological Method in Psychology: A Modified Husserlian Approach.* Duquesne University Press.

Glaser, B. G. (1978). *Theoretical Sensitivity.* The Sociology Press.

Glaser, B. & Strauss, A. L. (1965). *Awareness of Dying.* Chicago: Aldine Pub.Co.

Hart, C. W. M. & Philing, A. R. (1960). *The Tiwi of North Ausralia.* Holt, Rinehart, & Winston. 왕한석 역(1987). **티위 사람들**. 교문사.

Heddle, N. M. (2007). The research question. *Transfusion, 47*(1), 15-17.

Herbert, L. R. (2018). The lived experiences of combat-related amputees: A phonomenological study. A dissertation of Regent University.

Janesick, V. (2000). The choreography of qualitative design: Minuets, improvisation, and crystallization. In Denzin, N. K. & Lincoln, Y. S.(Eds). *Handbook of Qualitative Research,* 379-399. Thousand Oaks, CA: Sage.

Johnson, R. B. & Christensen, L. B. (2014). *Educational Research; Quantitative, Qualitative, and Mixed Approachs* (5th Ed.). Sage.

Kirppendorff, K. (2004). *Content Analysis: An Introduction to Its Methodology.* Sage.

Lipowski, E. E. (2008). Developing great research questions. *American Journal of Health-System Pharmacy, 65*(17), 1667-1670.

Majerowicz, L. K. (2017). Advancement experiences of female firefighters: A descriotive phenomenological study. A dissertation of University of Phoenix.

Malhotra, S. (2013). Framing a research question and generating a research hypothesis. *Indian Journal of Medical Specialities, 4*(2), 325-329.

Mashall, C. & Rossman, G. (2006). *Designing Qualitative Research* (2nd ed.). Sage.

Mattick, K., Johnston, J., & de la Croix, A. (2018). How to … write a good research question. *The Clinical Teacher, 15,* 104-108.

Mears, C. L. (2005). Experiences of Columbine parents: Finding a way to tomorrow. A dissertation of University of Denver.

Miles, M. B., Huberman, A. M., & Saldaña, J. (2014). *Qualitative Data Analysis* (3rd Ed.). Sage.

Moustakas, C. E. (1994). *Phenomenological Research Methods*. Sage.

Parker, E. A. (2017). Adults' experience of procrastinating: A grounded theory study. A dissertation of Capella Unversity.

Pinar, W. F. (2011). *The Character of Curriculum Studies: Bildung, Currere, and the Recurring Question of the Subject*. Peter Lang.

Pollin, S. (2017). A Jewish day school surfing the edge: An autoethnographic study. A doctoral thsis of Northeastern University.

Pomarico-Denino, V. (2018). Trangender education in nursing: A qualitative study investigating faculty beliefs. A dissertation of Southern Connecticut State University.

Richardson, W. S., Wilson, M. C., Nishikawa, J., & Hayward, R. S. (1995). The well-built clinical question: A key to evidence-based decisions. *ACP Journal Club*, *123*(3), A12-A12.

Robinson, G. (2008). The experience of equity in long term African American marriages: A descriptive phenomenological study. A dissertation of Capella University.

Sandberg, J. & Alvesson, M. (2011). Ways of construction research questions: Gap-spotting or problematization. *Organization*, *18*(1), 23-24.

Schreier, M. (2012). *Qualitative Content Analysis in Practice*. Sage.

Smith, B. M. (2017). A phenomenological study of teachers with dyslexia. A dissertation of Lamar University.

Smith, S. R. (2018). Moral conflict in providing pastoral care in domestic violence situations: A grounded theory study. A dissertation of Capella University.

Somerville, M. M. (2017). Divorce after long-term marriage: A constructivist grounded theory study. A dissertation of St. Mary's University.

Strauss, A. & Corbin, J. (1990). *The Basics of Qualitative Research: Grounded Theoy Procedures and Techniques* (1st Ed.). Sage. 김수지 · 신경림 역(1996). **근거 이론의 이해: 간호학의 질적연구 수행을 위한 방법론**. 한울아카데미.

Strauss, A. L. (1987). *Qualitative Analysis for Social Scientist*. Cambridge University Press.

Tarozzi, M. (2013). How does my research question come about? The impact of funding agencies in formulating research questions. *The Qualitative Report*, *18*, 1-11.

Tenenberg, J. (2014). Asking research questions: Theoretical presuppositions. *Transactions on Computing Education*, *14*(3), 1-16.

Thabane, L., Thomas, T., Ye, C., & Paul, J. (2009). Posing the research question: not so simple. *Canadian Journal of Anaesthesia*, *56*(1), 71-79.

제 3 장

연구 문제 진술하기

연구 문제는 연구자의 문제 의식이 구체화된 것이다. 연구 문제는 연구자가 연구를 시작할 수 있게 하는 시발점이자, 장차 이루어질 연구의 전체적인 윤곽을 결정 짓는다. 또한 연구 문제는 연구 결론의 도출에도 영향을 미친다. 이러한 측면에서 연구 문제의 구성은 연구의 핵심적인 과정이라 할 수 있다. 그럼에도 불구하고 많은 연구자, 특히 초보 연구자의 경우 연구 문제를 도출하는 데 큰 어려움을 겪는다. 게다가 연구의 시작을 승인받아야 하는 학위 논문의 경우, 불명료하고 부적절한 연구 문제의 설정은 승인 거부의 주요한 이유가 된다. 따라서 이 장에서는 연구 문제의 개념을 살펴보고, 연구 문제를 구성하는 데 도움을 줄 수 있는 일련의 방법론을 논의할 것이다.

1. 연구 문제의 개념

연구 문제는 연구자가 연구를 통해 궁극적으로 답하고자 하는 물음이다. 이러한 연구 문제가 구성된 후에야 비로소 구체적인 연구가 시작될 수 있다. 넓게 본다면 연구자가 어떤 주제나 특정 사회 영역에 대한 문제 의식을 가질 때 이미 연구가 시작되었다고 할 수 있다(Agee, 2009). 하지만 이러한 시작은 실질적인 시작이라기보다는 구체적인 시작을 위한 탐색이라 할 수 있을 것이다.

연구자는 문제 의식을 가지고 현상을 탐색하고 다양한 문헌을 살피며 자신의 문제 의식을 구체화하고 축소시킨다(Moustakas, 1994; Malhotra, 2013; Creswell, 2013; Johnson & Chiristensen, 2014). 그리고 구체화의 결과로 연구 문제를 구성하며 그 후에 구체적인 연구의 절차를 진행할 수 있다(Janesick, 2000; Agee, 2009; Schreier, 2012). 연구 문제의 예를 〈표 3-1〉에 제시했다.

〈표 3-1〉의 예와 같이 연구 문제는 기본적으로 의문형으로 구성된다. 이러한 연구 문제를 구성한다는 것은 연구를 위해 연구자에게 질문을 던지는 과정이라 할 수 있다. 연구자는 연구 질문에 대한 해답을 구하기 위해 적절하게 연구를 설계하고 실행해야 한다. 그리고 연구의 설계와 실행은 근본적으로 연구 문제의 영향을 받는다.

연구 문제는 다음과 같은 특징을 가지고 있다.

첫째, 양적연구와 달리 질적연구에서는 연구가 진행되면서 더 개선 및 발전된다. 다시 말해 질적연구에서 연구 문제는 초기의 연구 문제가 연구의 마지막까지 변하지 않는 양적연구와 달리 연구가 진행되는 동안 지속적으로 개선되고 발전한다(Strauss, 1987;

〈표 3-1〉	다양한 연구 문제의 예			
연구명	연구자	연구 영역	연구 문제	
Awareness of dying	Glaser & Strauss (1965)	간호학	환자들이 인식하는 죽음은 어떠한가?	
The Tiwi of North Australia	Hart & Philing (1960)	인류학	북오스트레일리아 원주민의 삶과 문화는 어떠한가?	
Tone of teaching	van Manen(1986)	교육학	아동과 교사가 맺고 있는 교육학적 관계는 교육 실제에서 어떤 양상으로 드러나며, 그 속에서 가르친다는 말의 의미를 우리는 어떻게 이해하고 실천해야 하는가?	

Agee, 2009; Miles, Huberman, & Saldana, 2014). 특히 근거 이론의 경우 자료 수집과 분석 과정에서 도출되는 연구 문제의 중요성을 강조하는데(Strauss, 1987), 이는 질적연구의 특징인 연구 문제의 점진적 계발과 개선을 가장 극명하게 보여주는 것이라 할 수 있다. 연구자는 초기 연구 문제를 가지고 현장으로 들어가지만, 수집된 자료와 그 분석을 통해 연구의 진행 전반에 걸쳐 연구 문제는 지속적으로 개선 및 정선된다.

둘째, 연구 문제는 정치적이며, 중립적이지 않다. 사회과학 연구에서는 연구 문제가 중립적이어야 하고 이러한 중립성이 연구의 엄밀성, 신뢰성, 타당성 등을 보장하는 것이라는 믿음이 널리 퍼져 있다(Diebel, 2008). 하지만 많은 학자가 이러한 연구 문제의 중립성에 의문을 제기한다.

Tarozzi(2013)는 연구 문제에 영향을 미치는 요소로 개인적 경험, 과학적 지식, 다양한 제약 등을 언급하고 연구비 지원과 같은 요소도 연구 문제의 구성에 영향을 미칠 수 있음을 논의했다. Brayman(2007)은 연구 문제의 구성에 학문적 특성, 정책적 이슈, 연구비 지원의 수월성 등이 영향을 미친다는 것을 밝혔다. 또한 그는 연구자의 방법론적 선호와 연구자가 소속되어 있는 연구 위원회 등이 연구 문제를 구성하는 데 영향을 미칠 수 있음을 언급하고, 연구가 진행되는 과정에서도 이러한 요소가 지속적으로 영향을 미쳐 연구 문제를 발전시킨다는 것을 논의한 바 있다. Bailey(1994) 역시 연구자가 속해 있는 패러다임, 연구자가 가지고 있는 가치 등이 연구 문제의 구성에 영향을 미칠 수 있음을 논의했다.

이러한 학자들의 논의는 연구 문제의 구성이 연구자의 성향과 같은 내적 요소와 학계의 풍토, 정책과 같은 이슈, 연구비와 연구 기간 같은 물리적 제약으로부터 자유로울 수 없음을 밝히고, 연구 문제의 구성이 이러한 요소와의 타협의 결과로 도출되는 것임을 드러낸 것이다. 따라서 연구 문제는 중립적이기보다 정치적인 성격을 띤다고 할 수 있다.

셋째, 연구 문제는 연구자가 위치한 연구 패러다임에 근거하여 만들어진다. 연구 문제는 '무엇'을 '어떻게' 탐구할 것인지를 규명하는 진술이다. 따라서 연구 문제 안에는 '무엇'과 관련된 존재론, '어떻게'와 관련된 인식론과 방법론이 내재되어 있다(김영천, 2016). 따라서 연구자가 몸담고 있는 패러다임은 연구 문제의 철학적 기반이 되고 그에 따라 연구 문제가 구성된다고 할 수 있다.

이러한 연구 문제는 그 문제가 요구하는 답의 성격에 따라 여러 유형으로 구분될 수 있다. Mashall과 Rossman(2006)은 이러한 연구 문제의 유형을 크게 현지 조사적(exploratory) 연구 질문, 설명적(explanatory) 연구 질문, 기술적(descriptive) 연구 질문, 해방적(emacipatory) 연구 질문으로 구분했다.

현지 조사적 연구 질문은 연구 대상이 된 현지에서 혹은 현지인의 삶을 그들의 관점에서 탐구하는 질문이다. Tyler(2018)는 투옥되는 대신 사법치료 프로그램을 선택한 히스페닉계 여성 마약 사범의 삶을 통해 세대 간 약물 남용 현상을 탐구했다. 그는 '뉴멕시코 남부에서 사법치료 프로그램에 참여하고 있는 히스페닉계 어머니들의 회복을 둘러싼 이슈는 무엇인가?'라는 연구 문제를 설정하여 문화기술지 연구를 진행했다. Tyler는 그들의 교육, 가족생활, 취업, 주거, 양육 등의 문화적 주제에 대해 논의하고, 그러한 것들이 그들의 삶에 어떻게 영향을 미치는지를 탐구했다.

설명적 연구 질문은 어떤 사건이나 현상에 대한 구체적인 설명 체계를 도출하는 것을 목적으로 하는 연구 질문이다. 이러한 연구 질문의 예로 Smith(2018)의 연구 문제를 살펴보자. 그는 가정 폭력 문제에 대해 목가적 보살핌을 제공하는 여성 성직자가 그러한 상황 속에서 발생하는 도덕적 갈등을 어떻게 다루는지를 탐구했다. 그는 이 연구를 통해 도덕적 갈등을 다루는 과정을 크게 변화 요구하기, 갈등 확인하기, 감정적 갈등 인식하기, 상담하기, 건강하게 극복하기, 안정감 증대하기로 설명했다.

기술적 연구 질문은 어떤 현상이나 사건, 경험에 대한 심층적인 기술을 목적으로 하는 연구 질문이다. Robinson(2008)은 오랫동안 결혼 생활을 유지한 아프리카계 미국인 부부들이 평등을 어떻게 경험하는지에 대한 기술적 현상학적 연구를 수행한 바 있다. 이를 위해 그는 '아프리카계 미국인은 오랜 결혼 생활에서 어떻게 평등을 경험하고 그것을 묘사하는가?'라는 연구 문제를 설정하고 연구를 진행했다. 그리고 연구의 결과로 그러한 경험을 구성하고 있는 주제로서 '팀의 일부가 되었고 배우자와 인생의 도전을 공유한다는 느낌', '역할 유연성과 해야 할 필요가 있는 것을 하려는 의지', '삶이 쉬워졌다는 느낌과 삶의 짐이 수월해졌다는 느낌', '개성에 대한 강한 느낌과 개인으로서 완전해짐을 느낌', '배우자와 하나 됨을 느끼며 지원을 기꺼이 감수하려는 의지를 가짐', '상호 지지와 상호 의지를 느낌', '조화와 균형을 느낌', '평범함, 안전함, 안정감을 느낌', '대화와 타협의 의지', '변화를 느낌' 등을 제시했다.

해방적 연구 질문은 현상 속에 내재한 불평등을 드러내고 이러한 불평등을 개선하려는 목적을 가진 연구 질문이다. Elez(2015)는 정치적 탄압을 받아 캐나다로 이주한 이민자의 삶과 그들 사이의 사회적 연대감의 역할에 대한 비판적 문화기술지 연구를 수행했다. 이 연구에서 그는 '정치적 탄압을 견디고 밴쿠버와 위니펙으로 이주한 이민자는 사회적 연대의 다양한 경험에 대해 어떻게 묘사하며, 또한 캐나다로의 이주 과정에서 그들의 역할을 어떻게 묘사하는가?'라는 연구 문제를 구성했다.

2. 연구 문제의 역할

연구 문제는 연구의 설계에 영향을 미친다. 연구 문제의 영향을 받는 요소는 크게 연구 방법, 자료 수집, 자료 분석 등인데, 여기서는 이러한 요소가 어떻게 연구 문제로부터 영향을 받는지, 그리고 연구에서 연구 문제의 역할을 살펴보자.

가. 연구 방법에 영향을 끼침

연구 문제는 연구 방법의 선정에 영향을 끼친다. 연구 문제는 연구를 설계하고 수행하는 기준이 된다(Brayman, 2007; Schreier, 2012; Anastasiadis, Rajan, & Winchester, 2015). 연구 문제는 그것에 대해 어떤 접근이 타당할지 결정한다. 연구 문제가 변인과 그 관련성에 초점을 맞춘 진술이라면 양적 접근이 타당하겠지만 기술적, 탐구적 진술의 형태라면 질적 접근이 타당하다(Schreier, 2012). 따라서 연구 질문이 무엇을 밝혀내려 하는가는 그 연구의 주요한 접근을 결정하는 기준이 된다. 〈표 3-2〉는 연구 질문에 따라 어떤 연구 접근이 결정되는지에 대한 예를 보여준다.

〈표 3-2〉 연구 문제와 접근의 관련성	
연구명과 연구 문제	**접근 방법**
연구명: An exploration of effects of bullying victimization from a complete mental health perspective(Fullchange & Furlong, 2016) **연구 문제** 1. 폭력의 피해자가 되는 것은 행복의 감소와 연관이 있는가? 2. 만약 그렇다면 어느 정도 수준의 피해가 행복의 감소와 연관되는가?	양적 접근
연구명: 학생과 교사 수준 변인이 성취 목표 지향성에 미치는 영향(송영명, 2009) **연구 문제** 1. 학생들의 성취 목표 지향성은 교사에 따라 차이가 있는가? 2. 학생 수준에서 부모 변인과 학생의 사회심리적 변인은 성취 목표 지향성에 유의한 영향을 미치는가? 3. 학생 수준 변인의 영향력을 통제한 후 교사가 성취 목표 지향성에 유의한 영향을 미친다면 교사의 어떤 특성으로 설명될 수 있는가? 4. 학생들의 사회심리학적 변인에 따른 성취 목표 지향성 수준이 교사의 특성에 따라 달라지는가?	
연구명: A phenomenological study of teachers with dyslexia(Smith, 2017) **연구 문제** 1. 난독증 교사가 된다는 것은 교수 수업에 어떤 영향을 미치는가? 2. 난독증 교사가 된다는 것은 학생들, 동료들과의 관계에 어떤 영향을 미치는가? 3. 난독증 교사가 학생들의 학습에 부정적 영향을 최소화하기 위해 사용하는 극복 전략은 무엇인가? 4. 효율적인 수업을 하기 위해 난독증 교사가 극복해야 하는 도전은 무엇인가?	질적 접근
연구명: Divorce after long-term marriage: A constructivist grounded theory study(Somerville, 2017) **연구 문제** 1. 오랜 결혼 생활 후 이혼한 중년 여성의 성공적 적응을 촉진하는 경험은 무엇이며, 어떻게 진행되는가?	

나. 자료 유형과 수집 결정

연구 질문은 연구 참여자, 연구 현장, 수집 자료의 유형을 결정한다(Agee, 2009; Schreier, 2012; Connelly, 2015). 연구자는 연구 문제에 기반하여 자신이 어디로 갈 것인지, 누구를 만나야 하는지, 어떤 자료가 필요한지에 대해 결정을 해야 한다. 〈표 3-3〉은 연구 문제와 자료 수집 관련성의 예를 보여준다.

〈표 3-3〉 연구 문제와 자료의 관련성		
연구 문제	연구 참여자	수집된 자료
학부와 대학원의 간호학 교육에서 트랜스젠더 교육을 포함하거나 배제하는 요소는 무엇인가?(Pomarico-Denino, 2018)	대학교 간호학 교육자	인터뷰 자료, 참여관찰 자료
성인의 꾸물거림 경험은 무엇인가?(Parker, 2017)	꾸물거림 경험을 가진 성인	인터뷰 자료, 연구 참여자의 기록물
소방 서비스에서 여성 책임소방관의 경력 진보 경험은 무엇인가?(Majerowicz, 2017)	여성 책임소방관	인터뷰 자료

위와 같이 연구 문제는 주요한 참여자와 연구 현장을 선정하는 데 영향을 미친다. 또한 자료 수집을 위한 여러 도구의 개발에도 영향을 미치는데, 앞서 살펴본 Pomarico-Denino(2018)는 트랜스젠더 교육에 대한 대학교 간호학 교육자의 경험을 탐구하기 위해 다음과 같은 인터뷰 가이드를 개발하여 활용했다. 이는 연구 문제가 자료 수집에 어떤 영향을 미치는지를 보여주는 좋은 예가 될 것이다.

〈표 3-4〉 Pomarico-Denino(2018)의 인터뷰 가이드
1. 트랜스젠더와 관련하여 어떤 경험을 가지고 계신가요?
2. 당신에게 트랜스젠더는 어떤 의미가 있는지 설명해주세요.
3. 당신의 교육과정에 트랜스젠더에 대한 정보를 포함하나요? 만약 그렇다면 어떤 것을 포함하는지 말씀해주세요. 제외하는 부분이 있나요? 만약 그렇다면 무슨 이유로 트랜스젠더 보건과 관련된 내용을 제외하나요?
4. 이러한 내용을 당신의 교육과정에 넣거나 빼는 것에 대해 영향을 끼치는 신념 같은 것이 있나요?
5. 당신의 조직은 이러한 내용을 가르치는 데 제약을 가하나요?
6. 간호학과 학생들이 트랜스젠더 환자를 돌볼 준비가 되어 있어야 한다고 생각하나요?

위의 인터뷰 가이드 질문을 통해 '간호 교육에서의 트랜스젠더 교육'이라는 관련 연

구 문제가 인터뷰 가이드 구성에 어떤 영향을 주는지 확인할 수 있다.

다. 분석 방향에 영향을 끼침

연구 질문은 분석 방향에 영향을 끼친다(Kirppendorff, 2004; Lipowski, 2008; Schreier, 2012; Miles, Huberman, & Saldana, 2014). 연구자는 자료를 분석하는 동안 지속적으로 연구 문제를 상기해야 한다. 그리고 분석 과정에서 연구 문제에 대한 해답의 실마리를 찾고 그것을 개념화하며 분석을 수행한다. 따라서 분석 과정에서 나타나는 개념과 주제는 연구 문제를 중심으로 형성된다. 한 예를 살펴보자.

이현영(2012)은 사이버 공간에서 이루어지는 청소년의 팬픽(연예인을 주인공으로 하는 소설) 쓰기에 드러나는 젠더 의식에 대한 질적 내용 분석을 수행했다. 이 연구에서 그는 '팬픽에 나타난 젠더 담론의 내용적 특성은 무엇인가?', '팬픽에 나타난 젠더 담론의 내용적 특성에 회원들은 실제로 어떤 반응과 의식을 가지고 있는가?'라는 연구 문제를 구성했다. 그리고 이를 기반으로 분석을 위한 코드북을 개발했다.

〈표 3-5〉 '팬픽과 젠더 담론'에 기반한 코드북(이현영, 2012)

코드북		
인물	내부	멤버
	교환	멤버의 이성 친구, 동료, 이성 팬, 가족
	외부	멤버의 단순 주변인, 대립적 인물
공간	공적	기획사, 학교, 일반 회사, 사이버 공간, 공공 공간
	사적	자기(개인) 집, 외부의 개인 공간, 개인 통신
애정 표현	육체	신체 접촉, 대면 표현
	정신	만남(설렘, 희망), 이별(아픔, 우울), 진행(두려움, 기쁨)

위의 표는 '팬픽에 나타나는 젠더 담론'이라는 연구 문제에 따라 그 분석의 기반이 되는 코드가 구성됨을 잘 보여준다.

3. 연구 문제의 원천

연구 문제는 다양한 원천에서 비롯된다. 연구 문제의 원천은 개인적 경험, 문헌, 사회적 이슈나 사건이 될 수 있는데, 여기서는 이러한 원천과 이로부터 어떤 연구 문제가 도출될 수 있는지 살펴보자.

가. 개인적 경험

연구자의 개인적 경험은 연구 문제의 주요한 원천이 된다(Heddle, 2007; Lipowski, 2008; Thabane, Thomas, Ye, & Paul, 2009; Schreier; 2012). 특히 연구자가 현장에서 활동 중인 실천가라면 현장에서의 다양한 경험은 현장 친화적인 연구 주제를 형성하는 데 도움이 된다. 따라서 어떤 현상에 대한 연구자 개인의 경험은 가장 현장 친화적인 연구 문제를 도출할 수 있는 주요한 원천이 된다. 이와 관련된 몇 가지 예를 살펴보자.

　　Herbert(2018)는 전쟁으로 신체가 절단된 상이군인들이 그것을 어떻게 극복하는지에 대한 연구를 수행했는데, 이 연구의 연구 문제가 자신의 경험에서 비롯되었음을 언급하고 그 경험을 다음과 같이 기술했다.

> 2014년 가을, 나는 현역 대령으로 워싱턴 DC에 주둔 중인 국방부에 근무하고 있었다. 그리고 그곳에서 이 논문을 시작하게 된 사건을 경험했다. 어느 날 나는 운동을 하기 위해 국방부 내 체육관으로 들어서고 있었다. 이때 나는 복도를 울리는 큰 고함과 웃음소리를 들었다. 나는 입구 쪽의 발코니로 걸어가 그 소리가 들려오는 곳을 내려다보았다. 그리고 믿을 수 없는 광경을 목격했다. 절단 수술을 받은 52명의 현역 군인과 전역자가 아래쪽 배구장에 앉아 있었다. 그중에는 두 다리를 모두 절단한 사람도 있었다. 그들은 상이군인, 그 가족과 보호자가 활용할 수 있는 프로그램과 지원을 홍보하기 위해 고안된 좌식 배구를 하고 있었다. (Herbert, 2018: 1)

　　이러한 경험을 통해 그는 '전쟁으로 신체 절단을 경험한 전역 군인의 회복에 기여하는 특성은 무엇인가?'라는 연구 문제를 도출했다. 또한 일부 연구자는 자신의 실천 경험에서 비롯된 연구 문제를 도출하기도 한다. Pollin(2017)은 혼돈 속에 놓인 학교의 지도자가 겪는 경험이 어떤 것인지에 대한 자문화기술지적 연구를 수행했는데, 자신의 경험이 연구 기반이라고 언급하면서 다음과 같이 기술했다.

> 2005년 8월 15일, 뉴올리언스의 유대인 학교는 86명의 K-8학년생을 새로운 학년으로 맞이했다. 2주 후인 8월 29일, 허리케인 카트리나로 인한 홍수가 뉴올리언스와 그 인근 지역을 휩쓸었다. 가족들은 그 도시를 떠나 피난지에서 아이들을 학교에 보내며 남아 있었다. 피난민의 20%는 오랫동안 뉴올리언스를 멀리 떠나 있었다. (중략)
> 2006년 8월, 뉴올리언스 유대인 학교는 카트리나 이전의 학생 수였던 9개 학년의 86명에 훨씬 못 미치는, 유치원을 포함한 3개 학년의 학생 22명으로 재개교했다. 2010년 8월까지 국가의 지원과 지역 지도자의 결정 속에서 학교는 서서히 재건되어 유치원을 포함한 5개 학년이 51명으로 증가했다. 2013년 7월, 학생 수가 27명으로 줄어들었고 두 달 후 국가 학교 역량 전문가들은 폐교를 결정했다. 이후에 이어지는 것은 이 학교의 지도자로서 나의 경험에 대한 자문화기술지적 설명이다. (Pollin, 2017: 8)

이러한 경험을 바탕으로 Pollin은 '혼돈의 끝에 있는 학교에서 경험하는 지도자의 체험은 무엇인가?'라는 연구 문제를 도출했다.

정상원(2014)은 초등교사의 학생 평가와 기록에 대한 현상학적 연구를 수행했는데, 이 연구에서 연구 문제의 원천이 된 자신의 경험을 다음과 같이 기술했다.

> 그날은 6학년 졸업식이었다. 졸업식이 끝나고 아이들에게 생활통지표를 나누어준 후 아이들을 집으로 보냈다. 얼마 후 한 어머니로부터 전화를 받았다.
> "선생님, 저 별님이 엄만데요. 그런데 아이가 결석한 적이 없는데 개근상을 안 받아 왔네요."
> "아, 네, 별님이 상장이랑 상품이 학교에 있네요. 상을 한꺼번에 많이 받다 보니까 빠뜨렸나 봅니다. 죄송합니다."
> 나의 실수에 대해 누차 사과를 드렸음에도 그 어머니는 내가 느끼기에 좀 심하다 싶을 정도로 항의를 하시고 전화를 끊었다. 혹시나 하는 마음에 학생의 생활기록부를 살펴보았다. 1학년부터 5학년 때의 생활기록부 내용에는 학생에 대한 긍정적인 부분만 부각되어 있었는데 내가 작성한 6학년 생활기록부는 부정적인 내용이 다

소 부각되어 있었다. 물론 그렇지 않을 것이라는 생각을 했지만 어머니의 그러한 다소 지나친 항의가 내가 기록한 생활기록부 내용 때문일 수도 있다는 생각을 지울 수가 없었다. (정상원, 2011)

이러한 경험을 통해 연구자는 초등학교 교사의 평가와 평가 기록의 경험 속에 다양한 주제가 내재되어 있을 것이라는 의문을 가지고 '교사는 학교생활기록부를 작성하기 위해 어떤 실제적인 과정을 수행하는가?', '교사는 생활기록부 작성 과정에서 어떤 체험을 하는가?', '학교생활기록부 작성 행위의 본질은 무엇인가?'라는 연구 문제를 구성하여 연구를 수행했다.

나. 문헌

이전에 이루어진 다양한 연구 문헌은 연구 문제를 도출하는 데 또 하나의 주요한 원천이다(Thomas, McKnight, Mckay, & Haines, 2008; Farrugia, Petrisor, Farrokyar, & Bhandari, 2010; Sandberg & Alvesson, 2011; Alvesson & Sandbeg, 2011; Malhotra, 2013). 문헌을 통해 연구 문제를 도출한다는 것은 문헌에 대한 고찰을 통해 현재의 지식과 관과되어온 지식 사이의 경계를 찾아 그것을 연구 문제화하는 것이다(Thomas, McKnight, Mckay, & Haines, 2008). 그리고 이러한 연구 문제는 연구자가 '알고 있고 진실이라고 믿는 것'에서 '알려지지 않았고 탐구가 필요한 것'으로 나아가게 해준다(Lipowski, 2008).

Sandberg와 Alvesson(2011)은 기존 문헌으로부터 연구 문제를 도출하는 과정을 '틈 찾기(gap-spotting)'라 일컫고, 틈 찾기의 유형을 〈표 3-6〉과 같이 구분했다.

첫째, 혼란스러운 틈 찾기는 어떤 주제에 대해 상반되는 이론이나 증거가 존재할 때, 이에 기반하여 어느 것이 더 타당한지 탐구하는 연구 문제 도출 방법이다. 연구자는 이와 같은 방법을 통해 더 우세한 이론을 확인하는 연구 문제를 도출할 수 있다. 이러한 예로 Gibbons(2004)의 연구를 살펴보자.

Gibbons는 사회관계망이 직업적 가치에 미치는 영향에 대해 논의했는데, 이는 이론 사이에서 발견되는 혼란스러운 틈에 기반한 것이었다. 그는 직업적 가치과 관련하여 나타나는 개인 간의 불일치를 논의하는 많은 문헌에도 불구하고 사회적 시스템이 그것에 대한 합의를 이루는 방식으로 작용한다는 것을 발견할 수 있었다. 그는 이렇게 찾아낸 혼란스러움에 기반하여 '직업적 가치와 관련하여 합의를 형성하는 사회적 힘은 무엇

〈표 3-6〉 문헌으로부터 연구 문제 도출하기		
틈 찾기 모델	**하위 모델**	**틈의 유형**
혼란스러운 틈 찾기 (confusion spotting)	경쟁적인 설명	어떤 이론에 대해 상반되는 다양한 증거나 이론이 존재하는 경우
무시된 틈 찾기 (neglect spotting)	간과된 영역	연구되지 않은 주제나 영역
	연구가 부족한 영역	관련된 연구가 존재하나 부족한 영역
	실증적 근거가 부족한 영역	연구는 존재하나 그것을 뒷받침할 수 있는 실증적 증거가 부족한 영역
적용할 수 있는 틈 찾기 (application spotting)	기존 문헌의 확장이나 보충	특정 영역에 특정한 이론이나 관점이 부족한 경우

이며, 또한 다양성을 강화하는 요소는 무엇인가?', '직업적 가치가 변화할 때, 기존의 사회적 관계망은 어떻게 이것에 영향을 미치는가?'라는 연구 문제를 구성했다.

둘째, 무시된 틈 찾기는 가장 빈번하게 사용되는 연구 문제 도출 방법으로, 기존 문헌에서 연구가 부족한 주제를 발견하고 이를 기반으로 연구 문제를 도출하는 것이다. 많은 연구가 다양한 주제에 대한 연구 결과를 보고하지만 여전히 많은 영역의 다양한 주제가 연구되지 않은 미지의 영역으로 남아 있다. 따라서 연구자는 문헌 고찰을 통해 이러한 미지의 영역이나 주제를 발견하고 이를 기반으로 연구 문제를 도출할 수 있다.

무시된 틈 찾기는 다시 세 가지 하위 방법으로 구분할 수 있는데, 간과된 영역 찾기, 연구가 부족한 영역 찾기, 실증적 근거가 부족한 영역 찾기가 그것이다. 간과된 영역은 아직 연구가 진행되지 않은 영역, 연구가 부족한 영역은 기존 연구가 존재하나 그 수가 부족한 영역, 실증적 근거가 부족한 영역은 그것에 대한 이론이나 관점이 존재하나 그것을 뒷받침할 수 있는 실증적 연구가 부족한 영역을 말한다.

한 예로 정상원(2014)은 교육과정 설계 방법인 백워드 교육과정 설계와 관련하여 간과된 영역을 찾아 연구 문제를 구성했다. 그는 기존의 문헌이 백워드 교육과정 설계 결과의 도출에 집중할 뿐, 그것을 실천하는 구체적인 방법이나 전략에 대한 논의가 없음을 발견했다. 따라서 백워드 교육과정 설계의 구체적인 전략을 도출하기 위해 '백워드 교육과정 설계와 실천을 도모하는 초등교사는 어떤 전략이나 방법을 사용하여 교육과정 및 단원을 설계하고 실천하는가?', '백워드 교육과정 설계와 실천을 성공적으로 수행하고 있는 초등교사의 성공 전략은 무엇인가?' 등의 연구 문제를 구성하고 연구를 수행했다.

적용할 수 있는 틈 찾기는 특정 영역에 새로운 이론이나 관점을 적용하는 방법이다. 즉 어떤 분야에 적용되지 않은 다른 분야의 관점이나 패러다임을 적용하여 연구 문제를 도출하는 것이다. 경영학의 이론을 교육학에 적용하거나 퀴어 이론 등을 청소년 교육 분야에 적용하여 연구 문제를 도출하는 것을 예로 들 수 있다. 이러한 예로 Watson(2004)은 HRM(human resource management) 분야가 기존의 표준적인 관점에서 논의가 이루어지는 것에 의문을 가지고 이 분야의 비판 이론 관점 적용을 탐구했다.

문헌을 통한 연구 문제 도출 방법은 기본적으로 이전의 연구를 인정하고 그것을 받아들이는 형태라 할 수 있다. 하지만 이러한 방법 외에 기존의 연구에 의문을 제기하는 것 또한 문헌으로부터 연구 문제를 도출하는 좋은 방법이 된다(Sandberg & Alvesson, 2011; Alvesson & Sandbeg, 2011). 기존의 문헌은 기본적으로 그것이 속해 있는 영역에서 표준적으로 받아들여지는 관점이나 이론적 가정에 의해 연구 문제가 구성되었다(Tenenberg, 2014). 하지만 그것에 의문을 제기하는 방법은 기존의 문헌을 표준으로 받아들이기보다는 그것의 관점 혹은 내재한 이론적 가정에 대해 대안을 제시하는 방식으로 이루어진다. 이러한 대안은 새로운 관점의 적용, 다른 영역의 관점이나 패러다임의 적용 등이 될 수 있다.

문헌을 통한 연구 문제 도출의 예를 살펴보자. Williams(2017)는 초등교사의 아이디어와 관심 등을 이해하기 위해 관리자가 실행한 '수행 되돌아보기(performance review practices)'에 대한 통찰을 얻고자 초등교사 평가에 대한 질적연구를 수행했다. 그는 연구가 문헌에 내재된 틈에서 비롯되었음을 다음과 같이 기술했다.

> 행정가가 교사를 평가하기 위해 사용하는 평가 도구는 설계와 실행 측면에서 문제점이 있다. 많은 연구는 교사 평가 과정에 대해 초점을 맞추고 있다. 예를 들어 Welder, Weitman, Gunn은 초등교사에 대한 평가 과정이 불충분하고 복잡하며 모순적임을 지적한 바 있다. 교사 수행 평가를 위해 많은 연구가 수행되었지만 특별한 전략에 대한 합의가 없는 상황이다. (Williams, 2017; 4-5)

이러한 문헌의 틈을 메우기 위해 그는 '교사와 관리자는 교사의 수행을 평가하는 데 어떤 유형의 평가가 가장 효과적이라고 믿는가?', '평가 과정과 관련하여 교사, 관리자의 관심과 생각은 무엇인가?'라는 연구 문제를 구성했다.

또한 청소년 어머니의 체험에 대한 연구를 수행한 Warner-McIntyre(2018)는 문헌에 존재하는 틈을 다음과 같이 기술했다.

> 상당한 양의 문헌이 다양한 부정적인 사회적 상해뿐만 아니라 청소년의 임신 예방을 탐구하고 있음에도 불구하고 청소년 어머니의 실제적인 체험과 희망을 그들의 관점에서 포착한 문헌은 거의 없다. 이러한 틈은 학문적으로나 사회 정책적 담론으로나 다음과 같은 많은 질문을 양산한다. '청소년 어머니가 그들의 생활 환경 속에서 인식하는 장애와 강점은 무엇인가?', '그들의 삶의 목표는 모성에 영향을 받는가?', '그들이 희망하는 삶의 결과는 사회적으로 건강 혹은 긍정적 결과와 같은 사회적 정의와 유사한가?', '그들의 성적 자아는 무엇인가?', '그들은 관계와 관련된 결과의 가치를 느끼는가?' 이러한 자료는 청소년이나 어머니인 이중적 성격을 가진 이들의 성취, 원하는 발전과 같은 것을 증대하는 데 필요한 더 효과적인 지원과 참여의 주요한 열쇠가 된다. (Warner-McIntyre, 2018)

이러한 틈에 대해 Warner-McIntyre는 '청소년 어머니의 모성 체험은 무엇인가?', '그러한 체험에 영향을 미치는 요소는 무엇인가?'라는 연구 문제를 설정했다.

위의 연구 문제들이 기존의 문헌에서 틈을 찾는 방법으로 도출된 것이라면 김영천 (2008)은 기존의 이론이나 관점에 문제를 제기하며 연구 문제를 도출했다. 그는 우리나라 학원에서의 학생들의 경험에 대한 연구를 수행했는데, 우리나라 학원 연구에 내재하는 가정과 그것을 바라보는 관점에 다음과 같이 의문을 제기했다.

> 한국의 교육학자로서 외국인보다 더욱 이상하다고 느끼는 것은 어느 누구 하나 이 복잡하지만 일상적인 현상에 대하여 심각하게 고민하거나 연구하지 않고 있다는 점이다. 너무나 익숙하고 일상적인 주제여서 그런지, 아니면 서구 이론이 아닌 교육학적 주제여서 그런지, 한국의 과열된 학원 교육에 대한 연구는 우리나라 교육학자들의 연구 관심을 받지 못하고 있다. (중략) 우리 국민의 대다수가 사교육과 지나친 교육열로 고통 받고 있으며, 그 해법을 찾아달라고 요청하는 시대정신 속에서 우리

교육학자들은 과연 무얼 하고 있는가? 그러한 시대적, 상황적 요구를 무시한 채, 왜 외국 교육학 이론들의 수입과 확산에만 더욱 열을 올리는 것일까? (중략) 그러한 점에서 이 책은 그동안 우리나라의 학교교육 그리고 아이들의 삶에 지대한 영향을 끼치는 삶의 공간으로서 '학원'을 규명하고 재구성하고자 하였다. 특히 정책적인 차원에서 학원 교육을 부정적으로 매도하거나, 양적연구 방법을 사용하여 학생들의 만족도와 실태 등을 연구했던 과거 방식과는 달리, 약 1년간의 현장 작업을 통해 우리나라 학원 교육의 전형과 일상적인 삶의 모습을 그리고자 하였다. 그리고 그러한 과정 속에서 기존에 알지 못했던 학원 교육의 실상과 이면을 드러내고자 하였다. (김영천, 2008)

이러한 문제 의식 속에서 김영천은 '학원에서 학생들의 삶은 어떠한가?'라는 연구 문제를 설정하고 연구를 수행했다.

또한 김영천, 정정훈, 이영민(2006)은 초임교사의 삶에 대한 연구를 수행했는데, 기존의 서구 교사 발달 이론으로 우리나라 교사의 발달을 설명하려는 시도에 의문을 제기하며 다음과 같이 기술했다.

[서양의 연구들] 이러한 연구들이 선행되었음에도 불구하고 우리가 우리나라 초임 교사의 1년 동안의 삶을 이야기 방법을 통하여 연구하려고 한 이유는 기존의 교사 연구물이나 논문 등에서 초임교사의 삶 또는 일반적으로 교사의 삶에 대한 심층적인 생애사적 기술을 다룬 연구들이 거의 없기 때문이다. 단지 우리나라의 경우 이지현, 제정선, 권미숙 등이 질적인 연구 방법으로 이 주제를 다루고 있을 뿐, 교사의 삶을 생애사적으로 다룬 작품은 없다. 이에 우리는 이러한 문제점을 직시하고 이 연구를 하고자 하였다. (김영천·정정훈·이영민, 2006)

이러한 문제 의식 속에서 그들은 '초임교사의 1년의 삶은 어떠한가?'라는 연구 문제를 구성하여 생애사 연구를 수행했다.

다. 사회적 이슈나 사건

새롭게 등장한 사회현상 혹은 사회적인 의미를 지닌 사건 또한 연구 문제의 주요한 원천이 된다. 새롭게 등장한 사회현상은 당대의 문화적 주제를 드러낸다는 측면에서 인류학적 가치를 지닌 연구 문제를 도출하는 데 주요한 원천이 될 수 있으며, 사회적 의미를 지닌 사건 또한 당대의 사회 속에 내재된 사회적 관계망, 갈등, 계층 등의 주제를 드러내는 연구 문제의 주요한 원천이 될 수 있다. 이와 관련하여 몇 가지 예를 살펴보자.

Bradley(2011)는 SNS인 페이스북에서 이루어지는 교육자들의 상호작용과 행위가 그들에게 어떻게 받아들여지는지에 대한 현상학적 연구를 수행했다. 이 연구에서 그는 새로운 사회현상인 SNS에 집중했는데 이에 대해 다음과 같이 기술했다.

> 2011년, 페이스북 사용자가 500만 명을 넘어섰다. 그리고 그중 50%의 사용자가 매일 자신의 계정으로 로그인하여 서비스를 사용하고 있다. 교육자도 그러한 사용자 중 하나이다. 페이스북은 많은 사용자를 보유함으로써 교육에서 포럼으로서의 역할을 하고 있다. 교사와 지역 교육자는 학생의 행사 참여를 증진하기 위해 페이스북을 사용하고 있다. 미주리 주의 한 교사는 페이스북을 사용함으로써 자신이 운영하는 클럽의 참여자가 50% 증가했다고 하며, 다른 이들은 페이스북을 통해 숙제를 내주고 평가도 실시하고 있다. 버지니아 주에 있는 체스트필드컨트리 학교의 경우 주요한 학교 행사의 동의를 구하거나 학교와 관련된 정보를 전달하기 위해 페이스북을 사용한다. 이러한 학교 시스템에는 11,000명이 가입되어 있으며 그들은 버튼을 한 번 누르는 것으로 새로운 정보를 업데이트할 수 있다. 학교에서는 교사에게 페이스북을 사용하도록 권유하고 있다. (Bradley, 2011)

이처럼 새롭게 등장한 SNS를 통한 교육 활동을 탐구하기 위해 Bradley는 '교사는 사적인 시간과 학교 일과 중에 이루어지는 교사의 SNS 활동을 어떻게 지각하고 있는가?', '사적인 시간과 학교 일과 중 이루어진 온라인 활동의 결과는 무엇인가?'라는 연구 문제를 구성했다.

또한 Mears(2005)는 콜럼바인 총기 난사 사건 피해자 부모들의 경험을 탐구했다. 콜럼바인 총기 난사 사건은 당시 미국의 총기 정책과 청소년 문제에 대한 근본적인 인식의 변화를 가져온 비극적인 사건이다. 그는 연구에서 다음과 같이 기술했다.

1999년 4월 20일, Eric Harris와 Dylan Klebold는 콜럼바인 공동체의 평화를 깨버렸다. 그들의 난동은 그들을 포함해 15명의 죽음을 초래했다. 그리고 남겨진 사람들의 인생을 영원히 바꾸었다. 이 연구는 그러한 폭력에 노출된 아이들의 부모로부터 수집된 구술사를 통해 그 사건 이후의 과정에 초점을 맞추고자 한다. 이 연구는 이러한 사건의 순환 속에서 교육자, 지지자, 개인들, 위기 관리 팀이 무엇을 경험했는지를 탐구했다. 그들은 학교 공동체에 대한 비극적 폭력에 응답했다. 이 논문에서는 총기 사건 이후 콜럼바인 학교의 학부모 6명의 이야기를 기술하고자 한다. 이는 갑작스럽고 비극적인 폭력이 일어났을 때 개인들과 가족에게 무슨 일이 일어났는지를 드러내준다. (Mears, 2005)

그는 이러한 탐구를 위한 연구 문제로 '광폭한 학교 총기 난사에 노출된 학생 부모의 경험은 무엇인가?'를 구성했다.

한편 박찬희와 여한구(2017)는 국내에서 일어난 비극적인 사건인 세월호 침몰 사고와 관련하여 피해자 가족들이 겪은 심리 현상에 대해 현상학적 연구를 수행했다.

2014년 4월 16일 수요일 아침 6,800톤급의 세월호 침몰 사건은 304명의 사망자 및 실종자를 발생시켰고, 대한민국은 물론이고 전 세계에 충격을 준 중요한 사건이 되었다. 희생자 대부분이 수학여행을 가던 250여 명의 고등학생이었다는 것은 더 큰 국민의 분노와 안타까움을, 그리고 절망과 슬픔을 넘어 대한민국의 사회, 정치, 경제, 행정, 교육 등 여러 지표를 일순간에 바꾸어놓았다. 사건 발생 이후 3년여의 시간이 흐른 지금도 여전히 진행 중이며 사회적 혼란과 더불어 전 국민에게 트라우마와 피로감을 동시에 주는 특별한 사건임은 부인할 수 없다. (중략) 아직 실종자가 있는 상황에도 유가족들의 협조로 진행된 본 연구는 세월호 유가족을 포함 향후 발생할 수 있는 사건에 대한 사회적 책임을 위한 시작이 될 것이다. (박찬희 · 여한구, 2017)

이러한 연구를 위해 그들은 '세월호 희생 학부모의 심리 경험의 본질은 무엇인가?'를 중심 연구 질문으로 하고 하위 연구 질문으로 '세월호 희생 학부모의 심리 변화 경험은 무엇인가?', '세월호 희생 학부모의 관계 변화 경험은 무엇인가?', '세월호 희생 학부모의 생활 변화 경험은 무엇인가?'를 설정하여 연구를 진행했다.

사회적으로 큰 의미를 던진 사건뿐만 아니라 새롭게 등장한 사회현상 또한 연구 문제의 원천이 될 수 있다. 장경은(2008)은 우리나라에서 심각한 사회 문제가 되고 있는 노인 빈곤 현상에 대한 연구를 진행했는데, 그 현상에 대해 다음과 같이 기술했다.

> 우리 사회는 2000년에 고령화 사회를 지나 2008년 현재 65세 이상 노인이 전체 인구의 10%를 넘어섰고, 10년 후에는 고령 사회로 진입하게 된다. 노인 인구의 증가는 노후 소득 보장 및 건강 관련 문제, 역할 및 문화 여가 활동, 가족관계와 부양 문제, 심리적 고독과 소외 등에 관련된 노인 문제를 야기하였으며 다양한 노인 복지 욕구를 발생시키고 있다. 노인 인간다운 삶을 영위하고 삶의 질을 향상시키기 위해서는 삶의 복지 욕구를 충족시킬 수 있는 사회적 환경을 마련하여야 한다. 그래서 다양한 노인 계층을 포괄할 수 있는 고령화 대책이 국가 정책의 중요한 어젠더가 되고 있다. 생애 주기에서 노년기가 확장되어 평균 수명이 연장되고 있는 현실을 고려한다면 개인과 사회가 노화된다는 것은 중요한 관심사이다. 이러한 관심은 '노년기를 어떻게 보낼 것인가?'로 구체화되고 있다. (장경은, 2008)

노령화라는 사회현상 속에서 연구자는 특히 빈곤 노인의 삶에 대한 현상학적 연구를 수행하기 위해 연구 문제로 '빈곤 노인의 노화 경험은 어떠한가?'를 구성했다.

한편 엄진(2016)은 사회적으로 큰 이슈를 생산하고 있는 인터넷 사이트인 '일간베스트저장소'와 그곳에서 이루어지는 여성 혐오라는 사회현상에 주목하고 게시물에 대한 질적 내용 분석을 통해 연구를 수행했다. 그는 이러한 사회현상에 대해 다음과 같이 기술했다.

> 2016년 5월, 서울 강남역 부근에서 한 20대 남성이 아무 연관이 없는 20대 여성을 살해했다. 조현병이라는 정신질환을 앓고 있던 그는 진술에서 '여성들이 나를 무시했다'고 말했고 이 사건을 두고 오프라인과 온라인을 막론한 논쟁이 이어졌다. 평소 여성 혐오가 만연한 사회가 문제라는 주장과 정신질환자의 일탈적 행위일 뿐이라는 주장이 맞섰고 숨진 여성을 추모하는 자리에 '남녀 싸우지 말라'는 피켓을 든 이

가 나서기도 했다. 일련의 복잡한 논쟁들은 한국 사회에서 페미니즘과 여성 혐오, 성차별과 성평등에 대한 어떠한 합의도 없는 상황에서 각각의 목소리가 터져나오는 것으로 보인다. 이러한 상황은 한국 사회의 성별적 사회 구조에 대한 근본적인 논의를 촉구하고 있다.

　　본 논문은 이 같은 현실에서 여성 혐오의 온상으로 여겨지는 온라인 커뮤니티 '일간베스트'의 여성 관련 게시물을 수집·분석하였다. 특히 이들의 여성에 대한 혐오가 열등감이나 좌절의 무력한 표출인 것만이 아니라 이들의 담론에는 현재의 젠더 질서를 부당하다고 여기며 자신들이 원하는 여성상을 만들어내려는 기획이자 전략의 측면이 있음에 주목한다. (엄진, 2016)

사회현상에 대한 관심과 문제 의식 속에서 연구자는 '일간베스트의 여성 혐오는 현실의 젠더 관계에 어떻게 개입하고 어떤 영향을 미치는가?'라는 연구 문제를 구성했다. 이러한 사회현상이나 사건 외에 최근 국내에서 눈에 띄는 학생의 SNS 활동 증가, 온라인 쇼핑몰의 횡행, 다문화 노동자 증가와 같은 사회현상 또한 흥미로운 연구 문제의 원천이 되는 주요한 현상이라 할 수 있다.

4. 질적연구 전통에 따른 연구 문제의 형태

다양한 연구 방법론은 각각의 철학적 배경에 따라 주요한 탐구 대상과 그것에 접근하는 방법이 다르다. 따라서 연구자는 각 연구 방법론에 따른 연구 문제의 특징을 알고 연구 문제와 연구 방법의 타당성을 확보할 필요가 있다. 여기서는 다양한 연구 방법론에 따른 연구 문제의 특징을 살펴보자.

가. 문화기술지

문화기술지에서 연구 문제의 특징은 문화적 주제를 탐구하는 데 초점을 맞춘다는 것이다. 문화라는 개념은 한 집단이 '공유하는 생활 양식과 사고방식의 총체' 혹은 '상징과 의미 체계'로 정의할 수 있다(김영천, 2013). 따라서 문화기술지의 연구 문제는 그 연구가 탐구하고자 하는 문화 혹은 문화적 주제를 제시해야 한다. 이때 문화적 주제는 경제, 제도, 성, 계층과 같은 것이 된다. 또한 문화기술지 연구는 전체 문화 공유 집단에 초점을 맞춘다(Creswell, 2013). 따라서 연구 문제 또한 구체적으로 어떤 문화 공동체를 대상으로 하는지 명시해야 한다. 결론적으로 문화기술지의 연구 문제는 어떤 문화 공동체의 어떤 문화적 주제를 탐구할 것인지 명시할 필요가 있다. 이러한 문화기술지 연구 문제의 특징을 다음 표에 정리했다.

〈표 3-7〉	문화기술지의 연구 문제 형태	
질적연구 전통	**연구 문제의 중심 진술**	
문화기술지	대상	문화적 공유 집단
	연구의 초점	문화 혹은 문화적 주제

문화기술지 연구의 연구 문제를 통해 이러한 요소가 어떻게 기술되는지 살펴보자. Choudhury(2014)는 종교적 신념을 가진 사람들이 어떻게 종교적 가르침과 소비 문화를 양립시키는지에 대한 문화기술지 연구를 수행했다. 그는 이 연구에서 '종교적 신념을 가진 소비자는 종교적 가르침과 현대의 소비 문화인 물질주의를 어떻게 조화시키는가?', '종교적 신념을 가진 소비자는 오늘날의 소비 사회에서 종교적 수행을 어떻게 정의하고, 해석하고, 화해시켜야 하는가?', '물질주의, 소비주의, 영성은 진정으로 모순되는 것인가?'라는 연구 문제를 구성했다. 이러한 연구 문제는 문화적 공동체로서 '종교적 신념을 가진 소비자'를, 탐구해야 할 문화적 주제로서 '종교'와 '소비 문화'를 드러내고 있다.

또한 Dollins와 Heere(2018)는 이주한 타지에서 자신의 고향 팀 팬 커뮤니티에서 활동하는 스포츠 팬들이 어떻게 정체성을 확립하고 사회적 자본을 획득하는지에 대한 문화기술지 연구를 수행했다. 그들은 연구 문제로 '타지의 고향 팀 커뮤니티에 참여하는 스포츠 팬은 참여 과정에서 어떤 정체성이 형성되는가?'를 구성했는데, 이러한 연구 문제에는 타지의 고향 팀 응원 커뮤니티 참여자라는 문화 공동체와 정체성이라는 문화적 주제가 진술되어 있다.

나. 현상학적 질적연구

현상학적 질적연구에서의 연구 문제는 체험과 그 체험 주체의 기술에 초점을 맞춘다. 현상학적 질적연구의 목적은 체험(lived experience)의 본질적인(essential) 의미 구조를 밝히는 것이다(van Manen, 1990; 2011; 2014; Moustakas, 1994; Crotty, 1996; Giorgi, 2009; Creswell, 2013). 따라서 연구 문제는 탐구의 대상이 되는 체험과 그 체험을 구성하고 있는 본질적인 주제, 그 체험의 주체를 분명히 기술해야 한다. 이러한 현상학적 질적연구의 연구 문제 주요 기술 내용을 다음 표에 정리했다.

〈표 3-8〉 현상학적 질적연구의 연구 문제 형태

질적연구 전통	연구 문제의 중심 진술	
현상학적 질적연구	대상	체험의 주체
	연구의 초점	탐구의 대상이 되는 체험

　또한 현상학적 질적연구의 연구 문제는 일체의 선이해 혹은 선행되는 이론과 같은 인식의 틀이 배제되어야 한다. 현상학적 질적연구 자체가 일체의 선이해나 선개념을 거부하기 때문이다(Almeida, 2012; 김영천 · 정상원, 2017). 예를 들어 '프로그램을 통해 학생은 어떤 긍정적인 체험을 하는가?'와 같은 연구 문제는 이미 프로그램을 통해 학생이 긍정적인 경험을 할 것이라는 선입견 혹은 선이해가 포함되어 있는 것이다. 또한 연구 문제에 특정한 이론이나 패러다임이 제시되어서도 안 된다. 예를 들어 '사회적 자본으로서 부모의 경제력은 학생에게 어떻게 체험되는가?'와 같은 연구 문제는 현상학적 질적연구의 연구 문제로 적합하지 않다. '사회적 자본으로서 부모의 경제력'이라는 이론적 틀이 전제되어 있기 때문이다. 따라서 현상학적 질적연구의 연구 문제에는 이러한 선이해나 선행하는 이론적 틀이 배제되어야 한다. 구체적인 예를 통해 이를 좀 더 살펴보자.

　Gilmore(2013)는 서로 다른 집단 간의 갈등 중재 경험을 가진 중재자들을 대상으로 그러한 중재가 어떻게 체험되는지에 대한 현상학적 질적연구를 수행한 바 있다. 이 연구에서 그는 '다양한 개인 간의 중재를 실천하는 중재자의 중재 체험은 무엇인가?'라는 연구 문제를 구성했다. 이 연구 문제에는 '중재 경험을 가진 중재자'라는 체험의 주체, 그리고 '다양한 개인 간의 중재 체험'이라는 탐구 대상이 되는 체험이 구체적으로 기술되어 있다.

　또한 Thomas(2018)는 수감된 자식을 둔 부모가 겪는 체험에 대해 해석학적, 현상학적 연구를 수행했다. 이 연구에서 그는 '수감된 자식과 함께하는 부모의 체험은 무엇인가?', '부모는 수감된 자식과의 관계를 어떻게 수용하는가?', '부모가 수용하는, 수감된 자식과 연결되어 있음은 무엇인가?'라는 연구 문제를 구성했다. 이 또한 '수감된 자식을 둔 부모'라는 체험의 주체와 '수감된 자식과 함께하는 체험'이라는 탐구 대상이 구체적으로 기술된 연구 문제이다.

다. 근거 이론

근거 이론의 연구 문제는 연구의 대상이 되는 현상과 그 현장에 내재되어 있는 과정, 맥락, 상황의 기술에 초점을 맞춘다. 근거 이론 연구의 목적은 현상으로부터 이론을 도출하는 것이다(Glaser & Strauss, 1967). 이러한 이론은 현상 내에 내재되어 있는 개념과 그것들 간의 관련성을 중심으로 구성된다(김영천 · 정상원, 2017). 그리고 이러한 개념과 관련성의 주된 관점은 과정과 상황(Strauss & Corbin, 1990), 차원(dimension), 유형(type), 전략(strategies), 상호작용(interaction) 등이다(Glaser, 1978). 따라서 근거 이론의 연구 문제는 탐구의 대상이 되는 현상과 그 현상을 어떤 관점에서 탐구할 것인지가 구체적으로 기술되어야 한다. 근거 이론 연구 문제의 구체적인 기술 내용을 다음 표에 정리했다.

〈표 3-9〉 근거 이론의 연구 문제 형태

질적연구 전통		연구 문제의 중심 진술
근거 이론	연구의 대상	탐구하고자 하는 현상 혹은 사건
	연구의 관점	과정, 상황, 맥락, 전략, 유형 등 그 사건을 바라보는 관점

근거 이론 연구 문제의 예를 살펴보자. Blount(2018)는 미국 중서부와 남동부의 신학대학 학부생이 어떻게 영성적으로 신학대학에 통합되어가는지를 연구했다. 이 연구를 위해 그는 '미국 중서부와 남동부의 학부생은 어떻게 영성적으로 신학대학에 통합되어가는가?', '미국 중서부와 남동부의 신학대학 학부생이 대학 생활을 지속하는 데 영성적 통합은 어떤 역할을 하는가?'라는 연구 문제를 구성했다. 이러한 연구 문제는 연구의 대상으로 '신학대학으로의 통합' 현상과 과정, 역할이라는 그 현상을 바라보는 관점을 기술한 것이다.

한편 방기용(2012)은 교사의 교육과정 재구성 과정과 그 저해 요인에 대한 근거 이론 연구를 수행했다. 이 연구에서 그는 '초등학교 교사의 교육과정 재구성 과정에서의 핵심적인 경험은 무엇인가?', '초등학교 교사의 교육과정 재구성을 저해하는 요소는 무엇인가?', '초등학교 교사의 교육과정 재구성을 활성화하기 위한 전략은 무엇인가?' 등의 연구 문제를 구성했다. 이러한 연구 문제에는 탐구하고자 하는 현상으로서 '초등학교 교사의 교육과정 재구성'과 그것을 바라보는 관점인 과정, 맥락으로서 저해 요소, 전략 등이 구체적으로 기술되어 있다.

라. 자서적전 연구

자서전적 연구의 연구 문제는 연구자이자 연구 대상인 '나'를 중심으로 기술된다. 자서전적 연구는 연구자인 '나'가 연구 대상인 '나'에 대해 탐구하는 연구 방법이다. 탐구의 대상으로서 '나'는 자기이해를 통한 자기재건이 될 수도 있고(Pinar, 2011), '나'를 둘러싼 문화적 주제가 될 수도 있다(이동성, 2012). 따라서 자서전적 연구의 연구 문제는 무엇보다 탐구의 대상으로서 '나'에 대해, 그리고 '나'의 어떤 경험 혹은 주관성을 탐구할 것인지에 대해 기술하는 것이 중요하다.

〈표 3-10〉	자서전적 연구의 연구 문제 형태	
질적연구 전통	**연구 문제의 중심 진술**	
자서전적 연구	'나'	탐구하고자 하는 나에 대한 진술
	'나'의 탐구 주제	탐구 대상이 되는 '나'의 경험, 주관성 등

자서전적 연구의 연구 문제를 구체적인 예를 통해 살펴보자. 정정훈(2015)은 외국에서의 박사 과정 중 직면한 좌절과 불안, 그 재건에 대한 자서전적 연구(쿠레레 연구)를 수행했다. 이 연구에서 그는 타국에서 박사 과정을 밟는 '나의 좌절과 불안은 무엇인가?'라는 연구 문제를 구성했다. 이러한 연구 문제에는 타국의 박사 과정생이라는 '나' 그리고 '나의 좌절과 불안'이라는 탐구 주제가 구체적으로 기술되어 있다.

이동성(2016)은 교육대학원의 교사교육자가 겪는 갈등과 딜레마에 대한 자문화 기술지적 연구를 수행했다. 이 연구에서 그는 '한 교육대학원의 교사교육자인 나는 3년 동안의 교수 여정에서 어떤 교수적 갈등과 딜레마에 직면했는가?'라는 연구 문제를 구성했다. 이 연구 문제 또한 교육대학원의 교사교육자인 '나' 그리고 탐구 대상으로서 '나'의 교수적 갈등과 딜레마라는 주제가 구체적으로 기술되어 있다.

마. 실행 연구

실행 연구의 연구 문제 진술은 프로그램과 그것으로 인한 변화에 초점을 맞춘다. 실행 연구는 현장에서의 실천적 삶의 이해와 현장 개선을 위한 연구 방법이며, 이러한 현장의 개선을 위해 사용되는 도구는 바로 행위와 성찰이다(김영천, 2013). 즉 실행 연구는 특정한 행위(프로그램, 계획 등)를 통한 현장의 개선이나 문제의 해결을 목적으로 한다. 따라서 실행 연구에서의 연구 문제에는 현장, 행위, 개선 및 변화 등이 기술되어야 한다. 이러한 실행 연구 연구 문제의 특징을 다음 표에 정리했다.

〈표 3-11〉 **실행 연구의 연구 문제 형태**

질적연구 전통		연구 문제의 중심 진술
실행 연구	현장	물리적인 장소 혹은 집단
	행위	프로그램, 계획, 관리 등의 중재적 요소
	개선 및 변화	풍토의 개선, 성적 향상 등 연구 결과로서의 개선 및 변화

김혜림과 이미자(2017)는 초등교사의 수업 성찰을 통해 그들이 수업을 바라보는 관점을 긍정적으로 변화시키기 위한 실행 연구를 수행했다. 이 연구에서 그들은 '초임교사의 수업 성찰 경험은 초임교사의 수업에 대한 관점에 어떤 변화를 가져오는가?'라는 연구 문제를 구성했다. 이러한 연구 문제에는 현장으로서 초임교사의 수업, 행위로서 수업 성찰과 그로 인한 관점의 변화라는 변화가 기술되어 있다.

Rockford(1995)는 타자 지도를 통해 학생의 과제 수행 능력을 신장하기 위한 실행 연구를 수행한 바 있다. 여기서 그는 '타자 지도가 시골 마을 학생들의 문서 편집 능력과 데이터베이스, 스프레드시트, 그림 그리기 능력을 향상하는 데 어떤 영향을 주는가?'라는 연구 문제를 구성했다. 이러한 연구 문제에는 현장으로서 시골 마을 학급, 행위로서 타자 지도, 개선 및 변화로서 여러 가지 능력의 향상에 대해 기술되어 있다.

바. 비판문화기술지

비판문화기술지의 연구 문제는 불평등의 기술과 그 불평등 영역의 기술에 초점을 맞춘다. 비판문화기술지는 우리 사회에 내재되어 있는 불평등과 차별의 실제를 규명하고 변화시키기 위한 실천적 연구 방법이다(황철형·이용학, 2013). 따라서 비판문화기술지의 연구 문제에는 그 연구가 탐구하고자 하는 불평등한 상황과 그 불평등을 만들어내는 계급, 인종, 젠더, 성적 취향, 장애 등의 영역을 구체적으로 기술할 필요가 있다(김영천, 2013). 이러한 비판문화기술지 연구 문제의 특징을 다음 표에 정리했다.

〈표 3-12〉 비판문화기술지의 연구 문제 형태

질적연구 전통		연구 문제의 중심 진술
비판문화기술지	불평등 현상	물리적인 장소 혹은 집단
	불평등 영역	계급, 인종, 젠더, 성적 취향, 장애 등

한슬기, 이원일, 여인성(2013)은 여성 승마 선수가 남성 중심의 승마 선수 사회에서 겪는 불평등을 탐구했다. 이 연구에서 그들은 '여성 승마 선수는 남성 중심 승마계에서 선수로서 어떤 경험을 하며 살아가는가?', '남성 중심 승마계의 거시적 사회 구조는 어떻게 여성 선수를 지배하고 억압하는가?', '여성 승마 선수의 개인적 경험을 통해 기술된 그들의 삶은 남성 중심적 구조의 승마계에 대해 어떤 변화를 요구하는가?'라는 연구 문제를 구성했다. 이러한 연구 문제는 불평등 현상으로 남성 중심적 구조 속의 '여성 승마 선수'를, 불평등 영역으로 젠더를 구체적으로 기술하고 있다.

5. 연구 문제가 갖추어야 할 조건

좋은 연구 문제를 구성하는 것은 어떤 측면에서는 연구를 잘 수행하는 것보다 더 중요한 일이다. 좋지 못한 연구 문제는 잘못된 연구 설계를 야기할 뿐만 아니라 연구 과정에서 혼란이나 지체를 일으키고, 더 나아가 독자로 하여금 그 연구의 타당성을 의심하게 할 수 있다(Thabane, Thomas, Ye, & Paul, 2009). 그러므로 좋지 못한 연구 문제를 피하고 좋은 연구 문제를 구성하기 위해 연구자가 숙지해야 할 조건을 살펴보자.

가. 독자의 흥미를 불러일으키는 주제

연구 문제는 무엇보다 독자의 흥미를 끌고 호기심을 불러일으키는 것이어야 한다. 연구를 한다는 것은 지식의 새로운 영역으로 나아가는 것이고, 연구 문제는 그러한 영역으로 나아가는 방향타 역할을 한다. 따라서 흥미롭지 못한 연구 문제는 지루하거나 상투적인 결과의 도출을 야기한다. 그리고 이러한 결과는 독자나 다른 연구자로 하여금 그 연구를 외면하게 하는 원인이 된다. 결국 연구의 결과가 흥미로운 영역, 이전에 다루어지지 않았던 새로운 영역으로 이르기 위해서는 연구 문제의 참신성과 독창성이 필수 조건이라 할 수 있다.

연구자는 참신한 연구 문제를 구성하기 위해 현장에서 이루어지는 다양한 현상에 관심을 기울임과 동시에 선행 이론이나 개념에 대한 지속적인 고찰을 통해 자신의 이론적 민감성을 신장할 필요가 있다(Glaser, 1978). 현장에서 간과되었던, 혹은 당연한 것으로 여겨져 관심을 가지지 않은 영역이라든가, 관점의 변화에 따라 다른 의미를 가질 수 있는 현상에 대한 문제 의식은 독자의 흥미와 호기심을 불러일으키는 좋은 연구 문제 도출의 기반이 된다.

기존 이론이나 관점의 답습, 혹은 너무나도 당연한 결과가 예상되는 연구 문제는 독자의 흥미를 끌 수 없을 뿐만 아니라 연구 자체의 가치도 떨어뜨린다. 동일한 관점을 지역을 달리하여 수행하는 연구라든가, 군이 연구하지 않아도 그 결과가 쉽게 예상되는 수준의 연구 문제는 독자로부터 외면받는 연구 결과를 도출하는 주요한 원인이다.

나. 질적연구 패러다임과 그 연구 전통이 잘 드러나는 형태

연구자는 연구 문제를 통해 자신이 몸담고 있는 패러다임이나 방법론적 입장을 분명히 드러내야 한다. 연구 문제가 연구 과정 전반에 걸쳐 영향을 미친다는 것을 고려하면 패러다임과 연구 전통에 부합하는 연구 문제를 구성하는 것은 연구자가 의도하는 바로 그 연구를 진행할 수 있는 필수 조건이다. 또한 학위 논문과 같이 위원회의 연구 승인을 받아야 하는 연구자라면 자신이 몸담고 있는 연구 집단이 허용하는 패러다임과 연구 전통의 특성이 반영될 수 있는 연구 문제를 구성할 필요가 있다. 예를 들어 양적 패러다임을 따른다면 '묘사', '비교', '관계성' 등에 초점을 맞추고 '예'나 '아니요'로 응답할 수 있는 형태의 연구 질문을, 질적 패러다임을 따른다면 '무엇', '어떻게'에 초점을 맞춘 연구 질문을 구성해야 한다(Doody & Bailey, 2016).

　　과정, 상황, 문화, 체험 등과 같이 각각의 연구 전통에서 추구하는 탐구 대상도 연구 문제를 통해 구체적으로 기술해야 한다. 이와 더불어 연구 전통이 가진 방법론적 특징도 연구 문제에 반영되어야 할 것이다. 예를 들어 현상학적 연구를 하려는 연구자가 특정한 프레임워크를 연구에 적용하거나 근거 이론 연구 문제에 선행 이론을 반영한다면 연구 전통의 방법론적 특징에 어긋난 연구 문제라 할 수 있다. 그리고 이러한 패러다임이나 연구 전통에 부합하는 연구 문제는 학위 논문, 학술지 게재, 연구비 수주와 같은 연구 상황에서 좀 더 수월하게 연구가 승인될 수 있도록 도와준다. 이를 위해 연구자는 자신이 몸담고 있는 패러다임과 연구 전통의 특징 및 주요 개념을 숙지하고 이를 연구 문제로 잘 표현할 수 있도록 노력해야 한다.

다. 학문적 배경에 부합하는 연구 문제

연구 문제는 연구자가 몸담고 있는 학문적 배경과 부합하는 것이어야 한다. 특히 학위 논문을 준비하는 연구자의 경우, 학문적 배경에 부합하지 않는 연구 문제는 연구의 제안을 거절당하는 주된 이유가 될 수 있다. 예를 들어 사회과 교과교육학 전공을 배경으로 하는 연구자가 교육학적 주제가 아닌 사회학 이론에 대한 연구 문제를 구성하거나, 교육심리를 전공하는 연구자가 학생의 사회적 자본과 같은 교육사회학적 개념에 대한 연구 문제를 구성한다면 해당 기관의 연구위원회로부터 연구를 거부당할 가능성이 매우 높다.

　　따라서 연구자는 연구 문제를 구성할 때 늘 자신의 학문적 배경을 고려해야 한다. 이를 위해 연구자는 자신의 학문 분야에 대해 철저하게 이해하고 있어야 하며, 거기서 어떤 개념이 다루어지고 있는지, 그러한 개념의 의미가 무엇인지 알고 그에 맞는 연구 문제를 구성해야 한다. 또한 다른 학문 분야에서 다루어지는 개념이나 이론에 대해 연구하더라도 그러한 이론을 자신의 학문 분야에 접목하여 연구 문제를 구성해야 한다. 교육학 배경의 연구자가 경영학 이론을 학교 경영에 적용하는 연구 문제를 구성한다든가, 사회 갈등 이론의 관점에서 학교 풍토에 대한 연구 문제를 구성하는 것이 그 예이다. 더불어 이러한 연구 문제는 학문의 진보라는 측면에서 학문의 영역을 확장하고 전진시키는 주요한 아이디어가 될 수 있다.

라. 연구에 대한 구체적인 정보를 제공하는 연구 문제

연구자는 연구 문제를 통해 연구에 대한 구체적인 정보를 제공해야 한다. 연구 문제를 통해 제공되는 구체적인 정보는 연구자가 연구 문제에 부합하는 연구를 진행할 수 있게 함과 동시에 독자로 하여금 그 연구의 과정과 결과의 타당성을 판단할 수 있는 기준을 제공한다.

연구 문제가 제공해야 할 구체적인 정보로는 연구의 대상, 중재적 상황, 결과 등을 들 수 있다. 연구의 대상은 연구를 위해 표집해야 할 연구 참여자를 의미한다. 누구를 연구 참여자로 할 것인지, 연구 참여자가 갖추어야 할 조건은 무엇인지를 기술하는 것은 연구의 표집과 자료 수집 같은 연구의 절차가 수월하게 진행될 수 있게 할 뿐만 아니라 연구의 타당성을 확보하는 주요한 요소가 된다. 중재적 상황은 연구자가 연구에서 수행하는 특별한 처치를 의미한다. 예를 들어 실행 연구에서 연구자가 운영하는 프로그램과 같은 것이 대표적인 중재적 상황이라 할 수 있다. 그리고 결과는 연구자가 의도하는 탐구의 대상을 말한다. 경험 속에 내재된 주제, 집단이 공유하는 문화적 주제와 같은 것들은 연구 질문에서 기술되는, 연구가 의도하는 결과가 된다(Richardson, Wilson, Nishikawa, & Hayward, 1995).

마. 학술적으로 정의된 용어를 사용하여 기술된 연구 문제

연구 문제의 진술은 학술적으로 정의된 용어를 통해 이루어져야 한다. 연구 문제에서 사용되는 개념이나 정의는 이론이나 선행 연구로부터 정의된 용어여야 한다(Mattick, Johnston, & de la Croix, 2018). 연구자가 특정한 개념을 자신의 연구 문제에 기술하고자 할 때는 관련 개념에 대한 탐구를 통해 학술적으로 정의된 용어를 사용해야 한다. 만약 연구자의 자의적인 용어를 사용하면 독자에게 혼란을 주게 되고, 학위 논문의 연구 문제라면 연구 승인의 거부를, 학술지 논문이라면 게재의 거부를 초래한다. 특히 불명료하고 자의적인 용어는 독자로 하여금 연구 결과에 대한 잘못된 해석을 야기할 수도 있다.

7. 결론

연구 문제는 연구의 시작이자 연구의 진행을 가능하게 하는 요소이다. 또한 연구 과정 전반에 걸쳐 영향을 미치며 최종적으로 연구의 결과를 결정한다. 따라서 연구자는 자신의 경험, 문헌, 사회적 현상과 이슈를 탐색하고 흥미로운 연구 문제를 구성하기 위해 노력해야 한다. 이러한 연구 문제는 연구자 자신이 속한 패러다임이나 연구 전통에 부합하는 방식으로 기술되어야 한다.

연구 문제의 구성은 어찌 보면 연구자에게 가장 힘들고 도전적인 작업이다. 하지만 앞에서 언급한 연구 문제의 개념과 다양한 요소를 고려하여 체계적으로 접근한다면 연구를 성공시키는 좋은 연구 문제를 구성할 수 있을 것이다.

참고문헌

김영천(2008). **차라리 학원에 보내라**. 브렌즈.

김영천(2013). **질적연구 방법론 II: Methods**. 아카데미프레스.

김영천·정상원(2017). **질적연구 방법론 V: Date Analysis**. 아카데미프레스.

김영천·정정훈·이영민(2006). **미운 오리 새끼: 한국 초임교사의 일 년 생활**. 문음사.

김혜림, 이미자(2017). 초임교사의 자기 수업 성찰 실행 연구. **학습자중심교과교육연구**, 17(5), 333-358.

박찬희·여한구(2017). 세월호 희생 학부모의 심리 경험. **목회와 상담**, 28, 124-148.

방기용(2012). 교사의 교육과정 재구성 저해 요인 분석: 근거 이론의 적용. 경북대학교 대학원 박사학위 논문.

송영명(2009). 학생과 교사 수준 변인이 성취 목표 지향성에 미치는 영향. 경북대학교 대학원 박사학위 논문.

엄진(2016). 전략적 여성 혐오와 그 모순: 인터넷 커뮤니티 '일간베스트저장소'의 게시물 분석을 중심으로. **미디어, 젠더 & 문화**, 31(2), 193-236.

이동성(2012). **질적연구와 자문화기술지**. 아카데미프레스.

이동성(2016). 한 교육대학원 교사교육자의 교수적 갈등과 딜레마에 대한 자문화기술지. **질적탐구**, 2(1), 1-31.

이현영(2012). 사이버 공간에서 청소년의 젠더 의식: 팬픽의 내용 분석. 홍익대학교 일반대학원 박사학위 논문.

장경은(2008). 빈곤 노인의 노화 경험: 질적연구를 통한 빈곤 노인 복지 정책의 탐색. 경북대학교 대학원 박사학위 논문.

정상원(2014). 초등학교 교사의 백워드 교육과정 설계와 실천에 대한 근거 이론적 접근. 경북대학교 대학원 박사학위 논문.

정상원(2014). 초등학교 학생들의 평가와 성적 기록하기: 교사들의 현상학적 체험들. 진주교육대학교 대학원 석사학위 논문.

정정훈(2015). 쿠레레를 통한 주관성의 회복: 좌절과 재건. **질적탐구**, 1(1), 37-65.

한슬기 · 이원일 · 여인성(2013). 비판적 문화기술지: 여성 승마 선수로 살아가기. **한국체육학회지**. 52(2), 41-55.

황철형 · 이용학(2013). 비판문화기술지의 방법적 탐색: 탐구 영역과 그 절차에 대한 이해. **교육문화연구**, 19(2), 31-68.

Agee, J. (2009). Developing qualitative research question: A reflective process. Internation *Journal of Qualitative Studies in Education*, 22(4), 431-447.

Almeida, L. C. (2012). *Writing the Phenomenological Qualitative Dissertation Step-by-step*. Pearson.

Alvesson, M. & Sandberg, J. (2011). Generating research questions through problematization. *The Academy of Management Review*, 36(2), 247-271.

Anastasiadis, E., Rajan, P., & Winchester, C. L. (2015). Framing a research question: The first and most vital step in planning research. *Journal of Clinical Urology*, 8(6), 409-411.

Bailey, K. D. (1994). *Methods of Social Research* (4th ed.). New York, NY: Free Press.

Blount, B. A. (2018). Students' spiritual integration into bible colleges: A grounded theory study. A dissertation of Liberty University.

Bradley, T. L. (2011). Perceptions of in-service teachers on their interactions and behaviers on Facebook: A phenomenological study. A dissertation of University of Phoenix.

Bryman, A. (2007). The research question in social research: What is its role? *International Journal of Social Research Methodology*, 10(1), 5-20.

Choudhury, K. (2014). Materialism, religion, and implications for marketing: An ethnographic study of nichiren buddhism. *Psychology & Marketing*, 31(9), 683-697.

Collins, D. R. & Heere, B. (2018). Sunday afternoon social capital: An ethnographic study of the Southern City Jets Club. *European Sport Management Quarterly*, 18(4), 439-458.

Connelly, L. M. (2015). Research question and hyotheses. *Medsurg Nursing*, 24(6), 435-436.

Creswell, J. W. (2013). *Qualitative Inquiry and Research Design: Choosing among Five Approach* (3rd Ed.). Sage. 조홍식 · 정선욱 · 김진숙 · 권지성 역(2015). **질적연구 방법론: 다섯 가지 접근**. 학지사.

Crotty, M. (1996). *Phenomenology and Nursing Research*. Churchill Livinston. 신경림 · 공병혜 역(2001). **현상학적 연구**. 현문사.

Diebel, A. E. (2008). Neutrality in qualitative research. In Given, L. M. (Eds.). *The Sage Encyclopedia of Qualitative Research Methods*. Sage.

Doody, O. & Bailey, M. E. (2016). Setting a research question, aim and objective. *Nurse Re-

searcher, 23(4), 19-23.

Elez, T. (2015). The role of social ties in the process of settlement of migrant survivors of political violence: A critical ethnographic study. A thesis of the University of British Columbia.

Farrugia, P., Petrisor, B. A., Farrokhyar, F., & Bhandari, M. (2010). Research questions, hypotheses, and objectives. *Canadian Journal of Surgery, 53*(4), 278-281.

Fullchange, A. & Furlong, M. J. (2016). An exploration of effects of bullying victimization from a complete mental health perspective. *Sage Open, 6*(1), 1-12.

Gibbons, D. E. (2004). Friendship and advice networks in the context of changing professional values. *Administrative Science Quarterly, 49*(2), 238-262.

Gilmore, J. K. (2013). How mediaters understand conflict: A phenomenological study. A dissertation of Duquesne Universtity.

Giorgi, A. (2009). *Descriptive Phenomenological Method in Psychology: A Modified Husserlian Approach*. Duquesne University Press.

Glaser, B. G. (1978). *Theoretical Sensitivity*. The Sociology Press.

Glaser, B. & Strauss, A. L. (1965). *Awareness of Dying*. Chicago: Aldine Pub.Co.

Hart, C. W. M. & Philing, A. R. (1960). *The Tiwi of North Ausralia*. Holt, Rinehart, & Winston. 왕한석 역(1987). **티위 사람들**. 교문사.

Heddle, N. M. (2007). The research question. *Transfusion, 47*(1), 15-17.

Herbert, L. R. (2018). The lived experiences of combat-related amputees: A phonomenological study. A dissertation of Regent University.

Janesick, V. (2000). The choreography of qualitative design: Minuets, improvisation, and crystallization. In Denzin, N. K. & Lincoln, Y. S. (Eds). *Handbook of Qualitative Research*, 379-399. Thousand Oaks, CA: Sage.

Johnson, R. B. & Christensen, L. B. (2014). *Educational Research: Quantitative, Qualitative, and Mixed Approaches* (5th Ed.). Sage.

Kirppendorff, K. (2004). *Content Analysis: An Introduction to Its Methodology*. Thousand Oaks, CA: Sage.

Lipowski, E. E. (2008). Developing great research questions. *American Journal of Health-System Pharmacy, 65*(17), 1667-1670.

Majerowicz, L. K. (2017). Advancement experiences of female firefighters: A descriotive phenomenological study. A dissertation of University of Phoenix.

Malhotra, S. (2013). Framing a research question and generating a research hypothesis. *Indi-*

an Journal of Medical Specialities, 4(2), 325-329.

Mashall, C. & Rossman, G. (2006). *Designing Qualitative Research* (2nd Ed.). Sage.

Mattick, K., Johnston, J., & de la Croix, A. (2018). How to … write a good research question. *The Clinical Teacher*, 15, 104-108.

Mears, C. L. (2005). Experiences of Columbine parents: Finding a way to tomorrow. A dissertation of University of Denver.

Miles, M. B., Huberman, A. M., & Saldaňa, J. (2014). *Qualitative Data Analysis* (3rd Ed.). Sage.

Moustakas, C. E. (1994). *Phenomenological Research Methods*. Sage.

Parker, E. A. (2017). Adults' experience of procrastinating: A grounded theory study. A dissertation of Capella Unversity.

Pinar, W. F. (2011). *The Character of Curriculum Studies: Bildung, Currere, and the Recurring Question of the Subject*. Peter Lang.

Pollin, S. (2017). A Jewish day school surfing the edge: An autoethnographic study. A doctoral thsis of Northeastern University.

Pomarico-Denino, V. (2018). Transgender education in nursing: A qualitative study investigating faculty beliefs. A dissertation of Southern Connecticut State University.

Richardson, W. S., Wilson, M. C., Nishikawa, J., & Hayward, R. S. (1995). The well-built clinical question: A key to evidence-based decisions. *ACP Journal Club*, 123(3), A12-A12.

Robinson, G. (2008). The experience of equity in long term African American marriages: A descriptive phenomenological study. A dissertation of Capella University.

Sandberg, J. & Alvesson, M. (2011). Ways of construction research questions: gap-spotting or problematization. *Organization*, 18(1), 23-24.

Schreier, M. (2012). *Qualitative Content Analysis in Practice*. Sage.

Smith, B. M. (2017). A phenomenological study of teachers with dyslexia. A dissertation of Lamar University.

Smith, S. R. (2018). Moral conflict in providing pastoral care in domestic violence situations: A grounded theory study. A dissertation of Capella University.

Somerville, M. M. (2017). Divorce after long-term marriage: A constructivist grounded theory study. A dissertation of St. Mary's University.

Strauss, A. & Corbin, J. (1990). *The Basics of Qualitative Research: Grounded Theoy Procedures and Techniques* (1st Ed.). Sage. 김수지 · 신경림 역(1996). **근거 이론의 이해: 간호학**

의 질적연구 수행을 위한 방법론. 한울아카데미.

Strauss, A. L. (1987). *Qualitative Analysis for Social Scientist*. Cambridge University Press.

Tarozzi, M. (2013). How does my research question come about? The impact of funding agencies in formulating research questions. *The Qualitative Report*, *18*, 1–11.

Tenenberg, J. (2014). Asking research questions: Theoretical presuppositions. *Transactions on Computing Education*, *14*(3), 1–16.

Thabane, L., Thomas, T., Ye, C., & Paul, J. (2009). Posing the research question: not so simple. *Canadian Journal of Anaesthesia*, *56*(1), 71–79.

Thoma, A., McKnight, L., McKay, P., & Haines, T. (2008). Forming the research question. *Clinics in Plastic Surgery*, *35*(2), 189–193.

Thomas, J. A. (2018). Parental experience with the incarceration of their juvenile: A hermeneutic phenomenological study. A dissertation of University of Phoenix.

Tyler, R. S. (2018). Breaking the cycles: An ethnographic study on hispanic mothers participating in family drug court. A dissertation of Liberty University.

van Manen, M. (1986). *Tone of Teaching*. Richmond, Ont: Scholastic.

van Manen, M. (1990). *Researching Lived Experience*. the Univercity of Western Ontario, Canada. 신경림 · 안규남 역(1994). **체험연구**. 동녘.

van Manen, M. (2011). Phenomenolgyonline. http://www.phenomenologyonline.com

van Manen, M. (2014). *Phenomenology of Practice*. Left Coast Press, Walnut Creek, CA.

Warner-McIntyre, T. L. (2018). Hearing their voice: A phenomenological study on adolescent motherhood. A dissertation of Widener University.

Watson, T. J. (2004). HRM and critical social science analysis. *Journal of Management Studies*, *41*(3), 447–467.

Williams, O. B. (2017). A qualitative study exploring teacher evaluations in elementary schools. A dissertation of Northcentral University.

제 4 장

표집하기/사례 선정하기

표집이란 구체적인 사건 및 인물과 관련 있는 개인들 중에서 연구 프로젝트의 참여자를 선정하는 것을 말한다. 우리가 잘 알고 있는 무선 표집이나 대규모 표집과 달리 질적연구에서는 연구자가 직접 연구의 주제와 방법론에 맞는 연구 참여자, 표집 전략, 표집 인원 등을 선택해야 한다. 따라서 연구자가 살펴보고자 하는 사건, 현상, 인물, 문화에 대해 조금이라도 알고 있는 사람들을 초대하는 것이 중요하다(Creswell, 2013).

표집은 원하는 연구 결과를 도출하는 데 필수적인 조건이다. 그러나 아직 많은 연구자가 자신이 세운 연구 문제에 알맞은 연구 참여자를 모집하는 것을 어려워하고 심지어는 실패하여 연구 프로젝트를 포기하기도 한다. 이 장에서는 표집의 개념과 더불어 질적연구만의 독특한 표집 방법인 목적 표집과 그 사례를 살펴보자.

1. 표집의 개념

표집은 연구자가 설정한 연구 문제와 기존의 문헌 연구 내용을 바탕으로 본격적으로 현장과 실제 인물의 이야기를 만들어내기 위해 연구 현장 혹은 참여자를 섭외하는 과정이라고 할 수 있다(Miles & Huberman, 1994). 이는 본격적인 자료 수집 이전에 가장 먼저 수행하는 연구 과정이다. 이러한 표집은 연구가 시작되기 전부터 이루어질 수도 있고, 연구자가 연구의 구조를 설계하는 과정에서 함께 이루어질 수도 있다. 표집에서 가장 중요한 것은 연구 목적에 가장 알맞은 대상을 섭외하는 것이다. 이와 관련하여 〈표 4-1〉에 다양한 표집의 예를 제시했다.

〈표 4-1〉을 살펴보면 표집의 사례가 매우 다양하다는 것을 알 수 있다. 연구 주제에 따라 표집의 대상과 수가 달라지기도 하며, 주제는 비슷하지만 방법의 차이에 따라 표집의 수에 차이를 보이기도 한다. 한편으로는 연구 주제와 방법이 완전히 다름에도 불구하고 표집의 차이가 크지 않은 경우도 있다. 이처럼 연구 주제와 방법에 따라 표집의 수가 다르고 개별적인 연구 간의 차이도 크다.

표집의 세부적인 모습이나 과정은 연구마다 조금씩 다르지만 모든 연구 사례는 결국 하나의 목적을 공유한다. 즉 연구 결과를 도출하는 데 가장 적절한 수준과 범위를 결정하는 것이다. 따라서 표집을 제대로 수행하기 위해서는 자신의 연구 주제를 철저히 이해하고 이와 관련된 연구물에는 어떤 것이 있는지 알 필요가 있다. 더불어 연구자가 활용하고자 하는 연구 방법론에 알맞는 연구 내용과 시사점을 도출하기 위해 구체적으로

〈표 4-1〉 다양한 표집의 예			
연구명	**분야**	**연구 방법**	**표집 대상**
한 초등학교 전문교사의 전문성 발달에 대한 예술기반 생애사 연구(이동성, 2014)	교육학	질적연구	교사 1명
The relationships between communication, care, and time are intertwined: A narrative inquiry exploring the impact of time on registered nurses' work(Chan, Jones, & Wong, 2013)	간호학	질적연구	간호사 15명
공무원의 자기효능감과 직무 만족이 직무 소진에 미치는 영향 분석(장철영·신원부·이원희, 2018)	심리학	양적연구	공무원 102명
학교 폭력에 대한 근거 이론의 접근(강소영, 2012)	교육학	질적연구	학교 폭력 담당자 110명
사회 서비스 바우처 프로그램의 효과성 및 고객 만족도 영향 요인(김인, 2009)	행정학	양적연구	서비스 수급자 300명
Equality of educational opportunity(Coleman, 1966)	교육사회학	양적연구	학생 약 645,000명

어떠한 요소를 원하는지 파악하고 그에 맞는 자료 수집 도구를 확보해야 한다.

2. 양적연구에서의 무선 표집

양적연구에서의 표집을 무선 표집(random sampling)이라고 한다. 무선 표집을 하는 이유는 양적연구의 철학이 일부 사례에서 발견된 법칙이나 사실을 전체 집단에 일반화하는 것에 있기 때문이다. 즉 다양한 사람들의 생활, 학습, 심리, 문화 등에 모두 적용할 수 있는 포괄적인 사실이나 개념 등을 도출하려면 연구 대상을 선택하는 데 신중해야 할 것이다. 물론 양적연구에서 정확한 자료 수집을 위해서는 조사하려고 하는 대상(모집단)을 전부 표집하는 것이 가장 이상적일 것이다. 그러나 연구 목적에 맞는 집단 전체를 조사하는 것은 사실상 불가능하다. 다음의 가상 사례를 살펴보자.

사례

연구자 A는 다중지능 이론에 대한 이론적 배경을 바탕으로 초등학교 5학년 학생을 위한 교육 프로그램과 수업 지도안을 작성했다. 그는 스스로 제작한 연구 결과물이 학생의 인지적, 정서적 발달 측면에 어떤 영향을 주는지 알고 싶었다. 이에 따라 연구의 제목을 '다중지능 교육 프로그램이 우리나라 초등학교 5학년 학생의 인지, 정서에 미치는 영향'이라고 설정했다.

위와 같이 연구 제목을 설정할 경우 연구의 모집단은 우리나라 초등학교 5학년 학생 약 40만 명 전체가 된다. 표집 방법을 사용하지 않는다면 모집단 전체를 대상으로 조사를 실시해야 하는데, 이러한 방식의 연구는 대규모 국가 프로젝트 연구가 아니라면 수행하기 어려울 것이다.

위 사례와 달리 연구의 편의성을 위해 집단을 연구자가 자의적으로 선택하는 경우도 있다. 예를 들면 전체 초등학교 5학년 학생 중에서 연구자가 현재 담당하고 있는 반 학생 20명을 연구 대상으로 선정하는 사례이다. 이것은 연구의 모집단을 극단적으로 축소해버림으로써 연구의 객관성과 타당도를 중시하는 양적연구의 목적에 맞지 않는다. 연구자가 집단을 어떻게 선택하는가에 따라서 연구 결과가 전혀 다르게 나타날 것이며, 그 연구 결과에서 드러난 효과성을 다른 집단에 적용해볼 수도 없을 것이다. 이처럼 표집에 관련된 문제는 양적연구에서 가장 우선적으로 해결해야 하는 과제이다. 이를 위해 양적연구에서는 크게 두 가지 방법을 사용해야 한다.

첫째, 표본의 크기를 가능한 한 크게 잡아야 한다. 양적연구에서는 최소 30명 이상의 연구 대상을 설정하는 것을 권장하고 있다(Gall & Borg, 2003). 물론 여기서도 중요한 것은 연구 문제, 변수, 모집단의 실제 크기, 연구자의 가용 자원 등을 전부 고려해야 한다는 점이다. 표본이 커졌을 때 얻을 수 있는 가장 큰 장점은 모집단을 더 잘 반영하기 때문에 연구의 타당도가 올라간다는 것이다. 부가적으로 집단의 작은 변화를 포착할 수 있으며, 하위 집단을 비교하거나 중도에 검사를 포기하는 사건에도 적절히 대비할 수 있다. 앞서 제시한 표집의 예에서도 보듯이 양적연구는 수십만 명을 대상으로 할 수도 있는데 이런 경우 연구의 타당도와 영향력이 올라간다.

둘째, 통계 이론에 근거한 무선 표집을 활용하여 추출한 집단이 모집단을 대표한다는 사실을 증명해야 한다. 무선 표집에서는 모집단의 모든 구성원이 표본에 추출될 확률이 같고, 하나의 구성원이 추출되는 사건이 다른 구성원이 추출되는 데 영향을 주지 않는다는 특징이 있다. 이에 따라 단순 무선 표집을 통해 동일한 확률과 독립된 개체를 뽑아낼 수 있다. 가령 1,000명의 모집단에서 100명의 대상을 추출하고자 할 때 1,000명의 모집단 구성원이 연구 대상으로 선정될 확률은 1/1,000로 완전히 동일하다. 이처럼 무선 표집을 통해 표본을 추출하면 연구자의 사전 지식이나 선입견에 의하지 않고 모집단의 일부분을 추출함으로써 일부 연구 대상이 전체를 대표할 수 있는 정당성을 띠게 된다. 다만 전체 연구 대상이 소집단별로 차이가 크거나 한쪽으로 편중된 경우에는 무선 표집을 했을 때 오차가 생길 수도 있다는 문제점이 있다.

　　무선 표집을 했을 때 드러나는 통계적 오차와 연구 과정 속에서의 몇 가지 단점을 보완하기 위해 추가적으로 다음과 같은 변형된 방법을 함께 사용하면 좋다.

〈표 4-2〉 양적연구에서의 무선 표집 방법

무선 표집 방법	특징
체계적 표집 (systematic sampling)	체계적 표집이란 모집단의 표집 목록에서 일정한 간격을 두고 연구 대상을 추출하는 표집 방법이다. 표집 목록에 번호를 매기고 몇 번째마다 선택하여 표본을 추출한다. 체계적 표집은 쉽고 간단하지만 서로 독립적이지 않은 표본이 추출될 위험성을 내포하고 있다.
층화 표집 (stratified sampling)	층화 표집은 모집단 안에 여러 하부 집단이 있을 때 이를 고려하여 표집하는 방법이다. 가령 전체 집단을 성별, 직장의 형태(대기업, 중소기업), 경력, 지역 등의 요소에 따라 세부적으로 나누고 각 하부 집단에서 무선 표집을 실시한다. 층화 표집은 비교적 모집단의 성질을 잘 나타낼 수 있고 하부 집단 간의 비교도 가능하다는 장점이 있다.
군집 표집 (cluster sampling)	군집 표집에서는 집단이 표집의 대상이 된다. 예를 들어 고등학교 3학년을 대상으로 표집을 할 때 학생 개개인이 아닌 학교 전체를 하나의 대상으로 보고 표집을 하는 것이다. 또는 특정 지역의 모든 학교에서 한 학급씩만 추출하는 것도 가능하다. 이 경우 학교 내부의 학생들은 비교적 동질한 성질을 지녔다고 가정한다.
층화군집 표집 (stratified cluster sampling)	이 방법은 위에 제시된 여러 가지 방법을 복합적으로 활용하는 것을 말한다. 모집단을 어떤 속성에 따라 계층으로 구별하고 표집 단위를 개인이 아닌 집단으로 구성하여 추출한다. 연구자가 모집단의 속성을 제대로 파악하고 있다면 효과적으로 표집할 수 있다. 반면에 시간과 비용이 많이 들고 추출 과정도 복잡하다.

이러한 표집 과정을 거쳐 선정된 사람들은 해당 집단을 대표할 수 있는 가장 '평균적인' 사례가 된다. 양적연구를 수행하는 연구자는 자신의 의도와 선입견을 최대한 배제하고 수학적, 통계적 방법을 사용하여 표본을 추출하는 방식을 선택함으로써 연구의 타당도를 높이고 연구 결과가 왜곡되거나 주관적으로 나타나는 것을 방지해야만 한다.

3. 질적연구에서의 목적 표집

양적연구와 달리 질적연구는 특정한 사례에 대한 학술적 관심을 주요한 연구 주제로 설정한다. 특정한 사례, 사건, 현상에 대해 심층적으로 탐구하고 그 의미를 탐구하는 것은 일반화 및 어디서나 적용되는 법칙을 발견하는 것과는 질적으로 다르다고 할 수 있다. 자연스럽게 표집 방법에 대한 생각과 가치관도 양적연구와 차이를 보인다.

질적연구에서는 이를 목적 표집(purposeful sampling)이라는 용어로 설명한다. 목적 표집은 연구자가 관심을 둔 특별한 사례를 의도적으로 선택하고 이를 연구 대상으로 삼는 표집 방법으로 정의된다. 목적 표집을 하는 이유는 연구자가 관심을 가지는 사례를 묘사하고 이해하는 데 있다. 질적연구자는 일반화나 객관성에는 그다지 관심을 가지지 않고 대신 실제 현장에서 생성되는 이론이나 주변의 상황에 딱 맞는 해결 방법을 찾으려고 한다. 따라서 연구 대상을 굳이 무작위로 선발하지 않고 익히 잘 알고 있는 사람들 혹은 의도적으로 선택한 사람들을 대상으로 연구를 한다. 다음은 목적 표집의 가상 사례이다.

사례

연구자 B는 다문화 가정 어머니를 위한 상담 · 복지 프로그램을 운영하는 운영자이다. 그녀는 프로그램을 경험하는 어머니들이 자신의 삶을 무엇이라고 정의하는지 알고 싶어졌다. 한편으로는 그들이 이방인이자 한국인 어머니로서의 정체성을 어떻게 형성하는지도 알아보고 싶었다. 이를 위해 프로그램에 꾸준히 참가하는 어머니 중에서 연구에 참여하기로 결정한 어머니들을 대상으로 생애사 탐구를 계획했다.

위 사례에서 보듯이 질적연구를 수행하고자 하는 연구자는 양적연구의 경우처럼 연구 대상의 범위를 크게 확장하거나 자신의 사례를 다른 사례에 적용하여 어느 곳에서나 통용되는 법칙을 만드는 것에는 별로 관심이 없다. 대신 연구를 통해 자기 주변의 실제 사례 속에서 학문적, 예술적, 사회적 의미를 찾아내고 이를 공감과 토론의 장으로 만들어내려고 한다. 따라서 연구 대상을 선정할 때는 모집단에서 무작위로 선택하는 것이 아니라 연구하려고 하는 연구 문제를 가장 잘 대표하는 사례를 숙고하여 선정하는데, 이것이 목적 표집의 전형적인 모습이다. 이러한 질적연구의 목적 표집은 다음과 같은 특징을 지니고 있다.

첫째, 목적 표집과 관련하여 주의해야 할 점은 표집의 수와 관련되어 있다. 질적연구에서는 표집 사례의 수를 자유롭게 조절하는 것이 가능하다. 하나의 연구를 위해 단 1명만을 표집할 수도 있다. 그러므로 질적연구의 표집은 보통 양적연구보다는 적은 편이다. 그 이유는 다양한데, 우선 연구자가 의도하는 현상을 잘 나타내는 사례가 쉽게 발견되지 않는다는 점을 들 수 있다. 그리고 질적연구의 특성상 연구자가 매우 특별한 사례 하나만을 연구하고 싶어 하는 경우도 있다. 이처럼 넓이보다는 깊이를 강조한다는 원칙에 따라 표집 사례는 연구자가 관심을 두는 몇 가지 내용으로 한정되는 것이 일반적이다. 그러한 점에서 질적연구를 사례 연구라는 용어로 표현하기도 한다.

✖ 사례

Svendby, R., Romsland, G. I., & Moen, K. (2018). Non-disabled ableism: An autoethnography of cultural encounters between a non-disabled researcher and disabled people in the field

연구자들은 장애인의 삶에 관한 질적연구를 위해 현장 조사를 하는 과정을 탐구했다. 그중에서도 비장애인 연구원이 장애인의 생각, 말, 행동을 해석하면서 장애인에 관한 선입견이 어느 부분에 명백하게 드러나는지에 연구의 초점을 맞추었다. 이 논문에서는 이러한 경험의 내용과 과정을 문화적 실용주의의 발견과 분석의 시작점으로 활용했다. 연구의 독특한 점은 장애의 사회적 모델로부터 비판적 이론과 통찰력을 이끌어냄과 동시에 연구자의 선입견과 장애에 대한 보다 미묘한 이해를 드러내기 위해 자문화기술적 접근법을 시도했다는 것이다. 특히 비장애인의 전형을 연구자 자신으로 설정함으로써 연구의 성찰적 특징을 극대화했다. 즉 연구의 표집이 단 1명으로 이루어졌다.

둘째, 목적 표집의 대상은 가장 평균적인 것에서부터 가장 독특하고 극단적인 사례까지 범위를 지정할 수 없을 정도로 다양하다. 질적연구에서는 양적연구에서 추구하는 것과 같이 무조건적으로 무선 표집을 하는 경우 연구 결과가 실제 현상을 드러내는 것을 방해한다고 여긴다. 가장 평균적인 사례가 집단의 모든 특성을 드러낼 수는 없다고 생각하는 것이다. 이러한 판단에 따라 현상을 직접 체험하고 있는 사람들, 사건이나 문화에 대해 많은 이야기를 해줄 수 있는 사람들, 가장 충격적인 사건, 유명하거나 혹은 소외된 사례에 관심을 가진다. 결국 표집의 범위는 연구자의 학문적 배경, 연구 역량, 가치관에 따라 현저히 달라진다. 문화기술지처럼 그 문화의 실체를 드러내기 위해 가장 일반적이고 평범한 사람들의 행동 양식을 연구하는 방법론이 있는 반면에, 생애사 연구와 같이 특정 분야에서 가장 영향력 있는 사람 또는 가장 충격적이고도 특별한 사건을 경험한 사람의 사례를 탐구하는 방법론도 있다.

✵ 사례

Mead, M. (1928). Coming of age in Samoa: A psychological study of primitive youth for western civilisation

미국 인류학의 대모 Margaret Mead는 자신의 학문적 의문을 해결하기 위해 가장 극단적인 사례를 선택하고 탐구했다. 그녀는 세상의 모든 인간이 사춘기에 문제 상황을 겪게 되는지에 궁금증을 갖게 되었다. 하지만 미국 본토 내에서는 이에 대한 해답을 찾을 수 없었다. 따라서 그녀는 미국의 영토이기는 하지만 소위 말하는 문명의 손길이 거의 닿지 않은 남태평양의 사모아 섬에서 수년 동안 생활하면서 청소년이 어떤 삶을 사는지에 대해 연구했다. 원주민의 생활에 관해 참여관찰 연구를 한 끝에 사모아 사회는 전반적으로 스트레스가 없으므로 사모아의 사춘기 소녀들 역시 그 시기에 그다지 스트레스를 받지 않으며 문제 행동도 거의 보이지 않는다는 연구 결과를 내놓았다.

이처럼 사모아에서 사춘기의 성장 문제가 간단하게 해결되는 까닭은 전체 사회가 쉽게 변화하지 않고 평온한 상태를 유지한다는 데 있다. 남녀노소 가릴 것 없이 그 누구도 대단한 모험이나 도박을 하지 않고 전쟁이나 다툼, 소송 등도 거의 일어나지 않는다. 또한 갈등의 해결 방식도 폭력적이지 않고 수월하게 처리된다. 사람들 간의 다툼은 그들을 멀리 떼어놓는 방식으로 해결한다. 또한 사랑 문제나 불륜 등의 문제도 사모아에서는 선물 하나 정도로 처리되는 가벼운 문제로 치부된다.

또한 육아나 교육 문제 역시 그곳에서는 큰 문제가 아니다. 아이가 태어나면 어릴 적부터 여러 여성의 보살핌을 받는다. 따라서 한 개인이 집중적인 보살핌을 받는 경우가 드물고 반대로 보살핌을 받지 못하는 경우도 없다. 사모아에서 가족이란 대가족을 의미하며 약 15~20명에 이르는 다양한 연령의 사람들이 함께 사는 가족을 이룬다. 이러한 융통성은 사모아 청소년이 문제 상황에 좀 더 자유롭게 대처할 수 있게 한다.

성 문제와 관련해서도 사모아는 비교적 자유롭다. 앞서 설명했듯이 불륜이나 바람의 경우도 간단히 해결되고 남성이 여성을 성적으로 공격하는 일도 드물다. 낙태도 허용되며, 아버지가 명확하지 않은 아이를 낳는 것 또한 큰 문제가 아니라고 인식한다.

이러한 사회적, 문화적, 교육적 특성에 따라 사모아의 청소년은 사춘기를 미국의 청소년과 달리 평탄하고 어렵지 않게 극복한다. Mead는 결론적으로 사춘기의 방황, 스트레스, 고통이라는 신체적, 정서적 특성이 전 세계 모든 청소년에게 공통적으로 일어나는 것이 아니라 사회의 상황과 그들을 둘러싼 주변 환경에 의해 발현되는 것이라고 결론을 내릴 수 있었다.

✸ 사례
홍명보(2016). 축구 국가대표팀 감독 경험에 대한 자문화기술지

홍명보의 연구는 목적 표집의 대상 중에서도 가장 특별한 사례 중 하나로 기록될 만하다. 그는 축구 국가대표팀 감독으로서 자기 자신을 표집하여 자문화기술지 연구를 수행했다. 감독으로서 조직화된 삶의 공유의 의미를 탐색하고 향후 보다 발전적인 스포츠 팀 운영에 관해 제언했다. 그의 연구가 특별하다고 할 만한 이유는 바로 국가대표팀을 맡은 경험 때문일 것이다. 그는 다양한 국제 대회 참가, 언론 및 대중과의 관계 형성, 선수와의 조율 등의 측면에서 우리나라의 그 누구도 하지 못한 특수한 경험을 했다.

홍명보는 연구자의 경험을 드러내기 위해 감독으로서 연구자 개인의 경험을 심도 있게 다루는 자문화기술지 방법을 활용했다. 구체적으로는 축구 국가대표팀의 조직 운영 과정을 통찰하고 그 속에서 나타나는 문제를 실천적 관점에서 접근했다.

분석 내용은 크게 청소년대표팀 시기, 올림픽대표팀 시기, 월드컵대표팀 시기로 구분하여 이 세 가지 범주에서 연구자가 체득한 팀 운영 경험을 관련 사례 등과 함께 기술하고, 세부적으로는 경기 운영 및 팀 조직 관리로 분류하여 경험에 내재한 의미와 이후 지향을 구체화했다. 또한 연구자가 국가대표팀 감독으로 활동한 기간 동안 직접적인 이해 당사자로서 팀 성과에 실질적으로 기여했던 코치와 선수의 심층 면담을 병행하여 결과 일반화라는 측면에서 보다 객관적인 내용 도출을 시도했다. 따라서 그의 연구는 팀을 효율적으로 관리하고, 조직을 이해하고, 훈련 및 경기 현장에서 유용하게 활용될 만한 기법이나 현상 이해 전략을 알려준다는 측면에서 상당히 흥미로운 연구라고 할 수 있다.

셋째, 목적 표집의 과정은 일반적으로 길고 복잡하다. 양적연구의 무선 표집에서는 모집단을 정확히 식별하고 구체적인 표집 근거를 수립한다면 연구 대상을 모집하는 과정 자체는 그다지 어려운 일이 아니다. 게다가 온라인 설문이나 우편 설문을 실시한다면 연구 과정 내내 연구 대상과 직접 만나지 않는 경우도 있다. 그래서 많은 사람을 한꺼번에 표집하는 것이 가능하다.

반면에 목적 표집을 성공적으로 수행하기 위해서는 별도의 준비와 실행 과정을 철저히 지킬 필요가 있다. 우선 질적연구자는 연구의 목적과 가장 잘 맞는 대상을 찾기 위해 여러 가지 사례를 오랫동안 탐구하고 성찰하는 시간을 가져야 한다. 사례는 자신이 한 번도 경험하지 못한 먼 곳에서 찾을 수도 있고, 매일 보고 듣는 익숙한 곳에서 얻을 수도 있다. 사례를 선택하는 데 통찰력을 얻기 위해 연구 내용과 가장 관련된 문헌을 분석하여 과연 어떤 연구 참여자가 연구에 가장 적합할 것인지 계속 탐색해야 한다.

사례를 찾았다고 해서 곧바로 연구에 활용할 수 있는 것도 아니다. 질적연구는 인간을 대상으로 하는 연구이며, 더 나아가 그들의 생각, 가치관, 정서, 신념 등의 정보를 수집하는 연구이다. 따라서 연구자는 우선 필요한 사람들에게 직접 찾아가 어렵지만 자신의 이야기를 해줄 것을 간곡히 요청하고 동의를 얻어야 한다. 또한 사람들의 솔직한 답변을 얻기 위해 연구의 윤리성을 보장하고, 그들과 친밀감을 형성하는 과정을 반드시 거쳐야 한다.

✳ 사례

이동성 · 김지인 · 이다해(2010). 우리나라 다문화 교육 현장 작업(fieldwork)에서 경험하는 방법론적 딜레마와 이슈들

이 연구는 우리나라에서 다문화 교육과 관련된 질적연구를 수행함에 있어 방법론적 측면에서 살펴보았을 때 어떤 점을 주의해야 하는지를 적절하게 제시했다. 연구 사례는 다음과 같다. 연구자들은 연구 책임자로부터 동남아 국가의 다문화 가정 학생들을 배정받았다. 연구 책임자는 그들에게 학생의 소속 학교를 알려주면서 담임교사와 학부모(특히 어머니), 다문화 가정 학생을 차례로 인터뷰할 것을 요구했다. 이후 그들은 연구 참여자들을 만나기까지 다양한 난관을 해결해야만 했다. 마치 '눈물을 흘리면서 양파 껍질을 벗기는 사람'처럼 몇 겹으로 둘러싸인 장벽을 극복하고 나서야 비로소 다문화 가정의 학생들을 만날 수 있었다.

이처럼 복잡한 과정을 거쳐 선정된 질적연구의 사례는 연구자와 연구를 읽는 독자에게 많은 정보를 제공할 뿐만 아니라 철학적인 통찰이나 심리적 효과를 부여하기도 한다.

넷째, 연구 참여자(research participant)라는 용어를 사용한다. 연구에 참여하는 사람을 설명하는 일반적인 단어로 연구 대상을 들 수 있다. 그러나 연구 대상의 개념은 연구에서 그들의 역할을 수동적인 것으로 제한하는 문제점이 있었다. 연구의 타당도과 객관성을 보장하기 위해 연구 대상의 개인적 특성, 삶의 배경, 연구에 대한 그들의 생각 등이 거의 완전히 무시되었다. 이러한 문제점을 해결하기 위해 연구 참여자라는 새로운 용어가 등장했다. 연구 참여자가 연구에 직접적인 영향을 주는 것이 허용되며 몇몇 연구에서는 적극적인 역할이 권장되기도 한다. 심지어 연구의 방법론과 이론에 무지하다고 할지라도 연구 참여자는 질적연구에 참여한 순간부터 자신의 답변 내용과 연구의 흐름에 대해 알 권리를 지닌다. 때로는 연구자와 함께 연구 결과를 보면서 이야기의 의도가 연구자의 해석과 맞는지 아닌지 확인해줄 수도 있다.

사례

Vafaei, S. M., Manzari, Z. S., Heydari, A., Froutan, R., & Farahani L. A. (2018). Improving nursing care documentation in emergency department: A participatory action research study in Iran

연구자들은 간호학 분야에서 다음과 같은 실행 연구를 수행했다. 그들은 응급실에서 기록되는 문서의 내용이 구체적이지 않고 오류가 발생하거나 심지어 누락되는 경우도 있다는 사실을 알게 되었다. 이러한 문제는 응급실에서 이루어지는 의료 행위의 질을 떨어뜨리기 때문에 반드시 해결할 필요가 있었다. 연구자들은 연구 목적을 이란의 응급실에서 간호 문서를 개선하는 것으로 설정했다. 이를 위해 연구 참여자로 응급실에서 근무하는 간호사와 의사, 문서 담당자를 모집하여 실제 문서 작성 과정을 개선하는 프로그램을 운영하고 그 결과를 분석했다. 연구를 실제적으로 수행하기 위해 교육 워크숍 및 병원 정보 시스템을 구조적으로 개선하는 작업이 이루어졌으며 추가적으로 인적 자원을 모집하고 직원 교육을 진행하기도 했다. 그 결과 간호 문서의 품질 점수가 73% 향상되었고 이란의 보건의료교육부로부터 가장 높은 인증 등급을 받게 되었다.

이 연구에서 가장 중요한 점은 연구 참여자의 연구 참여에 있다. 그들은 연구자 못지않게 연구에 큰 영향을 끼쳤다. 단순히 연구자의 지시에 따르기만 한 것이 아니라 수차례의 포커스 그룹 면담을 통해 연구 과정을 어떻게 개선해야 할지에 관한 정보를 제공하고 연구의 오류 가능성과 문제점에 대해 직접적인 조언을 했다.

이와 관련하여 질적연구에서 다음과 같은 연구 주제와 연계되는 연구 참여자를 생각해볼 수 있다. 우선 교사의 경험과 관련된 연구를 수행한다면, 연구 목적을 교사의 열정, 성공, 역경 극복과 같은 주제에 초점을 맞추고 있는 경우 표집하는 대상은 오랜 시간 동안 우수한 성과를 보인 교사, 주변 사람들의 평가가 좋은 교사, 스스로 연구에 적극적으로 참여하여 자신의 사례를 밝히고자 하는 교사가 될 필요가 있다. 반면에 찾고자 하는 내용이 교사의 좌절이나 비관적인 정체성 형성에 있다면 구체적으로 실패한 경험을 지닌 교사, 교직 생활이 어렵다고 답변한 교사를 직접 선택해야 한다.

다섯째, 목적 표집의 결과 드러난 연구 참여자의 인적 사항과 문화적 특성에 대해 자세히 묘사해야 한다. 이 내용은 표집한 사례를 연구에서 어떻게 설명할 것인가에 관한 문제를 다룬다. 표집을 실시하고 난 뒤 반드시 연구 내용에 연구 참여자가 누구인지, 그들의 특성이 어떠한지를 기술해야 한다. 이것이 선행되지 않으면 독자는 연구의 내용과 결과가 어떻게 도출되었는지 제대로 이해할 수 없다. 즉 표집한 사례를 연구 방법 부분에서 설명하는 것은 연구의 맥락과 배경을 알려주는 중요한 장치로서 질적연구의 특성을 더욱 명확히 드러내는 중요한 요소이다.

표집 사례와 연구 참여자를 설명하는 방식에는 크게 두 가지가 있는데, 사례의 물리적인 정보를 중심으로 설명하는 방법과 심리적, 정서적인 측면을 부각하는 방법이 그것이다. 우선 물리적인 정보를 중심으로 설명하는 것은 연구 참여자 혹은 현장의 객관적인 수량, 나이, 위치, 물리적인 환경, 직업, 경력 등의 정보를 제시하는 것을 말한다.

✵ 사례

정재민(2010). 청소년 팬덤 현상에 대한 근거 이론적 접근

연구 참여자는 방송국 공개 방송이 끝난 후 만난 청소년으로 팬클럽 활동 경력이 5개월에서 5년인 여자 청소년 4명이다. 연구 참여자의 일반적인 특성은 〈표 4-3〉과 같다.

〈표 4-3〉 연구 참여자의 일반적 특성

구분	성별	나이	직업	팬클럽 활동 경력
참여자 A	여	16	학생	5년
참여자 B	여	16	학생	3년
참여자 C	여	16	학생	5개월
참여자 D	여	15	학생	3개월

이것은 실제 사실을 알려주기 때문에 연구의 신뢰성을 높여준다는 것이 장점이다. 그리고 연구 참여자에 관한 정보를 나열하는 방식이어서 비교적 보편적으로 사용되고 있다. 다만 정보를 무분별하게 제시할 경우 개인 정보 보호 및 연구윤리 측면에서 문제점이 발생할 수도 있기 때문에 어떤 정보를 제시할 것인지 여러 번 검토해야 한다.

연구 참여자의 스토리를 통해 그들을 묘사하는 방법도 있다. 이는 직접적인 정보를 제공하는 대신 그들이 왜 연구에 참여하게 되었는지, 혹은 연구 주제와 관련된 중요한 사건에 대해 설명하여 그들의 심리나 내면의 이야기를 드러낸다. 다음 사례를 통해 연구 참여자의 스토리를 드러내는 방식을 이해할 수 있다.

사례

Wolcott, H. F. (1973). The man in the principal's office

나는 연구를 성공적으로 이끌 수 있을 것이라고 느낀 교장 선생님 2명을 대상으로 선택지를 좁힐 수 있었다. 그 시점에 나는 동료들을 통해 두 남자와 그들이 경영한 학교, 그리고 그들이 소속된 학군에 대한 전체적인 정보를 얻었다. 가장 먼저 소개할 Ed는 지역위원회로부터 이곳의 학교와 교장을 대표할 수 있는 사람으로 추천받은 인물이다. 그는 태프트초등학교의 교장이다. 그는 매일 아침 8시 10분에 학교에 도착하여 업무를 시작한다. 학교를 직접 순찰하며 구석구석 문제가 있는 부분은 없는지 검토하고 교장실에서는 새로운 교육 내용이나 사례를 연구한다.

이러한 방식은 연구를 접하는 독자로 하여금 질적연구가 매우 실제적이고 맥락적이라는 것을 이해하도록 도와준다. 연구 사례가 어떠한지를 읽어보는 것만으로도 현장에 온 것 같은 기분을 느낄 수 있고, 그 현장에서 과연 무슨 일이 일어났는지, 현장에서 생활하는 연구 참여자는 무슨 생각을 하는지 간접적으로 경험할 수 있다. 이처럼 질적연구자는 표집의 결과를 다양한 방법으로 나타내는 데 관심을 가질 필요가 있다.

4. 포화를 통한 적절한 사례 수 결정

많은 질적연구자는 연구 대상을 정하는 것에 절대적인 법칙이나 규칙이 없으며 자신의 역량, 문제 의식, 구체적으로 활용할 연구 방법에 따라 자의적인 표집을 실시하는 것이 더 낫다고 생각한다. 이에 따라 질적연구에서는 연구의 사례 수와 관련된 연구가 극히 제한적으로 이루어지고 있으며 이와 관련한 기준이나 가이드라인을 발표하는 경우도 드물다. 심지어 사례 수에 대한 경향이 새로운 연구 방법론의 등장과 함께 유행처럼 번져나가는 경우가 발생하기도 한다. 그러나 이러한 생각은 질적연구의 확산과 신뢰적 측면에서 바라볼 때 그다지 바람직한 현상이 아니다. 양적연구 분야에서는 이상적인 표집의 수와 관련하여 끊임없는 연구가 이루어지고, 다양한 연구가 이 이론적 근거에 바탕을 두고 엄격한 표집을 실시하기 때문이다. 따라서 질적연구의 여러 방법론에서 제시하는 사례 수에 대한 근거가 상대적으로 체계적이지 않고 연구에의 적용이 어렵게 느껴지는 결과로 나타난다.

그럼에도 불구하고 한 가지 다행스러운 사실은 이러한 문제 상황을 인식한 연구자들이 질적연구에서 얼마나 표집하는 것이 적절한가에 대한 연구를 수행하기 시작했다는 것이다. 이들의 논의를 살펴볼 때 가장 먼저 확인할 수 있는 개념이 바로 포화(saturation)이다. 포화는 근거 이론에서 도출되어 모든 질적연구 분야에 적용되고 있는 용어로서, 연구자가 모든 자료를 수집하여 더 이상 새로운 내용이 드러나지 않는 상황을 말한다(Bowen, 2008). 즉 이러한 관점에 따르면 연구 자료가 모두 수집되어 연구자가 분석 과정을 시작해도 될 것이라고 판단할 때까지 계속 새로운 연구 참여자를 모집하고 추가적인 면담이나 관찰을 실시할 수 있다. 포화의 개념을 제대로 이해하면 적절한 사례 수를 예상하는 데 도움이 된다. 그러므로 포화는 질적연구에서 사례 수를 적절하게 표집하기 위해 이해해야 할 가장 중요한 개념이다.

질적연구에서 포화의 개념을 따를 때 적절한 사례 수라는 것은 결국 많은 연구 데이터를 바탕으로 하여 귀납적으로 형성되는 것을 말한다. 결과적으로 수많은 요인이 표본

크기 결정에 영향을 준다. 이와 관련하여 흥미로운 연구 결과로, Mason(2010)은 영국과 아일랜드에서 이루어진 질적연구물에 대한 메타 분석을 통해 질적연구의 다양한 연구 전통마다 표집이 어떻게 이루어졌는지를 다음과 같이 정리했다.

〈표 4-4〉 다양한 연구 전통에 따른 표집의 수(Mason, 2010)

연구 전통	연구물 수	사례의 수 범위		통계적 속성		
		가장 높음	가장 낮음	최빈값	평균값	중앙값
실행 연구 (action research)	28	67	3	6	23	17
사례 연구 (case study)	179	95	1	40	36	33
담화 분석 (discourse analysis)	44	65	5	20	25	22
근거 이론 (grounded theory)	174	87	4	25	32	30
해석학 (hermeneutics)	9	42	7	—	24	26
생애사 (life history)	35	62	1	21	23	20
현상학 (phenomenology)	25	89	7	20	25	20
상징적 상호작용론 (symbolic interactionism)	12	4	87	—	33	28

위 연구 결과를 보면 비록 최대, 최소 편차가 존재하지만 대부분의 연구 전통에서 많은 연구자가 주로 20~30개 사례를 표집한다는 사실을 알 수 있다. 이러한 표집이 이루어지는 논리적인 이유는 명확히 알 수 없다. 다만 유추해볼 수 있는 몇 가지 사실은 다음과 같다. 첫째, 하나의 연구에 대한 결과를 도출할 때 자료의 포화가 일정 수준에서 일

어난다는 사실과 관련 지어 생각해볼 수 있다. 일반적인 학술지, 학위 논문의 연구 결과는 서너 가지 항목으로 정리되는데, 이러한 연구 논문의 분량에 가장 적절한 표집은 20~30개 정도이다. 둘째, 연구자의 연구 역량과 경제적, 사회적 제한을 들 수 있다. 기관, 단체, 국가 수준의 대규모 연구가 아니라면 많은 연구자는 혼자서 연구를 수행하는데, 이때 너무 많은 참여자를 모집하면 자료의 수집과 관리에 어려움을 겪게 된다. 따라서 연구의 질과 규모를 조화시킬 수 있는 접점이 20~30개 사례라고 추측할 수 있다.

5. 다양한 방법으로 목적 표집하기

질적연구에서 목적 표집의 방법은 매우 다양하다. 목적 표집의 구체적인 전략 및 방법과 관련하여 Miles와 Huberman(1994)은 무려 16가지 방법을 설명했다. 이러한 사실은 질적연구에서 연구 참여자를 선택하는 방법이 다양하고, 앞으로도 연구 방법론과 함께 계속적으로 확장될 것임을 의미한다. 이처럼 다양한 표집이 가능한 이유는 목적 표집이 말 그대로 연구자가 연구에 가장 적합하다고 생각하는 연구 참여자를 직접적으로 섭외하는 것을 의미하기 때문이다. 연구자는 질적연구를 성공적으로 수행하기 위해 연구 상황과 연구자의 철학적, 학문적 배경에 따라 적절한 다른 방법을 사용해야 한다. 여기서는 목적 표집의 다양한 방법 중에서 연구 전통에 따른 대표적인 표집 방법으로 일반적인 사례, 극단적인 사례, 이론적인 사례, 눈덩이, 기준, 정치, 기회를 살펴보자.

가. 일반적인 사례

일반적인 사례(typical case) 표집은 특정한 집단이 공유하는 여러 속성 중에서 가장 많은 부분을 대표할 것이라고 생각되는 평범한 사례를 선정하는 것을 말한다. 따라서 일반적인 사례는 가장 평균적인 사례라고 할 수 있다. 가령 경제적 상황과 관련된 가장 일반적인 사례는 중산층이 될 것이고, 교실에서의 일반적인 사례는 성적이나 인성 수준이 중간으로서 눈에 잘 띄지 않는 학생이 될 것이다. 이러한 표집이 이론적으로 가능한 이유는 특정한 집단에 소속된 개인들은 그 집단의 문화적, 사회적, 정치적 특성을 공유한다고 생각되기 때문이다. 즉 한 개인의 삶과 생활을 살펴봄으로써 그 집단 전체의 모습을 그려낼 수 있다고 본다. 이러한 철학에 따를 때 가장 평범한 사람들의 생활을 들여다보는 것은 나름대로의 의미가 있다.

일반적인 사례 표집은 질적연구의 전통 중 집단의 속성, 특징, 문화와 같은 요소를 드러내려는 연구에 주로 사용해야 한다. 가령 문화기술지, 현상학과 같은 연구에서 이러한 방식을 효과적으로 활용할 수 있을 것이다.

사례

Wills, P. (1977). Learning to labour

일반적인 사례 표집의 전형적인 예를 잘 보여주는 이 연구는 영국 미들랜즈의 노동자 계급 문제아 12명의 고등학교에서의 마지막 2년과 직장 생활 초기에 일어난 일을 담고 있다. 상남자들(lads)을 중심으로 이야기를 전개해나가는데, 선생님 몰래 수업을 땡땡이치는 것은 모험심, 아이들끼리의 주먹다짐은 용기, 여자를 유혹하는 것은 남성성의 발현이라는 용어로 설명된다. 그들이 노동 현장으로 가는 것은 즐겁게 생활하며 노는 장소를 노동하는 일터로 옮기는 것으로서, 단순하게는 새로운 노동자들이 일터에 유입되는 것이지만 더 나아가면 반학교 문화가 노동 문화로 바뀌는 것을 의미한다. Willis는 문제아들과 직접 만나 심층 면담과 참여관찰을 진행하고 분석하여 기존 체제와 지배 계급에 대한 저항의 과정에서 형성된 노동 계급의 문화가 어떻게 다시 기존 체제의 효과적인 작동에 도움을 주는지 정리했다.

표집과 관련하여 살펴보면, 연구자는 미들랜즈의 중학교에서도 특정 소년 집단을 선택하여 연구에 활용했다. 학교에는 600명의 노동 계급 학생이 있었는데, 서인도 제도와 아시아계 배경의 학생이 많았음에도 불구하고 연구 참여자는 모두 백인이었다. 연구자는 그 학교와 학생들을 선택한 이유로 노동 계급이 다니는 전형적인 학교라는 점을 들었다. 즉 아이들은 전혀 특별할 것이 없는 평범한 학생들이었으며, 그러한 특성 때문에 그들의 말과 행동은 노동 계급 아이들의 모습을 대변한다고 할 수 있다.

물론 질적연구에서 표집하는 일반적인 사례를 평균적이라고 말하는 것에는 논쟁의 여지가 조금 있다. 연구자가 평범하다고 생각하는 사례도 집단의 전체 구성을 보았을 때 그렇지 않은 경우도 많다. 사실상 완벽하게 평범한 사례를 찾는 것도 어렵다. 그럼에도 불구하고 일반적인 사례 표집은 대부분의 독자에게 설득력을 갖고 있다. 더 나아가 연구하려고 하는 집단을 심층적으로 묘사하는 경우 연구의 설득력이 상당히 높아진다는 장점이 있기에 이 방법은 질적연구 전반에서 널리 활용된다. 따라서 질적연구자는 일반적인 사례 표집에 대해 잘 이해해야 한다.

나. 극단적인 사례

극단적인 사례(extreme case)는 말 그대로 우리 주변에서 찾기 힘든 희귀한 사례를 표집하는 것을 말한다. 이것은 앞서 설명한 일반적인 사례 표집과는 반대의 위치에 있는 방법이다. 극단적인 사례 표집은 질적연구에서 가장 큰 효과성이 있는 목적 표집 방법이다. 양적연구에서 극단적인 사례는 연구의 객관성과 타당성을 저해하기 때문에 보통 배제하는 경우가 많다. 하지만 질적연구에서는 극단적인 사례야말로 연구자의 흥미를 끌고 논쟁을 일으킬 수 있는 가장 매력적인 연구 주제가 된다. 극단적인 사례를 통해 연구의 범위와 가능성을 더욱 높일 수 있다. 이들의 이야기는 그동안 잘 알려지지 않았기 때문에 새로운 이론을 개척하거나 기존의 이론을 강력히 반박하는 사례로 인용되기도 한다. 이러한 특성 때문에 연구자는 극단적인 사례를 찾아다니기도 한다.

물론 극단적인 사례라고 해서 매우 충격적인 사건이나 현상만을 지칭하는 것은 아니다. 한 개인의 특정한 삶의 굴곡, 사소하지만 연구자가 생각하기에 특별하다고 생각하는 문제 상황, 많이 드러나지는 않았지만 기록할 만한 가치가 있다고 인정되는 역사적 사건이 모두 극단적인 사례에 포함될 수 있다. 이러한 사례는 질적연구의 맥락과 범위를 풍부하게 해준다는 점에서 중요한 표집 방법이 된다.

극단적인 사례는 생애사나 자문화기술지 연구에서 많이 활용되는데, 주로 1명의 연구 참여자, 또는 연구자 자신을 연구 참여자와 동일시하여 연구를 수행하는 경우가 많다. 이들이 어떻게 평범한 사람들과는 다른 특별한 삶을 살게 되었는지 그 과정과 원인을 탐색하는 과정에서 이론적, 실제적 시사점이 도출된다.

사례

백형의 · 배은경 · 안은미 · 권지성(2012). 성전환 여성의 생애 경험에 대한 생애사 연구

연구자들은 질적연구를 통해 성전환 여성의 생애 경험을 이해하고자 했다. 목적을 달성하기 위해 성전환 여성 4명을 대상으로 심층 면담을 실시하고 생애사 접근을 통해 분석했다. 성전환 여성의 생애 경험에서 나타난 주제는 '나' 아닌 '나'로 살아가기, 벗어나기 위해 머물러 있기, 이루어질 수 없는 사랑 하기, 멀찍이서 애타게 관계 맺기, 트랜스젠더가 아닌 그냥 '사람'으로 살아가기, 어두운 미래에서 별빛 찾기 등이다. 이러한 연구 결과를 바탕으로 성전환자의 삶의 질을 향상하기 위한 사회복지 실천과 후속 연구에 대해 제언했다.

우리나라에서 성전환증인 사람이 약 1,000명 내외로 추산된다는 사실에 비하면 이 연구는 그다지 연구의 가치가 없을지도 모르지만 질적연구에서는 단 하나의 사례라도 그것이 사회에 주는 파장과 충격이 크고 시사점이 있다면 어떤 주제든 수용한다. 실제로 이러한 이야기는 우리가 어쩌면 전혀 이해하지 못할 수 있는 성전환 여성의 생각과 심리에 접근할 수 있는 귀중한 기회를 제공한다.

다. 이론적인 사례

이론적인 사례(theoretical case) 표집은 연구자가 기반을 두고 있는 철학적, 학문적 내용에 근거하여 연구 참여자를 결정하는 것을 말한다. 질적연구라고 해서 기존의 이론이나 연구 결과를 무시하지는 않는다. 오히려 많은 연구에서 기존의 이론을 바탕으로 새로운 연구 시각을 발견하거나 연구자의 문제 상황을 이론적 바탕에 따라 해석하고자 한다. 이 과정에서 사용되는 것이 이론적인 사례 표집이다.

이론적인 사례 표집을 위해서는 우선 연구와 분석에 관한 철학적 틀을 사용해야 한다. 그리고 그 틀에 가장 잘 맞는 사례를 찾아서 선정한다. 예를 들어 Piaget의 아동 발달 단계와 관련된 연구를 수행하는 경우 아동의 각 발달 단계를 가장 잘 설명하는 아이들을 표집할 수 있을 것이다. 이 과정에서 이론이 얼마나 현실에 적합한지, 그렇지 않은지를 검증할 수 있다. 결론적으로 이론적인 사례 표집은 표집의 근거나 타당성에 대한 자연스러운 설명을 가능하게 해준다.

❇ 사례

Gilligan, C. (1982). In a different voice: Psychological theory and women's development

미국의 심리학자 Gilligan은 남성과 여성의 도덕성 발달 과정의 차이에 대한 혁명적인 실험을 시도했다. Kohlberg의 제자였던 Gilligan은 그의 이론을 적용하다가 여성이 남성보다 대체적으로 낮은 도덕성 등급을 받는다는 사실을 알게 되었다. 그녀는 이러한 의문을 해결하기 위해 비슷한 연령의 남자 아이와 여자 아이를 섭외했다. 구체적인 표집은 Kohlberg의 도덕성 발달 단계에 따라 이루어졌다. 연구에 등장하는 Jeffrey, Karen, Jake, Amy는 8~13세의 학생이며 그들은 Kohlberg의 발달 단계 중 4~6단계의 내용에 충분히 응답할 수 있을 것이라고 예측되었다. Gilligan은 그들에게 익히 잘 알려져 있는 Heinz의 딜레마 상황에 관련된 질문을 제시했다. 그리고 그들의 응답 내용을 병렬적으로 제시하면서 남성과 여성의 도덕성 발달 과정이 어떻게 다른 지를 규명했다.

연구의 최종적인 결론은 정의의 윤리와 돌봄의 윤리가 결국 인간이 동시에 도달할 수 있는 윤리적 상태라는 것에 있다. Gilligan은 기존 심리학이 정서적 성숙의 기준으로 삼고 있는 독립과 애착이라는 개념에 의문을 제기한다. 정서적 독립을 성숙한 것, 애착을 가진 것을 미숙한 것으로 보는 기존 심리학의 가정과 더불어 정서적으로 독립한 남성이 관계를 소홀히 하면서 이루는 사회적 성취를 곧 개인의 성숙으로 판단하고, 주변의 관계를 중시하는 여성을 미숙한 인간의 상징으로 바라보는 문화적 세태를 부드럽지만 강하게 비판한다.

Gilligan은 연구 결과를 바탕으로 약자에게 부여되는 것, 중요성을 인정받지 못하고 덜 중요한 덕목으로만 여겨졌던 돌봄의 윤리를 온전히 세울 것을 제안했다. 이것은 지금까지 여성에게 강요된 덕목이나 윤리와는 질적으로 다른 것이다. 돌봄의 윤리 체제는 돌봄과 배려를 단순히 여성에게만 속하는 특수하고 제한된 덕목이 아니라 모든 인간의 보편적 윤리로 설정한다.

라. 눈덩이

눈덩이(snowball, 또는 연쇄) 표집은 특정한 연구 참여자로부터 다른 연구 참여자를 추천받으면서 전체 명단을 작성해나가는 방식이다. 따라서 연구자의 역할보다는 연구 참여자의 안목이나 이론적 배경이 더 중요하게 여겨진다. 눈덩이 표집을 위해서는 우선 연구자가 초기 연구 참여자를 선정한다. 이때 연구 내용에 대해 가장 잘 알고 있는 사람 혹은 익숙한 사람, 유명한 사람을 선택한다. 추후 이들과 면담을 진행하면서 세부적인 연관 주제와 관련하여 잘 알고 있는 사람을 추천받고 그들과 접촉하여 추가적으로 연구 참여자를 표집한다. 이 과정은 한 번으로 그치는 것이 아니고 반복적으로 이루어진다.

이처럼 눈덩이 표집은 귀납적이고 형성적인 특징을 갖고 있어 표집이 완전히 이루어지기 전까지는 누구를 연구하게 될지 알 수 없다는 점에 주목해야 한다. 그러므로 사전에 철저하게 준비되어 차근차근 이루어지는 실행 연구나 대규모 인원이 필요한 근거이론에서는 활용하기 어렵다. 대신 사건의 의미와 본질을 찾아나가는 현상학, 경험과 삶을 드러내는 내러티브 탐구, 집단의 공통된 속성을 밝혀내는 문화기술지와 같은 연구 방법에서 자주 활용된다.

사례

Waters, J. (2015). Snowball sampling: A cautionary tale involving a study of older drug users

이 연구에서는 눈덩이 표집의 사용에 관한 의미 있는 예시를 얻을 수 있다. 연구자는 눈덩이 표집을 일반적으로 만나기 힘든 사람이나 숨겨진 사람을 연구할 수 있는 매우 효과적인 기술로 생각하고, 40세 이상 불법 마약 사용자에 대한 연구의 주된 표집 방법으로 선택했다. 이를 통해 사법 당국이나 치료 기관과의 접촉에 관한 연구 조사의 시사점을 도출하려고 했다. 그러나 이 연구에서는 눈덩이 표집이 연구에 호의적인 참가자를 찾고 인터뷰하는 데 몇 가지 어려움을 초래한다는 사실이 밝혀졌다. 결론적으로 특정 상황에서 눈덩이 표집이 실패하는 경향이 있음을 알려준다. 따라서 질적연구자는 눈덩이 표집을 사용할 때 주의해야 한다는 의견을 제시했다.

마. 기준

기준(criterion) 표집은 연구 참여자를 섭외하기 위해 철저히 계산된 표집 체계를 활용하는 방법으로, 질적연구의 목적 표집 방법 중에서도 가장 과학적이면서 철저한 방법으로 정의된다. 기준 표집을 제대로 수행하기 위해서는 연구자의 성별, 나이, 가정 배경, 학력, 경제적 수준 등에 관한 정보를 수집해야 한다. 그리고 미리 설정한 기준의 범위 내에서 다양한 수준의 사람들을 균형 있게 모집하는 것이 중요한 목적이다. 〈표 4-5〉는 기준 표집의 예를 보여준다.

〈표 4-5〉 기준 표집의 예

지역	성별	나이	경력	학력	경제 수준
서울 경상 전라 충청	1:1 비율 1:2 비율	10대 2명 20대 4명 30대 3명 40대 1명	초임 1명 5년 이상 3명 10년 이상 2명	초졸 1명 중졸 2명 고졸 3명 대졸 이상 1명	연소득 1,500만 원 이하 3,000만 원 이상

다양한 종류의 사람들을 표집하여 얻을 수 있는 장점은 명확하다. 바로 다양한 맥락의 이야기를 수집할 수 있다는 점이 그것이다. 가령 교사의 경험에 관한 자료를 수집

할 때 연령이나 경력에 따라 골고루 연구 참여자를 모집한다면 젊은 교사의 어려움에 관련된 이야기부터 중견 교사의 노하우나 전문성 개발에 관한 이야기, 퇴직을 앞둔 교사의 성찰과 조언 같은 내용을 포괄적으로 담을 수 있을 것이다.

✖ 사례

Parker, E. C. (2018). A grounded theory of adolescent high school women's choir singers' process of social identity development

연구자는 청소년 고등부 여성 합창단 참가자들이 사회적 정체성을 어떻게 개발하는지 그 과정을 규명하는 근거 이론 연구를 실시했다. 이를 위해 체계적인 기준을 활용하여 3개의 여성 합창단에서 공립학교 여성 가수 54명과 다른 학교 성가대 학생 40명을 모집했다. 세 가지 데이터 수집 및 분석 과정을 통해 노래를 부르는 것으로 시작하여 자신을 구상하면서 끝내는 7단계 프로세스가 존재한다는 사실을 밝혀냈다. 주된 현상은 내 목소리와 나를 열어주는 것으로 밝혀졌으며 가수들의 자신감이 높아진 것을 강조했다. 사회적 정체성과 관련된 개입 조건에는 경쟁, 합창 기회 부재 및 합창 프로그램 외부의 이해 부족이 포함되었다. 맥락적 조건으로는 합창 프로그램 시간, 그룹 수 및 지역 사회의 인정이 확인되었다.

연구자는 대규모 연구 참여자를 모집할 때 그들이 포함된 합창단의 조건을 표로 제시함으로써 표집 조건을 정리했다. 이를 통해 3개의 여성 합창단이 구체적으로 대규모인지 소규모인지, 인종의 배경은 어떠한지, 학생들의 가정 배경은 어떠한지 등의 정보를 구체적으로 제시하고 이를 적절히 충족하는 표집을 실시했다.

바. 정치

정치(politics) 표집은 표집 과정 속에 정치적인 의도를 반영하는 것을 말한다. 여기서 정치적인 의도가 반드시 국가 권력이나 사회 운동과 같은 속성을 지닐 필요는 없다. 연구를 위해 다양한 집단 중 하나를 선택할 때 혹은 한 개인을 선택할 때 연구자의 가치관이나 사상을 표현하는 것이 모두 정치 표집의 범주에 들어간다. 과거에는 사회과학 연구에 개인의 정치적인 의도나 관점이 포함되는 것이 암묵적으로 금지되었으나 질적연구가 활성화되고 대중에게 알려지면서 연구자의 생각을 연구에 투영하는 것이 비교적 자유로워졌다. 정치 표집은 연구자가 개별적인 연구를 통해 사회적인 상황에서 주목을 받거나 반대로 의도적으로 주목받지 않는 효과를 불러일으킬 수 있다는 것이 특징이다.

❖ 사례

석승혜 · 장안식(2017). 극우주의의 프레임과 감정 정치: 언어 네트워크 방법론을 통한 일베 커뮤니티 분석

이 연구에서는 한국 사회에서 젊은 극우 집단으로 지칭되는 일베를 통해 타자에 대한 분노와 혐오의 감정이 확산되는 과정을 살펴보았다. 이를 위해 일베가 등장하는 맥락을 파악하고, 불평등한 현실 속에서 수치심을 이유 있는 분노로 전환하기 위한 프레임의 생산, 그리고 다양한 사회적 위치의 사람들을 동원하기 위한 프레임의 재편성을 살펴보았다. 이를 통해 극우 집단이 어떤 논리도 없는 비이성적인 군중이 아니라 사회적으로 통용되는 도덕을 활용하여 감정의 틀을 짓고 그것에 공적인 목소리를 부여하는 집단이라는 논의와 연결시킨다.

　　일베 커뮤니티의 게시물을 언어 네트워크 방법을 통해 분석한 결과, 그들은 박정희를 통해 자기 집단의 도덕적 가치를 충성이라는 개념으로 합리화하고, 진보 세력을 배신으로 프레이밍하며 타자화했다. 나아가 일베는 자신들의 사회 운동을 확장하기 위해 남녀 간 대결 구도로 프레임을 재편성하는데, 자신들은 사회적 변동 과정에서 생성된 피해자인 반면 여성은 무임승차하고 특권을 누려온 집단으로 묘사함으로써 배려(care)와 공정성(fairness)의 도덕을 동원했다. 전통과 영광된 과거의 재건을 열망하는 그들의 도덕 프레임은 기득권의 지배 질서에 동화되어 타자에 대한 분노와 혐오를 생산한다는 점에서 왜곡된 반발의 형식이라는 점을 드러냈다.

　　이 연구의 표집은 매우 정치적이다. 우리나라 사회에는 매우 다양한 형태의 극우 집단이 있는데, 연구자는 그중에서도 일베라는 특정 집단을 의도적으로 선택했다. 여기에는 일베가 사회적으로 큰 영향력과 반향을 일으켰다는 요인도 존재하지만 더 중요한 것은 연구자의 의도와 전략이 반영되었다는 것이다.

사. 기회

기회(opportunistic) 표집은 지금까지 소개한 모든 표집 방법 중에서 가장 비형식적인 특성을 보인다. 연구자는 기회 표집을 수행하기 위해 미리 계획을 세우거나 준비하지 않고 곧바로 현장에 들어가야 한다. 이후 연구를 진행하다가 필요가 있거나 적절한 연구 참여자를 발견하면 그 즉시 참여를 권유한다. 이러한 연구 과정은 겉으로 보기에 무질서하고 신뢰도가 없는 것 같지만, 실제로는 연구 과정에서 새롭고 창의적인 단서를 발견했을 때 즉시 거기에 반응을 보일 수 있고 연구의 독특함을 더욱 자세히 드러낼 수 있다는 것이 장점이다.

사례

원정숙(2003). 노숙자의 삶의 경험: 시설 노숙자를 중심으로

연구자는 노숙자의 삶을 다룬 현상학적 질적연구를 통해 노숙자가 경험하는 삶의 의미를 확인하고 그 의미 구조를 기술했다. 구체적으로는 현상학적 질적연구에서 강조하는 연구 참여자의 살아 있는 경험을 그대로 파악하고 그 내용을 분석하여 의미의 단위를 추출했으며 그것들을 종합하여 노숙자의 삶을 간호학적 측면에서 바라보았다.

이 연구에서는 기회 표집이 활용되었다. 연구 참여자는 총 7명이었는데, 서울시에 위치한 희망의 집(쉼터)에서 생활하는 전체 노숙자를 대상으로 적절한 참여관찰을 실시했다. 관찰 과정에서 드러나는 노숙자의 행동 중에서 주목할 만한 사건, 말, 행동 등을 바탕으로 연구 목적을 이해하고 있는지, 연구에 관심을 보이고 연구를 허락했는지, 의사소통이 비교적 원활하고 자신의 생각을 올바르게 표현할 수 있는지 등을 통해 최종 연구 참여자를 선택했다.

참고문헌

강소영(2012). 학교 폭력에 대한 근거 이론의 접근: 폭력적 교실 문화 현상을 중심으로. **한국범죄심리연구**, 8(2), 5-28.

김인(2009). 사회 서비스 바우처 프로그램의 효과성 및 고객 만족도 영향 요인: 산모 신생아 도우미 서비스를 중심으로. **지방정부연구**, 13(4), 127-151.

백형의 · 배은경 · 안은미 · 권지성(2012). 성전환 여성의 생애 경험에 대한 생애사 연구. **사회과학연구**, 28(3), 123-151.

석승혜 · 장안식(2017). 극우주의의 프레임과 감정 정치: 언어 네트워크 방법론을 통한 일베 커뮤니티 분석. **한국사회**, 18(1), 3-42.

원정숙(2003). 노숙자의 삶의 경험: 시설 노숙자를 중심으로. **성인간호학회지**, 15(1), 56-66.

이동성(2014). 한 초등학교 전문교사의 전문성 발달에 대한 예술 기반 생애사 연구. **한국교원교육연구**, 31(4), 1-27.

이동성 · 김지인 · 이다해(2010). 우리나라 다문화 교육 현장 작업(fieldwork)에서 경험하는 방법론적 딜레마와 이슈들. **한국다문화교육학회**, 3(1), 5-27.

장철영·신원부·이원희(2018). 공무원의 자기효능감과 직무 만족이 직무 소진에 미치는 영향 분석. **한국경찰연구**, 17(1), 161-186.

정재민(2010). 청소년 팬덤 현상에 대한 근거 이론적 접근. **한국청소년연구**, 21(3), 91-119.

홍명보(2016). **축구 국가대표팀 감독 경험에 대한 자문화기술지**. 고려대학교 박사학위 논문.

Bowen, G. A. (2008). Naturalistic inquiry and the saturation concept: A research note. *Qualitative Research*, 8, 137-152.

Chan, E. A., Jones, A., & Wong, K. (2013). The relationships between communication, care and time are intertwined: A narrative inquiry exploring the impact of time on registered nurses' work. *Journal of advanced nursing*, 69(9), 2020-2029.

Coleman, J. S. (1966). *Equality of Educational Opportunity*. Washington DC: National Center for Educational Statistics.

Creswell, J. (2013). *Qualitative Inquiry and Research Design: Choosing among Five Approaches*. Washington DC: Sage.

Gall, M. D. & Borg, W. R. (2003). *Educational Research: An Introduction*. NY: Longman.

Gilligan, C. (1982). *In a Different Voice: Psychological Theory and Women's Development*. MA: Harvard University Press.

Mason, M. (2010). Sample size and saturation in PhD studies using qualitative interviews. *Forum: Qualitative Social Research*, 11(3), doi: http://nbn-resolving.de/urn:nbn:de:0114-fqs100387.

Mead, M. (1928). *Coming of Age in Samoa: A Psychological Study of Primitive Youth for Western Civilisation*. NY: William Morrow and Company.

Miles, M. B. & Huberman, A. M. (1994). *Qualitative Data Analysis: An Expanded Sourcebook*. Thousand Oaks, CA: Sage Publications.

Parker, E. C. (2018). A grounded theory of adolescent high school women's choir singers' process of social identity development. *Journal of Research in Music Education*, 65(5), doi: https://doi.org/10.1177/0022429417743478.

Svendby, R., Romsland, G. I., & Moen, K. (2018). Non-disabled ableism: An autoethnography of cultural encounters between a non-disabled researcher and disabled people in the field. *Scandinavian Journal of Disability Research*. 20(1), 219-227.

Vafaei, S. M., Manzari, Z. S., Heydari, A., Froutan, R., & Farahani L. A. (2018). Improving nursing care documentation in emergency department: A participatory action research study in Iran. *Open Access Macedonian Journal of Medical Sciences*, 6(8), doi: http://dx.doi.org/10.3889/oamjms.2018.303.

Waters, J. (2015). Snowball sampling: A cautionary tale involving a study of older drug users. *International Journal of Social Research Methodology, 18*(4), 367–380.

Wills, P. (1977). *Learning to Labour*. NY: Columbia University Press.

Wolcott, H. F. (1973). *The Man in the Principal's Office*. NY: AltaMira Press.

제 5 장

심층 면담 가이드 개발하기

질적연구에서 심층 면담은 가장 중요한 방법 중 하나이다(Seidman, 2012). 인간을 숫자나 통계적 대상으로 파악하지 않으면서 개개인의 고유한 경험을 명확히 드러내는 데 대화만큼 강력한 도구가 없기 때문이다. 그러므로 거의 모든 질적연구에서 심층 면담이 사용되고 있다. 이러한 심층 면담을 적절하게 수행하기 위해서는 연구자의 이론적 민감성, 공감과 이해 능력, 문맥 이해 능력과 더불어 정교한 심층 면담 가이드가 필요하다(Roulston, 2014). 이것은 연구의 흐름을 조절하고 연구 결과를 생성하는 데 결정적인 역할을 한다. 궁극적으로 심층 면담 가이드는 심층 면담의 전체적인 모습을 드러내주기도 한다.

하지만 아직도 심층 면담 가이드를 어떻게 제작할 것인지, 그리고 이것을 활용하여 어떻게 면담을 이끌어나갈 것인지에 대한 실제적인 정보가 많이 부족한 실정이다. 더군다나 최근 다양한 연구 방법마다 새로운 면담 가이드 형식을 제시하고 있어 심층 면담 가이드의 기본적인 개념을 이해하는 것이 점점 중요해지고 있다. 그러므로 이 장에서는 심층 면담 가이드의 필요성, 특성, 영역, 사례와 관련된 내용을 소개한다.

1. 심층 면담 가이드의 필요성

질적연구에서 심층 면담 가이드가 필요한 이유를 다음의 가상 사례를 통해 생각해보자.

✠ 사례

연구자 A는 퇴임을 앞두고 있는 초등학교 교장 선생님을 만나 음악 교육과 관련된 40년간의 활동을 정리하는 내러티브 탐구를 수행하기로 했다. 이에 이론적 배경과 연구 방법을 정리한 후 연구 참여자인 교장 선생님과 약속을 하고 만남을 가졌다. 연구자 A는 연구의 여러 가지 정보와 관련하여 충분한 공부를 했다고 생각했고, 따라서 간단한 질문 거리만을 가지고 면담을 시작했다.

그러나 곧 연구자 A의 생각이 잘못되었음이 드러났다. 약 3시간 동안 진행된 면담에서 그녀는 좌절을 겪을 수밖에 없었다. 교장 선생님은 면담 시간 내내 연구자 A의 의도와 달리 자신의 업적과 후배 교사에게 어떤 가르침을 줄 것인가에 대해서만 이야기했다. 연구자 A는 결국 음악 교육에의 시사점을 하나도 얻지 못한 채 1차 면담을 종료했다.

질적연구에서는 이와 같은 상황이 아주 빈번하게 일어난다. 연구 참여자가 면담에 참여하는 이유와 목적을 명확하게 이해하지 못한 경우, 연구 과정에 그다지 적극적이지 않은 경우, 주제와는 별로 관련 없는 개인적인 이야기나 신변잡기를 늘어놓는 경우 등 면담이 제대로 수행되지 않는 상황이 발생한다(Denzin, 2001). 주목해야 할 점은 이러한 문제가 대개 명확하고 효과적인 심층 면담 가이드를 준비하지 않았기 때문에 발생한다는 것이다.

즉 심층 면담 가이드는 면담 상황뿐만 아니라 연구의 전반에 걸쳐 매우 중요한 역할을 한다. 가령 연구자의 의도를 살려 연구 참여자의 면담 내용과 방향을 결정해주기도 하고 연구의 대략적인 내용과 연구 결과를 예측하게 하는 면담 예상 답안이 되기도 한다. 더 나아가 심층 면담 가이드에 연구의 성찰과 해석 과정이 결합되기도 한다. 연구자는 면담 가이드를 활용하여 면담을 진행하고 연구 참여자의 경험과 진술을 유도하여 기초적인 자료를 생성한다. 이후 연구의 목적과 주제에 따라 영역을 세부적으로 나누고 그에 따른 핵심 질문을 정리하면서 연구 그 자체를 풍성하게 만들어간다.

따라서 실제 현장에 나가서 면담을 하는 연구자는 연구의 목적에 맞게 면담 가이드를 만들 필요가 있다(Bagnoli, 2009). 만일 질적연구에 면담 가이드가 없다면 많은 연구자는 당장 연구 참여자를 만나서 무슨 말을 해야 할지 알 수 없을 것이다(Irwin & Johnson, 2005). 심지어는 대화를 진행하는 데 성공한다고 하더라도 대화의 내용이 과연 연구의 핵심 주제와 결과를 도출하는 데 유용한 것인지 판단할 수 없을 것이다.

결론적으로 심층 면담 가이드가 필요한 이유는 연구의 핵심적인 탐구 문제를 바탕으로 연구 참여자가 가지고 있지만 아직 드러내지 않은 정보나 심리를 발견하기 위해서라고 할 수 있다. 이러한 내용을 모두 연구자의 기억 속에 저장하는 것은 사실상 불가능하기 때문에 여러 가지 질문이 체계적으로 기록된 문서를 활용하여 면담을 진행하는 것이다(Kvale & Brinkmann, 2009). 따라서 아무리 전문적인 질적연구자라 할지라도 반드시 심층 면담 가이드를 연구 현장에 가져가서 활용한다. 그리고 어떤 상황에서든 심층 면담 가이드를 보면서 어떻게 면담을 진행할지, 연구 자료를 어떤 방법으로 획득할지 등을 항상 점검한다. 즉 심층 면담 가이드는 일종의 지도와 같은 셈이다. 비록 명료한 목적지가 표시되어 있지는 않지만 대신 반드시 살펴보고 지나가야 할 여러 핵심 위치를 알려줌으로써 질적연구자가 정보를 놓치지 않고 처리할 수 있도록 도와준다.

2. 심층 면담 가이드의 특성

질적연구에서 심층 면담 가이드는 중요한 다섯 가지 특성을 가지고 있다. 이러한 특성을 잘 이해하는 것은 질적으로 우수한 심층 면담 가이드를 제작하고 활용하는 역량을 기르는 데 도움을 줄 것이다.

첫째, 심층 면담 가이드에는 연구자의 이론적 배경과 연구 패러다임이 투영된다. 현재 질적연구는 매우 다양한 분야에서 활용되고 있다. 가장 기초적으로는 인류학에서 시작하여 심리학, 사회학, 상담학, 복지학, 간호학, 교육학에 이르기까지 그 범위가 매우 넓다. 더 중요한 사실은 각각의 학문 분야에서 심층 면담 연구 방법을 통해 얻고자 하는 목적이 상당히 다양하다는 것이다. 대표적으로는 현상에 대한 이해, 인간의 심리 파악, 집단에서 공유하는 문화적 요소의 발견 등을 꼽을 수 있다. 따라서 이러한 목적을 달성하기 위해 각기 다른 면담 가이드가 필요하다.

그리고 제1장에서 설명했듯이 질적연구에서는 자신의 연구 패러다임과 각각에 해당하는 지적 전통을 잘 이해해야 한다. 진리의 다양성과 인식의 주관성을 바탕으로 하는 해석주의, 인간의 해방과 정치적 실천을 유도하는 비판주의, 지금까지 우리가 알고 있던 모든 지식과 생각에 대해 재고하며 텍스트의 상호 이해를 추구하는 해체주의까지 모두 고유한 특성을 지니고 있다.

〈표 5-1〉 패러다임과 지적 전통

해석주의	비판주의	해체주의
자연주의 구성주의 현상학 민속학 상징적 상호작용론	네오마르크시즘 페미니즘 비판종속 이론 실천 지향 참여주의적 실행 연구 비판문화기술지	담론 분석 민족-페미니스트 포스트구조주의 디아스포라 탈식민주의

연구자가 직접 제작하는 심층 면담 가이드에는 이러한 패러다임과 지적 전통이 투영된다. 어디에나 통용되는 완벽한 면담 가이드는 더 이상 존재하지 않는다. 같은 연구 내용일지라도, 심지어 같은 연구 참여자를 대상으로 하는 연구일지라도 패러다임과 학

문적 배경에 따라 다른 질문 내용을 생성해야 한다.

둘째, 최소 3회의 제작 과정을 거친다. 심층 면담 가이드는 장기간에 걸쳐 완성된다. 많은 질적연구가 면담 가이드를 단 한 번에 완성하고 바꾸지 않는데 이는 연구의 특성과 철학을 반영하지 못한다는 점에서 잘못된 것이다. 연구 초기에 작성된 가이드는 짧게는 2~3회, 많게는 면담 횟수만큼 바뀌어야 한다. 개별적인 면담 세션이 서로 다른 목표를 지향하기 때문이다. 이러한 면담 가이드의 제작 절차는 다음과 같이 정리할 수 있다.

[그림 5-1] 면담 가이드 제작 절차

연구 초기에 실시되는 면담에서는 주로 생애사에 집중하거나 인물의 개략적인 정보를 수집하는데, 이를 위해서는 심층 면담 가이드의 내용이 포섭적이고 개방적이어야 한다. 즉 연구 목적과 관련이 있으면서도 범위가 넓은 질문을 사용하여 연구 참여자의 다양한 이야기를 허용하면서 수집하는 것이 좋다.

그다음으로 진행되는 면담은 처음에 이루어진 면담보다는 초점이 좁아지고 탐구적인 특성을 띠게 된다. 연구자가 내용을 검토하면서 가졌던 의문, 생각, 새로운 문제와 관련하여 집중적으로 질문할 필요가 생기기 때문에 그에 맞는 질문 내용이 생성된다. 이러한 내용을 중심으로 탐구적이고 이론적인 질문을 생성하고 질문 목록을 구성한다. 물론 응답의 내용은 허용적인 특성을 가지고 있어야 한다.

면담 가이드의 마지막 형태는 지금까지의 면담 결과를 종합하거나 연구 참여자로 하여금 자신의 변화를 성찰하도록 하는 형태의 질문으로 구성할 수 있다. 이 경우에는 연구 참여자가 직접 연구의 의미를 생성해보거나 결과를 검토하는 것과 같은 창의적이고 고차원적인 연구 결과를 생성하는 데 도움을 줄 것이다. 다음은 이러한 과정을 잘 보여주는 면담 가이드 제작 절차의 좋은 예이다.

사례

김영천 · 이동성 · 황철형(2010). 다문화 가정 학생 연구를 위한 인터뷰 가이드의 개발 과정: 현장으로부터의 이야기

최종적인 면담 가이드는 연구자들의 핵심 주제 면담을 통해 새로운 질문이 추가적으로 생성, 변화, 추가, 삭제, 이동됨으로써 최종 형태로 변모하게 되었다. 특히 최종적인 면담 가이드에서는 하나의 질문에 대한 화자들의 반응에 따라서 차별적인 하위 수준의 질문을 생성함으로써 미래의 다문화 교육 연구자가 역동적인 면담 상황에서 당황하지 않고 유연하게 면담을 이끌 수 있도록 했다. 물론 최종적인 면담 가이드의 질문 목록을 개발하는 과정에서 각 연구자는 공통적인 연구 경험뿐만 아니라 차별적인 면담 경험도 말했다. 그러나 최종적인 면담 가이드를 개발할 때는 각 연구자의 차별적인 면담 경험보다는 공통적인 연구 경험에 주목했다. 세 차례에 걸친 면담 가이드 개발 과정을 간략히 제시하면 다음과 같다.

제1차 가이드	학교생활	교육과정/수업	가정생활	교우관계/생활
	6개 예상 질문	7개 예상 질문	7개 예상 질문	7개 예상 질문

⬇

제2차 가이드	학교생활	교육과정	가정생활	교우관계	어머니	담임교사
	10개 질문	9개 질문	13개 질문	8개 질문	20개 질문	17개 질문

⬇

제3차 가이드	학교생활	교육과정	가정생활	교우관계	어머니	담임교사
	10개 질문	7개 질문	13개 질문	5개 질문	28개 질문	17개 질문

셋째, 면담의 구조가 그대로 반영된다. 하나의 면담을 수행하는 데에도 시작과 마무리가 있다. 이것은 일종의 연구 리듬과 같다. 연구 참여자의 긴장을 해소해주는 사적인 대화, 연구 참여자의 면담 이해도를 높여주는 연구자의 설명, 대화를 지루하지 않게 만들어주는 유머와 사색, 하나의 이야기에서 공동의 의미 찾기 등 다양한 면담 패턴이 있는데, 심층 면담 가이드는 이러한 측면을 잘 고려하여 설계해야 한다. 연구자는 단순히

대화를 이끌어나가는 데에만 집중해서는 안 된다. 면담이 이루어지는 60~90분 동안 시작과 끝을 어떻게 할 것인지 깊이 생각하고 이러한 내용을 심층 면담 가이드에 담아야 한다. 이러한 작업이 익숙해지면 연구자는 면담을 이끌어가거나 연구 참여자에게 면담의 주도권을 맡기는 데 능숙해지며, 오랜 시간 동안 이루어지는 면담을 지루하지 않으면서도 유용하게 만들어갈 수 있다.

사례

Schreuders, M., Krooneman, N. K., Putte, B., & Kunst, A. E. (2018). Boy smokers' rationalisations for engaging in potentially fatal behaviour: In-depth interviews in The Netherlands

이 연구에서는 청소년 남자 흡연자가 자기 자신에게 해가 될 행동이라는 것을 알면서도 흡연을 지속하는 심리에 대해 심층 면담을 실시했다. 이 연구에서 주목할 점은 청소년을 어떻게 면담 과정에 참여시키는가에 관한 내용이다. 연구자들은 대화를 오래 하는 것을 좋아하지 않고 금방 다른 곳으로 관심이 쏠리는 16세 청소년의 특성을 고려하여 한 번에 실시하는 면담 시간을 30분으로 제한했다. 또한 각 면담의 시작 부분에서 면담의 혜택과 거부 가능성, 예상되는 문제점 등을 철저하게 알려주었다. 이전에 알려주었어도 반복해서 알려주었다. 면담 질문은 처음에는 연구 참여자의 기본적인 근황을 5분 정도 질문한 후 연구 질문과 관련된 심층적인 인터뷰 20분, 마무리 5분으로 설정했다. 이러한 내용을 구조화하는 것은 면담에 익숙지 않은 청소년에게 신뢰감을 주고 면담에 적극적으로 참여할 필요가 있다는 인식을 심어주었다.

사례

허월득(2017). 중년기 부부의 여가 활동에 관한 질적연구

면담의 흐름	주요 내용
소개 설명	면접의 목적 및 방법 소개 응답자의 윤리적 고려 재설명

⬇

개인의 특성	일반적인 이야기 일상생활 이야기 직업과 친구 경제적 특성 신변잡기

⬇

중년기 부부의 특성	개인, 가족, 부부 관계 중년의 위기 의사소통 문제

⬇

중년기 부부의 여가 생활	주중 여가 생활 유형 주말 여가 생활 유형 각종 모임(개인/부부) 하고 싶은 여가 생활 여가 생활에 대한 태도

⬇

행복도와 삶의 지향	현재 삶에 대한 만족 지향하는 삶의 구체적인 내용

넷째, 질문의 내용이 고정적이지 않고 유동적이다. 심층 면담 가이드가 양적연구나 평범한 면담 연구에서 활용되는 설문지나 질문지와 가장 다른 점은 바로 질문 내용의 변형 가능성이다. 심층 면담을 할 때 연구자는 미리 질문을 준비했다고 할지라도 면담의 상황에 따라 생각지도 않았던 질문을 하거나 계획했던 질문을 하지 않는 것이 가능하다 (Rubin & Rubin, 2012). 이는 연구 참여자의 상황에 관계없이 모든 질문을 제시하는 질문지 형태의 면담 연구와 다르다. 이러한 유동성은 질적연구의 결과가 창의적이고 생성적으로 나타나도록 하는 데 기여한다. 완벽한 질문이란 애초에 존재하지 않으며 연구 참여자와의 상호작용 속에서 해답을 찾는다는 생각은 심층 면담 가이드에 대한 하나의 철학으로 기능하고 있다.

한편 심층 면담 가이드의 내용은 거의 대부분 연구 참여자가 진술한 경험이나 생각으로 이루어져 있다. 따라서 같은 가이드를 사용할지라도 연구 참여자에 따라 완전히 다른 응답을 얻을 수 있다. 근거 이론과 같은 특정한 방법론을 제외하고 질적연구에서 문항의 응답 빈도를 체크하거나 경향성을 파악하는 작업은 거의 이루어지지 않는다. 완전히 열린 응답을 통해 내담자의 독특한 심리와 가치관을 드러낼 수 있다. 면담 결과로 나타난 응답 내용은 연구자의 해석 과정을 통해 더욱 학술적인 의미를 지니게 된다. 이러한 해석은 면담이 모두 끝난 뒤 연구자 혼자 실시할 수도 있고 면담 도중에 직접적으로 이루어질 수도 있다. 심층 면담 가이드는 이러한 해석적 특성을 잘 반영할 수 있도록 질문을 완전히 열린 형태로 만들어둔다.

사례

Belenky, M. F., Clinky, B. M., Goldberg, N. R., & Tarule, J. M. (1986). Women's ways of knowing

여성학과 질적연구 영역에서 대표적인 연구로 평가되는 이 연구에서는 다음의 면담 가이드를 사용하여 여성의 생애 발달 과정을 탐구했다. 면담 가이드에는 열린 응답을 강조하는 창의적인 질문이 수록되어 있다. 지면상 각 영역에서 중요한 질문 1~2개를 추출하여 제시한다.

영역 1: 배경, 사전 지식
당신은 그동안 어떠한 것들에 대해 중요하게 생각했습니까?
당신 현재의 삶이 어떤지 말씀해주시겠습니까?

영역 2: 자신에 대한 묘사
자신을 묘사할 수 있다면 묘사해주세요.
당신이 과거에 자신을 보았던 방법이 현재와는 다릅니까?

영역 3: 성
당신에게 여자라는 존재는 무슨 의미입니까?

영역 4: 관계
삶을 돌아볼 때 당신에게 정말로 중요한 관계는 무엇입니까? 왜 그런가요?

영역 5: 실생활에서 도덕상의 딜레마
무엇을 할 것인지 생각할 때 고려한 것은 무엇입니까?
지금 돌아보면 당신은 최선의 선택을 했습니까?

영역 6: 교육

학교, 프로그램, 환경이 제공해주지 않는, 당신에게 중요한 것들이 있습니까?

학교 안팎에서 겪었던 기억에 남는 경험에 대해 말해주시겠습니까?

영역 7: 앎의 방식

당신은 무엇이 옳고 그른지 어떻게 압니까?

기타 영역

하인츠의 딜레마에서 하인츠는 약을 훔쳐야 합니까? 왜 그렇게 생각합니까?

다섯째, 연구자와 연구 참여자의 체험을 강조한다. 면담 가이드는 단순히 종이에 적힌 질문을 의미하는 것이 아니다. 심층 면담 가이드는 연구자가 그것을 활용하여 질적연구 과정을 직접 진행할 때 보고, 듣고, 느끼고, 생각하는 것들을 모두 포함한다. 연구를 처음 시작할 때 연구자의 포부나 이상, 연구가 진행되면서 느끼는 어려움과 당혹스러움, 연구 결과의 포착과 관련된 집중적인 의문과 같은 요소가 심층 면담 가이드에 포함된다. 따라서 연구자는 반드시 질적연구를 직접 수행할 필요가 있으며, 면담의 전 과정을 심층 면담 가이드와 함께 제시할 때 연구의 타당도와 신뢰도 측면에서 인정을 받을 수 있다.

3. 심층 면담 가이드에 반드시 포함해야 하는 영역

앞서 심층 면담 가이드가 연구 목적이나 연구 참여자의 특성에 따라 그 방향과 모습이 상당히 달라진다고 언급했다. 그럼에도 불구하고 심층 면담 가이드를 다른 일반적인 면담 준비 자료나 질문지와 구분 짓는 핵심적인 요소가 존재한다. 이는 다음과 같은 몇 가지 요소로 정리할 수 있다.

가. 심층 면담의 맥락

가장 먼저 포함되어야 하는 요소인 맥락은 면담의 수준과 구체적인 면담의 형태를 의미한다. 맥락은 심층 면담 가이드의 가장 첫 부분에 기록되어야 한다. 면담의 수준과 면담 방식을 기록하는 이유는, 그것이 연구자로 하여금 앞으로 연구 방향이 어떻게 이루어져야 할지 알려주는 역할을 수행하기 때문이다. 면담 가이드마다 이러한 내용을 잘 기록해

둔다면 당시 면담의 상황과 맥락에 대한 훌륭한 설명이 될 수도 있을 것이다.

면담의 수준은 완전히 구조화된 면담에서부터 완전히 비구조화된 면담에 이르기까지 다양하며, 연구자의 연구 목적과 의도하는 결과에 따라 가장 적합한 방식을 선택한다. 구조화된 면담으로 명시하는 경우 그 면담은 응답자에게 최대한 동일한 질문을 하려고 노력하는 형태가 될 것이다. 또한 자연스러운 대화보다는 최대한 질문의 응답을 이끌어내는 데 초점을 두게 될 것이다. 이에 따라 대화의 과정 또한 연구자가 대부분을 주도하고, 연구 참여자는 질문을 듣고 가장 적절한 응답을 생각하는 형태를 띤다. 반대로 비구조화된 면담을 심층 면담 가이드의 목적으로 설정하는 경우 면담의 하위 질문이 포괄적으로 변하며, 연구 과정에서 드러나는 추가적인 주제나 연구 내용이 실시간으로 가이드에 포함될 가능성도 높아진다. 이때 심층 면담 가이드는 절대적인 질문 순서가 아니라 일종의 참고 자료의 성격을 띠게 된다.

면담의 형태 역시 면담 가이드에 포함되어야 할 필수 요소이다. 어떤 면담 방식을 선택하는지에 따라 면담 과정과 필요한 질문이 크게 달라진다. 개인 면담, 집단 면담, 포커스 그룹 면담, 전화 면담, 인터넷 면담(채팅, 메일), 사진 면담 등 매우 다양한 면담 방법이 있으며, 최근에는 SNS와 스마트폰을 활용한 면담이 이루어지기도 한다. 따라서 면담 가이드 첫 부분에 면담의 구체적인 방식을 제시하는 것이 점점 중요해지고 있다.

사례

심층 면담 가이드

1. 연구 제목: 초등학생들이 쉬는 시간에 경험하는 교우관계에 대한 심층 면담 연구
2. 면담의 수준: 반구조화된 면담
3. 면담의 형태: 개인 면담(학생 3명), 집단 면담(4개 모둠 전체), 구두 면담
4. 면담 일시 및 장소: 2018년 9월 3일, 사과초등학교 3-1 교실, 복도, 운동장
5. 면담 질문

(이하 생략)

나. 개별 탐구 주제

개별 탐구 주제는 연구의 핵심 주제에 포함된 작은 영역을 의미하며 각각의 심층 면담 가이드에 제시된 수십 개의 질문을 분류하는 역할을 담당한다(Heyl, 2001). 즉 심층 면담 가이드는 일차적으로 몇 개의 큰 주제로 분류되고 각각의 주제는 여러 개의 실제적인

하위 질문을 포함하게 된다. 개별 탐구 주제가 필요한 이유는 하나의 면담에서 사용되는 질문의 종류와 배경이 모두 다르기 때문이다. 연구자는 각각의 질문이 어떤 의도에서 출발하는 것인지 모두 기억할 수 없기 때문에 이러한 범주를 확인하면서 질문을 던져야 한다. 각각의 주제는 연구 결과를 도출하는 데 밀접한 관련이 있는 것으로서, 일반적으로 연구의 이론적 배경이나 연구 결과의 항목을 반영한다. 개별 탐구 주제와 관련하여 다음의 예를 살펴보자.

✳ 사례
최정호(2014). 근거 이론을 통한 노인 장기요양 실천 현장의 사례 관리 수행 과정 경험에 관한 연구

이 연구는 우리나라의 노인 장기요양과 관련된 사례를 수집하고 관련자들과의 심층 면담을 실시하여 노인장기요양보험 제도가 가지고 있는 보호의 단절과 사각지대를 예방하는 차원의 사례 관리를 실시하고자 했다. 특히 양적연구 방법이 아닌 질적연구 방법의 근거 이론을 활용하여 우리나라 장기요양 체제의 사례 관리 수행 과정에 대한 실천 현장의 경험을 연구함으로써 보호의 연속성을 위한 사례 관리의 바람직한 개선 방향을 탐구하려 했다. 이에 따라 다음과 같은 질문 내용을 생성하여 연구에 활용했다.

개별 탐구 주제	내용
복지 제도의 인과적 상황	노인장기요양보험 제도가 어떻게 실행되었습니까? 재가 노인 복지 시설에서는 장기요양보험을 어떻게 수행합니까? 노인 복지 시설의 보조금 수령 절차는 어떻습니까? 복지 시설 간 영리 경쟁에 대해 어떻게 생각합니까?
노인장기요양보험의 맥락	재가 노인 복지 시설은 무엇을 하는 장소라고 생각합니까? 장기요양보험에 도움을 줄 만한 제도는 무엇입니까? 업무를 맡으시기 전에 어떤 교육을 받으셨습니까?
경험 중재	실적과 질적 관리를 동시에 수행하는 것은 어떻게 어렵습니까? 그동안 업무량이 어떻게 변했습니까? (증가 또는 감소) 사례의 책임은 누구한테 있습니까? 건강보험공단과의 협조 관계는 어떻습니까? 지방정부의 지원은 어느 정도 받고 있습니까?

(다음 쪽에 계속)

	앞으로 노인장기요양보험 사업을 계속할 의향이 있습니까?
	있다면 어떤 부분에 개선이 필요하다고 생각합니까?
	정체성은 어떻게 확립하는 것이 좋을까요?
상호작용 전략	사후 관리나 교육은 어떻게 실시하면 좋을 것 같습니까?
	제도적 표준을 개발할 의향이 있습니까?
	지방정부나 의회에 건의할 사항이 있습니까?

이처럼 탐구 주제를 잘 활용하면 연구의 전반적인 과정에서 도움을 받을 수 있다. 연구자는 질문의 양을 검토하여 면담에서 어떤 주제가 소외되고 있는지, 아니면 반대로 어떤 주제가 너무 과도하게 다루어지고 있는지 점검할 수 있다. 따라서 숙달된 연구자는 심층 면담 가이드를 확인하는 것만으로도 연구에서 목표로 하는 결과와 예상되는 내용을 도출할 수 있다. 연구 참여자도 면담 가이드를 확인하면서 자신의 응답 내용을 점검하고 앞으로 어떤 방향으로 연구가 진행될 것인지 예상할 수 있다.

다. 변화되는 질문 내용

질적연구는 필연적으로 초기에 설정된 연구 주제와 면담 내용이 극적으로 변화되는 과정을 거친다(Denzin, 2001). 이는 심층 면담 가이드에서도 마찬가지이다. 종종 초기에 사용되었던 심층 면담 가이드의 내용이 연구 내용의 변화로 인해 급격한 변화를 겪거나 필요 없어지는 경우가 발생한다. 그렇다고 할지라도 초기의 내용을 폐기하거나 소홀히 다루어서는 안 된다. 질적연구를 수행하는 연구자는 모든 심층 면담 가이드를 각각의 연구 단계에 맞게 기록하고 저장해야 한다. 기록을 잘 보존하여 모든 가이드 내용을 잘 드러낸다면 그 자체만으로도 최종 면담 가이드에 대한 논리적인 타당성을 확보할 수 있다. 질문의 내용이 변하는 과정은 곧 연구자가 연구의 방향과 결과에 대해 어떻게 고민했는지를 보여주며, 새로이 나타난 질문과 사라진 질문은 연구의 초점과 가치관을 드러내준다(Kuntz & Presnall, 2012).

즉 지금까지 수정된 내용을 시간의 흐름에 따라 잘 정리하여 제시한다면 자동적으로 좋은 심층 면담 가이드를 만드는 하나의 기준을 달성할 수 있다. 만일 분량 문제로 모든 질문을 연구에 제시하기 어렵다면 질문을 포괄하는 범주가 어떻게 변했는지를 설명하는 것도 좋은 방법이다. 독자는 이러한 내용을 읽으면서 질적연구의 창의성과 생성적인 주제 표현에 대해 이해하게 된다.

사례
김은하(2016). '소프트웨어 마에스트로' 학생의 수학 학습 성장기

연구자는 수학 영재 학생의 일대기를 추적하면서 학생이 어떤 과정을 거쳐서 수학 학습에 흥미를 느끼고 영재성을 발휘하게 되었는지를 매우 흥미롭게 서술했다. 이를 가능하게 한 것은 약 5년에 걸쳐 이루어진 꾸준한 심층 면담의 과정이다. 특히 심층 면담의 내용은 각 면담 회기마다 모두 확연히 다른 모습을 보여주는데, 이러한 사실은 각 면담 회기가 종료되고 나서 곧바로 이를 바탕으로 다음 면담을 위한 면담 가이드를 새로이 작성했음을 의미한다. 각 면담 가이드의 주요한 주제는 다음과 같다.

2010. 8. 5.	2015. 3. 5.	2015. 3. 12.	2015. 4. 14.	2015. 5. 13.	2015. 6. 4.
계산기 사용 경험	사칙연산에 관한 경험	플래시 게임 제작 경험	프로그래밍 경험	수학 문제 풀이 질문	지필 문제 해결

4. 질적연구 전통에 따른 다양한 심층 면담 가이드

이제 다양한 질적연구의 전통에 따른 심층 면담 가이드의 차이점을 중점적으로 살펴보자. 심층 면담이 질적연구의 다양한 방법론에 거부감 없이 적용되고 있지만 몇몇 방법에서는 일반적인 심층 면담의 특성을 조금 변형하거나 다르게 해석하여 자신만의 특별한 심층 면담 기법을 생성해내고 있다(Patton, 2015). 따라서 심층 면담 가이드의 내용과 형식 또한 조금씩 달라지고 있다. 여기서는 다양한 심층 면담 가이드 중 가장 유명한 네 가지 방법론에서 각기 활용하는 면담 가이드의 특성을 다룰 것이다. 이를 자세히 살펴보면서 심층 면담 가이드의 독특한 형태와 앞으로의 변화 가능성을 알아보자.

가. 문화기술지 면담 가이드

문화기술지는 작은 생활 집단에서부터 국가에 이르기까지 여러 사람이 모여 생활하는 공동체가 공유하는 문화가 무엇인지 규명하려고 한다(Spradley, 1979). 이에 따라 연구의 방향은 겉으로는 특정 개인의 삶을 탐구하지만 그 본질적인 목표는 다른 집단과 구별되는 특정 집단의 문화적, 사회적 특성에 초점이 맞추어져 있다. 문화기술지에서 반드시 포함해야 할 주요한 질문 영역은 다음과 같다.

〈표 5-2〉 문화기술지 면담 가이드의 주요한 질문 영역

범주	연구 대상	필요한 영역	주요 질문
총체적 접근	공유된 생활 양식 공유된 사고 양식	문화와 행위자 분리 문화 결정론 자율적 체계 문화	규칙적으로 반복되는 활동은 무엇인가? 공유되는 규칙은 무엇인가? 중요하게 사용되는 물건은 무엇인가?
해석적 접근	상징과 의미 체계 행위자의 실천 양식	문화 행위자의 능동성 실천과 문화	상징에는 무엇이 있는가? 왜 그러한 상징이 부여되었는가? 실천과 문화는 어떤 관계가 있는가? 행위에 담긴 습관, 기술, 지식은 무엇인가?

문화기술지에서 활용되는 심층 면담 가이드는 개인의 생활이나 생각을 드러내는 것만큼 집단의 생각을 알아볼 수 있는 거시적인 질문을 많이 포함하고 있다. 특히 개인의 문화적 행동이나 생각이 사회의 어떤 부분에서 영향을 받은 것인지, 개인이 지각하지 못하는 특정 요소는 무엇인지 알아보려고 한다. 이러한 것에 대한 답을 탐구하면서 점점 집단의 이미지나 특정한 사회의 모습을 형성하게 된다. 다음은 문화기술지 면담 가이드가 적용된 예이다.

사례

하재현(2016). 응급실 간호사의 일상에 대한 문화기술지

심층 면담은 개방적이고 서술적인 면담에서 시작하여 반구조적인 면담으로 진행하였다. 면담 일정은 정보 제공자의 의사를 우선으로 하여 장소와 시간을 결정하였으며 정보 제공자의 근무에 영향을 미치지 않기 위해 초번 근무 시작 전이나 낮번 근무가 끝나는 시점 또는 쉬는 날을 택하여 면담일을 정했다. 정보 제공자당 면담 횟수는 3~4회였다.

면담 장소는 정보 제공자가 편안하게 느끼는 장소인 원내 상담실 또는 커피숍으로 정하였다. 다만 커피숍의 경우에는 그들이 주변 사람들에게 방해받지 않도록 룸이 있는 곳으로 하였다. 가벼운 안부 인사로부터 시작하여 일상적인 대화를 통해 신뢰와

공감의 분위기를 조성하였고 이후 자연스럽고 편안한 상황에서 연구 주제와 관련된 이야기를 하였다.

면담 초기 '응급실 간호사의 일상생활에 대해 말해주세요', '응급실 간호사로 근무하면서 경험한 것들을 기억나는 대로 말씀해주세요'와 같은 대윤곽 질문으로부터 시작하였으며 '응급실 근무 중 당신을 힘들게 하는 상황은 어떤 상황인가요?', '응급실 근무 중 좋았거나 보람을 느끼는 상황은 언제였나요?', '환자나 보호자와의 관계에서 기억에 남는 경험이 있으면 말해주세요'와 같은 구체적인 질문들을 사용하였다.

나. 현상학적 질적연구 면담 가이드

현상학적 질적연구는 앞서 제시한 문화기술지와 그 방식이 유사하지만 의도하는 목적은 완전히 다르다. 그것은 바로 연구자가 주목하는 현상의 본질이 무엇인지 탐구하는 것이다. 따라서 특정한 현상을 중심으로 그것을 체험하는 인물들의 이야기를 수집하여 결과를 도출하고자 함으로써 대부분의 질문이 그 현상에 대한 내용에 집중된다. 그 현상을 체험하면서 어떤 사건이 있었는지, 그 과정에서 무슨 생각이 들었는지, 현상과 관련된 연구 참여자의 생각은 무엇인지 중점적으로 탐구한다. 〈표 5-3〉은 현상학을 활용하는 주요한 분야와 각각의 분야에서 면담을 통해 알고자 하는 주요한 내용의 예이다.

현상학적 질적연구 면담 가이드에 따라 자료를 수집하면 그동안 현상에 대해 가지고 있었던 선입견이나 오해가 사라지고 숨겨져 있었던 진실이 떠오르게 된다. 이것은 얼핏 불편할 수도 있고 선뜻 받아들이기 어려운 경우도 있다. 그럼에도 불구하고 다른 연구 방법으로는 절대 알 수 없는 내용이라는 점에서 가치가 있다.

❋ 사례
문지은(2015). 도보 여행 경험에 관한 현상학적 연구

면담 초기, 연구 대상자에 대한 인구사회학적 자료를 수집하는 과정에서 신뢰 관계 구축을 위해 사소하고 일상적인 대화를 나누며 편안한 분위기를 조성하고자 노력하였다. 이후 현상학적 연구에서 사용하는 개방적이고 반구조화된 질문 형식('지금까지 ○○씨께서 도보 여행을 하면서 경험했던 것을 자유롭게 말씀해주시겠어요?', '도보 여행 중의 하루 일과는 어떻게 되나요?')을 사용하여 공식적인 심층 면담을 시작하였다. 면담이 진행되면서 연구 대상자들의 면담 내용을 바탕으로 좀 더 궁금한 부분에 초점을 두고 구체적인 질문을 하였는데, 예를 들면 '극한의 힘듦이라는 게 어떠한

〈표 5-3〉 현상학적 질적연구의 주요한 연구 분야와 예시 면담 가이드

분야	대표적인 연구 내용 예시	연구 목적	세부 질문
유아교육	우는 아이와 함께 살기	끊임없이 우는 아이와 함께 사는 것의 의미는 무엇인가?	아이들의 울음은 무슨 의미인가? 울음을 들은 부모는 어떻게 행동하는가? 육아에서 벗어나고 싶은 순간은 언제인가? 양육의 고통은 어느 정도인가?
심리	여성 노인의 우울 경험	노인 여성 우울증 환자는 우울증을 어떻게 체험하는가?	자신에 대해 어떤 감정이 드는가? 이성이 먼저인가, 감정이 먼저인가? 삶의 방식은 어떠한가? 일상생활을 헤쳐나가는 방법은 무엇인가?
성인 교육	노인의 운전면허 취소 경험	운전면허 취소 경험의 본질은 무엇인가?	운전면허가 취소되었을 때 어떤 생각이 드는가? 운전자로서 어떤 정체성을 지니고 있는가? 시험을 다시 볼 수 있다는 생각은 어떠한가? 면허와 자기 자신의 관계는 어떠한가?
간호	응급 간호 수행	응급 간호 수행에 있어 앎의 경험은 무엇인가?	어떤 방식으로 배우는가? 가장 중요한 간호 경험은 무엇이었는가? 충격적인 장면은 언제인가? 간호사의 정체성은 언제 형성되었는가?
심령심리	염력 사용자	염력 사용자가 경험하는 것은 무엇인가?	염력을 사용할 때 의식 상태는 어떠한가? 체험을 하게 된 계기는 무엇인가? 자신을 무엇이라고 생각하는가?
보건	여대생의 흡연 경험	여대생의 흡연의 의미는 무엇인가?	주위의 시선은 어떠한가? 건강에 대해 걱정되지는 않는가? 여성이기 때문에 느끼는 점은 없는가? 첫 흡연의 경험은 어떠했는가? 흡연을 계속하고 싶은가?

경험인지 구체적으로 이야기해주시겠습니까?' 등을 질문하였다. 본 연구에서는 상황에 따라 도입 질문, 후속 질문, 엄밀한 조사 질문, 상술하는 질문, 직접·간접적 질문, 구조적인 질문, 침묵, 해석적인 질문 등의 유형을 참고로 하여 면담을 진행하였다. 면담 후에는 관찰 일지에 연구 대상자의 표정이나 도보 여행 방식, 태도 등과 같은 연구

대상자들의 비언어적 표현이나 이에 대한 연구자의 느낌과 떠오르는 생각, 질문 사항 등을 기록하였다.

다. 내러티브 면담 가이드

내러티브 탐구는 특정한 사건 혹은 주제에 대한 개인의 경험을 드러내고자 한다. 따라서 면담 가이드를 제작할 때도 개인의 이야기를 드러내는 것을 중요하게 생각한다. 따라서 대부분의 질문 내용은 연구 주제에 관한 자신의 이야기를 들려줄 것을 요구한다. 연구 참여자가 들려주는 이야기 속에는 그들이 경험한 사건, 그 사건과 관련하여 그들이 생각하고 행동한 내용, 부여한 가치, 그들의 관점(긍정적인지, 부정적인지)이 비유적인 형태로 녹아들어 있다. 이와 관련하여 Strauss와 Corbin(1998)은 내러티브 탐구에서 다음과 같은 영역과 관련된 질문을 할 필요가 있다고 주장했다.

〈표 5-4〉 　내러티브 탐구 면담 가이드의 주요 영역과 실제적인 질문

질문의 영역	실제적인 질문
상황에 대한 민감성을 길러주는 질문	이 주제, 문제, 관심사에서 무슨 일이 일어나고 있는가? 어떤 사람들이 사건과 관련되어 있는가? 그들은 이 상황을 어떻게 규정하고 있는가? 이러한 상황이 의미하는 것은 무엇인가?
이론적인 질문	하나의 생각과 다른 생각의 관계는 무엇인가? 어떻게 그것들이 비교되고 관련되는가? 사건과 행위는 시간에 걸쳐서 어떻게 변화하는가?
실제적이고 구조적인 질문	어떤 개념이 잘 발전되었고 어떤 개념이 그렇지 않은가? 언제, 왜 어떤 자료가 이론을 발전시키기 위해 수집되고 있는가? 발전적이고 논리적인 이론은 무엇인가?

이러한 질문 내용을 통해 연구자가 목표로 하는 연구 참여자의 생생한 경험을 포착할 수 있다. 또한 내러티브 면담 가이드는 연구자의 텍스트를 구성하기 위해 연구자의 이야기를 수집할 것을 요구하기도 한다. 이 경우 면담 가이드는 연구자 스스로를 위해 사용할 수도 있다.

✻ **사례**

김필성(2015). 교사의 교육과정 재구성 경험에 대한 내러티브 탐구

본 연구의 대화로서 면담을 통해 연구자가 연구 참여자와 주요하게 이야기한 주제 및 질문들은 다음과 같다.

요즘 학교 현장에서 가장 관심이 있거나 고민이 되는 것은 무엇입니까?

그것이 교육과정 재구성과 어떤 관련이 있습니까?

교사 자신만의 교육과정 재구성의 특징은 무엇입니까?

교직 경험은 어땠습니까?

교육과정 재구성과 관련하여 기억에 남거나 의미 있는 사건은 무엇입니까?

(중략)

갑교사의 교육과정 재구성 이야기 중에서 초임교사 시절 학습자의 실제에 근거하여 재구성하게 된 과정을 예로 들어 이를 설명하면 다음과 같다.

이야기 주제		갑교사의 경험
3차원적 탐구 공간	시간성	초임교사 시절 교수 방법이 변화된 계기는? 그 상황을 그렇게 해석한 이유는? 어떠한 교육 철학을 갖고 있습니까?
	관계	학생들은 당시 수업에 어떠한 반응을 보였습니까? 수업에서 무엇이 가장 문제였습니까? 선생님은 어떤 감정을 느꼈습니까?
	공간성	학교의 공간적 특징은? 학급의 상황과 맥락은? 그 이후 공간 배치가 달라졌나? 학교에 대해 어떠한 기억을 갖고 있나? 학급 공간에 대한 이미지는?

라. 생애사 면담

생애사 면담은 여러 질적연구 방법 중에서도 가장 개인의 삶에 초점을 맞춘다. 특히 시간의 흐름을 중요하게 생각한다. 왜 개인이 그러한 삶의 방식을 갖게 되었는지, 개인이

지닌 생각의 논리적 구성 과정은 어떠한지를 거시적으로 살펴보려고 한다. 그러기 위해
한 개인의 삶의 굴곡을 잘 드러낼 수 있는 방법을 사용해야 한다. 이를 면담 가이드에서
는 수직적인 질문으로 나타낸다. 개인의 삶을 몇 단계로 나누고 그에 알맞은 질문을 던
짐으로써 연구 참여자 인생의 터닝포인트가 언제인지, 충격적인 사건 이후 삶이 어떻게
변화되었는지를 묘사할 수 있다. Atkinson(1998)은 생애사 면담의 주요 영역을 다음과
같이 제시했다.

〈표 5-5〉 **생애사 면담 가이드의 주요 영역**

주요 영역	질문의 예
가족사, 출생	당신이 어렸을 때의 가족 이야기를 해주세요. 부모님은 어떤 분입니까?
문화적 배경, 전통	당신이 문화적인 영향을 받았던 기억은 무엇입니까? 당신의 삶에서 문화적 배경은 어떤 영향을 가집니까?
사회적 사실	어렸을 때 보호받는 느낌을 받았습니까? 사회적 지위가 당신의 삶에 얼마나 중요합니까?
교육	학교에서 가장 기억에 남는 일은 무엇입니까? 학창 시절 선생님은 어떤 사람입니까?
일과 사랑	이성을 만날 때 좋았던 일, 어려웠던 일은 무엇입니까? 당신이 어른이 되었다고 느꼈을 때는 언제입니까?
역사적 사건과 시기	당신 삶의 가장 중요한 역사적 사건은 무엇입니까? 가족의 역사에서 가장 중요한 사건은 무엇입니까?
은퇴	직장에서 은퇴할 때 기분이 어땠습니까? 은퇴 후 좋아진 점과 나빠진 점은 무엇입니까?

생애사 면담의 경우 기존의 연구자들이 만들어놓은 면담 가이드를 미리 읽고 그에
맞추어 면담 가이드를 만들어보는 활동이 효과적일 수 있다. 잘 만들어진 면담 가이드의
대상과 초점을 살짝 바꿔보는 것만으로도 자신의 연구에 즉시 적용 가능한 가이드를 제
작할 수 있다.

✳ 사례

정광주(2009). 중년기 교사의 교직 생활에 대한 생애사 연구

첫 번째 범주: 삶 전체의 개관

지금까지 당신의 삶에 대해 이야기해주세요.

삶을 한 권의 책이라고 생각한다면, 당신의 삶의 여러 부분인 각 장마다 제목을 붙여보세요.

두 번째 범주: 교사관의 변화 과정

교직을 선택한 배경에 대해서 말씀해주세요.

교사가 되기로 확정한 때, 상황, 이유, 영향을 준 사람들, 교직 입문부터 성장, 지금에
　이르기까지 교직에 대해 변화되어가는 생각을 말씀해주세요.

교사로서의 당신의 삶에 중대한 영향을 준 사람들에 대해 이야기해주세요.

그들과의 관계, 당신의 삶에 어떤 영향을 주었는지, 긍정적인 영향 혹은 부정적인 영향

가르치는 방법을 배우는 데 가장 큰 영향을 준 경험

세 번째 범주: 생애 사건, 전환점(turning point), 전문성

교사로서의 중대한 변화를 가져온 사건은 어떤 것입니까?

당신은 교사로서 일종의 '프로'가 된 경험이나 '전환점'을 가지고 있습니까?

절정 경험(peak experience): 최고의 순간, 가장 놀랍고 감동적인 순간은 언제였습
　니까?

침체의 경험(nader experience): 가장 밑바닥으로 떨어졌을 때, 가장 최악의 순간은
　언제였습니까?

네 번째 범주: 중년기 진로 선택(평교사의 길, 관리직의 길)과 관련한 인식 탐구

중년기에 접어든 당신의 삶은 어떤가요?

이전의 교직 생활과 지금의 교직 생활을 비교해보면 어떠한 점이 다른가요?

중년기 교사로서 힘든 점이 있다면 어떤 것인가요?

관리직과 평교사의 길에서 당신은 어떤 선택을 하셨습니까?

어떻게 해서 그런 판단을 내리게 되었습니까(심리적 과정)?

당신의 판단과 관련하여 도움이 되었던 사람들은 누구입니까?

당신은 최근 교직 생활에서 무엇에서 가장 만족을 얻고 있습니까?

참고문헌

김영천 · 이동성 · 황철형(2010). 다문화 가정 학생 연구를 위한 인터뷰 가이드의 개발 과정: 현장으로부터의 이야기. **다문화교육연구**, 3(2), 5-35.

김은하(2016). **'소프트웨어 마에스트로' 학생의 수학 학습 성장기**. 영남대학교 박사학위 논문.

김필성(2015). **교사의 교육과정 재구성 경험에 대한 내러티브 탐구**. 경북대학교 박사학위 논문.

문지은(2015). **도보 여행 경험에 관한 현상학적 연구: 지오르지(Giorgi)의 현상학적 연구 방법을 통하여**. 전남대학교 박사학위 논문.

정광주(2009). **중년기 교사의 교직 생활에 대한 생애사 연구**. 전남대학교 박사학위 논문.

최정호(2014). **근거 이론을 통한 노인 장기요양 실천 현장의 사례 관리 수행 과정 경험에 관한 연구**. 영남대학교 박사학위 논문.

하재현(2016). **응급실 간호사의 일상에 대한 문화기술지**. 부산대학교 박사학위 논문.

허월득(2017). **중년기 부부의 여가 활동에 관한 질적연구**. 대전대학교 석사학위 논문.

Bagnoli, A. (2009). Beyond the standard interview: The use of graphic elicitation and arts-based methods. *Qualitative Research*, 9(5), 547-570.

Belenky, M. F., Clinky, B. M., Goldberg, N. R., & Tarule, J. M. (1986). *Women's Ways of Knowing*. NY: Basic Books.

Denzin, N. K. (2001). The reflexive interview and a performative social science. *Qualitative Research*, 1(1), 23-46.

Eder, D. & Fingerson, L. (2002). Interviewing children and adolescents. In J. Gubrium & J. A. Holstein (Eds.), *Handbook of Interview Research: Context and Method* (pp. 181-201). Thousand Oaks, CA: Sage.

Heyl, B. S. (2001). Ethnographic interviewing. In P. Atkinson, A. Coffey, S. Delamont, J. Lofland, & L. Lofland (Eds.), *Handbook of Ethnography* (pp. 369-383). Thousand Oaks, CA: Sage.

Irwin, L. G. & Johnson, J. (2005). Interviewing young children: Explicating our practices and dilemmas. *Qualitative Health Research*, 15(6), 821-831.

Kuntz, A. M. & Presnall, M. M. (2012). Wandering the tactical: From interview to intraview. *Qualitative Inquiry*, 18(9), 732-744.

Kvale, S. & Brinkmann, S. (2009). *Interviews: Learning the Craft of Qualitative Research Interviewing*. Thousand Oaks, CA: Sage.

Patton, M. Q. (2015). *Qualitative Research and Evaluation Methods*. Los Angeles: Sage.

Roulston, K. (2014). *Conducting and Analyzing Individual Interviews*. In C. M. Conway (Ed.),

The Oxford Handbook of Qualitative Resarch in American Music Education (pp. 250–270). Oxford: Oxford University Press.

Rubin, H. J. & Rubin, I. S. (2012). *Qualitative Interviewing: The Art of Hearing Data.* Los Angeles: Sage.

Seidman, I. (2012). *Interviewing as Qualitative Research: A Guide for Researchers in Education and the Social Sciences.* NY: Teachers College Press.

Schreuders, M., Krooneman, N. K., Putte, B., & Kunst, A. E. (2018). Boy smokers' rationalisations for engaging in potentially fatal behaviour: In-depth interviews in The Netherlands. *International Journal of Environmental Research and Public Health, 15*(4), 767.

Spradley, J. P. (1979). *The Ethnographic Interview.* Belmont, CA: Wadsworth.

제6장

질적연구 논문의
연구 방법 구성하기

연구 방법은 양적연구나 질적연구에서 모두 중요하다. 연구 전체가 연구 방법론을 통해 이루어지기 때문에 연구 방법에 대한 서술과 설득이 성공적이지 못하면 제시하는 연구의 결과에 대한 신뢰를 잃을 수도 있다. 그러므로 이 장에서는 질적연구 논문을 작성할 때 연구자의 연구 역량을 가장 잘 표현해주는 역할을 담당하는 연구 방법 장의 구성 전략을 살펴보겠다.

연구를 수행한 연구자와 직접 이야기를 나누지 않더라도 연구 방법 장을 보는 것만으로도 연구의 진행 과정을 이해할 수 있어야 한다. 따라서 연구자는 목적과 방침에 따라 연구를 체계적으로 수행했다고 할지라도 그 내용을 연구물에 적절하게 드러내는 과정을 병행해야만 심사 과정에서 노력한 가치를 제대로 인정받을 수 있다. 이는 양적연구와 질적연구 연구자에게 공통적으로 적용되는 대원칙이다.

하지만 많은 연구자는 연구 방법 부분을 최대한 간략하게 서술하거나 일부분을 생략함으로써 연구 내용의 신뢰도를 전체적으로 떨어뜨리는 오류를 범하곤 한다. 한편으로는 연구 과정을 매력적으로 설명하는 방법을 몰라 많은 시행착오를 겪는 연구자도 있다. 이와 더불어 연구자의 연구 경험이 부족한 경우도 있지만, 제대로 된 연구 방법 장의 구성 방법에 대한 안내가 부족한 것도 원인 중 하나라고 볼 수 있다.

이 장에서는 질적연구에서 공통적으로 적용할 수 있는 연구 방법 구성 내용을 순서대로 제시할 것이다. 순서대로 따라가면서 연구 방법 부분을 체계적이면서도 매력적으로 만드는 방법을 익히기 바란다.

1. 질적연구 논문 제3장의 구성 요소

일반적인 질적연구 논문 제3장의 연구 방법은 다음과 같이 구성할 것을 권고한다(〈그림 6-1〉 참조). 여기서 제시하는 흐름도는 대부분의 질적연구에 적용할 수 있으니 반드시 알아두어야 한다.

가장 먼저 제3장의 개관적인 내용을 소개한다. 특히 질적연구의 연구 과정은 개별적인 사례와 연구 방법론적 특성에 따라 매우 달라진다. 따라서 이 부분에서 연구의 전반적인 과정을 모두 설명할 필요가 있다. 또한 모든 내용을 읽을 시간이 부족한 독자를 위해 일목요연하게 정리해준다는 측면에서도 필요한 부분이다.

그다음으로 연구 과정의 핵심적인 기반이 되는 지적 전통에 대해 설명한다. 연구가 어떤 패러다임을 지향하고 있으며 연구자의 핵심적인 가치는 무엇인지 직접적으로 서술

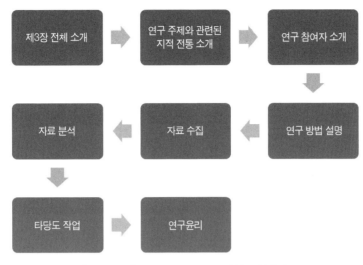

[그림 6-1] 질적연구 논문 제3장의 구성 요소

한다. 패러다임에 대한 이해가 선행되었을 때 다른 연구 절차에 대한 이해도 수월해진다.

　　연구 참여자에 대한 설명은 연구에서 가장 핵심적인 요소라고 할 수 있다. 어떤 연구 참여자를 섭외했고 그들의 배경과 이야기가 어떠한지를 제시하는 것은 매우 중요하다. 더 나아가 연구 참여자의 역할이 연구의 성패를 좌우하는 질적연구의 경우 연구 참여자가 연구에서 어떤 기여를 했는지까지 소개할 필요가 있다.

　　연구 방법 설명은 이후에 소개할 자료 수집과 분석의 대략적인 방법을 나열하는 것이다. 만일 참여관찰을 선택했다면 참여관찰에서 어떤 내용을 중요하게 생각했는지, 참여관찰의 핵심 원리는 무엇인지 등을 설명한다.

　　자료 수집에서는 구체적으로 활용한 자료 수집 사례를 제시한다. 여기서 중요한 점은 어떤 내용을 얼마나 수집했는지 객관적으로 제시할 필요가 있다는 것이다. 이러한 내용이 적절하게 드러날 때 비로소 질적연구가 수집한 자료에 의해 귀납적으로 연구되었음을 증명할 수 있다.

　　자료 분석에서는 수집 이후 결론을 도출하고 어떻게 글쓰기가 이루어졌는지의 과정을 담는다. 따라서 자료의 이해와 독해, 코딩 과정이 통합되어 나타난다는 점에서 역시 중요하다.

　　타당도 작업에서는 드러난 연구 결과를 검증하면서 독자와 심사자에게 연구의 내용이 얼마나 설득적인지를 드러내는 것을 목적으로 삼는다. 이를 위해 구체적으로 사용했던 방법을 명확하게 제시하면서 자신이 연구 결과를 확보하기 위해 취했던 다양한 방법이 왜 필요했는지를 함께 설명한다.

연구윤리에서는 질적연구에서 가장 취약한 부분을 어떻게 보완했는지에 관한 내용을 제시한다. 윤리적인 측면은 인간의 개인적인 정보와 이야기를 다루는 질적연구에서 가장 민감하고 중요하게 다루어야 하는 부분 중 하나이다. 연구윤리에 대한 설명이 미흡할 경우, 아무리 참신하고 창의적인 연구 내용이라 할지라도 그 가치를 제대로 인정받기가 어렵다. 연구윤리에 관한 내용을 마지막에 제시하면서 연구 방법을 마무리한다.

2. 양적연구 및 질적연구 논문의 제3장에서 강조하는 내용

연구 결론 부분을 제외하면 양적연구와 질적연구의 차이가 가장 많이 드러나는 부분이 바로 제3장 연구 방법이다. 연구를 진행하는 과정과 철학이 가장 많이 반영되다 보니 연구 과정의 구성과 내용에 대한 많은 부분에 차이가 나타난다. 구체적으로는 다음의 내용에 주목할 필요가 있다.

[**그림 6-2**] 양적연구와 질적연구의 제3장에서 강조하는 내용

양적연구에서는 분석 도구가 얼마나 객관적이었는지를 강조한다. 오히려 연구 주제가 무엇인지는 그다지 중요하지 않다. 분석 과정이 얼마나 객관적이고, 그에 따라 도출된 내용이 타당한지를 검증하는 것이 중요하다. 특정 사례를 분석하는 데 사용된 도구는 반드시 다른 연구에도 적용할 수 있을 만한 타당도가 있어야 하며, 그 내용은 거의 모든 양적연구자에게 인정받는 것이어야 한다.

그다음으로는 진리와 법칙을 찾는 것을 중요한 목표로 제시한다. 각 변인의 상관관계, 법칙과 패턴, 다른 사례에 적용할 수 있는 효과 등을 분석하는 것에 초점을 맞춘다. 양적연구에서는 철저히 객관적인 분석 방법을 제3장에 제시한다. 수학적 이론에 의해 탄생한 다양한 통계 검증법, 컴퓨터 프로그램을 활용한 데이터 분석법 등의 방법을 적극적으로 사용하며, 이를 통해 특정 사례의 연구를 다른 연구 사례에 일괄적으로 적용할 수 있음을 제시한다.

사례
양적연구 논문의 제3장 예시

본 연구에서 제시한 연구 문제 및 가설을 검증하기 위해 SPSS 21.0 Version을 사용하였다. 이를 통해 자료에 대한 왜도, 첨도를 통한 정규성 검정 등의 데이터 탐색과 연구 대상에 대한 일반적 특성을 확인하기 위해 기술 통계 및 빈도 분석을 실시하였다.

각 문항에 대한 요인 분석과 요인의 문항 간 신뢰도 검정을 통해 설문 문항의 타당도와 신뢰도를 검증하였다.

비행 경험에 따른 긴장, 우울, 자존감, 휴대폰 의존의 경향을 검정하기 위해 Trend Analysis of ANOVA를 실시하였다. Pearson & Spearman 상관분석을 실시하여 독립변수와 종속변수 간의 상관관계와 다중공선성(multicollinearity)을 확인하였다.

본 연구에서 제시한 가설 검정 및 영향 관계를 규명하기에 앞서 변수 간의 다중공선성과 자기상관(auto-correlation) 여부를 검정한 후 가설 검증을 위해 위계적 다중 선형 회귀분석(hierarchical multiple linear regression)과 위계적 푸아송 회귀분석(hierarchical Poisson regression)을 이용하였다.

한편 질적연구 논문의 제3장에서는 연구 대상이라는 용어 대신에 연구 참여자라는 용어를 사용하여 연구 과정을 설명한다. 이는 연구자와 연구 대상의 관계를 가까이함과 동시에 그들의 역할을 적극적인 것으로 부여하여 연구의 가치를 더할 수 있도록 하려는 데 따른 것이다. 연구 참여자가 반드시 모집단을 대표할 필요는 없다. 오히려 연구의 특성에 맞게 매우 특별하고 희귀한 사례를 찾는 것도 가능하다. 이러한 의도적인 표집은 질적연구만이 할 수 있는 독특한 연구 방법이다.

현장 작업은 또 다른 강조 내용이다. 연구자는 현장과 분리되지 않고 오히려 철저히 현장 내부에서 연구 참여자와 함께 숨 쉬며 연구를 진행한다. 그 속에서 수집하는 대화 내용, 행동, 생각, 가치관, 분위기 등은 의미 있는 연구 내용을 추출하는 데 기여하며, 더 나아가 연구 내용 그 자체에 신뢰성을 부여하기도 한다.

마지막의 연구윤리는 최근에 질적연구에서 특히 강조되고 있는 영역이다. 양적연구에도 연구윤리가 있으나 형식적이고 의례적으로 진행되는 요소이다. 반면에 질적연구에서 연구윤리는 연구가 게재될 수 있을 것인지를 판가름하는 매우 중요한 요소이다.

3. 제3장의 구성 요소에 대한 설명

이 절은 앞서 제시한 연구 방법 부분의 구성 요소를 실제로 어떻게 구현할 것인지에 관한 내용으로, 이를 잘 확인하여 연구 내용에 반영한다. 이는 이 책 전체에 걸쳐 설명되어 있으므로 심화 내용을 알고 싶다면 책의 목차를 확인하기 바란다.

가. 자신의 연구 주제가 어떤 연구 패러다임과 관련이 있는지 설명한다.

질적연구의 연구 방법 장에서 가장 먼저 드러나야 할 것은 바로 연구 패러다임과 자신의 지적 전통에 대한 이야기이다. 이 책의 제1장에서 설명했듯이 질적연구 패러다임의 범위는 매우 넓기 때문에 같은 질적연구라고 할지라도 연구 논문의 구성이나 방향이 크게 달라진다. 즉 연구 논문을 읽는 독자가 질적연구의 모든 방법론을 알고 있지는 않기 때문에 연구 패러다임을 처음 접하는 경우도 있게 마련이다. 질적연구는 연구 결과가 연구자 나름대로의 이해와 해석 과정에 의해 도출된다는 큰 개념만을 공유하고 나머지 세부적인 요소는 연구 방법론마다 강조하는 내용이 전혀 다르다. 그러므로 많은 독자는 논문의 연구 과정에 대해 의문을 가지거나 좀 더 추가적인 이해를 필요로 한다.

따라서 자신의 연구 과정을 논리적으로 설명하고 독자를 이해시키기 위해 연구 방법 장에서 연구가 어떤 철학적 기반을 바탕으로 실행된 것인지를 설명하고, 연구 전통에서 강조하는 구체적인 특징과 세부적인 절차를 제시하는 과정이 필요하다. 이러한 내용이 잘 설명되었다면 비로소 다른 연구와 차별화된 자신만의 연구 내용을 창의적으로 구성하여 제시하는 것이 가능해진다.

구체적으로는 연구 패러다임의 역사와 주요 학자, 그리고 지적 전통에서 특별하게 강조하는 내용과 일반적인 연구 과정을 소개한다. 이와 더불어 연구의 장점과 한계점을 제시하는 것도 좋다. 이를 통해 독자는 연구 과정이 앞으로 어떻게 전개될 것인지 예상하고 대략적으로 어떤 점을 유의하면서 연구를 읽어야 할지 감을 잡을 수 있다.

이처럼 연구 패러다임과 지적 전통을 소개하는 부분은 연구 방법 장으로 입장하는 독자를 위한 하나의 장치로서 기능한다고 할 수 있다. 연구자는 자신의 패러다임을 간단하면서도 쉽게 설명하도록 노력해야 한다. 연구 패러다임에 대해 많은 사람이 이해하고 공감할수록 연구 과정과 결과는 더 큰 지지와 격려를 받을 수 있을 것이다.

✷ 사례

생애사

이 연구는 여성들의 생애 이야기를 통해 그들의 삶을 이해하고 이야기된 내용뿐만 아니라 이야기 내용을 조직하고 표현하는 형식에도 관심을 기울이고자 한다. 우리는 어떤 사람이 자기 생애를 이야기할 때 세 가지 주관적 개입을 한다고 말할 수 있다. 첫째, 선택(그는 에피소드를 선택한다), 둘째, 기억(사람마다 특히 기억을 잘하는 국면이 있다), 셋째, 욕망(꼭 들려주고 싶은 부분이 있다). 이를 통해 화자는 자기 삶에 의미와 질서를 부여한다. 따라서 생애담에서 연구자가 주의 깊게 살펴보아야 할 것은 그 사람이 살아온 삶의 내용만이 아니라, 그가 자기 삶을 어떤 관점에서 바라보고 해석하느냐 하는 점이다.

이러한 생애사의 철학에 따라 연구 참여자 선정 대상은 ○○으로 하였다.

✷ 사례

근거 이론

본 연구는 근거 이론을 통해 수행되었다. 먼저 근거 이론에 대해 설명하면, 근거 이론은 연구 과정을 통해 체계적으로 수집되고 분석된 자료에서 나오는 이론을 의미한다. 근거 이론에서 자료의 수집, 그에 대한 분석, 그리고 최종 이론 형성은 서로 매우 밀접한 관계를 맺고 있다. 연구자는 의중에 미리 이론을 설정한 후 연구를 시작하지 않고, 오히려 한 분야의 연구를 시작하며 이론이 자료로부터 생성되도록 접근한다. 자료로부터 나온 이론은 경험에 근거하여 일련의 개념을 조합하여 생성되는데, 이러한 과정은 추론을 통해 도출된 이론보다 오히려 더 현실적인 이론을 생성할 수 있도록 돕는다. 자료로부터 도출된 이론으로서의 근거 이론은 직관력을 제공하고 이해를 강화하며 행동을 위한 의미 있는 지침을 제공한다는 장점이 있다.

사례

현상학

본 연구는 그러한 van Manen의 주장을 바탕으로 미술치료사들의 질적연구 수행에 대한 경험을 깊이 있게 탐색하고 그러한 경험의 본질적 의미를 밝혀 미술치료사들의 질적연구 수행에 실천적 자료로서의 정보 제공을 목적으로 진행하였다. 이러한 질적연구 수행의 경험을 미술치료사들의 생활 세계에서 드러나는 그대로, '사태 그 자체로(to the things themselves)' 돌아가고자 하는 태도로 연구를 수행하기 위해 van Manen의 해석학적 현상학 연구 방법을 적용하였다.

나. 목적 표집을 강조하고 연구 참여자와 현장을 자세히 묘사한다.

연구 패러다임을 소개한 뒤에는 곧바로 연구 참여자와 현장에 대해 묘사한다. 연구 참여자와 현장은 연구의 상황과 맥락을 소개한다는 점에서 질적연구에서 가장 중요한 내용이라고 할 수 있다. 특히 질적연구는 연구 대상을 연구자의 의도와 연구 목적에 따라 표

집하는 목적 표집 방법을 사용한다. 이러한 방법에 따라 같은 주제의 연구라고 할지라도 누구를 대상으로 연구하는지, 그리고 어디에서 연구하는지에 따라서 전혀 다른 연구 결과가 도출될 수 있다. 이는 무선 표집을 통해 어디에서나 적용될 수 있는 일반화된 결과를 만들어내고자 하는 양적연구와 가장 큰 차이점을 보이는 대목이다. 결국 중요한 것은, 하고자 하는 연구에서 왜 연구 참여자로 이 사람을 설정했으며, 추가적으로 살펴보고자 하는 연구 현장이 왜 연구 목적에 가장 적합한지를 설득적으로 표현하는 것이다. 구체적으로는 다음과 같은 과정을 거친다.

연구 참여자를 묘사하는 부분에서는 연구에서 사용되는 그들의 이름(가명), 나이, 성별, 직업, 경력 등의 인구 통계학적 요소를 먼저 제시한다. 이 내용은 수량적인 요소로 설명할 수 있다. 많은 질적연구자는 이에 대해 매트릭스와 같은 방법을 활용하여 체계적이고 명확하게 나타내려고 노력한다. 추가적으로 이러한 정보 다음 부분에 연구 참여자의 질적인 정보를 제시한다. 그들이 왜 연구에 참여하게 되었는지에 관한 정보, 연구 참여자의 생애사, 연구를 통해 그들이 얻고 싶어 하는 점, 그들이 연구에 기여할 수 있는 요인 등을 예로 들 수 있다.

사례

연구 참여자의 인구 통계학적 정보

이름(가명)	직업 경력	참여 동기	지역	비고
곽지훈	8년	흥미	서울	주 연구 참여자
이찬수	31년	자기발전	경기	
서진주	18년	연구에 대한 관심	경기	
김영진	22년	현장 개선	충청	

사례

한국이네 가족

한국이는 1999년 5월에 경상남도 ○○시의 시골 마을에서 태어났고 지금은 초등학교 5학년이다. 한국이의 외모는 우리나라 보통 아이들과 비교해볼 때 그리 큰 차이가 없다. 동남아 출신인 어머니보다는 한국인인 아버지를 많이 닮아서 피부색은 보통 아이들보다 오히려 하얗다. 한국이는 키에 비해 몸무게가 적게 나가는 편이고(38kg) 갸름한 얼굴형이라 날렵한 인상을 풍긴다.

한국이는 경상도 지역의 아이들처럼 사투리를 사용하기 때문에 말하는 속도가 대단히 빠르다. 성격이 워낙 적극적이고 급하다 보니 한국이의 말을 집중해서 듣지 않으면 알아듣기가 쉽지는 않다. 한국이는 인도네시아어뿐만 아니라 중국어와 영어도 어느 정도 말할 줄 안다. 그 이유는 한국이의 외조부모, 이모, 외삼촌들이 중국어와 영어를 사용했기 때문이다. 이러한 점들은 한국에서의 생활에서는 마이너스로 작용하였다.

사례

김 교사의 이야기

김 교사는 연구자와 친분이 있는 대학교 후배이며 2015년에 처음으로 교단에 서게 되었다. 그가 처음으로 발령 난 학교는 산골의 6학급이었는데, 전교생이 고작 40명 정도밖에 되지 않았다. 그렇다 보니 자연스럽게 수업에 대한 강조보다는 학생들과 함께 어떻게 살아가는지, 학부모님들과의 관계를 어떻게 친밀하게 형성하는지, 과중한 학교 업무를 어떻게 효과적으로 처리하는지 등에 더 중요한 초점을 두고 생활할 수밖에 없었다. 따라서 자연스럽게 교사로서의 효능감이 낮아지고 수업을 어떻게 진행할 것인가에 대한 걱정이 커지고 있었다.

그러던 중 김 교사는 본 연구가 소규모 학교와 작은 학급에서 효과적으로 수업을 실행하는 방안을 다루고 있다는 사실을 알게 되었다. 그리하여 직접 연구자에게 연락을 하였고 연구에 참여하여 자신의 수업 기술을 발전시키고 싶다는 의사를 밝혀왔다. 그의 연구 참여 동기는 매우 강력하며 본 연구의 취지와도 적합하였다.

연구 현장의 경우 대략적인 위치, 주변 건물이나 교통, 건물 내부에 대한 묘사, 분위기와 환경적인 요소를 중심으로 제시하고 특히 연구에 직접적으로 영향을 끼칠 만한 내용을 함께 설명한다. 그림을 그리듯이 어디에 어떤 물건이 있는지, 건물의 구조와 배치는 어떠한지, 그것이 사람들의 행동과 사고에 어떻게 영향을 미치는지에 대해 언급하면 좋다. 다음 사례를 통해 좋은 묘사란 무엇인지 생각해보자.

�֍ 사례

A 초등학교에 관한 설명

A 초등학교에 들어서면 가장 먼저 눈에 띄는 것이 넓은 잔디 운동장과 대리석 건축 양식의 도서관이다. 학교 건물 역시 예술적으로 구성되어 있어 다른 학교들과 차별성이 있다. 학교 건물 뒤편에는 장미 공원이 구성되어 있고 저학년 교실에는 교실과 직접적으로 연결된 놀이터가 있다. 학교가 강을 끼고 있기 때문에 학생들은 도시 한가운데에서도 나름대로 자연을 느끼면서 공부할 수 있다.

학교 내부는 상당히 복잡한 편이다. 기존의 학교 건물에 계속적으로 증축 공사와 외관 개선 작업이 이루어졌기 때문이다. 그 결과 수업을 위한 교실 이외에 다른 활동을 할 수 있는 특별실이 상당히 많다. 대표적으로 영어학습실, 바이올린실, 플루트실, 국악실, 과학실, 컴퓨터실, 미술실 등을 들 수 있다. 심지어는 옥상에 골프 연습장도 설치되어 있다. 덕분에 방과 후에 학생들이 학교에서 자신이 원하는 수업을 받을 수 있다. 이 외에도 A 초등학교는 학교 내부의 시설 개선도 강조하고 있어 급식실이나 도서관이 매우 깨끗하고 편리하다는 사실을 금방 확인할 수 있다. 이러한 쾌적한 시설은 많은 학생과 학부모가 A 초등학교를 선호하는 이유이기도 하다.

한편 A 초등학교의 교직원 및 학생 배경은 다음과 같다. 교직원의 경우 교장, 교감 각 1명, 담임교사 24명, 교과전담교사 15명, 행정직원 16명으로 구성되어 있으며 이들은 모두 높은 경쟁률을 뚫고 임용 경쟁에서 합격하여 선발되었다. 사립초등학교의 특성상 교직원들은 많은 연구 활동 및 학교 내부 사업을 진행하고 있으며 이에 따라 기본적인 업무 부담이 높은 편이다.

A 초등학교의 총 학생 수는 2017학년도 1학기 현재 699명이고 학년당 4학급, 학급당 학생 수는 24~30명 수준이다. 특이한 것은 학생들의 출신 지역이 서울시 성동구부터 시작하여 경기도에 이를 정도로 매우 다양하다는 것이다. 이는 사립초등학교의 특성에 기인한다. 학생들의 학업 성취도는 꽤 높은 편이며 거의 대부분이 1개 이상의 학원에 다니고 있다. 학부모의 경제 수준도 일반적인 공립초등학교에 비해 높으며 70% 이상이 전문직에 종사하고 있다. A 초등학교 학생들은 대부분 자사고, 외고, 과학고 등에 진학하는 것으로 알려져 있으며 그러한 이유로 명문 초등학교라는 명성을 얻고 있다.

앞서 언급했듯이 A 초등학교는 전자 포트폴리오 평가를 공식적으로 운영하고 있다. 2014학년도부터 학교 홈페이지에 포트폴리오 평가 시스템을 연동하여 구축하였으며, 학교의 모든 교사는 개별적으로 자신의 교육 철학과 방침에 따라 전자 포트폴리오 평가 온라인 시스템에 접속하여 수업의 과정과 결과를 업로드한다. A 초등학교에는 포트폴리오 평가를 담당하는 부서가 따로 마련되어 있다. 포트폴리오 업무 담당 부서는 다른 학교에는 없는 독특한 업무 조직으로서, 이 부서는 포트폴리오 평가 전문 교사의 책임하에 사진 및 동영상 촬영, 문서 자료 스캔, 포트폴리오 평가 시스템 관리 등의 업무를 수행하면서 교사들을 지원하고 있다.

연구 참여자와 현장의 묘사는 최대한 자세할수록 좋지만 그렇다고 해서 그들의 신원을 암시하는 내용이나 구체적인 개인 정보가 포함되어서는 안 된다. 그럴 경우 연구의 타당도와 신뢰도에 문제가 생길 수 있다. 가령 매우 유명한 사람을 섭외하고 그의 개인 정보를 연구에 포함한다면 연구의 철학과 밝히려는 의미보다는 연구 참여자의 영향력이 더욱 강조될 것이다. 또한 연구 현장도 구체적인 위치에 관한 직접적인 정보를 제시하면 연구 결과의 신빙성이 떨어진다. 따라서 연구 현장을 묘사할 때 가명으로 처리하거나 사진 혹은 그림에 모자이크 처리를 하는 등 세심한 작업이 추가로 필요하다.

다. 연구 방법에 대한 설명을 제공한다.

〈표 6-1〉 질적연구에서 활용되는 연구 도구		
연구 방법	중요하게 다루어야 할 속성	예시
참여관찰	관찰자의 위치	완전한 관찰자 반관찰, 반참여 완전한 참여자
	관찰 방법	직접 관찰 영상 촬영 개입
	연구 참여자의 의식 정도	완전히 의식(교실 연구) 무의식(길거리 연구)
심층 면담	면담 도구	직접 전화 온라인 채팅(메신저) 이메일
	면담 대상	성인 미성년자 성별
	면담 형태	구조화된 면담 반구조화된 면담 비구조화된 면담
문서 분석	문서 형태	공문서 일기 신문기사 및 잡지 성찰 일지 소감문 성적표, 통계 자료 등

구체적인 연구 방법에 대한 설명을 제공하는 것은 연구 패러다임과 그 맥을 같이한다. 〈표 6-1〉은 질적연구의 연구 방법과 세부적인 요소를 보여준다.

이러한 요소는 각각 가장 잘 맞는 연구 상황에 적용되었을 때 가장 큰 효과를 불러온다. 이는 질적연구에서 섬세한 연구 도구 사용이 반드시 필요한 이유이기도 하다. 심지어 같은 도구를 사용하더라도 구체적인 상황에 따라 조금씩 다른 속성을 활용해야 하는 경우도 있다. 양적연구에서 연구 목적에 따라 어떤 통계 방법을 사용했는지 명시하는 것처럼, 질적연구에서도 수많은 도구 중에서 어떤 것을 가장 적합하다고 생각했으며 그 근거는 무엇인지 설명할 필요가 있다. 이는 타당도 측면에서도 유용하며 연구 결과를 논리적으로 이해시키는 데에도 중요한 역할을 한다.

라. 활용한 자료 수집 방법에 대해 설명한다.

이 부분부터는 본격적으로 연구 패러다임과 지적 전통에 따라 다른 내용을 제시한다. 자료 수집에서는 실제 연구에서 활용한 방법을 병렬적으로 제시하고 각각의 방법을 언제, 어디서, 누구에게 실시했는지를 증명한다. 크게는 참여관찰, 심층 면담, 문서 분석이 있는데, 각각의 내용을 다음과 같이 설명해야 한다.

첫째, 참여관찰의 경우에는 가장 처음 참여관찰을 한 시간부터 마지막 시간까지를 참여관찰 기간으로 제시한다. 그리고 중요한 것은 참여관찰의 횟수이다. 얼마나 자주 현장에 가서 연구 참여자와 사건을 관찰했는지를 검증하기 위해 구체적인 관찰 횟수를 명시해야만 한다. 한편으로는 독자를 쉽게 이해시키기 위해 전체 관찰 기간 대비 횟수를 나누어 월 또는 주 몇 회인지로 변환하여 설명하는 것도 좋다. 이후 구체적으로 참여관찰을 어떻게 실시했는지를 서술한다. 참여자의 동의는 어떻게 구했는지, 직접 관찰인지 간접 관찰인지, 영상을 별도로 촬영했는지 등의 정보를 제공한다. 마지막으로는 참여관찰을 통해 모은 자료의 양도 제시한다. 사진, 영상, 녹음, 관찰 기록지, 연구자의 연구 일지, 전자 메일 등 수집한 자료 대부분의 구체적인 분량을 제시한다. 실제적으로 연구 심사 및 출판 과정에서 수집한 모든 자료를 보여주는 것이 불가능하기 때문에 이처럼 실제 양을 보여주는 것은 상당히 중요한 작업이라고 할 수 있다.

사례

우울증을 경험한 직장인의 삶과 경험에 대한 질적연구

참여관찰은 연구 참여자 선정이 완료된 2013년 1월부터 최종 작업이 완료된 2013년 11월까지 이루어졌다. 구체적인 활용 범위는 연구 참여자의 직장에서의 생활 패턴 관찰(4회), 사회적 상황 속에서 행동(9회), 집에서의 생활을 담은 영상 관찰(수시)이었다. 대부분의 참여관찰 상황에서 연구자는 직접적으로 참여하기보다는 상황과 거리를 두려고 노력하였고 내용을 기록할 때는 연구 참여자들의 동의를 구한 후 사진이나 동영상을 촬영하였다. 실제 관찰 상황에서는 동영상 촬영을 주로 실시하고 영상 촬영이 어려운 사적인 상황에서는 녹음을 하거나 사전에 준비된 관찰 기록지에 중요한 내용을 직접 필기하였다. 이와는 별도로 연구자의 해석이나 주관적인 느낌 등을 서술한 현장 연구 일지를 정기적으로 작성하였다.

위와 같은 방법을 통해 사진 약 723장, 동영상 41개(약 31시간), 음성 기록 27개(약 13시간), 전자메일 4개(A4 기준 4장), 관찰 기록지 17장(A4 기준), 연구자 연구 성찰 일지 11장(A4 기준)이 수집되었다. 이 자료 중에서 관찰 기록지와 현장 연구 일지는 모두 전사하였다. 동영상과 음성 기록의 경우에는 원자료를 여러 번 청취하고 선택적 전사를 실시하여 필요한 내용만 추출하였다. 전사한 내용은 모두 PC 하드디스크에 보안 설정을 하여 저장하였다.

둘째, 심층 면담에서는 연구의 전체 참여자 중에서 면담 과정에 누가 참여했는지, 그들과 면담한 횟수, 방식은 어떠한지, 질문의 구체적인 내용은 무엇인지에 관한 정보를 제시한다. 여기서 가장 중요한 것은 면담 가이드이다. 질적연구의 특성상 면담 가이드의 내용이 지속적으로 변화하는데, 이 부분에서 초기 면담 가이드와 최종 면담 가이드를 함께 제시함으로써 면담이 계속적으로 개선되었음을 증명하면 타당도와 신뢰도 측면에서 긍정적인 효과를 얻을 수 있다.

✠ 사례

독거 노인의 건강과 삶

본 연구에서의 심층 면담은 ○○양로원에서 만난 독거 노인 전체(42명) 중 심층 면담에 동의한 노인(남 3, 여 4)을 연구 참여자로 선정하여 실시하였다. 실시 기간은 2008년 6월부터 9월이다. 면담 방식은 대부분 개인 면담이었고 연구 참여자 전체를 대상으로 하는 포커스 그룹 면담이 6회 실시되었다. 연구자는 1주일 혹은 2주일 전에 연구 참여자에게 개별적으로 연락하여 미리 약속 시간과 장소를 협의하였다. 대부분의 경우 공식적인 면담 과정과는 별도로 일상적인 대화 속에서 심층 면담이 진행되는 경우도 있었다.

연구자는 면담 과정을 원활하게 진행하기 위해 노인들과 개인적인 라포를 형성하였다. 그들은 처음에는 연구자의 질문이나 연구의 의도를 불신하고 믿지 않는다는 반응을 보였으나 1개월 이상의 라포 형성 기간 이후부터는 연구자와 진솔한 대화를 나눌 수 있게 되었다.

셋째, 문서 분석은 연구자가 결론을 도출하기 위해 사용한 모든 증거 자료를 수집하여 제시하는 것을 말한다. 구체적으로 어떤 문서를 수집했으며, 그것이 구체적으로 연구에 어떤 기여를 했는지 자세히 설명해야 한다. 불필요한 문서를 수집하는 것은 그 자체로도 시간 낭비일 뿐만 아니라 타당도를 높이는 데에도 도움이 되지 않는다. 따라서 연구자는 문서 수집의 당위성을 설명하고 자료의 역할을 드러내야 한다.

✠ 사례

중학교 국어 교사의 셀프 스터디

문서 분석은 본 연구에서 보조적인 역할이 아닌 핵심적인 역할로 활용되었다. 특히 문서 분석 중에서도 온라인 문서 분석을 주로 실시하였다. 수업 과정을 통해 도출되는 내용은 모두 디지털 파일 형태로 온라인상에 저장하였다. 구체적으로는 다음 문서 · 자료를 수집하였다.

첫째, 교사가 제작한 교수 · 학습 자료이다. 구체적으로는 교육과정 학습 체계, 수업 지도안, 평가 루브릭, 학습지 등을 들 수 있다. 다중지능을 기반으로 제작하는 수업이 실제 어떻게 구현되는지 관찰하는 가장 좋은 방법은 교사의 지도 계획과 자료를 수집하는 것이었다. 한편으로 이러한 자료는 다른 연구 참여자들에 의해 개선 및 발전되었다. 이는 셀프 스터디의 진행 과정을 설명할 수 있는 증거로써 활용되기도 하였다.

둘째, 학생들로부터 수집한 학습지와 학습 결과물이다. 매 수업 시간마다 학생들이 만들어내는 학습 결과물을 스캔이나 복사의 방식을 통해 컴퓨터에 저장하였다. 이를 살펴봄으로써 평가 과정과 학생들의 발달 변화를 동시에 확인할 수 있었다.

셋째, 교사, 학생, 학부모가 수업 내용과 관련하여 제공하는 설문 내용이다. 셀프 스터디에서 자신의 실천이 주변의 인물들을 통해 평가받을 수 있는 기회는 매우 중요한 것으로 판단된다. 이에 본 연구에서는 수업 평가로 기록되는 다양한 의견 내용을 수집하여 의미 있는 부분을 추출하였다.

넷째, 연구자 및 연구 참여자 교사들이 작성한 성찰 일지이다. 연구자와 연구 참여자 교사들은 수업을 진행하면서 전자 포트폴리오 평가의 교육적 효과 및 스스로의 변화, 그리고 포트폴리오 평가 과정에서 드러나는 딜레마와 실제적인 어려움 등을 경험하였다. 이러한 내용을 학술적으로 드러내고 분석하기 위해서는 경험한 것들을 체계적으로 기록하여 저장할 필요가 있었다. 따라서 연구자와 연구 참여자 교사들은 수시로 성찰 일지에 수업 및 연구와 관련된 내용을 기록하였다.

마. 자료 분석 과정에 대해 논리적으로 표현한다.

많은 질적연구자는 분석 과정을 추상적으로 설명하는데 이는 잘못된 관행이다. 결론이 연구자의 주관과 해석에 따라 도출되는 만큼 양적연구보다 훨씬 더 자세하고 묘사적으로 분석 과정을 설명할 필요가 있다. 또한 이 부분에서도 자신이 사용한 분석의 철학적, 이론적 토대를 먼저 제시한다. 각 지적 전통에서 제시하는 분석 방법을 그대로 활용하거나 연구 사례에 맞게 변형해서 사용해야 한다. 가령 현상학적 분석이라면 그 방법론에서 제시하는 여러 가지 연구 순서나 자료 분석 과정에 대해 먼저 설명하고 그다음에 실제 이루어진 분석 과정을 묘사한다. 분석 과정에는 다음과 같은 내용이 포함된다.

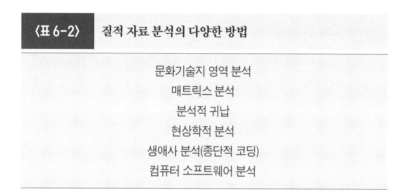

〈표 6-2〉	질적 자료 분석의 다양한 방법
	문화기술지 영역 분석
	매트릭스 분석
	분석적 귀납
	현상학적 분석
	생애사 분석(종단적 코딩)
	컴퓨터 소프트웨어 분석

물론 개별적인 연구 절차를 진행하는 과정 속에서도 코딩을 통해 새로운 의미나 유형을 찾으려는 노력이 병행되어야 한다. 코딩을 사용하면 방대한 자료를 효과적으로 압축하고 다른 연구에서 찾을 수 없었던 새로운 의미를 도출하는 경우가 많아진다. 자연스럽게 코딩은 질적연구 분석에서 중요한 역할을 차지할 수 있다.

최근에는 질적 자료 분석 소프트웨어를 사용하기도 하는데, 이런 경우에는 이론적 설명과 더불어 어떤 소프트웨어를 사용했으며 그 소프트웨어의 특징이 무엇인지 간략하게 제시한다. 그다음으로는 자신이 선택한 분석 철학에 따른 코딩 과정을 서술식으로 나타낸다. 소제목을 달거나 흐름도를 사용하여 개방 코딩, 축 코딩, 선택 코딩 혹은 1차, 2차, 3차 코딩의 방법을 인과적 순서로 밝힌다. 한편 자료 분석에서 중요하게 논의되는 개념인 이론적 민감성이나 분석적 메모와 같은 내용도 이 부분에서 다루면 분석 과정을 체계적으로 보이게 만드는 데 도움이 된다.

바. 어떻게 타당도 작업을 했는지 제시한다.

분석을 통해 자료로부터 결과를 도출한 이후에 수행한 타당도 검증 내용을 제시한다. 질적연구에는 패러다임에 따라 수많은 타당도 검증 방법이 존재한다. 이 중에서 대표적인

네 가지 방법을 살펴보자.

첫째, 삼각검증의 경우에는 연구자의 편견이나 선입견을 방지하기 위해 다양한 각도로 자료를 수집하여 이를 바탕으로 분석했다는 사실을 적극적으로 제시한다. 자료 수집, 이론, 연구 참여자 등의 요소를 어떻게 다양화했는지에 초점을 맞추어 상세히 설명한다. 여기서는 각 내용의 분량을 비슷하게 유지하는 것이 좋다. 특정한 요소만 강조하여 집중적으로 다루기보다는 삼각검증의 모든 요소를 균등하게 제시함으로써 연구의 균형감을 유지한다.

둘째, 동료에 의한 연구 결과 검증의 경우에는 참여한 연구 동료의 정보를 제시하고 그들의 전문성에 대해 이야기한다. 연구 동료의 전문성이 강하거나 연구 분야에 대한 경험이 많을 경우 그들의 검토 내용이 연구 결과의 타당도를 설명하는 데 큰 역할을 담당할 수 있다.

셋째, 연구 참여자에 의한 검증의 경우에는 연구 참여자의 역할을 분명히 기술한다. 구체적으로는 연구에 참여한 연구 참여자 중에서 몇 명에게 자료를 읽도록 했는지, 자료를 읽은 후에 어떤 조치를 취하도록 요구했는지(필기, 비판, 면담, 등), 연구 참여자의 확인 여부는 어떻게 제시할 것인지(멤버 체크 확인서 등)에 관한 내용을 명백하게 드러낸다. 이렇게 하면 연구 참여자가 연구 결과를 검증하고 오류를 찾아냈다는 사실을 입증할 수 있다.

넷째, 장기간의 관찰을 설명하기 위해서는 실제적이고 사실적인 정보를 최대한 활용한다. 실제 연구 관찰에 소요된 기간, 장기간의 관찰 과정 중에 연구자가 시도한 내용, 관찰된 내용과 이를 바탕으로 작성한 일지, 기록 등을 첨부하여 연구가 일회적이고 단순하게 진행되지 않았음을 증명한다. 특히 연구자가 관찰하면서 어떻게 변화했는지를 심층적으로 기술할 필요도 있다.

한편 연구 논문에는 연구자가 선택한 철학과 관련된 타당도 요소를 제시해야 한다. 일반적으로 세 가지 정도의 타당도 검증법을 선택하며, 학위 논문이나 연구 프로젝트와 같이 대규모 연구에서는 다섯 가지 이상의 방법을 사용하기도 한다. 연구 논문의 제3장에 내용을 표현할 때는 가장 중요하게 다루었거나 혹은 가장 많이 활용한 방법부터 제시한다. 각각의 방법에 소제목을 달고 순서대로 검증한 과정과 결과를 설명한다.

사례

삼각검증

첫째, 세 가지 방법참여관찰, 심층 면담, 문서 분석을 활용하여 자료를 수집하였다. 이러한 방법을 교차적으로 활용하여 각 방법이 지닌 한계를 보완하였다. 특히 연구자의 판단 오류나 선입견을 줄이는 데 큰 효과를 가져왔다. 참여관찰로 수집한 자료와 심층 면담으로 수집한 자료가 다른 결론을 내리거나 심지어 서로를 반박하는 경우도 있었다. 자연스럽게 어떤 자료가 더 타당한지 고민하고 논의하는 과정이 추가되었다.

둘째, 자료 분석에서 삼각검증을 실시하였다. 즉 연구자와 연구 참여자의 다양한 관점을 반영하였다. 연구의 결과를 생성할 때 연구자의 의견과 가치관에 나타난 내용뿐만 아니라 연구 참여자들과의 토의 · 토론 과정에서 드러난 내용도 반영하였다. 특히 연구 참여자들은 프로그램 수행 과정에서 경험한 실제적인 문제점이나 어려움을 많이 이야기하였다. 이것은 프로그램의 장점 부분에 관해 중점적으로 관찰한 연구자의 의견과 많은 부분이 상충되었다. 따라서 이를 적절히 조정하는 과정이 포함되었다.

사례

연구 성찰 일지

연구자는 자신의 주관성을 극복하기 위해 연구 성찰 일지를 작성하였다. 이를 통해 연구자의 잘못된 생각을 바로잡고 편견을 해소하며 연구의 타당성과 진실성을 높이고자 했다. 일지는 14개월의 연구 기간 동안 29회 작성하였으며 구체적으로 다음과 같은 내용이다.

　　첫째, 연구자의 수업 및 평가 내용과 그에 대한 소감을 기록하였다. 연구를 진행하면서 부족한 교수·학습 기술을 어떻게 발전시킬 것인지, 교과 내용을 어떻게 통합하고 재구성할 것인지, 전자 포트폴리오 평가에 무엇을 담을 것인지 계속적으로 성찰하고 고민하였다.

　　둘째, 연구 참여자 교사들과의 협력적 연구 경험을 성찰하였다. 연구자는 본 연구를 통해 다른 교사들과 처음으로 장기간의 연구를 수행하였다. 따라서 연구 성찰 일지 속에서 다양한 협력과 갈등의 장면이 묘사되었다. 다른 교사들과의 마찰을 줄여 나가고 협력을 성취하는 과정을 기록하는 것은 상당히 어려우면서도 가치 있는 일이었다.

　　셋째, 학생과 학부모의 변화와 반응을 성찰하였다. 중요한 연구 참여자인 학생과 학부모가 수업에 대해 어떤 생각을 갖고 있는지, 그리고 연구에 따라 어떻게 변화되어 가는지 살펴보면서 연구자의 생각을 정리하였다.

　　넷째, 실행 연구 경험을 성찰하였다. 연구자가 시도하는 여러 가지 방법이 어떤 효과와 문제점을 불러일으키는지, 그리고 그것이 어떻게 해결되고 구성원들은 어떤 변화를 겪게 되는지를 기록하고 이를 반성하였다.

사. 연구윤리를 어떻게 실천했는지 설명한다.

연구 방법 장의 마지막을 장식하는 것은 연구윤리에 관한 내용이다. 질적연구에서 연구윤리는 생명과도 같기 때문에 이 부분을 소홀히 작성해서는 안 된다. 윤리적인 측면을 어떻게 다루었는지에 관해 최대한 자세하고 명확하게 기술한다. 세부적으로는 실제로 사용한 연구윤리 방법, IRB 심의 절차, 연구 참여자의 동의 여부, 연구 논문에서 연구 참여자의 개인 정보를 어떻게 처리했는지에 관한 정보를 제시한다. 이러한 내용을 빠짐없이 솔직하게 드러내는 것 자체만으로도 질적연구에 제기되는 대부분의 비판점을 해결할 수 있다.

다른 측면에서 바라보면 연구 심사자와 독자는 자연스럽게 연구윤리와 진실성을 검증하는 역할을 수행하게 된다. 이들에게 최대한의 정보를 제공해야 하며 그러한 점에서 연구윤리 부분은 중요하게 다루어질 수밖에 없다. 연구윤리 부분에 들어가는 내용은 다음과 같다.

〈표 6-3〉	연구윤리 실천 부분에 포함되어야 할 내용
	연구의 배경과 목적
	연구 기관 및 연구 지원 기관에 대한 정보
	연구자의 개인적인 배경 및 정보
	연구 참여자의 정보(개인 정보 제외)
	연구 참여자 모집과 동의 과정
	연구의 부작용과 이익
	개인 정보 수집과 처리 과정

연구윤리 부분에는 이처럼 많은 정보가 포함되어야 한다. 따라서 연구의 시작 단계부터 윤리를 어떻게 보장할 것인지에 관한 계획을 철저히 세우고, 이를 연구 과정에 어떻게 반영했는지를 연구 방법 부분에 명시할 필요가 있다.

✠ 사례
농촌 교실의 생활에 대한 문화기술지

본 연구는 인간을 대상으로 하는 질적연구로서 연구윤리를 보장하기 위해 다음의 방법을 사용하였다.

첫째, 연구에 참여하는 교사, 학생, 학부모 전체를 대상으로 연구에 대해 설명하고 연구 시작 전 동의서를 받는 과정을 거쳤다. 연구 동의서 양식은 〈부록〉에 제시하였다.

연구 동의서에는 연구자의 개인 정보와 연구의 목적, 연구를 진행하면서 수집하는 개인 정보의 종류와 분량, 연구 후 개인 정보의 처리 방법 등이 포함되었다. 모든 연구 참여자는 여기에 서명하거나 날인하였다.

둘째, ○○대학교에서 제공하는 연구윤리 서약서를 작성하여 이를 기관생명윤리위원회에 직접 제출하였다. 연구윤리 서약서는 〈부록〉에 제시하였다. 연구자는 서약서의 내용을 정독하고 날인하여 제출하였다.

셋째, 본 연구에 등장하는 연구 장소, 연구 참여자의 이름을 모두 가명 처리하여 알아볼 수 없도록 하였다. 연구 장소가 공개되거나 연구 참여자의 신상이 드러날 경우 윤리적 문제가 발생할 수 있었다. 따라서 고유명사는 모두 가명 처리하였고 사진이나 동영상 중에서 얼굴이 보이는 것은 가급적 배제하였다. 불가피하게 사용할 경우에는 얼굴과 이름 부분을 모자이크 처리하여 알아볼 수 없도록 조치하였다.

넷째, 연구 참여자 교사와 질적연구 전문가에게 연구 내용을 제시하고 윤리적 문제와 관련된 내용을 검토받았다. 이를 통해 연구자가 미처 찾아내지 못한 윤리적 문제를 보완할 수 있었다.

다섯째, 데이터의 유출과 관련된 문제를 방지하기 위해 오프라인 자료의 경우 컴퓨터 하드디스크에 보안 기능을 설정하였고 암호를 자주 변경하여 데이터 보안에 각별한 주의를 기울였다.

※
※
※
※
※
※
※
※
※
※

제 7 장

연구윤리 실천하기

최근 들어 질적연구에서 연구윤리를 어떻게 보장할 것인가에 대한 논의가 활발해지고 있다. 특히 사회 전반적으로 인권 및 개인 정보 보호와 관련된 인식이 높아짐에 따라 인간을 대상으로 하는 연구에서도 이러한 내용을 좀 더 철저하게 검증하는 경우가 많아졌다. 기존에는 연구윤리와 관련하여 단순하고 형식적으로 보고하는 것만으로도 목표를 달성했다고 생각했으나 이제는 그보다 훨씬 더 많은 절차와 복잡한 과정을 제시하는 분위기가 형성되고 있는 것이다. 이와 관련하여 추가적으로 질적연구에 관한 수많은 연구윤리 가이드가 제시되고 있다. 특히 연구의 성과를 수집하고 평가하는 학회 및 대학 기관 차원에서 연구윤리와 관련된 흥미로운 가이드라인을 찾아볼 수 있다.

그럼에도 불구하고 아직 연구자마다 연구윤리에 포함하는 내용이 다르고 윤리적인 연구의 기준도 제각기 다르다는 문제점이 있다. 따라서 이 장은 연구윤리를 실천하고 그 결과를 연구 결과에 포함하는 명료한 방법에 대해 설명하는 것을 목표로 한다. 다음 그림을 보면서 자신의 연구에서 연구윤리를 실천하는 과정에 대해 생각해보기 바란다.

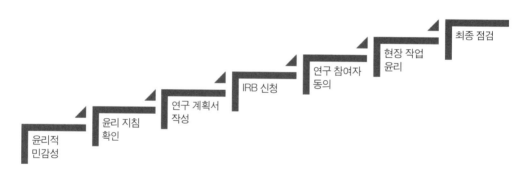

[그림 7-1] 질적연구에서의 연구윤리 실천 절차

1. 윤리적 민감성에 초점 맞추기

질적연구에서 연구윤리를 고려할 때 가장 기본적으로 이해하고 습득해야 할 내용은 바로 윤리적 민감성이다. 윤리적 민감성은 연구 참여자를 보호하려는 연구자의 의지와 실천 전략이라고 할 수 있다. 이 능력이 높은 연구자는 연구에서 연구 참여자를 보호하며 연구 결과가 공정하고 믿을 만하다는 사실을 효과적으로 제시할 수 있다. 이 개념은 심

리학, 사회과학, 교육학 분야에서 오랜 기간 동안 꾸준히 발전되어왔다. 결정적으로는 질적연구의 확산과 더불어 더욱 주목받게 되었다.

양적연구에서는 윤리적 민감성 개념에 그다지 큰 관심을 보이지 않는다. 기본적으로 양적연구의 패러다임의 가장 큰 목적은 연구 결과를 통해 법칙과 인과관계를 도출하는 것이기 때문이다. 그러므로 연구에서 각 개인이 가지게 되는 중요성이 낮아진다. 양적연구에서 윤리와 관련해서 강조되는 요소는 피험자를 속이지 않기, 물리적 · 정신적 피해를 입히지 않기 정도만이다. 또한 양적연구에서 연구 대상 혹은 피험자로 표현되는 참가자가 받게 되는 혜택은 금전적 보상 정도로 한정적이다. 실제 연구 과정에서도 연구윤리에 관한 내용은 매우 짧게 처리된다. 설문지 앞부분에 제시되는 연구자의 설명을 제외하면 연구윤리에 관한 내용이 강조되는 경우가 적다. 연구 대상의 익명성도 비교적 쉽게 보장할 수 있다. 연구 대상의 속성을 모두 수량적인 것으로 대체하면 되기 때문이다. 그들이 응답한 내용을 두세 번의 코딩 과정을 통해 데이터로 변환하면 개인적인 성향이나 특성이 모두 집단의 평균적인 경향에 맞추어지며 최종적인 연구 결과에서 각 개인을 알아볼 수 없다. 그러므로 양적연구에서는 연구자가 각 연구 대상에 대해 가진 책임 또한 그다지 크지 않다. 연구자에게 요구되는 덕목 역시 피험자의 복지를 생각하기보다는 최대한 많은 자료를 수집하고 그 속에서 원리나 법칙을 발견하는 것을 더 강조한다.

반면 질적연구에서는 연구자에게 윤리와 관련하여 아주 세심한 덕목을 요구한다. 구체적으로는 연구 참여자를 모집할 때 연구의 실제적인 내용과 절차를 자세히 묘사하는 것, 그들이 제공하는 정보를 어떻게 처리할 것인지에 대해 알려주는 것, 연구 중단과 거부에 대한 요소, 참여 혜택과 예상되는 불이익 등을 고지하는 것 등을 들 수 있다. 이러한 내용은 모두 윤리적 민감성의 주요한 요소이다.

이처럼 질적연구에서 윤리적 민감성을 강조하는 이유는 다음과 같이 제시할 수 있다. 첫째, 질적연구의 중요한 목적 중 하나는 연구 참여자의 개인적인 이야기를 드러내고 최대한 자세히 묘사하는 데 있다. 이러한 질적연구의 주관적인 특성은 분명 현장의 목소리와 실제적인 이슈를 드러내어 새로운 이론이나 논의 주제를 형성하는 데에는 유리하지만, 상대적으로 연구에 참여한 사람들의 삶에 개입하여 변화시키거나 위험에 빠뜨릴 가능성이 높아진다. 연구자가 연구 참여자의 복지에 개입하지 않는다면 연구에 문제가 발생할 소지가 커진다.

둘째, 각 개인에 관한 정보가 다른 연구 방법보다 훨씬 더 많이 드러난다. 아무리 개인의 신상 정보를 제거한다고 할지라도 연구에 참여한 사람이 간접적으로 유추되는 경우가 간혹 있다. 특히 생애사나 내러티브 탐구를 진행하는 경우 이러한 위험성이 더욱 커진다. 연구 논문의 경우 한 번 발표되면 영구적으로 그 내용이 기록되기 때문에 연구 참여자는 이러한 내용에 대해 민감하게 반응할 수밖에 없다. 만일 발표된 논문에 개인 정보가 포함된다면 일종의 개인 정보 유출 사건이 될 수도 있다.

셋째, 질적연구의 창의적이고 비판적인 연구 문제 또한 연구윤리와 밀접하게 관련되어 있다. 많은 연구 참여자는 연구자가 설정한 현상과 사건의 실제에 대해 이야기할 것을 요구받는다. 이는 대개 말하기 불편하고 어려운 내용인 경우가 많다. 동성애 연구, 조직이나 공동체의 모순, 발견하고자 하는 현상에 대한 문제점 지적을 예로 들 수 있다. 학술적으로 이러한 주제는 대단히 환영받지만 대신 연구 참여자가 어렵게 이야기한 내용이 유출되거나, 연구 과정 또는 결과가 사전에 발표된다면 큰 문제가 발생할 수도 있다. 또 다른 경우로, 연구 참여자가 연구윤리의 보장에 불안을 느껴 거짓말을 하거나 극단적으로는 연구에 참여하지 않을 수도 있다. 따라서 연구 참여자에 대한 복지와 안녕의 보장은 결국 좋은 연구 결과를 도출하는 데 가장 중요한 역할을 한다.

이러한 특성에 따라 질적연구에서는 윤리적 민감성이 뛰어난 연구자가 좋은 연구 결과를 도출할 가능성이 높다. 연구 참여자가 연구자의 연구윤리 보장 절차에 대해 완전히 신뢰하는 경우 쉽게 말하기 어려운 비밀스러운 이야기를 해줄 수도 있다. 또한 연구 과정 전체에 더 적극적으로 참여하고 자신의 의견을 개진하기도 할 것이다. 즉 질적연구자에게 윤리적 민감성은 자료에서 결론을 이끌어내는 능력만큼이나 중요한 것이라고 할 수 있다.

윤리적 민감성은 고정된 능력이 아니라 연구를 계속 해나가면서 성장시킬 수 있는 역량과 같은 특성을 지니고 있다. 따라서 연구자가 직접 다양한 연구 과정을 체험하면 자연스럽게 윤리적 민감성이 성장한다. 다만 직접적으로 질적연구에서 중요하게 다루어지는 윤리적인 요소를 잘 다루기 위해서는 다음의 세 가지 요소를 주의 깊게 살펴볼 것을 권한다.

[그림 7-2] 질적연구에서 윤리적 민감성 기르기

첫째, 연구 참여자에게 연구의 목적과 구체적인 내용을 설명하는 부분에 잘못되었거나 오해할 만한 것이 있는지 확인하는 습관을 길러야 한다. 질적연구에서 연구 참여자가 도중에 그만두거나 포기하는 이유 중 하나는 생각했던 연구와 전혀 다른 방향으로 진행되는 데 있다. 연구에 대한 연구자의 설명이 미흡할 경우 연구 참여자는 계속적으로 연구의 중요한 목적과 방향에 대해 의심할 수밖에 없다. 연구자는 단순히 연구 참여자를 관리하고 그들에게서 자료를 추출하는 역할만 수행해서는 안 된다. 끊임없이 라포를 형성하고 그들의 안녕과 복지에 대해 진지하게 고민해야 한다. 가장 기초적인 절차는 연구 참여자가 연구의 실제적인 목표와 절차를 명확하게 이해하도록 도와주는 것이다.

둘째, 연구 참여자의 동의 여부를 여러 번 확인해야 한다. 연구 참여자는 생각보다 연구를 거부하는 것을 어려워한다. 따라서 완곡하고 호의적인 분위기에서 언제든지 연구 철회를 할 수 있고 연구 내용에 대해 질문할 수 있다는 사실을 알려주고 이를 실천해야 한다. 한편으로는 연구 참여자가 연구에서 큰 역할을 수행할 수 있으며 매우 중요한 사람이라는 사실을 끊임없이 알려줄 필요도 있다. 그들이 연구를 시작할 때부터 일종의 책임감과 보람을 가지게 된다면 연구에의 참여를 보장받을 수 있을 것이다.

셋째, 연구 결과를 연구 참여자에게 숨겨서는 안 된다. 이는 가장 중요한 내용이기도 하다. 일반적으로 연구 결과를 연구 참여자에게 제공하는 것은 타당도 측면에서만 이야기되고 있지만 사실 이것은 연구윤리적인 측면에서도 중요한 요소이다. 연구자가 수집한 자료로부터 나름대로의 결론을 도출한 뒤에 그 내용을 보여주면 연구 참여자는 자신의 이야기에서 어떤 내용이 나왔는지 확인함과 동시에 공개되기를 원치 않는 부분을 발견하고 삭제할 것을 요청할 수 있다. 연구 참여자가 연구 결과를 제공해달라고 말하기가 실제적으로 어렵기 때문에 연구자가 스스로 이러한 내용을 제시할 필요가 있다.

2. 다양한 윤리 지침 숙지하기

기본적으로 연구에서 윤리적인 측면을 중요하게 생각하는 전통이 있었다. 특히 의학과 과학 분야의 인간을 대상으로 하는 연구에서 이러한 생각이 강조되었다. 근대와 현대에 인간 대상 연구에서 실험에 참가한 사람들에게 피해를 입히거나, 속이는 방법을 사용하여 주목할 만한 연구 결과를 도출하는 실험이 이루어져 사회와 국가 전체적으로 큰 충격을 불러일으켰다. 이를 방치할 경우 인간을 대상으로 하는 연구 자체가 불가능해졌기에 대학, 학계, 국가 차원에서 연구윤리를 어떻게 지켜야 할 것인지 규정할 필요가 생겨났다. 이러한 내용이 질적연구 분야에도 적용되었다. 특히 연구의 흐름과 분위기를 주도하는 연구 방법론 학회에서 자체적인 기준을 제작하여 제공하기 시작했다.

이에 여기서는 미국인류학회의 윤리 헌장, 미국심리학회의 지침, 오하이오주립대학교의 연구윤리 규정, 서울대학교의 지침 등 여러 윤리 자료를 종합하여 그중에서도 가장 많이 등장하고 중요한 것으로 인정되는 항목을 제시하고자 한다. 여기에 제시된 윤리 규정을 잘 확인하여 자신의 연구윤리 기준을 확립할 때 참고하기 바란다. 다음은 연구자가 반드시 알아야 하는 윤리 지침을 보여준다.

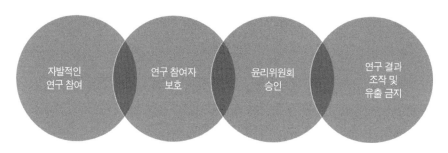

[그림 7-3] 핵심적인 윤리 지침

가. 자발적인 연구 참여

연구에 참여하는 사람들이 온전히 자발적으로 그 의사를 밝혀야 한다는 내용은 거의 모든 윤리 규정에 등장할 만큼 중요한 기준으로, 질적연구자가 반드시 알고 연구 계획서에 포함해야 한다. 이 규정의 핵심은 사람들이 강요나 의무 때문에 연구에 참여하는 일이 없어야 한다는 데 있다. 학술적인 연구에 참여하는 것은 기본적으로 자유 의지에 따라 결정된다. 연구에 반드시 참여해야만 하는 경우는 존재하지 않는다. 따라서 연구 참여자에 대한 배려 없이 임의로 연구 참여 여부를 결정하는 것은 인권과 자유권을 심각하게 침해하는 행위이다. 질적연구자는 연구 참여자로부터 연구 참여에 대한 동의를 받아야만 연구를 실시할 수 있다. 동의를 얻을 때는 〈표 7-1〉의 요소를 모두 포함하는 것이 좋다.

자발적 참여를 위한 연구 동의에 필수적인 내용은 모두 연구 참여자가 스스로 연구에 참여할지를 결정하는 데 도움을 제공하는 핵심적인 요소이다. 우선 연구의 예상 기간을 제시함으로써 그들이 얼마만큼 연구에 몰입해야 하고 각각의 시기에 어떤 도움을 제공해야 하는지 예상하도록 하는 것이 중요하다. 연구에 자신의 시간을 소비하기 때문에 이에 대한 내용을 미리 제시할 필요가 있다. 그다음으로 연구를 하고 싶지 않을 때 언제

〈표 7-1〉	자발적 참여를 위한 연구 동의에 필수적인 내용

연구 목적, 예상되는 기간 및 절차
연구에 참여하거나 중간에 그만둘 수 있는 권리
연구 참여를 거부하거나 그만두었을 때 예상되는 결과
잠재적 위험, 고통, 또는 해로운 영향
연구에 참여함으로써 얻을 수 있을 것으로 예상되는 이득
비밀 보장의 한계 등

든지 그만둘 수 있으며 그로 인한 페널티가 없다는 점을 강조해야 한다. 연구 참여자들은 대부분 한 번 연구에 참여하면 연구가 종료될 때까지 나갈 수 없다고 생각하는 경향이 있다. 그러한 죄책감에서 벗어나도록 만들어주는 것은 연구자의 의무이다. 한편으로는 연구에 대한 심리적 부담감을 덜어주어 자발적인 참여를 높이는 방향으로도 작용할 수 있다. 잠재적 위험이나 연구로 인해 발생할 수 있는 부작용과 이득을 설명하는 것은 연구 참여자가 연구에 참여했을 때 어떤 마음의 준비를 해야 할지 알려주기 때문에 중요한 요소이다. 또한 연구의 한계를 설명하는 것도 도움이 된다. 연구자가 모든 내용을 완벽하게 보장할 수 없기 때문에 질적연구가 지니고 있는 연구의 본질적인 한계성을 제시하는 것은 연구자의 책임감을 보여주는 하나의 증거가 된다.

그리고 연구자는 자료 수집을 위해 연구 참여자의 음성이나 영상이 필요한 경우에도 기록하기 전에 반드시 연구 참여자에게 별도의 동의를 받아야 한다. 그들이 행동하는 모습이나 말소리 등은 일종의 인체 유래물이다. 따라서 본질적인 소유권은 연구 참여자에게 있다. 각각의 내용을 모두 연구 참여자에게 제공한 뒤 참여 여부를 확인해야 한다.

이 규정은 모든 연구자에게 적용될 만큼 보편적이고 일반적인 것이다. 자발적인 연구 동의 없이는 질적연구가 시작될 수 없다. 더 나아가 강요나 권위에 따른 연구 참여도 이루어져서는 안 된다. 만약 그렇게 연구가 이루어진다면 제대로 된 연구 결과를 얻을 수 없을 것이다. 연구 참여자가 연구자를 신뢰하지 않고 제대로 된 연구 정보를 제공하지 않을 것이 분명하기 때문이다. 따라서 모든 질적연구자는 자발적인 연구 참여가 보장되도록 노력해야 한다.

나. 연구 참여자 보호

연구 참여자를 보호하는 것은 자발적인 연구 참여만큼 중요한 윤리 규정이다. 질적연구

자는 연구 과정을 진행하는 것과는 별도로 연구에 성실히 참여하는 학생, 일반인, 환자, 업무 담당자 등 자신이 보살펴야 하는 연구 참여자가 연구로 인해 피해를 입지 않도록 계속적으로 주의를 기울여야 한다. 구체적으로 다음과 같은 조치를 취할 필요가 있다.

첫째, 차별을 금지한다. 차별을 유발하는 요소로는 성별, 인종, 계급(겉으로 드러나지 않는 사회적, 경제적 배경) 등이 있다. 연구 참여자가 연구 과정 중에 차별을 경험한다면 연구의 의도나 결과와는 관계없이 그들에게 돌이킬 수 없는 상처를 입히게 된다. 따라서 이러한 요소를 적극적으로 찾아내어 연구에 영향을 끼치지 않고 참여자가 느끼지 못하도록 철저히 점검해야 한다.

둘째, 연구 참여에 대한 보상이 일종의 강요나 선택권 제한에 대한 논란을 일으키지 않도록 세심한 주의를 기울인다. 연구에 참여하는 것에 대해 적절한 보상을 하는 것은 연구자의 당연한 의무이다. 그러나 연구 참여에 대한 강요로 인식될 정도로 과도한 보상을 제공하는 것은 적절하지 않다. 일반적인 통념을 넘어서는 금전적인 보상을 하거나, 연구 참여의 조건으로 학점이나 성적을 보장하는 것을 예로 들 수 있다. 이 경우 연구 참여자는 일종의 약자로 연구에 참여하게 되므로 이후 연구 과정에서 자신의 의견을 제대로 표현하지 못할 수도 있다. 질적연구자는 연구의 보상을 합리적인 수준으로 결정해야 할 의무가 있다.

셋째, 속이는 것을 금지한다. 몇몇 연구에서는 연구 참여자를 기만하거나 가짜 정보를 제공하여 자료를 수집하는 경우가 있다. 이 경우 연구 참여자가 나중에 알게 된 내용을 바탕으로 문제를 제기한다면 연구의 의도와는 상관없이 큰 논란을 불러일으킬 수 있다. 특히 심리학이나 사회학 분야의 연구에서 참여자의 진실된 반응과 행동을 보기 위해 이러한 방법을 사용하는 경우가 종종 있었다. 연구의 윤리적 정당성을 획득하기 위해서는 이러한 방법을 사용하지 않는 것이 좋다. 만일 연구의 특성상 불가피하게 이러한 방법을 일부 사용했을 때는 자료 수집이 완료되기 전 연구 중간에 연구 참여자에게 내용을 설명하여 연구 자료를 폐기할 수 있는 기회를 주어야만 한다.

넷째, 연구 참여자가 제공하는 정보를 연구자의 개인적인 목적으로 활용하지 않는다. 연구 참여자가 제공하는 정보는 연구에 필요한 것 이외에도 다양한 내용을 담고 있다. 특히 녹음된 자료를 전사하거나 행동 자료를 분석하면서 그러한 내용을 우연히 관찰하게 된다. 연구자는 연구 이외의 내용에 흥미를 느끼고 그것을 개인적으로 사용하려는 욕구에 빠질 수 있다. 하지만 이는 엄연한 개인 정보 유출이며 반드시 지양해야 한다. 질적연구자는 연구 참여자의 정보 보호를 위해 연구 이외의 내용을 점검하고 파기하여 이러한 문제를 사전에 방지해야 한다.

다섯째, 연구 참여자의 신상을 유추할 수 있는 정보를 모두 제거해야 한다. 연구 논문은 영구적으로 보존되는 기록물이기 때문에 그들의 신상이 노출될 경우 곤란해질 수도 있다. 한편으로는 연구 참여자의 정보가 노출되면 연구 결과를 해석하는 데 영향을 받을 수도 있다. 가령 연구 참여자에 사회적으로 유명한 인물의 정보가 포함되는 경우, 그 연구는 연구의 정당성이나 결과의 참신함 등과 같은 요소보다는 연구 참여자 때문에 관심을 받게 될 것이다.

다. 윤리위원회 승인

연구윤리위원회의 승인을 받는 것은 최근에 매우 강조되고 있는 지침이라고 할 수 있다. 과거에는 인간에 직접적으로 실험을 가하는 의생명공학이나 심리학에서만 의무적으로 윤리위원회의 심의를 거쳤지만, 오늘날 일부 문헌 연구 및 이론 연구를 제외한 거의 모든 연구는 윤리위원회의 검증을 거치도록 의무화되어 있다. 특히 일부 학계에서 중요한 윤리 위반 사건이 발생한 이후 이러한 경향은 점점 더 확대되고 있다.

지금은 각 학술 기관마다 고유한 역할을 수행하는 연구윤리위원회가 설치되어 있어 연구윤리와 관련된 심사를 받기가 훨씬 수월해졌다. 또한 언제든지 편리하게 윤리 문제에 관한 도움을 받을 수도 있다. 따라서 윤리위원회에 연락을 취할 수 있는 다양한 방안을 미리 알아놓는 것이 좋다.

연구 수행 시 기관의 승인이 필요할 때, 연구자는 연구를 수행하기 전에 연구 계획에 대한 정확한 정보를 제공하고 승인을 얻어야 한다. 또한 승인된 연구 계획안대로 연구를 수행해야 한다. 그리고 모든 심의의 내용과 결과를 연구 논문에 자세히 설명하여 윤리적으로 문제가 없는 연구임을 공식적으로 증명해야 한다. 자세한 내용은 뒤의 IRB 승인 절차에서 설명하겠다.

라. 연구 결과 조작 및 유출 금지

마지막으로 제시할 연구윤리 지침은 질적연구자의 사회적 책임을 강조하는 대목이다. 양적연구자와 마찬가지로 질적연구자도 매력적인 연구 결과를 도출하기 위해 데이터를 수정하려는 유혹에 빠지기 쉽다. 더욱이 같은 자료를 바탕으로 분석할지라도 각기 다른 결과를 도출하는 것이 가능한 질적연구에서는 자료의 의도를 곡해하거나 연구 참여자의 이야기를 조작하여 본래 의도와는 전혀 다른 새로운 결과를 만들어내는 경우가 많다. 하지만 이는 연구윤리를 위반하는 행위일 뿐만 아니라 질적연구의 신뢰성을 떨어뜨리는 중대한 오류이기도 하다.

기본적으로 연구자는 수집한 자료로부터 결론을 이끌어내는 철저한 귀납적 방법으로 연구를 진행할 필요가 있다. 그리고 연구 결과에 수정이 필요한 경우에는 성찰과 반성 과정을 통해 연구 문제와 도구를 수정하고 임의로 연구 결과를 바꾸지 않는다.

또한 미리 연구의 결론을 세워놓고 연구 참여자의 발언을 유도하는 연구 방식도 지양해야 한다. 이는 연구 참여자의 주체적이고 적극적인 연구 참여 의식을 저해하고 연구 결과의 신뢰성을 떨어뜨리는 주요한 원인이다. 한편으로는 연구 참여자를 속이는 행위이기도 하다. 따라서 이러한 연구자 편의적인 연구 방법을 사용하지 않도록 유의해야 한다.

마지막으로 자신 혹은 타인의 연구 결과를 유출하지 않도록 주의한다. 연구가 완료되기 전에는 연구 참여자가 언제든지 연구를 철회하거나 연구 내용을 바꿀 가능성이 있다. 따라서 연구 도중에 결과를 발표하거나 그 내용을 출판하면 결과적으로는 연구 참여자와의 윤리 규정을 위반하는 것이다. 따라서 완전히 연구가 종료되고 연구 참여자가 출판 허락을 한 뒤에 연구물을 제출하는 것이 좋다. 그리고 동료 연구자의 연구 과정에서 나타난 결과가 참신하다고 생각하여 다른 곳에 알리는 일도 없어야 한다.

3. 연구 계획서 작성 단계에서 포함해야 할 지침

연구윤리 계획서는 일반적인 연구 계획서와는 다른 측면을 강조한다. 주로 연구 주제와 관련하여 어떻게 연구 참여자를 섭외할 것인지, 그리고 연구 참여자를 어떤 절차와 방법을 사용하여 보호할 것인지를 구체적으로 기술하는 것을 특징으로 들 수 있다. 예상되는 연구 결과나 이론적 배경 등이 기술되지는 않지만 연구윤리 계획서는 질적연구에서 중요하게 여겨지는 타당도와 진실성을 예측할 수 있게 한다는 점에서 중요하게 다루어진다. 또한 연구윤리 계획서는 IRB에 제출할 기초적인 심의 자료를 생성하는 역할을 한다. 이처럼 연구윤리 계획서는 질적연구자가 윤리적 민감성을 확인할 수 있는 실증적인 자료이자 연구의 가이드이다.

연구윤리 계획서에 반드시 포함되어야 하는 요소를 제시하면 다음과 같다. 이러한 요소를 꼼꼼히 확인하고 내용을 충실히 작성할 것을 권한다.

가. 연구의 배경과 목적

연구의 간략한 배경과 동기를 설명한다. 이 연구가 인간을 대상으로 이루어질 가치가 있다는 사실을 제시하면서 정당성을 획득한다. 특히 여기서는 연구에 대해 상황적인 설명을 추가하면 좋다. 문화기술지 연구의 상황에서 연구하고자 하는 새로운 국가 혹은 문화적 배경에 대한 수량적, 사실적 정보를 제공하는 것을 예로 들 수 있을 것이다. 문화적 특성과 기준의 경우 지역이나 시간에 따라 달라지는 속성이 있으므로 이러한 내용을 연구의 배경 부분에서 최대한 자세히 기술해야만 윤리적인 판단을 실시할 수 있다.

나. 연구 기관 및 연구 지원 기관에 대한 사실적인 정보

실제 연구가 이루어지는 장소나 기관의 물리적인 정보를 소개한다. 연구 기관의 특성에 따라 연구의 특성이 달라지고 고려해야 할 내용도 조금씩 차이가 난다. 따라서 연구를 책임지는 상위 기관의 정보를 제시하는 것이 중요하다.

　　또한 연구를 재정적, 인적으로 지원하는 기관의 정보도 포함한다. 사회과학 연구에서 중요한 학술적 판단이 외부적인 압력이나 권위에 의해 일어나는 경우가 있다. 따라서 지원을 받은 기관을 명시하고 구체적으로 어떤 지원을 받았는지 제시하는 것만으로도 대부분의 문제를 해결할 수 있다. 더 나아가 어떻게 그 기관의 지원을 받게 되었는지를 기술하는 것도 가능하다.

다. 연구자 정보

연구윤리와 관련하여 가장 중요한 연구자의 정보를 입력한다. 개인 연구의 경우 연구자 본인의 내용만 기술하면 되지만, 공동 연구의 경우 모든 연구자의 정보도 입력해야 한다. 연구자의 정보와 인적 사항을 기술하는 것은 연구윤리 보장 측면에서 연구진의 책임을 강조하는 의미가 있다.

라. 연구 참여자에 관한 정보

연구윤리 계획서 중에서 가장 많은 분량을 차지하는 부분이다. 구체적으로는 다음과 같은 내용을 제시해야 한다. 첫째, 연구 참여자의 선정 기준과 제외 기준을 분명하게 설명한다. 둘째, 잠재적인 연구 대상자의 선정에서 고려되는 범위(나이, 성별, 사회적·경제적 요인 등)를 서술한다. 셋째, 연구 동의를 하는 데 어려움을 겪는 사람들을 어떻게 배려할 것인지이다. 이러한 내용을 인과관계에 근거하여 제시함으로써 특정 연구 참여자를 섭외하게 된 계기와 이유에 대해 논리적으로 설득한다.

마. 연구 참여자 모집과 동의 절차

연구에 참여한 사람들을 어떻게 모집하게 되었는지 그 과정을 서술하고 그들의 신상을 보호하기 위해 어떤 조치를 취했는지를 밝힌다. 모집 방법에는 다양한 조건이 있다. 공개적인 광고부터 개인적인 친분을 활용하는 것까지 그 범위가 다양하다. 실제 활용한 방법을 제시하고 거기서 도출된 윤리적 이슈를 논의하면 좋다.

한편 연구 참여 동의 절차와 관련해서는 서면 동의의 내용과 방법을 제시하고 예비 연구 참여자에게 연구의 목적과 내용을 어떻게 설명할 것인지를 기록해야 한다.

바. 연구의 부작용과 이익

질적연구를 통해 반드시 좋은 결과만 도출될 것이라고 확신할 수는 없다. 연구 참여자는 대개 스스로 말하고 싶지 않은 이야기를 하거나 비밀스러운 이야기를 하면서 심리적인 불안감과 의구심을 호소한다. 또한 연구가 발표되었을 때 겪게 되는 부정적인 상황도 있을 것이다. 또는 위험하지는 않더라도 불편함을 끼칠 수 있는 요소도 존재한다. 연구를 위해 개인적인 스케줄을 확보하고 일정 시간 동안 면담이나 관찰을 진행해야 하는 경우도 있다.

다른 한편으로는 연구를 통해 얻을 수 있는 이익도 상세히 기술한다. 질적연구는 연구 참여자의 발달과 성숙도 강조하는 연구 방법론이다. 따라서 연구 참여자에게 이러한 내용을 자세히 설명해주는 것이 중요하다. 금전적인 이익뿐만 아니라 삶에서의 변화를 드러냄으로써 연구의 강점을 적극적으로 알려주는 것이 필요하다.

사. 개인 정보 수집 및 처리에 관한 내용

마지막으로 자료를 안전하게 보관하는 방법에 대해 논의하는 것이 좋다. 연구 참여자의 정보를 어떻게 수집할 것인지, 그리고 수집한 자료를 어디에 보관할 것인지를 명료하게 제시한다. 구체적인 개인 정보 보존 기간을 설정하는 것도 좋은 방법이다. 최근에는 대부분의 자료를 PC의 하드디스크나 온라인 공간에 저장하는 경우가 많아짐에 따라 자료를 백업하고 폐기하는 절차를 상세히 묘사할 필요성이 커지고 있다.

4. 연구자가 속한 대학/기관의 IRB 확인하고 신청하기

네 번째 단계는 생명윤리심의위원회(IRB)에 연구의 개요를 설명하고 승인을 받는 절차이다. 각 대학의 IRB에 연구 계획을 검토받는 것은 본격적인 연구를 수행하기 위해 반드시 거쳐야 하는 필수 요건이다. 앞서 윤리적 민감성과 윤리 지침을 확인했다면 도출된 결과를 바탕으로 연구윤리 계획서를 작성하고 IRB에서 중요하게 파악하는 내용을 중심으로 정리하여 제출한다. IRB는 거의 모든 연구 기관에 설치되어 있으며, 여기서는 대표적으로 서울대학교의 IRB 규정을 소개한다.

〈표 7-2〉	서울대학교 생명윤리심의위원회 설치 규정

제21조 생명윤리심의위원회의 심의
- 인간 대상 연구는 서울대학교 생명윤리심의위원회에 연구 계획서를 제출하여 승인을 받은 후 시작하여야 한다.
- 서울대학교 소속 교원, 직원 및 학생을 대상으로 하는 연구의 경우에도 제1항의 규정과 같다.
- 서울대학교 생명윤리심의위원회는 적절한 절차에 따라 독립적으로 심의하고 연구 과정을 감독하여야 한다.

제22조 관계 법령의 준수
- 그 밖의 사항에 관하여는 생명윤리 및 안전에 관한 법률 등 관계 법령을 준수하여야 한다.

위의 표에서는 생명윤리심의위원회(IRB)에 관한 내용을 확인할 수 있다. 연구를 실시하고자 하는 모든 연구자에게 IRB의 심의를 반드시 받도록 규정에 포함하고 있다. 이를 통해 연구에 문제가 되는 요소를 사전에 점검하고 예방하여 연구의 질을 높이려는 의도이다.

질적연구는 주로 수집하는 자료가 대화, 면담 결과, 행동 양식, 문서와 산출물 같은 것이다. 이러한 자료는 대개 연구 참여자가 직접 작성한 것이기 때문에 직접적으로 인간을 대상으로 하는 연구와 동등한 수준의 윤리를 지킬 것을 요구받는다. 특히 연구 참여자의 권리를 지킬 필요가 생겨나면서 이러한 경향이 더욱 강화되고 있다. 이제 거의 모든 질적연구자는 연구를 시작하기 전에 소속 기관의 IRB에 연구 계획을 알리고 검토를 요청해야 한다. IRB에는 각 대학에서 연구 방법론 측면의 가장 유능한 연구자들이 배정되어 각 연구의 윤리적 문제를 검토한다. 최종적으로 IRB의 승인이 난 이후에 연구가 공식적으로 개시될 수 있다.

이러한 IRB의 운영 절차는 다음과 같이 정리할 수 있다.

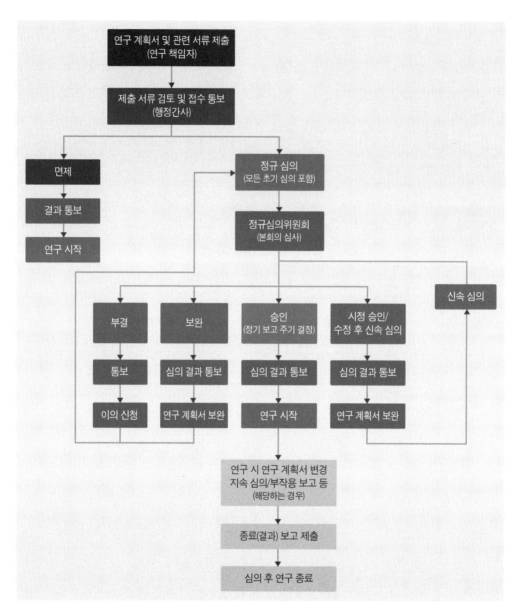

[그림 7-4] 생명윤리심의위원회(IRB)의 심의, 운영 절차

일반적으로 IRB는 기관의 규모에 따라 월 1회 혹은 연 2~4회 등으로 나누어 개최된다. 매우 작은 연구 기관의 경우 정기적으로 개최하지 않고 연구 논문이 제출될 때마다 수시로 심사를 진행하기도 한다. 따라서 소속 기관의 IRB 운영 시기를 미리 알아놓으면 도움이 된다. 정기적으로 개최되는 경우 그 시기를 놓치면 다음 IRB까지 연구를 진행하

지 못하는 상황이 벌어질 수도 있기 때문이다.

　한편 연구 계획서를 제출하는 것만으로 윤리 심의 절차가 완료되는 것은 아니다. 심의위원회는 각 연구자의 계획서를 면밀히 검토하여 서류상 미흡한 점과 연구로 인해 발생할 가능성이 있는 문제를 규명한 뒤 그 내용을 연구자에게 전달한다. 연구자가 심의 내용을 확인하고 이에 대한 응답이나 보완 사항을 정리하여 다시 제출한 뒤 IRB에서 연구에 대해 공식적으로 승인하면 심의 절차가 마무리된다.

　연구가 본격적으로 시작된 뒤에도 연구윤리와 관련된 점검 절차가 아직 남아 있다. 연구가 진행되는 과정에서 문제가 발생하지 않는지 IRB에서 분기별로 점검하는 경우가 있다. 연구자는 이러한 질문 내용에 성실히 응답하고 연구가 마무리될 때까지 연구 참여자를 보호한 내용을 기술해야 한다. 또한 연구 결과가 도출되고 그 내용을 최종적으로 IRB에서 검토하여 완전히 마무리되어야만 연구 과정도 종료될 수 있다.

　최종적으로 연구윤리 심의를 위해 IRB에 제출해야 하는 서류는 다음과 같다.

〈표 7-3〉　IRB에 제출하는 서류

과정	제출 자료
초기 심의	연구 계획서 연구 참여자 모집 광고문 연구 참여자용 설명문 및 동의서 생명윤리 준수 서약서 연구비 수주 내역(연구비를 지원받을 경우)
재심의	IRB 수정 및 보완 요청에 따라 수정된 서류 심의 의견에 대한 답변서 기타 요청 자료
지속 심의	연구 과정 점검표 2년 차 연구 계획서 1년 차 연구 결과 보고서 1년 차 관련 서류(연구 동의서 사본, 설문지, 수집 자료 등)
변경 심의	변경 대조표 및 변경된 서류 목록
종료 보고	종료 보고서 연구 참여자 동의 서명을 포함한 동의서 사본 연구 참여자에게 직접 사용한 설문지 연구 결과 정리 서류

최근에는 IRB의 운영이 온라인으로 진행되고 있어 모든 연구자는 심의 과정과 결과를 편리하게 확인하고 수정할 수 있게 되었다. 앞에 제시한 서류 역시 온라인으로 제출함으로써 절차상의 번거로움이 많이 해소되었다.

5. 참여자 연구 동의서 받기

연구윤리 실천의 다섯 번째 단계는 연구 동의서를 작성하는 것이다. 연구 참여자에게 연구의 개요와 실제적인 절차에 대해 설명하고 연구 동의서를 작성하여 서로 교환함으로써 연구의 준비 단계를 마치게 된다. 다음의 예시를 잘 살펴보고 자신의 연구에 가장 알맞은 연구 동의서 양식을 만들어보기 바란다.

연구 참여자용 설명서 및 동의서

연구 과제:

연구 책임자: 성명(소속/지위)

이 연구는 (연구 설명)에 관한 연구입니다. 귀하는 (선정 이유) 때문에 이 연구에 선정되었습니다. 연구의 세부적인 사항에 관해서는 ○○○ 연구원이 상세히 설명해줄 것입니다. 이 연구는 자발적으로 참여 의사를 밝히신 분에 한하여 수행됩니다. 따라서 귀하께서는 참여 의사를 표시하기 전에 이 연구가 수행되는 이유와 그 과정에 대해 이해하실 필요가 있습니다. 다음 내용을 신중히 읽어보고 참여 의사를 밝혀주시기 바랍니다.

1. 이 연구는 왜 실시합니까?

연구의 목적은 다음과 같습니다.

2. 어떤 사람들이 참여하게 됩니까?

약 ○○명의 사람들이 참여하며 이들은 대부분 ○○ 직장에 다니고 있고 ○○한 특징을 지니고 있습니다.

3. 연구 과정은 어떠합니까?

• 연구를 위해 ○○시간에 걸쳐 ○○회의 심층 면담이 이루어지게 됩니다.

- 자신의 행동과 관련하여 성찰 일지를 작성할 것을 요청받을 수도 있습니다.
- 비디오를 활용하여 연구 참여자분의 행동을 관찰하게 될 것입니다.

4. 연구 참여 기간은 얼마입니까?

- 약 ○○시간/일이 소요될 것입니다.
- ○○개월의 기간 동안 ○○번 정도 만나게 됩니다.
- 수시로 요청을 드릴 것입니다.

5. 참여 도중에 그만두어도 됩니까?

귀하는 언제든지 어떠한 불이익 없이 참여 도중에 그만둘 수 있습니다. 만일 귀하가 연구에 참여하는 것을 그만두고 싶다면 담당 연구원이나 연구 책임자에게 즉시 말씀해주시기 바랍니다.

6. 부작용이나 위험 요소는 무엇입니까?

귀하가 들려주시는 삶과 생활에서의 이야기를 통해 누군가는 귀하가 누구인지를 추측할 수도 있습니다. 또한 연구에 참여하면서 심리적으로 불편한 상황을 겪게 될 것으로 예측됩니다. 비디오를 촬영하는 것은 감시받는다는 느낌을 받게 될 수 있습니다. 또한 연구자는 귀하의 직장에서의 행동 양식에 대해 부정적인 요소를 지적할 수도 있습니다.

7. 참여자에게 이득이 있습니까?

귀하가 이 연구에 참여해주신다면 연구 과정을 통해 삶과 경험 속에서 자신의 진정한 이해를 발전시키는 데 도움을 받으실 수 있을 것입니다. 특히 연구자가 탐구하고자 하는 ○○와 관련해서 중요한 정보를 연구자와 공유하실 수도 있습니다.

8. 이 연구에 참여하지 않는다면 불이익을 받게 됩니까?

전혀 없습니다. 귀하는 본 연구의 참여를 거부할 권리가 있습니다.

9. 개인 정보는 어떻게 처리됩니까?

연구에서 개인 정보는 모두 비밀로 처리됩니다. 이름은 가명으로 나타나고 사진은 모자이크 처리됩니다. 이는 논문이 발표된 이후에도 마찬가지입니다. 다만 법이 요구할 경우에는 제공될 수도 있습니다.

10. 연구에 참여하면 대가가 지급됩니까?

- 모든 연구 참여자에게는 교통비 실비 및 사례금 ○○원을 지급할 것입니다.
- 본 연구의 참여에 대한 대가는 제공되지 않습니다.

11. 연구에 대한 문의는 어떻게 해야 합니까?

연구에 대한 질문이 있거나 문제가 발생했을 때에는 ○○로 연락주시기 바랍니다.

위 사항을 모두 확인한 후 연구에 참여를 원한다면 이름을 써주시기 바랍니다.

첫째, 나는 이 설명서를 읽었습니다.

둘째, 모든 연구의 내용을 연구원에게 설명받았습니다.

셋째, 나는 이 연구에 참여할 것을 동의합니다.

이름:

6. 현장 작업에서 연구윤리 지키기

일반적으로 연구윤리는 연구가 시작되기 전과 초반에 집중되어 있다고 생각하기 쉽지만 연구윤리는 모든 과정에서 일어난다. 그중에서도 실제로 가장 많이 신경 써야 하는 부분은 자료를 수집하고 분석하는 단계라고 할 수 있다. 그때 연구 참여자와 활발한 의사소통이 일어나기 때문이다. 연구자는 그들로부터 얻어낸 자료를 직접 읽어보고 해석하는데 이 과정에서 자신도 모르는 사이에 연구윤리를 위반하는 경우가 많다. 깊이 주의를 기울이지 않는다면 이러한 내용은 추후 연구를 발표하거나 점검할 때 연구의 취약점으로 지적받을 가능성이 높다.

또한 실제 현장에서 연구윤리는 일종의 매너로서, 연구 참여자는 연구의 전반적인 분위기와 인상을 형성하기 때문에 실증적이고 철학적인 연구의 본질을 찾는 작업의 성공을 좌우하는 결정적인 역할을 수행한다. 이에 실제 현장 작업에서 지켜야 할 연구윤리와 매너를 알아둘 필요가 있다. 여기서는 크게 다섯 가지 요소를 제시한다([그림 7-5] 참조).

가. 심층 면담에서의 연구윤리

심층 면담은 연구 참여자의 생각이나 가치관에 대해 가장 효과적으로 파악할 수 있는 방법이지만, 한편으로는 질적연구에서 윤리적으로 가장 많은 문제가 발생하는 방법이기도 하다. 왜냐하면 이 방법은 모든 개인 간, 집단 간의 대화를 바탕으로 하기 때문이다.

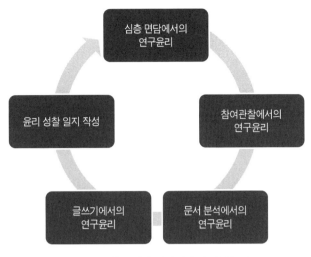

[그림 7-5] 현장 작업에서의 연구윤리

　　모든 연구 참여자는 자신이 말한 내용이 모두 연구의 기반 자료로 사용되며 누군가가 그것을 다시 듣고, 읽고, 해석한다는 사실에 일종의 두려움을 느끼게 된다. 물론 대부분은 이러한 위험성을 충분히 인식하고 연구자에게 신뢰감을 가지며 연구에 적극적으로 참여하지만, 일부 연구 참여자는 자신이 이야기한 내용이 과연 적절하게 사용되는지 의구심을 가지고 연구에 소극적으로 임하거나 심지어는 참여를 거부하기도 한다. 이에 따라 심층 면담에서 지켜야 할 윤리적 요소가 존재한다.

　　첫째, 면담 시작 전 녹음 및 기록에 대한 동의를 얻어야 한다. 특히 녹음의 경우 많은 사람이 민감해하는 것 중 하나이다. 자신의 이야기가 전부 기록으로 남는다는 사실에 거부감을 가지기도 한다. 따라서 녹음의 범위, 사용 목적 등과 관련된 요소를 상세히 알려주고 연구 참여자가 녹음 자료의 사용에 대해 완전히 안심할 수 있도록 도와주어야 한다. 특히 최근 이루어지고 있는 개인 정보 보호 절차와 관련된 내용을 미리 고지하고 녹음 파일에 동의 여부를 함께 저장하면 좋다.

　　둘째, 개인적으로 민감한 질문을 제시하기 전 혹은 제시하는 도중에 연구 참여자의 심리적 상태를 지속적으로 점검해야 한다. 연구자가 연구에 너무 몰입한 나머지 연구 참여자의 기분을 살피지 않고 여러 가지 질문을 던지는 경우가 있다. 심층 면담 역시 일종의 대화 과정이므로 서로 간의 신뢰와 배려가 반드시 필요하다. 특히 면담 과정에서는 연구 참여자가 일상생활에서는 하지 못했던 여러 가지 숨겨진 이야기를 하기도 하는데, 이때 어느 정도의 스트레스와 심리적 불안을 경험할 수 있다. 따라서 연구자는 그들의 상태를 계속 세심하게 살피고 그들이 하는 이야기에 정말로 집중하고 있다는 것을 알려주어야 한다.

셋째, 연구자는 연구 참여자에게 특정한 주제나 신념에 대해 지지하도록 강요하거나 압박해서는 안 된다. 심층 면담에서 연구 참여자는 자신의 사상이나 사고를 솔직하게 드러내도록 노력해야 한다. 하지만 많은 질적연구에서 그들은 연구자의 의도적, 비의도적 행동과 말에 영향을 받아 자신의 의도대로 말하지 못하는 경우가 종종 있다. 연구자가 연구 결과를 미리 단정 짓고 응답을 요구하거나 연구 참여자의 이야기에 반론을 제기하는 경우 이러한 경향이 심해진다. 이는 질적연구의 윤리적 측면에서 문제가 될 수 있다.

나. 참여관찰에서의 연구윤리

참여관찰은 심층 면담과는 조금 다른 특성을 지니고 있다. 이는 바로 행위와 상황에 대한 자료를 수집한다는 것이다. 따라서 연구윤리 측면에서 중요한 내용도 조금 다른데 그것은 주로 연구 참여자의 행동 양식에 관한 정보를 얻을 때 나타난다. 심층 면담과 달리 참여관찰에서는 사람들의 의도되지 않은 행동을 관찰할 수 있다. 그들은 처음에는 자신의 행동이 녹화되거나 관찰된다고 느끼지만 곧 익숙해지면 그러한 인식 없이 자신의 평소 행동을 보여주게 된다. 연구 결과를 보면서 생각지도 못한 내용이 제시되면 놀라기도 한다. 따라서 이러한 요소를 주의 깊게 살펴볼 필요가 있다.

가장 중요한 원칙은 관찰의 정보에 대해 정확히 알려주어야 한다는 점이다. 참여관찰이라고 해서 그들의 모든 사생활을 들여다보는 것은 아니다. 만일 그렇게 된다면 연구 참여자는 연구에서 자기 자신을 드러내는 것을 두려워하게 될 것이다. 연구자는 정확히 어떤 정보를 수집할 것인지 사전에 고지해야 한다. 대략적으로 〈표 7-4〉와 같은 정보를 알려주는 것이 좋다.

이러한 내용은 참여관찰의 종류에 따라 조금씩 달라질 수 있다. 예를 들어 수업이나 프로그램의 효과와 관련된 연구에서는 연구자의 신분을 완전히 밝히고 처음부터 관찰에 대한 완전한 정보를 가진 채 시작하는 것이 좋다. 그러나 실제 현상에 대한 본질이나 행동 양식을 검증하여 문화나 사회적 철학을 찾고자 하는 연구라면 먼저 대강의 관찰을 실시하고 그 후에 연구의 내용을 밝히는 것도 가능할 것이다. 물론 이 경우에도 연구 참여자의 권리를 우선적으로 보호하는 원칙은 변하지 않는다.

다. 문서 분석에서의 연구윤리

다양한 문서를 바탕으로 연구의 결론을 도출하는 것은 분명 강력한 귀납적 방식이지만

〈표 7-4〉	정보 수집 시 사전 고지 정보의 예
윤리적 정보	**내용의 예시**
관찰 기준 및 행동 범위	이 연구의 초점은 ○○입니다. 따라서 저는 염구 참여자의 ○○과 관련된 행동을 중점적으로 보게 될 것입니다.
구체적 관찰 시간	매주 월, 수, 금 오전 10시부터 오후 2시까지 ○○에 방문하여 관찰할 것입니다.
관찰자	연구 과정 대부분 연구자 본인이 직접 관찰할 것입니다. 다만 몇몇의 경우에는 전문 관찰자가 방문할 수 있습니다. 그 경우에는 사전에 연락을 드리겠습니다.
관찰 방법	주로 활용할 관찰 방법은 연구자에 의한 직접 관찰입니다. 관찰하면서 일지를 작성할 것입니다. 간혹 중요한 장면이 있으면 휴대전화로 영상이나 사진 촬영을 하겠습니다.
연구 참여자의 권리	관찰자에게 언제든지 관찰 일지를 보여달라고 요구하실 수 있습니다. 또한 연구 과정에 포함하고 싶지 않은 내용이 있으면 제거할 수도 있습니다.

그 과정에서도 윤리적인 요소를 빠짐없이 고려해야 한다. 특히 수집하는 문서의 종류에 따라 다른 절차를 적용하는 것이 좋다.

연구자는 연구 참여자에게서 문서를 수집할 때 문서의 권한을 넘겨받고 대신 책임을 지겠다는 점을 분명히 알려줄 필요가 있다. 연구 참여자가 작성하는 창작물이나 기록물의 경우 그 문서에 대한 일차적인 권리가 연구 참여자에게 있다. 일기, 소감문, 성찰문과 같은 다양한 문서를 수집할 때 그것이 연구자의 당연한 권리인 양 생각하는 경우가 많다.

문서의 출처를 명확하게 표기해야 한다. 그리고 개인적인 기록물의 경우 생산된 정확한 날짜를 기입해야 한다. 잡지나 신문 역시 출판사와 수집한 날짜를 기록한다. 이때 가장 중요한 것은 공문서이다. 공문서의 출처는 수집한 기관과 문서를 수집하도록 허가받은 과정 등을 상세히 기록하여 추후 문제가 발생하지 않도록 한다.

연구가 끝난 후 수집한 문서를 어떻게 처리할지에 대한 규정을 확립하고 이를 연구 참여자에게 설명해야 한다. 연구 문서에는 기밀이나 사생활에 관한 정보가 담겨 있을 수도 있기 때문에 연구 후 문서를 어떻게 처리할 것인지에 관한 문제가 중요해진다. 많은 질적연구자는 '연구가 종료됨과 동시에 폐기'하는 방법을 사용하며, 이는 다른 문제를 일으키지 않는다는 점에서 가장 확실하고 명료하다. 또한 원저작자인 연구 참여자에게 돌려주는 방법, 일정 기간 보관했다가 폐기하는 방법 등이 있는데, 이는 연구 결과를 추후 다시 검토할 때 도움이 된다는 장점이 있지만 보관 기간 중 자료가 유출될 수 있다는 것이 문제이다. 따라서 연구자는 이 중에서 가장 적합한 방법을 선택해야 한다.

라. 글쓰기에서의 연구윤리

질적연구에서 글쓰기 과정은 연구자의 분석적이고 창의적인 역량이 가장 많이 발휘되는 부분이기도 하지만 동시에 연구윤리적 측면에서 가장 많은 오류가 발생하는 부분이기도 하다. 따라서 다음과 같은 방법을 사용하여 윤리적 문제를 해결하려고 하는데, 이를 중심으로 글쓰기에서의 연구윤리 보장에 관해 생각해보자.

첫째, 연구자의 논지나 결론을 제시할 때 반드시 근거를 함께 제공한다. 질적연구는 패러다임적으로 다양한 연구자의 생각과 논리를 모두 인정하는 연구 방법론이다. 따라서 같은 자료를 가지고도 상반된 해석을 제시하는 것이 가능하다. 여기서 중요한 것은 자신이 그 결론에 이르게 된 철학적 사고의 과정이라고 할 수 있을 것이다. 근거 자료 없이 단순히 주장만을 제시하는 것은 더 이상 질적연구라고 부를 수 없다. 연구자 스스로 연구윤리를 위반하지 않으려는 노력이 필요하다.

둘째, 연구 참여자를 유추할 수 있는 개인적인 정보를 사용하는 것에 신중해야 한다. 이름을 가명으로 작성하더라도 간혹 몇 가지 에피소드는 상당히 특이하여 연구 참여자가 누구인지 알 수 있는 경우가 있다. 참신한 이야기를 담는 것은 분명 중요하지만 그러한 글쓰기의 결과로 연구 참여자가 피해를 입을 가능성을 점검해야 한다.

셋째, 글쓰기 결과를 연구 참여자와 공유한다. 연구자가 현상을 왜곡해서 바라보지는 않았는지, 본의 아니게 개인 정보를 유출하지는 않았는지 직접 검토해달라고 요청할 수도 있다. 한편으로는 그들이 연구 결과에서 불편하게 느낀 부분을 확인하고 그것을 언제든지 삭제할 수 있다는 사실을 알려줌으로써 그들이 심리적으로 안정된 상태에서 연구에 좀 더 몰입하여 참여할 수 있도록 도와주는 역할도 수행한다.

마. 윤리 성찰 일지 작성

연구자는 연구의 실천 과정에서 윤리적 측면과 관련된 주제만으로 일지를 작성할 수 있다. 다양한 윤리적인 문제를 접하게 된 계기와 그 해결 과정을 기록하면 자연스럽게 연구의 전 과정에서 연구자가 윤리적 측면을 보장하기 위해 체계적으로 노력했음을 증명하는 좋은 자료가 된다. 성찰 일지를 반드시 정해진 양식에 작성할 필요는 없다. 오히려 메모와 같이 언제든지 작성할 수 있는 편리한 것에 기록하고 그것을 수집한다. 마지막의 연구 결과 생성 과정에서 그 내용을 정리하여 시간 순서 혹은 과정 순서대로 제시해야 한다. 성찰 일지의 내용은 지금까지 제시된 모든 현장 작업 과정에서의 윤리적 측면과 관련된 내용으로 구성되어야 한다.

7. 최종 연구 결과 출판 전 연구윤리 실천하기

연구윤리 실천 과정의 맨 마지막 부분은 최종 점검으로 요약된다. 모든 질적연구자는 연구의 시작과 중간 과정에서 윤리를 보장하기 위해 노력하지만 그 노력이나 실천이 완전할 수는 없기 때문에 완성된 논문 초안에서 다양한 윤리적 문제가 발견될 수도 있다. 미처 연구 참여자의 이름을 바꾸지 못했다든지, 지명이나 회사의 실제 정보가 포함되어 있을 수도 있다. 이러한 요소를 한 번 더 확인하고 수정하는 것이 마지막 연구윤리 실천 과정이다. 특히 연구 논문의 경우 발표가 확정되고 나면 그 내용을 수정하기가 매우 어렵다. 따라서 출판 전 마지막 점검 과정에서 이러한 요소를 점검하는 것이 좋다. 결론적으로 이를 통해 질적연구에서 모든 표현과 글쓰기를 연구자의 판단에 따라 이루어지는 윤리적인 행위로 나타낼 수 있다.

> 연구 참여자의 정보가 포함되지는 않았는가?
> 근거 자료 없이 연구자의 해석만 제시된 부분은 없는가?
> 발표되면 연구 참여자가 정신적, 사회적 피해를 입을 만한 요소는 없는가?
> 사전에 동의하지 않는 내용이 들어 있지는 않은가?
> IRB 지적 사항이 올바르게 반영되었는가?

이러한 내용을 점검하는 가장 효과적인 방안은 작성한 글을 여러 번 읽어보는 것이다. 연구의 모든 책임은 연구자에게 있기 때문에 연구자가 직접 자신의 글쓰기 내용을 다시 읽고 조치를 취해야만 한다. 또한 동료 연구자, 질적연구 전문가, 연구 참여자에게 최종 점검을 받는 방안도 있다. 이 경우에는 시간과 비용이 더 들지만 실제 당사자의 입장에서 윤리적 측면을 바라볼 수 있다는 점에서 효과적인 점검 방법이다.

참고문헌

서울대학교(2018). **서울대학교 연구윤리 규정**. 서울대학교.

Lincoln, T. S. & Guba, E. G. (1989). *Naturalistic inquiry*. CA: Sage.

Lather, P. (1993). Politics and ethics in feminist research: Researching the lives of women with HIV/AIDS, address prepared for Ethnography and Education Research Forum.

Partridge, W. (1979). Epilogue: Ethical dilemma, In Partridge, W. & Kimball, S. (Eds.) *The Crafted Community Study: Fieldwork Dialogues*. FL: University of Florida Social Sciences.

Robinson, S., & Gross, D. (1986). Counselling research-ethics and issues. *Journal of counselling and development, 64*, 331-347.

Seidman, I. (2009). *Interviewing as Qualitative Research*. NY: Teacher College Press.

Whyte, W. (1979). On making the most of participant observation. *American Socioligist, 14*, 56-66.

제 8 장

성공적으로 현장 작업 이끌기

현장 작업은 질적연구의 주요한 특징 중 하나이다. 양적연구자가 현장으로부터 거리를 두고 연구 도구를 통해 현상을 탐구한다면, 질적연구자는 현장 깊숙이 들어가 현상을 관찰하고 그 속에서 연구 참여자를 만나며 현상의 의미를 탐구한다. 따라서 질적연구자에게 성공적인 현장 작업은 연구를 성공적으로 수행하기 위한 필수 요소이다. 하지만 또한 많은 연구자는 이러한 현장 작업을 어려워하고 시행착오를 겪는다. 이에 이 장에서는 현장 작업에서의 시행착오를 줄이고 연구자의 연구를 성공적으로 이끄는 데 참고할 수 있는 몇 가지 노하우를 살펴보자.

1. 연구에 적극적으로 도움을 줄 수 있는 현장 섭외하기

자신의 연구에 적극적으로 도움을 줄 수 있는 현장과 연구 참여자를 선정하는 것은 성공적인 현장 작업을 수행할 수 있는 첫 번째 조건이다. 질적연구자, 특히 초보 연구자의 경우 현장에 대해 막연한 오해를 하는 경우가 많다. 그중 하나는 현장의 환경과 연구 참여자가 자신의 연구에 호의적일 것이라는 오해이다.

현장의 책임자나 연구 참여자는 일반적으로 자신의 현장이나 삶을 타인에게 드러내는 것을 부담스러워한다. 특히 현장의 책임자는 연구로 인해 자신이 책임지고 있는 현장의 잘못된 점이 드러나거나 연구 과정 자체가 자신의 현장에 좋지 않은 영향을 끼칠지도 모른다고 우려한다. 다음의 예는 이러한 상황이 현장 작업에 어떤 영향을 미치는지를 잘 보여준다. 김영천과 김필성(2015)은 학원의 교육과정과 학생들의 학습에 대한 연구를 수행했는데, 한 학원에서의 현장 작업 중 다음과 같은 현장 노트를 기록했다.

> 학원의 부원장이 의도적으로 나의 관찰을 방해한다는 생각을 지울 수 없다. 아마도 내가 학원을 관찰하는 과정에서 그들이 숨기고자 하는 것이나 학원의 부정적인 부분을 보게 될까 봐 우려하는 것 같다. 그들은 의도적으로 그들의 원하는 것만 보여준다. 우수한 학생들이 모인 수업, 우수한 학생들과의 인터뷰. 물론 이러한 수업을 관찰하는 것도 중요하지만 다른 수업이나 다양한 학생들과의 인터뷰도 필요하다. 어쨌든 학원 부원장에게 다시 한 번 수업 참관이나 중·하위 학생들과의 인터뷰를 요청해야겠다. (저자의 현장 노트 중 일부)

앞의 상황은 현장의 비협조가 연구자의 현장 작업을 얼마나 힘들게 만들 수 있는지를 잘 드러낸다. 이 연구에서는 연구자가 간곡히 부탁하여 원하던 인터뷰나 참여관찰을 할 수 있었지만 좀 더 협조적인 현장이었다면 피할 수 있는 어려움이었을 것이다.

이러한 곤란을 최대한 피하기 위해서는 자신의 연구에 좀 더 협조적인 연구 현장을 섭외할 필요가 있다. 따라서 여기서는 두 가지 방법을 제안하려 한다. 연구자의 현장 섭외하기와 다양한 현장에 대한 초기 탐구를 통해 선정하기가 그것이다.

가. 연구자의 현장 섭외하기

협조적인 현장을 선정하는 방법 중의 하나는 연구자 자신이 속해 있는 현장을 연구 현장으로 선정하는 것이다. 질적연구를 수행하려는 연구자 중에는 현장의 실천가로서의 삶도 병행하는 연구자가 있다. 그리고 이러한 연구자에게는 몸담고 있는 현장이 훌륭한 연구 현장이 될 수 있다. 예를 들어 교사로서의 삶을 병행하고 있는 연구자에게는 근무하는 학교나 학급이 좋은 연구 현장이 될 수 있으며, 간호사로 근무하는 연구자에게는 병원이나 병실이 훌륭한 연구 현장이 될 수 있다.

이처럼 연구자의 현장을 연구 현장으로 섭외하는 경우 다음과 같은 장점이 있다. 첫째, 연구 현장으로의 진입 허가를 얻기가 용이하다. 연구자가 몸담고 있는 현장의 경우, 연구자와 현장 책임자 사이의 친밀함을 통해 연구 허락을 쉽게 얻을 수 있다. 또한 연구자가 평소 파악하고 있던 현장 책임자의 성향에 기반하여 해당 연구가 현장의 개선이나 발전에 얼마나 도움될 수 있는지, 그리고 이러한 연구가 현장을 훼손하지 않는다는 것을 잘 설명할 수 있기 때문에 현장 책임자를 설득하여 연구의 허가를 쉽게 얻을 수 있다.

둘째, 연구 참여자와의 라포 형성이 용이하다. 연구자는 현장 작업을 위해 연구 참여자를 선정하고 이들과 라포를 형성해야 한다. 이때 연구자가 평소 친분을 맺어왔던 동료들은 훌륭한 연구 참여자가 되기도 한다. 우선 연구자는 연구 주제에 관해 잘 알고 있는 동료를 파악하고 있으며, 이중 어떤 이가 자신의 연구에 적합한 연구 참여자인지 쉽게 알 수 있다. 또한 평소에 맺어온 원만한 관계는 연구를 위한 라포를 형성하는 데 매우 유용하게 작용한다.

셋째, 필요한 자료가 어디에 있는지 쉽게 찾을 수 있다. 연구자가 근무하고 있는 연구 현장은 매우 친숙한 공간이다. 그렇기 때문에 연구자는 어디에 어떤 자료가 있고, 어떤 방법으로 그 자료를 획득할 수 있는지를 잘 알고 있는 경우가 많다. 따라서 연구자는 자신에게 필요한 자료를 손쉽게 획득할 수 있으며, 이러한 용이함은 순조롭게 연구를 진행하는 데 도움이 된다.

초보 연구자의 경우, 자신의 현장을 선택하는 것이 연구의 신뢰도를 떨어뜨리기 때문에 이러한 선택을 피해야 한다고 오해하는 경우가 있다. 하지만 질적연구에서 현장은 연구자의 연구에 합당한지 아닌지가 중요한 선정 기준이지, 연구자가 속해 있는지 아닌지는 선정 기준이 아니다. 이러한 오해는 양적연구의 기준을 질적연구에 적용함으로써 비롯되었다고 할 수 있다. 즉 연구자의 개입이 연구의 신뢰성을 훼손할 수 있다는 점을 질적연구에 무비판적으로 적용한 결과라고 할 수 있다.

그렇다면 연구 참여자의 현장을 연구 현장으로 선정한 예를 살펴보자. 최원준 (2006)은 초등학교에서의 스포츠 교육을 통한 현장 개선을 위한 실행 연구를 수행했는데, 이 연구에서 자신의 학급을 연구 현장으로 선정했다. 다음은 연구 현장에 대한 연구자의 기술 중 일부이다.

> 연구 장소 및 참여자 선정은 사례 수에 얽매이지 않고 질적연구의 특성과 자기 수업 연구라는 특수성을 살려 목적적 표집 방법으로 하였다.
>
> 이 연구의 참여자는 2005학년도에 스포츠 교육을 체험한 6학년 32명(남 18, 여 14)이다. 1학기 육상 시즌에는 총 35명이 참여하였지만 3명이 학기 중에 전학을 갔다. 참여 학생들 중 7명은 2004년에 연구자가 맡은 반의 학생이며 1년 동안 두 시즌의 스포츠 교육을 이미 경험한 학생들이었다.
>
> 학생들의 대부분 성격이 활달하고 체육 수업을 좋아하는 편이며, 비만인 몇몇 학생들은 뛰는 것이 싫다는 이유로 체육 수업뿐만 아니라 신체 활동 자체를 싫어하는 경향이 있었다. 3월 첫날 학생들을 처음 만났을 때 대체로 연구자가 자신들의 담임이라는 것을 내심 좋아하고 있는 눈치를 보였다. 그 이유는 체육 선생님으로 통할 정도로 체육과목을 열심히 가르치는 담임을 만났고 2005년 체육 수업의 일부분을 스포츠 교육으로 할 것이라고 기대하고 있었기 때문이다. 개학날 학생들과 함께 체육 수업에 필요한 물품을 교실 캐비닛에 정리할 때 흐뭇해하였으며 다른 반과 차별된 색다른 체육 수업에 많은 관심을 보였다. (최원준, 2006)

이처럼 연구자에게 익숙한 연구 현장은 연구를 시작하거나 진행하는 데 매우 유리한 위치를 제공한다.

나. 다양한 현장에 대한 초기 탐구를 통해 선정하기

연구자는 연구에 도움이 되는 현장을 선정하기 위해 후보가 될 수 있는 현장의 초기 탐구를 실시하고 이러한 과정에서 최종적으로 연구 현장을 선정할 수 있다. 즉 다양한 현장을 선정하여 이에 대해 초기 탐구를 수행하고 그 결과를 바탕으로 최종적으로 연구 현장을 선정하는 것이다. 이러한 연구 현장 선정 방법은 연구자에게 다음과 같은 이점이 있다.

첫째, 연구자에게 현상에 대한 기본적인 정보를 제공한다. 연구자는 초기 탐구를 통해 후보가 된 현장을 살펴보면서 본격적으로 연구가 시작되기 전 현장의 대략적인 사전 정보를 획득할 수 있으며, 이러한 사전 정보는 본격적으로 연구가 시작된 이후에 연구자의 연구 방향을 형성하는 유용한 자료가 된다. 둘째, 연구와 관련된 풍부한 자료를 획득할 수 있다. 현장을 선정하고 연구가 본격적으로 시작되면서 연구자는 선정된 현장을 중심으로 연구를 진행한다. 그리고 이때 수집된 자료를 이전 현장에서 수집된 자료와 비교해보는 것은 연구의 질을 높일 수 있는 좋은 방법이다. 이처럼 다양한 현장에 대한 초기 탐구를 기반으로 연구 현장을 선정한 연구의 예를 살펴보자.

홍은진(2015)은 마을평생교육지도자의 삶에 대한 생애사 연구에서 이러한 초기 탐구를 통해 연구 현장과 연구자를 선정했다. 연구자는 이 연구에서 연구 현장 및 연구 참여자 선정 과정에 대해 다음과 같이 기술했다.

목적 표집 기준에 의한 참여자는 3단계에 걸쳐 선정했으며 각 단계에서는 연구자의 선입견을 최대한 배제한 후 공정한 선발이 되도록 하였다. 연구 참여자 선정의 제1단계는 주변의 여러 경로를 통해서 연구 참여자 후보군을 선정하는 일이었다. 평생교육학계의 지인이나 현장 실천가들 또는 인터넷 웹사이트, 뉴스, 정보, 도서 등을 통해 목적 표집으로 마을평생교육지도자 42명의 명단을 확보, 이 중에서 1차로 20명을 선정했다. 이러한 표집 활동은 한편으로 그들에 대한 이해를 넓히는 과정이 되기도 했다. (중략) 제2단계는 선정된 20명을 대상으로 마을평생교육지도자들이 거주하고 있는 마을에 대한 자료 조사 및 대상자와의 직접적인 전화, 전자메일 등을 통한 연락과 소개한 사람의 의견을 종합하여 활동 내용 및 활동 기간 등 기본 내용을 확인하며 본인의 삶의 이야기를 충분히 제보해줄 수 있는 대상으로 걸러내는 작업을 실시하였다. 이 과정에서 간단한 면담이 실시되거나 설문조사가 이루어지기도 하였다. (중략) 본 연구에서는 연구 방법이 생애사 연구라는 점과 실제 연구에 소

요되는 시간, 비용, 거리 등을 고려하여 연구 참여자를 3명으로 국한하였다. (홍은진, 2015)

위의 예는 초기 탐색을 통해 연구 현장과 연구 참여자가 결정되는 과정과 그러한 과정에서 얻은 정보가 연구자에게 어떤 도움을 주었는지를 잘 보여준다.

2. 연구 참여자에게 연구 과정을 지속적으로 설명하기

연구가 지속되는 동안 연구자는 지속적으로 연구 참여자에게 연구 과정을 설명하고 이에 대해 연구 참여자에게 확인을 받아야 한다. 많은 연구자가 질적연구를 수행할 때 가장 크게 실수하는 부분이 바로 이를 소홀히 하는 것이다. 즉 초기에 연구 참여자에게 연구 허락을 한 번 받는 것으로 충분하다고 여기고 연구 과정에 대한 정보 제공 없이 연구를 진행하는 것이다. 물론 대부분의 연구자는 최종적으로 연구 결과에 대한 검토로써 연구 참여자에게 확인받는 과정을 거치지만, 이런 경우 다음과 같은 큰 난관에 봉착할 수도 있다.

첫째, 연구 참여자의 연구 참여 거부를 야기할 수 있다. 연구 참여자는 자신이 참여하는 연구에 관심을 가지고 있다. 특히 자신이 한 인터뷰나 진술, 제공한 자료가 연구에 어떻게 반영되는지 궁금해하며, 또한 이러한 정보의 제공이 자신에게 해가 되지 않을지 불안해한다. 이때 연구자가 연구 과정과 진행 상황에 대한 충분한 정보를 제공하지 않으면 연구 참여자가 연구 참여를 거부할 수도 있다. 실제로 우리는 초보 연구자들의 경험을 통해 이러한 이유로 인한 연구 참여자의 연구 참여 거부 사례를 많이 접했는데, 연구 참여자 대부분은 연구자의 연구 방식에 대해 이용당한 것과 같은 감정을 호소하는 경우가 많았다.

둘째, 연구 참여자가 연구 참여 자체를 거부하지 않더라도 연구자에 대한 신뢰 상실로 인해 연구에 소극적으로 참여하는 상황을 초래할 수 있다. 연구자가 연구 과정에 대한 정보를 연구 참여자에게 제공하지 않는 것은 연구자에 대한 연구 참여자의 불신을 유발하기도 한다. 이러한 불신은 연구 자체나 연구의 가치에 대한 불신으로 이어지고, 결국 연구에 헌신하고자 하는 연구 참여자의 마음을 무너뜨리는 결과를 가져올 수 있다.

그럼으로써 연구 참여자는 연구에 소극적으로 참여하게 된다.

셋째, 연구 참여자의 출판 거부로 이어질 수 있다. 특히 오랜 연구가 필요한 학위 논문의 경우, 연구 중간의 지속적인 연구 과정 설명 없이 최종적인 결과를 들고 연구 참여자에게 확인을 받으려 하면 연구 참여자로부터 논문 출판을 거부당할 수도 있다. 연구자는 일반적으로 대중에게 알려지지 않은 내용, 연구 대상이 되는 현상의 깊은 곳에 내재하는 의미 등에 관심을 가지고 이를 탐구하려 노력한다. 하지만 이러한 결과는 때에 따라 연구 참여자가 드러내고 싶어 하지 않거나, 최악의 경우 연구 참여자의 신변에 불이익을 주는 것일 수도 있다. 따라서 최종적인 연구 결과가 연구 참여자의 불안을 야기하는 경우 관련된 내용의 삭제를 요구할 수도 있으며, 그 내용이 연구의 핵심적인 결과라면 연구 결과 자체가 연구 참여자로부터 거부당하고 결국 출판을 못하게 된다. 따라서 연구자는 연구의 시작부터 끝까지 연구 과정을 연구 참여자에게 알릴 필요가 있는데, 이와 관련된 방법을 연구의 진행에 따라 살펴보자.

가. 연구 시작 단계에 연구 목적, 방법 등을 자세히 설명하기

연구자는 연구 참여자를 선정하고 그들에게 연구에의 참여를 부탁할 때, 자신이 하고자 하는 연구에 대해 충분히 설명해야 한다. 이러한 설명에는 연구의 목적과 과정, 연구 참여자의 역할 등이 상세히 포함되어야 한다. 만약 설명이 충분히 이루어지지 않는다면 연구 참여자는 연구 자체에 대해 오해를 가지고 참여하게 될 수도 있다.

이러한 오해 중 가장 대표적인 것은 연구 참여자가 연구에서의 역할을 너무 쉽게 생각한다는 것이다. 그리고 이러한 오해는 주로 연구자로부터 비롯된다. 즉 연구자가 연구 참여에 대한 부담감을 줄이고 연구 참여자의 참여를 설득하기 위해 역할을 축소해서 설명하거나 지나치게 단순화해서 설명하는 경우 오해가 종종 발생한다. 게다가 초보 질적연구자는 연구가 연구 참여자에게 줄 수 있는 부담을 안일하게 여기는 경향이 있다. 쉽게 말해 '그냥 경험한 것을 있는 그대로 이야기해주세요' 정도로 넘겨버리는 것이다.

하지만 연구 참여자로서는 자신의 경험을 이야기하는 것이 타인에게 자신의 내면을 드러내는 것이다. 그리고 이렇게 자신을 드러내는 것은 경우에 따라서 연구 참여자에게 견디기 힘든 고통을 주기도 한다. 때로는 돌이키기 싫었던 과거를 이야기해야 하거나, 남 앞에 드러내기 싫었던 부족하고 부끄러운 모습을 드러내야 할 때도 있다. 실제로 저자의 연구에 참여한 한 연구 참여자는 질적연구 참여 경험에 대해 '사람들 앞에서 발가벗겨지는 기분'이라고 표현하기도 했다. 따라서 연구에 대해 충분한 설명을 듣지 못한 채로 연구에 참여하여 이러한 경험을 한다면 연구 참여자가 연구 참여를 거부할 수도 있다. 다음은 이를 경험한 한 연구자의 이야기를 재구성한 것이다.

> 연구자 A가 연구 참여자 B를 인터뷰하고 돌아와 인터뷰 내용을 전사하고 있는 중에 B로부터 전화가 걸려왔다.
>
> "여보세요. 선생님, 저 이 연구에서 빠질래요."
>
> "네? 선생님, 무슨 일이시죠? 제가 오늘 무슨 실수라도……."
>
> "아니, 나는 선생님 이야기 듣고, 아 그래 도와줘야겠다, 이렇게 생각하고 한다 그랬는데, 선생님이 말한 거 하고 너무 다르잖아요. 저는 그만둘 테니까 저랑 인터뷰한 것도 다 지워주세요." (한 질적연구자의 경험에 대한 재구성)

이처럼 불충분한 설명은 연구 참여자의 오해를 가져오고 이로 인해 연구 수행 자체가 위협받기도 한다. 따라서 질적연구자는 단순히 연구 참여의 허락 수준을 넘어 차후 연구 진행을 위해 연구 참여자에게 연구의 모든 정보를 있는 그대로 설명해야 한다.

나. 연구 중간 단계에 지속적으로 연구의 진행 상황 설명하기

연구 중간 단계에 지속적으로 연구 참여자에게 연구의 진행 상황을 설명하는 것은 연구의 질과 타당성을 확보하는 주요한 방법이다. 앞서 살펴본 연구 시작 단계에서의 설명이 연구 참여자에게 충분한 정보를 제공하여 그들을 준비시키고 연구의 안정성을 확보하는 방법이라면, 연구 중간 단계에서의 진행 상황 설명은 연구의 질과 타당성을 확보하는 효과적인 방법이다. 이때 주요한 설명 대상에는 연구자의 분석 내용, 그리고 그러한 분석이 기반으로 하는 자료, 현재 연구의 진행 상황과 앞으로의 예정 등이 포함된다.

중간 단계에서의 지속적인 설명은 다음과 같은 장점이 있다. 첫째, 분석에서 발생할 수 있는 연구자의 오류를 바로잡고 연구의 방향을 올바르게 유지할 수 있다. 연구자의 분석은 때에 따라 잘못된 결과를 가져오거나 잘못된 방향으로 진행될 수 있다. 따라서 연구 중에 지속적으로 연구 참여자에게 연구 과정을 설명하는 것은 연구 참여자로부터 타당성을 확보하고 발생 가능한 오류를 바로잡는 기회를 제공한다.

둘째, 연구 참여자에게 민감한 내용을 확인하고 이를 분석에서 배제할 수 있다. 앞서 설명했듯이 연구 참여자는 연구에서 자신의 경험을 드러내는 것에 부담감을 느낀다.

경우에 따라서는 자신이 이야기하고서도 연구에서 제외되기를 원하는 정보가 있을 수도 있다. 이때 연구 중간 단계에서 지속적으로 이루어지는 진행 상황에 대한 설명은 연구 참여자에게 민감하게 생각하고 공개를 원치 않는 정보에 대한 확인과 때로는 그것을 제외할 수 있는 기회를 제공한다. 그리고 이러한 과정은 연구 참여자에게 안정감을 주어 좀 더 깊은 곳에 있는 이야기나 정보를 꺼낼 수 있는 용기를 불어넣는다.

셋째, 분석과 관련된 추가 자료를 확보할 수 있는 기회를 만들어준다. 연구자가 연구 참여자에게 분석의 과정이나 결과를 설명하는 동안 연구 참여자는 연구의 전체적인 모습이나 과정을 이해하고 이를 바탕으로 연구자에게 필요할 것이라 예상되는 추가 자료를 생각해내어 제공할 수 있다.

하지만 연구 중간 단계에서의 연구 과정 설명하기를 소홀히 여기는 연구자가 많다. 즉 적지 않은 연구자가 연구 마지막 단계에 연구 참여자에게 그 결과를 확인받으면 그것으로 충분하다고 생각하는 것이다. 하지만 중간 단계의 설명을 소홀히 한다면 연구의 진행이나 분석의 방향이 타당한 수준에서 크게 벗어나는 결과를 가져올 수 있고, 마지막 단계에서 연구자가 수정할 수 없을 정도의 수정 사항이나 삭제해야 하는 내용이 생길 수 있다. 따라서 이러한 결과를 피하기 위해 중간 단계에서도 지속적으로 연구 참여자에게 연구에 대해 설명해주어야 한다.

연구 중간 단계에서 설명하기가 어떤 효과를 가져올 수 있는지 예를 통해 살펴보자. 정상원(2015)은 초등학교 교사의 부진아 지도 경험에 대한 연구에서 연구 중간 단계에 연구 참여자에게 지속적으로 분석 내용을 설명해주었다. 그리고 그러한 과정에서 〈표 8-1〉과 같이 분석 오류에 대한 수정이 이루어질 수 있었다.

다. 연구 마지막 단계에 최종적인 연구 결과에 대해 확인받기

연구자는 연구 마지막 단계에 최종적인 연구 결과를 연구 참여자에게 설명하고 이에 대

〈표 8-1〉 **중간 단계에서의 설명을 통한 분석 오류 수정(정상원, 2015)**

전	후	이유
죄의식, 원죄의식	죄책감	그 정도의 죄의식은 느끼지 않음
문서를 통해 부진아에 대한 정보 획득	문서 이외의 다양한 방법을 통해 부진아에 대한 정보 획득	문서 이외에 다양한 방법을 통해 정보를 얻음

해 확인을 받아야 한다. 연구 참여자 확인(member check)으로 잘 알려져 있는 이 방법은 연구 결과의 타당도를 확보할 수 있는 주요한 방법이자 연구 참여자로부터 논문의 출간을 허락받는 주요한 단계이다. 따라서 이를 소홀히 하면 최악의 경우 연구 자체를 연구 참여자로부터 거부당하는 결과를 가져올 수 있다. 이 단계를 소홀히 하고 논문이 출간된다면 법적인 문제에 휘말릴 가능성도 있다. 따라서 최종 단계의 결과물은 반드시 연구 참여자의 확인을 받아야 한다.

3. 연구자에 대해 무한한 신뢰감 느끼게 하기

연구자는 연구 참여자에게 무한한 신뢰감을 주어 연구에 헌신하려는 자세를 이끌어내야 한다. 흔히 라포라 알려져 있는 연구자와 연구 참여자 간의 관계에 대해 많은 연구자가 너무 가볍게 생각하는 경향이 있다. 그래서 단순히 연구 참여자들과 친분을 쌓는 것이 라포 형성이라고 생각하는 경우가 많다. 하지만 단순히 그들과 친해지는 것만으로는 헌신적인 자세를 이끌어낼 수 없다. 또한 경우에 따라서 그러한 의미 없는 친분이 연구를 방해하는 결과를 가져올 수도 있다. 따라서 연구자는 연구 참여자에게 연구의 가치와 연구자의 자질에 신뢰감을 가지게 하고 그들의 세계에 연구자를 받아들이게 만듦으로써 연구의 대상인 현상이나 경험의 깊은 의미에 다가갈 수 있어야 한다. 이처럼 연구자에 대한 무한한 신뢰를 형성하는 방법으로는 크게 세 가지가 있다. 즉 연구자로서의 전문성 드러내기, 연구 참여자를 연구자의 세계로 이끌기, 연구자가 연구 참여자의 세계로 들어가기가 그것이다.

가. 연구자로서의 전문성 드러내기

연구자는 기본적으로 연구자로서의 전문성을 연구 참여자에게 확인시켜주어 신뢰를 얻어야 한다. 이러한 과정에서 연구 참여자가 연구자의 전문성을 확인했을 때 자신들의 연구 참여가 가치 있다고 생각하게 된다. 이러한 전문성을 드러내는 방법은 크게 외적 측면과 내적 측면으로 구분된다.

외적 측면에서 연구자의 전문성을 드러내는 방법은 전문가로서의 외적인 모습을 가꾸는 것이다. 단정한 옷차림과 전문 장비의 사용은 연구 참여자에게 전문적이라는 인상을 심어준다. 예를 들어 인터뷰를 녹음하기 위해 스마트폰을 사용하는 것보다 별도의 녹음기를 구비하여 녹음을 하는 것이 더 전문적으로 보일 수 있다. 그리고 연구 참여자와의 인터뷰에서 메모를 하거나 경청하는 태도를 보여주는 것 또한 연구 전문가로서의 외형을 드러내는 데 도움이 된다.

한편 내적 측면의 전문성은 연구 주제에 대한 지식을 통해 드러낼 수 있다. 연구 참여자는 다양한 이유로 연구 참여를 결정한다. 이러한 이유에는 단순히 연구자에 대한 호의나 연구자의 호소도 있으나 연구 참여자가 연구 주제에 흥미를 느껴 연구 참여를 결정하는 경우도 있다. 이때 연구 주제에 대한 연구자의 해박한 지식은 연구 참여자로 하여금 신뢰를 가지게 한다. 예를 들어 교육과정 재구성에 관심이 있어 관련 연구에 참여한 연구 참여자에게 교육과정 및 수업 재구성에 대한 학술적 정보를 제공하거나 질적연구 등 연구에 대한 전문적 지식을 공유하는 것은 연구 참여자가 연구자의 전문성을 확인하는 주요한 계기가 된다.

나. 연구 참여자를 연구자의 세계로 이끌기

연구자는 연구 참여자를 연구자의 세계로 이끌어 단순한 참여자가 아닌 연구자로서 자리할 수 있게 해야 한다. 이렇게 그들이 연구자의 세계로 들어왔을 때 연구에 대한 헌신이 가능해진다. 그리고 이러한 헌신이 있어야 연구자는 현상의 깊은 의미로 다가갈 수 있다.

연구 참여자를 연구자의 세계로 이끄는 가장 좋은 방법은 연구와 관련된 많은 정보를 그들과 공유하고 상의하는 것이다. 연구 참여자에게 연구의 진행 상황에 대해 이야기하고 이러한 과정에서 무엇을 발견했는지, 그리고 그것을 어떻게 해석했는지를 공유할 필요가 있다. 또한 그들의 의견을 묻고 그들에게서 새로운 아이디어나 관점에 대해 상의하는 것은 그들이 연구를 이끌어가는 연구자로서 스스로 자리하는 데 큰 역할을 한다.

다. 연구자가 연구 참여자의 세계로 들어가기

연구자의 신뢰와 헌신을 이끌기 위해서는 연구자 스스로 연구 참여자의 세계로 들어가 그들의 일원이 되려는 모습을 보여주어야 한다. 그들의 세계로 들어간다는 것은 단순히 연구 현장으로의 물리적 입장을 의미하는 것이 아니다. 그것은 연구 참여자의 의미의 세계로 들어가는 것이며 연구 참여자의 동료가 되는 것이다. 즉 연구자의 위치에서 내부자의 위치로 전이를 추구하는 것이다. 그리고 이러한 내부자적 위치를 확보함으로써 연구 참여자는 연구자에게 진정성 있는 협조를 제공하며, 이를 통해 연구자는 현상에 내재한 깊은 의미로 다가갈 수 있다.

이를 위해 연구자는 연구 참여자에게 내부자적 의미를 지닌 역할을 수행하고자 지속적으로 시도해야 한다. 연구 현장의 특정한 역할을 맡는다든가 연구 참여자의 다양한 활동을 함께하며 그들과 교감하는 것은 그러한 역할 수행의 한 예이다. 실제 많은 연구에게 연구자는 이러한 내부자적 위치를 확보하여 연구 참여자의 헌신을 이끌어낸다. 몇 가지 예를 살펴보자.

김영천(1997)은 우리나라 초등학교의 교실 생활과 수업에 대한 연구를 수행하기 위해 4개 초등학교에서 연구를 진행했다. 연구 과정에서는 그는 단순한 관찰자의 위치를 넘어 직접 수업을 진행하는 과업을 수행함으로써 외부자에서 내부자로의 전환을 도모했다. 김영천과 김필성(2012)은 학원에서의 교육과정과 수업, 학생의 학습에 대한 연구를 수행했다. 이 연구의 연구 현장한 지방 도시의 학원이고 연구 참여자는 학원의 강사들과 학생들이었다. 연구자는 연구 현장은 학원의 독서실 감독 교사로 근무하면서 내부자적 위치를 확보하기 위해 노력했다. 그 결과 특히 학생들은 연구자가 연구를 위해 학원에서 근무한다는 것을 알면서도 연구자를 내부자, 즉 학원 선생님으로 인식하고 연구에 참여했다. 또한 연구자는 학생들의 논술 지도와 같은 내부자의 역할을 함께 수행함으로써 그들 삶의 일원이 되려 했다.

때로는 내부자적 위치를 우연히 확보하기도 한다. Hart와 Pilling(1960)은 북오스트레일리아 원주민과 함께 생활하면서 그들의 문화에 대한 연구를 수행했다. 하지만 씨족을 형성하여 생활하는 원주민에게 가족 외부가 사람인 연구자는 외부인일 수밖에 없었다. 그러던 어느 날 연구자에게 담배를 구걸하러 온 한 노파의 "아들아"라고 말했을 때 "네, 어머니"라고 우연히 대답함으로써 연구자는 '누구누구의 아들'의 위치를 확보하고 그 후 원주민의 일원으로서 내부자의 위치로 이동할 수 있었다.

Geertz(1973) 또한 우연적 사건에 의한 내부자적 위치 확보를 논의한 바 있다. 발리의 불법적 닭싸움 도박을 연구하던 그는 외부인으로서 원주민에게는 경계의 대상이었다. 어느 날 경찰들이 닭싸움 도박장을 불시에 단속하여 그는 원주민과 함께 경찰을 피해 도망쳤다. 이 과정에서 그는 원주민에게 경찰을 피해 함께 도망가는 내부자로 인식되었고 이후 그들의 협조를 받아 연구를 할 수 있었다. 이러한 우연한 내부자적 위치 확보는 비록 연구자가 의도한 것은 아닐지라도, 연구자가 연구 참여자의 삶 속으로 들어가려는 노력을 계속했기에 가능했던 일이다.

4. 길게 인터뷰하기보다는 자주 인터뷰하기

현장 작업에서 인터뷰는 길게 하기보다는 짧게 자주 하는 것이 효과적이다. 대부분의 경우 연구자는 면담을 준비할 때 많은 질문을 준비해서 최대한 많은 자료를 확보해야 한다고 생각하는 경우가 많다. 그래서 수많은 질문으로 구성된 인터뷰 가이드를 가지고 장시간 동안 인터뷰를 진행하는 연구자도 어렵지 않게 볼 수 있다. 하지만 장시간의 인터뷰는 다음과 같은 단점이 있다.

첫째, 인터뷰의 집중도를 떨어뜨린다. 장시간의 인터뷰는 연구자와 연구 참여자를 지치게 만든다. 그리고 이러한 피로도는 인터뷰 자체의 집중도를 떨어뜨려 매우 비효율적인 인터뷰가 되게 만든다. 이로 인해 빈번하게 일어나는 침묵, 유사한 질문의 반복, 연구 참여자의 짧은 응답 등이 나타날 수 있다.

둘째, 인터뷰 이후의 자료 처리가 힘들어진다. 연구 참여자의 성향에 따라 차이가 있지만, 일반적으로 1시간 정도의 인터뷰를 진행한 경우 음성 파일을 전사하는 데 2~3시간 정도가 소요되고 15매 내외의 인터뷰 자료가 생성된다. 그리고 차후 인터뷰를 위해 이를 분석하는 데 2~3시간 정도가 소요된다. 결과적으로 1시간 인터뷰 후에 자료 처리에 4~6시간이 소요된다. 따라서 인터뷰 시간이 늘어날수록 자료 처리 시간도 이에 비례해서 늘어나고, 장시간의 자료 처리는 연구자를 지치게 만든다.

셋째, 연구 참여에 대한 연구 참여자의 흥미를 떨어뜨린다. 연구 참여자는 자신의 연구 참여가 연구에 어떤 기여를 하는지 궁금해한다. 따라서 연구자가 연구의 진행 과정에서 그들에게 알려주는 정보나, 연구자가 그들의 진술 속에서 발견한 의미는 연구 참여자에게 연구 참여에 대한 흥미를 불러일으킨다. 하지만 오랜 시간의 인터뷰로 인해 자료 처리 기간이 늘어남으로써 인터뷰와 인터뷰 사이의 간극이 커져서 연구 참여자가 연구에 흥미를 잃어버릴 수도 있다. 그리고 이러한 흥미 상실은 인터뷰 자체의 질을 떨어뜨리기도 한다.

따라서 연구자는 긴 인터뷰를 통해 한 번에 많은 양의 자료를 수집하기 위해 노력하기보다는 짧은 인터뷰를 반복적으로 시행함으로써 양질의 자료를 얻는 데 초점을 맞추어야 한다. 그리고 인터뷰 과정 중 다음에서 논의할 몇 가지 규칙을 준수한다면 양질의 인터뷰 자료를 확보하는 데 도움이 될 것이다.

가. 인터뷰 시간은 1시간 30분을 넘기지 않기

가급적이면 인터뷰 시간은 1시간 30분을 넘지 않는 것이 좋다. 이를 위해 연구자는 인터뷰 가이드 구성과 인터뷰 진행 방법에 신중할 필요가 있다. 우선 연구자는 인터뷰 가이드의 질문을 정선해야 한다. 초보 연구자의 경우 인터뷰 가이드에 질문이 많을수록 인터뷰를 잘 진행할 수 있을 것이라고 오해하곤 한다. 하지만 너무 많은 질문은 인터뷰 자체를 지루하게 만들고 연구자와 연구 참여자를 지치게 한다. 따라서 인터뷰 가이드의 질문은 10개를 넘지 않는 것이 좋다.

질문의 범위는 인터뷰의 진행에 따라 달라지는데, 초기에는 넓은 범위의 인터뷰를 통해 의미 탐색에 초점을 맞추고, 인터뷰가 진행됨에 따라 질문의 초점 범위를 축소하고 특정한 의미를 탐색하는 데 집중하는 것이 효과적이다. Spradley(1980), Strauss와 Corbin(1990; 1997)은 연구가 진행됨에 따라 자료 수집이나 분석의 초점이 좁아져야 함에 대해 논의했는데, 인터뷰 진행 또한 특정한 초점으로 수렴되는 흐름으로 이루어질 필요가 있다. 즉 인터뷰와 그에 대한 분석이 진행됨에 따라 인터뷰 질문이 분석과 관련된 영역에 집중되어야 하며 그 수준도 구체적이어야 한다. 인터뷰의 진행과 자료 분석에 대해서는 뒤에서 좀 더 구체적으로 살펴보겠다.

나. 인터뷰 중 떠오르는 질문을 통해 깊은 의미 탐색하기

인터뷰를 진행할 때 연구자는 준비된 인터뷰 가이드를 준수하되 떠오르는 추가 질문을 통해 좀 더 깊은 의미를 탐색해야 한다. 연구자는 꼭 책상에 앉아 전사본을 읽으며 코딩을 진행하지 않더라도 인터뷰 진행 과정에서 연구 참여자의 진술을 주의 깊게 듣고 그 의미를 고민해보는 과업을 통해 이미 분석을 시작했다고 할 수 있다. 따라서 연구자는 인터뷰를 진행하면서 이러한 분석을 통해 떠오르는 추가 질문에 주의를 기울일 필요가 있다. 다음은 교사의 교육과정 재구성과 수업에 대한 저자의 연구에서 이루어진 인터뷰 중 일부로, 인터뷰 중 추가 질문이 어떤 역할을 하는지를 잘 보여준다.

> 연구자: 선생님, 선생님은 보통 어떤 방법으로 영속적 이해라는 교육과정 목표를 도출하시나요?
>
> 참여자: 일단 교과서와 교사용 지도서를 좀 많이 참고하는 것 같아요. 거기서 우선 무엇을 가르쳐야 하는가를 좀 살피고. 그러니까, 안에 어떤 개념이 등장하

는지, 그 개념을 어떻게 다루고 있는지 같은 걸 좀 유심히 살펴요.

(중략)

연구자: 그럼 선생님은 주로 교과서와 교사용 지도서를 기본으로 하여 살펴보신다는 말씀이신데, 교육과정에 성취 기준 같은 건 어떤가요? 참고하시지 않나요? 다른 선생님 중에는 교육과정의 성취 기준을 먼저 고려하신다는 분도 계시거든요.

참여자: 물론 참고해요. 근데 그걸 먼저 확인하지는 않는 것 같아요. 오히려 교과서와 지도서를 기준으로 영속적 이해를 도출하고 그것이 성취 기준을 만족시키는지 확인해보는 방식을 사용해요.(하략) (저자의 인터뷰 자료)

위의 인터뷰 내용에서 연구자의 두 번째 질문은 미리 준비한 것이 아니라 인터뷰 현장에서 즉시 떠오른 것이다. 이러한 추가 질문은 연구자가 인터뷰를 진행하기 전에 미처 생각하지 못했던 부분을 보완해주어 현상의 다른 의미나 좀 더 깊은 의미로 다가갈 수 있게 한다.

초보 연구자는 추가 질문에 다소 소극적으로 접근하곤 한다. 즉 추가 질문을 하다 보면 인터뷰 시간이 길어져서 준비해 간 질문을 모두 할 수 없을지도 모른다고 걱정할 수도 있다. 하지만 이러한 걱정은 두 가지 측면에서 해결될 수 있다.

첫째, 추가 질문을 진행하는 동안 미리 준비해 간 질문의 응답이 이루어지는 경우가 많다. 인터뷰 가이드의 질문은 각각 별개가 아니라 하나의 현상을 탐구하기 위해 그 범위를 쪼갠 결과라고 할 수 있다. 따라서 인터뷰 가이드의 질문에 대한 응답으로 다른 질문의 응답이 나올 수도 있고, 추가 질문을 하는 과정에서 다른 질문에 대한 응답이 모두 이루어질 수도 있다. 실제로 연구자의 경험에 의하면 10개의 질문을 준비해서 인터뷰를 진행했을 때 반 정도의 질문과 그에 대한 추가 질문을 하면 남은 질문에 대한 응답도 대부분 이루어지는 경우가 많다.

둘째, 만약 인터뷰에서 하지 못한 질문이 있다면 그다음 인터뷰 때 추가 질문과 함께 준비하면 된다. 이때 추가 질문은 이전 인터뷰에 대한 분석을 바탕으로 구성한다.

다. 인터뷰 후 즉시 전사와 분석 진행하기

인터뷰를 마쳤다면 다음 인터뷰를 위해 즉각적인 전사와 분석이 이루어져야 한다. 이를 통해 연구자는 다음 인터뷰를 위한 추가 질문을 구성할 수 있고, 빠른 시간 안에 다음 인터뷰 일정을 잡을 수 있다. 초보 연구자가 저지르는 흔한 실수 중 하나는 자료의 수집과 분석을 별개의 일정으로 취급하는 것이다. 이는 양적연구의 연구 과정을 질적연구의 그것과 동일하게 간주한 데 따른 것이라 할 수 있다. 즉 자료의 수집과 분석을 순차적으로 이루어지는 연구 단계로 보고, 수집 시점과 분석 시점을 전후로 나누어 수집이 완료되면 분석을 진행해야 한다고 여기는 것이다. 하지만 분석이 배제된 맹목적인 자료 수집은 무의미한 자료, 초점 없는 자료, 피상적인 의미를 담고 있는 자료의 양산을 가져온다. 인터뷰 또한 분석과 함께 병행되어야 하며, 이를 통해 인터뷰가 좀 더 의미 있는 자료를 향해 나아가야 한다.

인터뷰의 전사와 분석은 인터뷰 직후에 이루어져야 하는데 그 이유는 다음과 같다. 첫째, 인터뷰 직후 이루어지는 전사와 분석은 인터뷰 당시 분위기와 같은 비언어적인 자료를 보전하는 데 도움이 된다. 인터뷰는 기본적으로 연구자의 질문과 연구 참여자의 응답이라는 언어적 과정을 통해 자료를 생성하는 방법이지만, 이 외에 당시의 분위기, 연구 참여자의 표정이나 제스처와 같은 비언어적인 정보도 함께 생성된다. 이때 인터뷰와 전사, 분석 사이의 시간적 간격이 멀어지면 연구자의 기억에서 비언어적 정보가 모두 사라지고 언어적 정보만 남게 된다. 또한 연구자는 인터뷰가 이루어지는 동안 다양한 분석과 반성을 하게 되는데, 시간 간격은 이러한 정보도 소실되게 만든다.

둘째, 즉각적인 전사와 분석은 인터뷰 사이의 시간 간격을 줄여 연구 참여자가 좀더 의미 있는 진술을 할 수 있도록 돕는다. 연구 참여자는 수동적인 존재가 아니다. 그들도 인터뷰 후에 연구자의 질문과 자신의 응답에 대해 반성하며, 이러한 반성 속에서 좀더 깊은 의미를 지닌 진술을 이끌어낸다. 따라서 인터뷰 이후 얼마간의 시간 간격은 연구 참여자에게 연구자의 질문과 자신의 진술을 반성하는 여유를 제공하지만, 이 시간 간격이 지나치게 길어지면 연구 참여자는 자신의 이전 진술을 잊어버리고 이후의 반성 또한 망각해버린다. 따라서 인터뷰와 인터뷰 사이의 시간 간격은 짧을수록 좋다. 우리의 경험에 따르면 이러한 시간 간격은 3~4일에서 일주일 정도가 적당하다. 이 정도의 시간이 주어졌을 때 연구 참여자가 연구에 대한 감각을 잃지 않고 연구자에게 의미 있는 진술을 제공했다.

또한 여기서 중요한 점은 이전 인터뷰에 대한 분석을 기반으로 이후 인터뷰를 위한 질문을 구성해야 한다는 것이다. 첫 인터뷰를 하기 전, 즉 본격적으로 자료를 수집하기 전에는 연구자가 그 현상이나 경험에 대한 정보를 가지고 있지 않기 때문에 인터뷰의 질문 역시 굉장히 일반적이고 포괄적인 형태로 구성될 수밖에 없다. 그렇기에 초기 질문은

〈표 8-2〉	인터뷰와 분석을 통해 질문이 생성되는 과정
1차 인터뷰의 주요 내용	1. 학원의 수업은 학교의 수업에 비해 나의 필요를 만족시켜준다. 2. 학원의 선생님들이 학교의 선생님들보다 나에게 더 신경써준다. 3. 학원의 친구들이 진정한 친구로 느껴진다.
↓	
분석을 통해 밝혀진 개념	1. 학원 수업의 개별성 2. 학원 강사와의 친밀함 3. 학원의 교우관계
↓	
2차 인터뷰 질문 구성	1. 특히 어떤 수업에서 그런 차이점을 많이 느끼나요? 그러한 차이점을 보여주는 경험을 말해주세요. 2. 학원 강사와의 추억을 몇 가지 말해주세요. 3. 학원 친구 중에 가장 친한 친구는 누군가요? 왜 그 친구가 친하게 느껴지나요?

'환자를 간호하는 것은 당신에게 어떻게 경험되나요?', '수업을 할 때 어떤 부분을 가장 신경 쓰나요?', '마을 평생교육은 어떤 형태로 진행되나요?'와 같이 매우 포괄적이고 일반적이며 탐색적일 수밖에 없다. 하지만 인터뷰와 함께 이에 대한 전사와 분석이 진행되면 인터뷰의 질문이 좀 더 구체적이고 맥락적인 형태를 띠게 된다. 이러한 과정을 보여주는 예를 살펴보자. 〈표 8-2〉는 학원의 교육과정과 학생의 학습에 관한 연구에서 이루어진 인터뷰, 분석, 추가 질문 구성의 과정을 표로 정리한 것이다.

　〈표 8-2〉의 질문 생성 과정은 인터뷰와 이에 대한 분석을 통해 차후 인터뷰의 질문이 어떻게 구성되는지를 보여준다. 초기 인터뷰의 질문은 매우 포괄적이고 탐색적이다. 하지만 초기 인터뷰에 대한 분석을 통해 몇 가지 개념과 맥락을 도출하고, 이를 기반으로 좀 더 구체적이고 맥락적인 인터뷰 질문의 구성이 가능해지는 것이다.

5. 현장에 널려 있는 다양한 자료 찾기

연구 현장은 다양한 자료로 가득 차 있으며 연구자는 능동적으로 이를 탐색하고 확보해야 한다. 현장 작업을 처음 시작할 때 연구자는 일반적으로 자신이 선정한 연구 참여자나 현장과 같이 연구를 계획하기 전 시점에 예상한 자료를 중심으로 연구를 한다. 하지만 현장으로 들어간 이후에는 다양한 자료를 수집하기 위해 노력해야 한다. 그리고 이러한 자료에는 새로운 연구 참여자, 문서 등이 포함된다.

가. 새로운 연구 참여자

현장 작업이 시작되면 연구 참여자 인터뷰나 현장 참여관찰이 이루어지고 연구자는 연구와 관련된 다양한 정보를 획득할 수 있다. 여기에는 연구 주제와 관련된 정보를 제공할 수 있는 새로운 인물에 대한 정보가 포함되어 있는데, 이러한 새로운 인물을 연구 참여자에 포함하여 연구의 질을 확보할 수 있다. 따라서 연구자는 연구 주제와 관련된 정보를 제공할 수 있는 새로운 연구 참여자를 확보하기 위해 지속적으로 탐색해야 한다.

저자의 연구 중 교육과정 재구성과 수업에 대한 연구는 새로운 연구 참여자 덕분에 연구의 질을 어떻게 확보했는지를 잘 보여준다. 저자는 연구를 위해 백워드 교육과정 설계를 통한 교육과정 재구성과 수업을 실천하고 있는 초등학교 교사를 연구 참여자로 선정해야 했다. 하지만 교사의 교육과정 재구성은 개인적 수준에서 이루어지는 것이기에 적당한 연구 참여자를 확보하기 힘들었고, 게다가 백워드 교육과정 설계라는 이론이 현장에 보급된 지 얼마 되지 않은 시점이었기에 이를 실천하는 초등학교 교사는 더더욱 찾기가 힘들었다. 따라서 우선 4명의 연구 참여자를 중심으로 연구를 시작했다. 그러나 연구가 진행될수록 연구 참여자를 통해 백워드 교육과정 설계를 실천하고 있는 초등학교 교사에 대한 정보를 더 확보할 수 있었고, 이들을 연구에 참여시킴으로써 좀 더 다양한 측면의 정보를 얻게 되었다. 또한 이들로부터 비롯된 풍부한 자료는 주요 연구 참여자의 자료와 비교 분석하는 데 효과적으로 활용되었다.

나. 다양한 문서

연구 현장에는 연구 주제와 관련된 다양한 문서가 있으며, 연구자는 이를 적극적으로 탐색하여 확보함으로써 연구의 질을 높일 수 있다. 이후의 장에서 좀 더 자세히 다룰 테지만, 연구 현장에는 다양한 문서 자료가 존재한다. 이러한 문서는 좁게 보면 텍스트 자료에 한정되고, 넓게 보면 사진, 비디오, 구체물과 같은 시각적 자료가 포함된다. 그리고 이러한 자료는 연구의 질을 확보하는 것뿐만 아니라 심사자나 독자로부터 연구의 타당성과 신뢰성을 확보하는 데에도 도움이 된다. 연구의 타당성과 신뢰성을 설득적으로 전달하는 데에는 다양한 실증적 자료의 제시가 효과적인 방법이 될 수 있는데, 연구를 통해 수집된 다양한 문서 자료는 연구의 결과를 뒷받침하는 훌륭한 실증적 자료가 되기 때문이다.

6. 현장에 맞게 연구 과정을 조정하고 변화시키기

연구자는 현장 작업의 과정에서 발생하는 여러 변수와 상황을 고려하여 탄력적으로 연구를 조정하고 변화시켜야 한다. 그리고 이러한 조정과 변화는 연구 참여자나 연구 현장과 같은 하위 수준에서부터 연구 설계나 심지어 연구 주제와 같은 상위 수준에 이르기까지 이루어질 수 있다. 김영천(2016)은 질적연구의 특징으로 유연한 연구 설계에 대해 논의했는데, 이는 연구 과정 중 발생하는 여러 상황에 따라 탄력적으로 연구를 수행할 수 있음을 논의한 것이다. 따라서 질적연구에서 이루어지는 연구 과정의 조정과 변화는 연구의 실패나 부실한 연구 과정을 의미하지 않는다. 연구 과정 중 현장의 상황에 따른 탄력적 연구 설계는 오히려 연구의 질을 향상하는 유연한 대처라고 보아야 한다. 그렇다면 이러한 탄력적 조정에 대해 살펴보자. 연구 참여자 등의 변화는 앞에서 다루었으니 여기서는 연구 설계와 연구 주제의 조정에 대해 논의하겠다.

가. 연구 설계의 조정

연구 설계는 현장 작업과 그 속에서 이루어지는 상황의 변화에 따라 조정될 수 있다. 이러한 조정은 연구 방법의 조정, 첨가와 같은 하위 수준에서부터 연구 패러다임의 조정과 같은 상위 수준까지 이루어질 수 있다. 예를 들어 현장 작업에서 수집된 양질의 문서를 기반으로 문서 분석 방법을 추가하거나, 인터뷰를 중심으로 설계되었던 연구에 참여관찰과 FGI 방법을 추가하는 수준의 조정이 하위 수준의 연구 설계 조정이라 할 수 있다. 또한 질적연구 방법을 중심으로 설계된 연구에 양적 데이터 수집과 분석을 추가하여 통합 연구로 설계를 변경하는 것은 상위 수준의 설계 조정이라 할 수 있다. 이러한 연구 설계의 조정은 현장의 상황이나 변화에 따라 다양한 형태로 이루어질 수 있다. 연구 설계 조정의 예를 살펴보자.

　　Kumagai, Bliss, Daniels와 Carroll(2004)은 산불의 원인에 대한 탐구를 수행했다. 그들은 초기에 양적 설계를 기반으로 연구를 했으나 연구 도중 일어난 산불로 인해 연구 설계를 통합적 연구로 조정했다. 이에 대해 그들은 다음과 같이 기술했다.

이 연구는 양적연구 방법과 질적연구 방법을 통해 검증되었다. 그리고 비록 엄밀한 의미에서 종단적이라 말할 수 없지만 시간적 순서에 따라 이러한 방법이 수행되었다. 양적 방법 부분은 1단계와 2단계라 명명한 우편 조사를 통해 이루어졌다. 이는 주로 응답자가 산불의 원인을 무엇으로 여기는지를 조사하는 것이었다. 이 연구에서의 가설 검증은 이러한 조사를 주요한 기반으로 하여 이루어졌다. 질적 방법은 Butte Complex 화재 중·종반에 면담의 형태로 포함되었다. 인터뷰에서는 화재를 경험한 사람들이 산불 피해의 원인을 무엇으로 받아들이는지, 또한 그러한 특성은 어떻게 형성되는지를 탐구했다. 즉 질적 자료는 검증과 우편 조사 결과의 해석을 명확히 하는 검증 자료로 활용되었다. 1단계에서 조사는 시에라네바다산맥의 서쪽 슬로프를 중심으로 1999년 6월 초부터 이루어졌다. 이러한 연구 현장은 최근에 나타난 높은 산불 발생 빈도를 기반으로 선택한 것이다. (중략) 1999년 8월 23일, 번개로 인한 일련의 산불(Butte Complex Fires)이 캘리포니아 시카고 근교에서 발생했다. 그 불은 33,924에이커를 태우고 1명의 사망자와 23명의 부상자를 발생시켰으며, 2,392명의 소방 인력 투입과 740만 달러의 재산 손실을 야기했다. Butte Complex 화재는 모두 일곱 군데의 화재로 이루어졌다. 그곳은 Doe Mill, Musty, Woodland, Bloomer, Bean, Union, 그리고 남부 지역이다. 이 화재는 Forest Ranch와 Cohasset 지역에 영향을 미쳤는데, 면담과 2단계의 우편 조사가 이 지역에서 이루어졌다.

질적 현장 인터뷰의 주제를 규명하기 위해 이론적 표집 접근이 이루어졌다. 면담자로 Forest Ranch의 주민 15명과 Cohasset의 주민 16명이 선정되었다. 이러한 면담자는 성별, 나이, 화재와 거주지 사이의 거리, 재산 피해 정도의 다양성을 바탕으로 선정한 것이다. (Kumagai et al., 2004)

위 진술에서 보듯이 연구자들은 산불의 원인에 대한 양적 조사 중 실제 대규모 산불을 맞닥뜨리게 되었다. 이에 연구 설계를 통합 설계로 변경하여 질적연구 설계를 포함한 통합 설계로 연구 설계를 조정했고, 결론적으로 양적연구와 질적연구를 통한 삼각검증으로 더욱 타당한 결과에 도달할 수 있었다.

나. 연구 주제의 조정

연구 주제 또한 연구 과정에서 변화되고 조정될 수 있다. 연구 주제나 연구 문제와 같은 상위 주제는 일반적으로 연구가 본격적으로 시작되기 이전에 형성된다. 그리고 연구 주제는 일반적으로 연구자의 경험이나 선행 연구, 이론에 대한 검토를 기반으로 구성된다. 하지만 연구가 시작되면서 수집되는 자료나 이에 대한 분석이 연구자의 예상과 전혀 다른 양상으로 흘러갈 수 있다. 그리고 이는 때로 연구 주제나 연구 문제를 변경해야 할 필요를 야기한다. 하지만 몇몇 연구자는 이러한 조정 상황을 연구의 실패로 받아들이기도 한다. 이 역시 양적연구와 질적연구의 혼동에서 비롯된 오해라 할 수 있다. 양적연구의 경우, 연구 문제나 연구 주제가 가설에서 비롯되고, 연구 주제의 변경이 가설의 폐기를 의미하기 때문에 연구의 실패로 간주될 수 있다. 하지만 질적연구는 연구 과정에서의 가변적 상황을 자연스러운 것으로 인정하며, 오히려 연구 이전에 예상할 수 없었던 새로운 주제의 발견으로 받아들인다. 따라서 연구 과정 중에 이루어지는 연구 주제의 변경은 연구의 실패를 의미하기보다는 새로 발견된 연구 주제로 간주된다. 어떻게 연구 과정 중에 연구 주제가 변경되는지 예를 통해 살펴보자.

김필성(2009)은 학원에서 형성되는 대안적 유대 공동체에 대한 인류학적 탐구를 수행했다. 연구자는 초기에 자신이 설정한 연구 주제가 연구 과정에서 어떻게 변화되었는지 다음과 같이 기술했다.

기본적인 문제 의식은 맘껏 뛰어놀고 싶어 하는 청소년들이 어떻게 늦은 밤까지 학원 생활을 할 수 있을까라는 의아함이었다. 학부모와 학원이 긴밀한 협력으로 학생들을 감시하는 것을 보면서 학생들이 매우 불쌍하게 여겨졌다. 강사들은 피곤해하는 학생들과 수업을 해야 하므로 목소리가 크고 화끈하게 때려주는 무서움이 강사가 갖추어야 할 중요한 요소였다. 또한 친한 친구끼리 있을 경우 분반을 시켜 떼어 놓기도 하였다. 학생이 학원을 빠지게 되는 경우는 교사가 집으로 전화를 하고 집에 늦게 들어가는 경우는 학부모들은 학원으로 전화를 하므로 학생들은 학원을 빠질 수도 없는 분위기였다. 그런데 이상하게도 수업 시간 전에 학원에 오는 학생들도 많았다. 소규모 학원의 원장은 학생들을 아주 엄하게 대한다. 그런데도 학생들은 며칠 동안 원장님에게 떼를 쓰면서 어떤 것을 사달라고 졸라대기도 하였다. 중 1 학생 3명은 특히 조사자와 여러 이야기를 나누는 것을 좋아하였다. 학교에서 있었던 일들과 못된 선배들 이야기를 들려주었고 가끔 문자도 보내주었다. 또한 학생들이 학원의 규율을 어기는 경우는 거의 없었고 학원을 빠지는 학생은 극소수였으며 대부분의 학생들은 학원 생활을 힘들어하거나 고통스러워하지 않았다. 다들 재밌게 웃고 떠들고 즐거워하는 모습이었다. (중략)

1월까지만 해도 사교육의 병리 현상이 왜 지속되는지에 대한 조사를 통해 학생들을 억압적 상황에서 벗어나게 하고 참교육을 실현하는 데 도움을 주려는 마음이었다. 그러나 일반 참여관찰 과정에서 학원 강사와 허물없이 농담을 주고받으면서 즐거워하는 학생들, 학생들이 강사들에게 지어준 별명을 부르는 모습, 친구끼리 즐겁게 지내는 모습을 접하게 되면서 사교육을 병리 현상으로 보는 조사자의 생각이 편견이지 않을까라는 의심이 들기 시작했다. (중략)

조사자는 이러한 과정에서 중학생들에게서 학원이란 어떤 공간인지에 초점을 맞추었다. 그 과정에서 중학생들에게서는 '학업 성적 향상'이라는 것은 학원 다니는 여러 가지 이유 중의 하나일 뿐이라는 것을 알게 되었다. 학생들에게 학원은 즐거운 곳이며 집처럼 편안한 곳임을 확인할 수 있었고 친구들과 함께할 수 있는 공간 역할을 하고 있다는 사실도 알게 되었다. 이 과정에서 사교육 현상을 병리적으로만 보아 왔던 조사자의 생각이 편협하다는 사실을 확실히 알게 되었다. (김필성, 2009)

위의 기술에서 확인할 수 있듯이, 처음 연구자가 설정한 연구 주제는 학원에서의 비인간적이고 억압적인 문화를 탐구함으로써 학생들을 학원으로부터의 해방시키는 것이었다. 하지만 연구 과정 중 관찰된 현상의 모습이 연구자가 예상했던 모습과 너무 달랐고, 그 결과 학원이라는 공간과 그 속의 공동체가 학생들에게 어떤 의미로 경험되는지에 대한 탐구로 연구 주제를 조정했다.

7. 메모 잘하기, 생각 기록하기, 질문 던지기

질적연구자는 현장 작업 동안 지속적으로 메모하고 기록해야 한다. 그리고 이를 기반으로 질문을 던져야 한다. 질적연구의 현장 작업은 기본적으로 기록의 과정이다. 질적연구의 자료 수집은 수집과 생성으로 구분해볼 수 있다. 이때 수집되는 자료는 말 그대로 현장에 이미 존재하는 자료를 연구자가 획득하는 것이라면, 생성되는 자료는 연구자와 연구 참여자, 혹은 연구자와 현장의 상호작용의 결과로 생성되는 것이다. 그리고 생성되는 자료는 일반적으로 연구자의 기록 형태로 획득된다. 따라서 현장 작업에서 연구자가 남긴 기록은 연구를 가능하게 하고 연구의 질을 확보하는 중요한 자료가 된다.

　연구자는 연구 과정에서 지속적으로 의문을 가지고 그러한 의문의 해답을 탐구해야 한다. 초보 연구자가 흔히 하는 실수 중의 하나는 의문을 제기하기보다 추측하는 것이다. 즉 어떤 현상이나 사건을 보고 거기에 내재하는 의미를 궁금해하고 그것을 내부자나 연구 참여자에게 물어보기보다는 추측을 통해 결론을 내리고 넘겨버리는 것이다. 이와 같은 실수는 연구자가 현상이나 경험의 의미로 다가가는 데 걸림돌이 된다. 이러한 측면에서 Geertz(1973)의 논의는 질문하는 사람으로서 연구자의 위치에 시사점을 제공한다. 그는 자신이 연구 참여자에게 던지는 지속적인 질문으로 인해 그들로부터 바보 취급을 당한 경험에 대해 논의했다. 이는 연구자가 일반적으로 당연해 보이는 것이라도 그것에 대해 지속적으로 질문을 던져야 함을 드러낸다. 그렇다면 현장 작업 중 이루어질 수 있는 다양한 메모와 기록의 유형을 살펴보자.

가. 현장 노트 잘 쓰기

연구자는 현장 작업 중 관찰하고 생각한 것을 현장 노트에 잘 기록해야 한다. 현장 노트는 연구자가 현장에 들어가면서부터 경험하는 모든 사건과 연구자의 생각을 기록해놓은 공책 또는 일지를 말한다. 현장 노트에는 특별히 정해진 형식이나 규칙이 없으며, 연구자가 자신의 성향과 필요에 따라 자유로운 형식으로 기록하면 된다. 이러한 현장 노트의 기록은 크게 네 가지 유형, 즉 사건, 연구자의 감정, 연구 방법, 이론으로 구분할 수 있다(김영천, 2016).

　이성은, 권리라, 윤연희(2004)는 초등학교 교사의 전문성 요소에 대한 연구를 수행했는데, 이 연구에서 자신들이 관찰한 사건에 대해 다음과 같은 기록을 제시했다.

> 교사: 아동들의 활동 중에 잠시 이리저리 아동들 사이를 돌아다니더니 문득 '장애인 입학생을 준비하는 과학고 이야기'를 한다. 그 내용은 박종원이라는 장애인 학생이 입학하게 된 과학고에서 장애인 학생을 위해 화장실과 계단 등 장애인을 위한 시설을 확충하였다는 것이다. 이와 같이 한 학생을 위해 경제적 투자

를 아낌없이 하게 된 학교의 결단의 중요성을 거듭 강조한다.

교사: 오늘 수학을 할 텐데.

　　(칠판에 수학 72---126을 붙이고 수업 시작)

　　자, 72에서 126까지 자, 시작.

　　(박수를 치면서 6씩 크고 작게 뛰어 세기를 함)

　　다른 데는 잘되는데 84에서 내려오는 것이 잘 안 되네.

　　자, 다시 84부터 시작.

학생: (다시 수 세기 시작)

교사: 아주 잘 찾아냈는데 이 도형판에서 제일 큰 다각형의 이름이 무엇일까요?

　　아주 예쁘게 앉아 있는 어린이 보세요.

　　……

교사: 선생님이 보고 자세가 예쁜 어린이 시켜볼까? 누굴까? 은비.

　　……

　　손 들지 말자. 선생님이 예쁘게 앉아 있는 사람 시켜줄게.

학생: 수직은요. 두 개의 직선이 서로 만나서 그때 수직을 이루는 변을 수선이라고
　　불러요.

교사: 똘똘이 박수.

학생: 짝짝

교사: 임현우(주의가 산만한 학생)는 나와서 듣지.

학생: (각자 활동)

교사: 1분단 한 어린이 목소리가 들리고 있습니다.

교사: 이렇게 소란스러워서는 안 돼.

교사: (종을 치시면서) 제일 예쁜 분단 4분단 랄랄랄라(가락을 넣으셔서).

　　(4분단에게 별을 준다)

　　자, 이렇게 집중

교사: 자, 여기는 평행사변형을 만들고, 어, 너희는 지금 잘 안 맞았어. 잘했어.

　　친구 좀 도와주세요. 좀 어렵지?

　　(선생님 도화지를 나누어주심)

　　하나, 둘, 셋 종///

학생: (선생님께 집중하며 바로 앉는다)

교사: 자, 떠드는 학생 어깨를 칠 거예요. 그럼 뒤로 나와서 시계를 보고 1분을 세세요.

(이성은 · 권리라 · 윤연희, 2004)

위와 같은 사건뿐만 아니라 연구자의 감정이나 성찰 또한 현장 노트의 주요한 기록 내용이 된다. 김영천(2016)은 우리나라 초등학교 학생의 학교생활에 대한 연구에서 다음과 같이 현장 노트를 기록했다.

우리나라의 초등학교 교실. 나는 졸업을 한 지 한참 후에 다시 들어갔다. 미국의 교실을 관찰해서 그런지 상당히 좁다는 생각을 했다. 참으로 아이들이 많이 있고 지도하기가 어렵겠다는 생각이 들었다. 내가 학교 다닐 때와 특히 다른 점은 아이들의 체구가 엄청 커졌다는 점이다. 영양 상태가 좋아진 이유일 것이다.

그러니 여전히 교실에서 교사가 많은 아이들을 관리하기 위해 교탁을 막대기로 세게 두드리는 일은 1970년대 나의 초등학교 교실과 비슷하다. 학생들을 자리에 앉게 하고 학생들의 이름을 부르는 것 역시 변하지 않았다. 참으로 변하지 않았다는 느낌이 든다. (김영천, 2016)

나. 분석적 메모 잘 쓰기

분석적 메모란 분석 과정에서 연구자가 수행한 성찰이나 해석을 기록한 것이다. 일반적으로 분석적 메모는 자료에 대한 분석 과정에서 이루어지는데, 분석 과정이 현장 작업과 함께 이루어지고 또한 넓게 보아 분석 과정 자체가 현장 작업의 일부임을 고려하며, 현장 작업에서 이루어지는 기록의 한 형태로 분석적 메모를 포함할 수 있을 것이다. 이러한 분석적 메모도 현장 노트와 마찬가지로 일정한 형식이 없으며, 분석 과정에서 연구자가 포착한 성찰과 해석을 자유롭게 기술한다.

정상원(2017)은 초등학교 교사의 교육과정 재구성과 수업 실천에 대한 연구에서 연구 참여자가 수행하는 연구 목적으로서의 영속적 이해 도출 과정에 대해 다음과 같은 분석적 메모를 제시했다.

이을수(연구 참여자)는 위의 인터뷰에서 자신의 영속적 이해 도출 과정이 어떻게 이루어지는지는 정확하게 언급하지 못하고 있다. 하지만 위의 인터뷰를 통해 우리는 이을수의 영속적 이해로의 접근이 성찰, 질문 던지기, 대답하기, 직관을 통한 영속적 이해 도출이라는 과정을 통해 이루어지고 있음을 확인할 수 있다. (정상원, 2017)

8. 결론

현장 작업의 성공은 연구의 성공뿐만 아니라 양질의 연구 결과를 가져오는 필요조건이다. 하지만 또한 연구자를 가장 힘들게 하는 과업이자 양적연구와 질적연구를 구분짓는 뚜렷한 특징이기도 하다. 따라서 질적연구를 한다는 것 자체가 힘거운 현장 작업을 감수한다는 것을 의미한다.

연구 현장은 예측 불가능하고 가변적이며 현장 작업은 고통스럽다. 하지만 그렇기 때문에 질적연구는 더욱 가치 있는 연구가 된다. 현장 작업을 통해 연구자는 한 명의 질적연구자로 다시 태어나게 된다. 그리고 현장 작업을 위한 몇몇 방법은 연구자가 힘거운 현장 작업을 수행하는 데 다소나마 도움이 될 것이다.

참고문헌

김영천(1997). **네 학교 이야기: 한국 초등학교의 교실 생활과 수업**. 문음사.

김영천(2016). **질적연구 방법론 I: Bricoleur**. 아카데미프레스.

김영천 · 김필성(2012). **아빠는 죽어도 학원은 죽지 않는다: 오바마도 몰랐던 한국 교육의 비밀**. 아카데미프레스.

김필성(2009). 대안적 유대 공동체로서 기능하는 학원에 관한 연구: 약목 지역 U학원 중학생들의 사례를 중심으로. 경북대학교 대학원 석사학위 논문.

이성은 · 권리라 · 윤연희(2004). 초등교사의 전문성에 관한 참여관찰 연구. **한국교원교육학회**, 21(3), 5-27.

정상원(2015). 초등학교 교사의 부진아 지도 경험에 대한 현상학적 연구. **내러티브와 교육연구**, 3(2), 5-29.

정상원(2017). 초등학교 교사의 백워드 교육과정 설계와 실천에 대한 근거 이론적 접근. 경북대학교 대학원 박사학위 논문.

최원준(2006). 초등학교 체육 수업을 위한 스포츠 교육 실행 연구. 경북대학교 대학원 박사학위 논문.

홍은진(2015). 세 마을평생교육지도자의 삶과 마을 평생교육 실천 전략. 대구대학교 대학원 박사학위 논문.

Geertz, C. (1973). *The Interpretation of Cultures: Selected Essays*. Basic Books.

Hart, C. W. M. & Pilling, A. R. (1960). *The Tiwi of North Australia*. Holt.

Kumagai, Y., Bliss, J. C., Daniels, S. E., & Carroll, M. S. (2004). Research on causal attribution of wildfire: An exploratory multiple-methods approach. *Society & Natural Resources*, *17*(2), 113-127.

Spradley, J. P. (1980). *Participant Observation*. Wadsworth Publishing Company.

Strauss, A. & Corbin, J. (1990). *Basic of Qualitative Research: Grounded Theory Procedures and Techniques*. Sage.

Strauss, A. & Corbin, J. (1997). *Basic of Qualitative Research: Grounded Theory Procedures and Techniques* (2nd Ed.). Sage.

제 9 장

현장의 문서 수집하고 활용하기

인터뷰, 참여관찰 등과 더불어 현장에서 수집되는 문서는 연구 주제와 관련된 또 다른 정보를 제공하는 주요한 원천이다. 그럼에도 불구하고 국내의 많은 질적연구물은 문서의 활용을 비중 있게 다루기보다는 인터뷰나 참여관찰 등의 부수적인 방법으로 다루고 있다. 따라서 이 장에서는 이러한 문서에 대해 논의하고 질적연구에서 문서의 역할과 그 활용에 대해 살펴보겠다.

1. 문서의 개념

문서(document)는 인간의 경험을 상징적 기호로 기록한 인공물로 정의할 수 있다. 이러한 정의는 문서가 가진 사전적 의미와 학술적 의미로 정당화될 수 있는데, 우선 사전적 의미를 살펴보자. 사전적으로 문서는 '정보를 제공하는 기록물'을 의미하며, 또한 상징적 표시를 통해 개인의 사고를 표현하는 일체의 인공물을 의미하기도 한다(Longman Dictionaries, 1995; Penquin Random House, 2015). 이는 문서의 세 가지 측면, 즉 내용으로서 인간의 경험과 사고를 담고 있다는 점, 매개물로서 상징을 통해 의미를 전달한다는 점, 인간으로부터 비롯된 인공물이라는 점에 따른 정의이다. 이러한 측면은 문서가 단순히 텍스트로 이루어진 인쇄물 이상의 의미를 지녔다는 것을 시사한다.

　문서에 대한 학술적 정의 또한 사전적 정의와 맥을 같이한다. Buckland(1997)는 텍스트 혹은 텍스트와 유사한 상징 체계로 구성된 문서의 개념에 대해 논의하면서 이러한 문서의 개념이 시간이 흐르면서 이미지나 구체물로 확대되었다고 했다. 그의 논의에 따르면 문서의 개념은 '인간 사고의 모든 표현'으로까지 확장될 수 있다. 이는 텍스트 형식의 문서뿐만 아니라 사진이나 이미지, 심지어 청각, 시각 자료도 문서에 포함될 수 있음을 나타낸다.

　이와 관련하여 Otlet(1934)는 그림이나 문자화된 기록뿐만 아니라 사물 그 자체가 문서가 될 수 있다고 했고, Schürmeyer(1935)는 인간의 지식을 확장하는 데 적용될 수 있는 어떠한 물체도 문서로 정의될 수 있다고 했다. 그리고 Briet(1951)는 물리적 혹은 개념적 현상을 재현, 재건, 혹은 표현할 의도로 기록되거나 보존된 물리적 혹은 상징적 기호라고 했는데, 이 또한 앞의 논의와 마찬가지로 텍스트적 기록물이라는 협소한 개념을 넘어 문서를 정의한 것이다. Riles(2006)는 '특별한 장르나 형식을 가진 인공물(artifact)'로 문서를 정의하고, 또한 이러한 문서에 인간의 사고 혹은 지적 관습이 기록되어 있다고 했으며, Gottschalk(1945)는 문서를 정보의 출처, 인간 경험의 기록이라고 했다.

Gaillet(2010)은 '아카이브(archive)'의 개념을 통해 문서를 논의했는데 아카이브에 문서와 인공물을 포함했다.

이러한 학자들의 논의를 통해 문서의 두 가지 특징을 도출할 수 있다. 첫째, 문서가 담고 있는 내용으로서 인간의 사고이다. 문서는 인간의 경험, 사고, 지식, 관습과 같은 인간 사회의 다양한 사고나 경험을 담고 있다. 둘째, 문서의 의도성이다. 문서는 자연적으로 생성되는 것이 아니라 인간의 의도에 의해 구성된다. 이와 관련하여 Briet(1951)는 단순한 자연물과 문서를 구분하는 몇 가지 예를 보여주었다. 즉 자연에서 뛰어다니는 산양은 문서가 될 수 없지만, 동물원에 갇혀 있는 산양은 문서가 될 수 있다는 것이다. 이때 이 둘을 구분짓는 근거는 바로 그것이 보여주는 인간의 사고와 그것을 구성하는 의도성이다.

따라서 사전적 정의와 학술적 정의를 종합하면 문서의 성격을 크게 세 가지 측면에서 논의할 수 있다. 첫째, 문서는 인간의 경험이나 사고를 담고 있는 것이다. 문서는 인간의 의도적 표현이며 이러한 의도적 표현에는 그것을 표현하는 개인의 사고, 의도, 그리고 그 개인을 둘러싼 문화가 드러난다. 이러한 문서의 형식으로 사진, 이미지와 같은 비텍스트 문서도 예외가 될 수 없다. 사진을 찍거나 이미지를 구성하는 과정 또한 그것을 구성하는 인간의 주관성이 내재되어 있기 때문이다. 둘째, 문서는 의도적인 인공물이다. 문서는 인간에 의해 구성된 것이다. 따라서 자연물과 같이 인간의 의도성이나 인위성이 배제된 자료는 문서로 볼 수 없다. 셋째, 문서는 상징적 매개체로 구성된다. 이때 상징적 매개체는 문자, 그림, 혹은 구체물의 구성과 같은 것들이 될 수 있다. 따라서 연구자는 이러한 상징적 매개체에 기반한 문서의 분석을 통해 그 안에 내재된 의미를 도출할 수 있다.

문서는 우리 주변에 산재해 있다. 우리 주변에서 쉽게 발견할 수 있는 기록물, 우편물, 출판물과 같은 텍스트 자료를 비롯해 사진, 그림, 비디오와 같은 시각 자료, 목수의 연장과 같은 구체물이나 건물의 구조, 자리의 배치와 같은 공간적 자료도 모두 문서에 포함될 수 있다. Plummer(2010)는 인간의 주요한 행위로서 기록을 강조하고, 이러한 기록이 세상에 가득 차 있음을 논의했다. 또한 이러한 문서는 단순히 개인에 대한 기록을 넘어 개인의 정체성을 규정한다고 언급했다. Foucaut(1975)는 개인에 대한 문서가 단순한 기록을 넘어 활용을 위한 기록의 문서가 되었다고 했으며, McCulloch(2004)는 개인에 대한 문서가 공적인 차원에서 개인의 정체성을 규명한다고 했다.

앞의 논의를 종합하면 연구자는 문서에 대해 다음과 같은 측면을 숙지할 필요가 있다. 첫째, 문서는 인공적인 것임을 유념해야 한다. 단순한 자연물이나 인간의 의도성 또는 인위성이 포함되지 않은 것은 문서로 볼 수 없다. 따라서 연구자는 연구 과정에서 어떤 것이 문서가 될 수 있고 어떤 것이 문서가 될 수 없는지 판단할 수 있어야 한다. 둘째, 문서는 그것을 창조한 개인의 경험이나 현상의 의미를 담고 있다. 그리고 연구자는 문서를 활용할 때 무엇보다 그 속에 내재하는 경험이나 의미의 탐구에 초점을 맞추어야 한다. 셋째, 문서는 상징 체계로 구성되어 있다. 그리고 연구자는 이러한 상징 체계에 대한 해석을 통해서만 그것이 담고 있는 주제나 의미에 다가갈 수 있다. 이러한 문서의 세 가지 측면을 숙지하면 문서 수집과 활용의 타당성을 확보하는 데 도움이 될 것이다.

2. 질적연구에서 문서의 역할

질적연구에서 문서는 탐구하려는 현상에 대한 다양한 정보를 제공하는 원천이다. 이러한 정보에는 개인의 내면적 의식, 사적 영역, 과거의 사건, 원거리 현장에 대한 정보, 사회적 관점, 현상에 대한 전체적 조망 등이 포함된다. 그렇다면 문서의 역할에 대해 자세히 살펴보자.

가. 개인의 내면적 의식 탐구

문서는 개인의 내면적 의식이나 사고, 감정 등에 대한 정보를 제공한다. 특히 일기, 자서전과 같은 개인적 문서에는 저자의 진솔한 고백이 담겨 있다. 따라서 개인에 의해 구성된 이러한 문서는 그것을 구성한 개인의 내면적 의식에 대한 심층적인 정보를 담고 있으며, 정보를 제공한다는 측면에서 문서는 개인의 내면적 사고, 행위, 그리고 그것의 동기를 탐구하고자 하는 연구에 유용하다. 구체적인 예를 살펴보자.

Rieff와 Sontag(2008)는 소설가인 Susan Sontag의 일기를 재구성하여 그녀의 삶과 사상에 대해 기술했는데 다음은 그중 일부이다.

> 1958년
>
> 3월 1일
>
> H와 내 관계의 밑바닥. 환상적이고 야만적인 모욕 같은 목요일 밤의 섹스, 어제의
> 철저한 단절……. 뭐가 잘못된 건지 나는 알고 있었나? 스스로에게 몇 가지 질문을

던져볼 필요가 있다. 기타 등등. 나는 흐느껴 울면서 새벽 네 시에 도망치듯 지하철을 탔고─영화관에 몸을 던졌다. 올드 네이비로 돌아갔다. 모니크와 거기서 만나기로 돼 있었다. 한도 나와 있었다. 가우데아무스에서 저녁 식사를 하고 ……

3월 24일
이렇게 일기장 지면을 온통 H와의 연애사로 채워넣는 일은 그만둬! 이미지의 이미지의 이미지……. 이걸로 충분해. 아니, 차고도 넘쳐, 나는 그녀를 사랑하고, 바라보고만 있어도 크나큰 쾌감을 느끼고, 아주 가끔씩은 사랑을 나누고, 그렇잖아……. 하지만 사시콜콜하게 희노애락을 다 기록하다 보면 어떤 의미에서 기만적이 되고, 스스로 착각에 빠져 이 모든 게, 어쩌면, 진짜배기일지도 모른다는 생각을 하기 시작한다. 게임을 하는 것, 아니 하려고 애쓰는 것만으로도 충분하다. 점수를 기록하는 건 실수다…….

(Rieff & Sontag, 2008)

일기의 저자인 Susan Sontag는 H와의 연애와 그것에 대한 자신의 감정, 혼란, 그리고 H가 자신에게 어떤 의미가 있는지에 대한 내면적 사고를 보여준다. 이처럼 문서에 내재하는 개인의 내면적 사고에 대한 정보는 연구자가 그것에 좀 더 깊이 접근할 수 있게 해주거나, 다른 자료와 더불어 개인의 다양한 측면을 탐구할 수 있는 정보를 준다.

나. 사적 영역에 대한 정보 제공

문서는 연구자가 직접 관찰할 수 없는 사적 영역에서 일어나는 사건이나 현상에 대한 정보를 제공한다. 특히 사회나 공동체의 일원으로서 개인적 수준에서 일어나는 현상이나 사건 등은 개인이 남긴 문서를 통해 그 의미를 드러낼 수 있다. 이러한 문서는 역사적 사건이 개인의 수준에서 어떻게 경험되었는가, 혹은 사회적 현상이나 변화가 개인에게 어떤 영향을 미쳤는가에 대한 미시적인 정보를 제공한다. 따라서 미시사 혹은 미시 문화 연구에 유용한 정보를 제공한다고 할 수 있다. 그렇다면 실제 연구에 사용된 문서를 살펴보자.

양지혜(2017)는 일제 강점기에 한 전화교환수가 쓴 일기를 분석하여 그 당시 피식민지민의 내면을 탐구했다. 연구에 사용된 일기는 일제 강점기라는 역사적 상황이 한 개인의 측면에서 어떻게 현실화되는지에 대한 정보를 제공한다. 다음은 일기 내용 중 일부이다.

> 또 근로봉사?? 운편국 운동장에서 또 근로봉사를 한다고 한다. 운이 나쁘다. 언제나 2조의 숙명일이다. 화가 나서 못 참겠다. 갈까 말까 머뭇거리다가 결국 가기로 정했다. …… 다른 과는 조금씩 끝내 가는데 전화 쪽만은 3분의 1밖에 일구지 못했다. 정말 마음이 불안했다. 오늘은 너무 피곤했다. 손에는 물집이 생길 정도여서 정말 싫었다. 과정과 중천씨 둘이서 힘없이 땅을 파는 것을 보다 나는 먼저 실례하고 나왔는데, 지금도 너무 피곤하고 졸려서 못 견디겠다. (1941. 3. 15.) (양지혜, 2017)

위의 일기는 일제 강점기라는 역사적 상황이 사회적 약자이자 여성인 여자 전화교환수라는 개인의 수준에서 어떻게 경험되는지를 보여준다. 일제 치하에서 겪어야 했던 강제 노동이나 육체적 고난은 식민지의 약자로서 여성 전화교환수가 경험한 개인적 수준의 역사라 할 수 있다.

다. 지나간 사건에 대한 정보 획득

지난 과거의 사건이나 현상에 대한 기록을 담은 문서는 연구자로 하여금 시간적 한계를 뛰어넘어 그것에 대한 탐구를 가능하게 한다. 이러한 시간적 제한의 극복은 문서가 가진 장점 중의 하나인데, 연구자는 문서를 통해 시간이라는 물리적 장애를 넘어 과거의 사건이나 현상에 접근할 수 있다.

Foucault(1973)는 문서 분석을 통해 1835년 프랑스에서 벌어진 비극적인 존속 살인 사건에 접근했다. 사건 속의 Pierre Riviére는 당시 임신한 어머니, 누나, 어린 동생을 살해했다. 이 사건에 대한 검거와 재판 기록, 그가 남긴 옥중 수기는 이 연구의 주요한 자료가 되었다. 다음은 이러한 문서 중 일부이다.

> 치안재판소 판사의 조서
> 오늘 1835년 6월 3일 오후 1시

본관 오네 군 치안재판소 판사 프랑수아 에두아르 보두앵은 동 재판소 서기 루이 레앙드르 랑그리네의 입회하에 오네 읍의 읍장에게 이 읍의 통칭 '라폭트리'라는 마을의 자작농인 피에르 마르그랭 리비에르 씨 집에서 그가 오늘 아침부터 부재중인 상태에서 끔찍한 살해 사건이 일어났다는 소식을 막 접하고, 이장과 의학 박사 모랭 및 무학위 개업의 코프디에르와 함께 신속히 상기한 집으로 갔다. 두 사람은 모두 오네 군에 거주하고, 법이 정한 바에 따라 본관의 요청에 응해 동행하였다. 본관들은 거실로 사용되고 있는 그 집의 1층으로 들어갔다. 그 거실의 북측은 오네에서 생아그냥에 이르는 국도와 닿아 있었고, 거실 남측의 십자형 유리창과 북측의 유리를 넣은 문을 통해 빛이 들어오고 있었다. 거기서 우리는 신음하는 세 구의 시체를 발견하였다. (Foucault, 1973)

Foucault는 이러한 문서의 탐구를 통해 사건을 재구성하고 그 속에 내재하는 살인자 Pierre Rivière의 욕구와 광기에 대해 논의했다.

라. 접근할 수 없는 현상에 대한 정보 제공

문서는 물리적 혹은 정치적 장애 등으로 인해 접근하기 어려운 현상에 대한 탐구를 가능하게 한다. 특히 현대와 같이 인터넷이나 통신 수단을 통한 정보 교환이 활발한 시대에 문서는 연구자가 다양한 장애로 접근하기 힘든 현상이나 사건, 지역에 대한 다양한 정보를 제공한다. 이와 관련된 가장 대표적인 예로 Benedict(1946)의 일본 국민성에 대한 연구를 들 수 있다.

2차 대전 당시 미국 국방성의 요청으로 일본의 국민성에 대한 연구를 의뢰받은 Benedict는 전쟁 때문에 당시 가장 보편적인 인류학 연구 방법인 현지 조사를 수행할 수 없었다. 따라서 그녀는 미국에 거주하는 일본인을 인터뷰하고 일본에 대한 다양한 문서를 수집하여 연구를 수행했다. 일본 문화에 관한 문헌, 정치인을 비롯한 공인들의 연설문, 그림, 영화 등과 같은 문서의 분석이 이루어졌으며, 이를 통해 일본 국민성의 주요한 두 가지 주제인 폭력성과 억압성을 도출했다. 다음은 이러한 문서 중 섬기던 주군의 죽음에 대해 살인이라는 복수를 완성한 로닌들이 죽은 주군에게 바친 글의 일부이다.

우리는 오늘 존령을 뵙기 위해 이 자리에 왔습니다. (중략) 우리는 영주께서 생전에 열망하셨던 복수를 하지 않고는 이 자리에 나올 수가 없었습니다. 우리는 그동안 간절한 마음으로 이날을 기다려왔습니다. (중략) 우리는 지금 이 자리에 기라 영주를 데리고 왔습니다. 이 칼은 지난해 한 번 쓰시고 저희에게 맡기신 것입니다. 지금 돌려드리겠습니다. 원하옵건대 이 칼을 쥐시고 다시 한 번 원적의 목을 쳐 한을 푸십시오. 이상 우리 47인. 사마 존령께 말씀 올립니다. (Benedict, 1946)

위의 문서를 통해 복수를 하나의 정의로 받아들이고 그것을 수행하지 못하는 것을 수치로 여기는 일본 국민의 정서와 함께 주군에 대한 충성을 위해 자신의 희생을 당연한 것으로 바라보는 일본 국민의 관점을 확인할 수 있다.

마. 사회적 의식 탐색

사회적 현상이나 사건을 기록한 신문기사와 같은 공적인 문서는 그에 대한 사회적 인식이나 관점을 보여준다. 신문기사, 정부 문서, 사설, 칼럼과 같은 문서에는 그 사건이나 현상에 대한 관점이 내재되어 있으므로 연구자는 이를 통해 사건이나 현상을 둘러싸고 있는 사회적 관점이나 그것의 전개 과정을 확인할 수 있다. 이러한 측면에서 문서는 어떤 현상에 대한 사회적 인식을 탐구하는 사회학, 언론학 등의 분야에 유용하게 사용될 수 있다.

이와 관련하여 Lynd와 Lynd(1956)의 연구를 살펴보자. 그들은 1890년부터 1925년까지의 미국 중산층의 삶과 문화를 탐구했는데, 이 연구에서 통계 자료, 인구조사 자료, 재판 기록, 학교 기록물과 같은 다양한 공공 문서를 사용했다. 그리고 이러한 분석의 결과로 미국 중산층의 삶을 경제생활, 가정생활, 교육생활, 여가생활, 종교생활 등의 주제로 나누어 기술했다. 다음은 이 연구에 사용된 신문 사설의 일부이다.

의심할 여지 없이, 언젠가 감리교 사제단이 기독교 단체인 그들 자신을 힘들게 하고 있는 교리와 원리에 대한 토론에 참여시켜야 할 때가 온다면, 우리가 감리교주의라고 부르는 애매하지만 확신하는 것들의 많은 부분을 상실하게 될 것이다. 그리고 그 영향력은 쇠퇴할 것이다. 다른 이들은 감리교 신자들이 기독교 신앙과 기독교 삶의 기반이라 여기는 어떤 것들에 대해 의심할지도 모른다. 하지만 John Welsley의 추종자들은 그렇지 않다. 그들과 그들의 교회는 오늘날 물질적인 것과 정신적인 것들에 대한 심한 억압으로 산산조각난 모든 신념을 지키는, 마치 정신적으로 방어하는 강력한 바위처럼 견디고 있다. (Lynd & Lynd, 1956)

위 문서에는 당시 종교와 자본주의 사이의 괴리와 그러한 괴리에 대해 종교가 어떻게 대처하고 있는지에 대한 정보와 더불어 그 대처가 곧 힘을 잃을 것이라고 보는 사회적인 관점이 드러나 있다.

강준만(2003)은 우리나라 현대사에 대한 연구를 수행한 바 있다. 그는 이 연구에서 우리나라 현대사와 관련된 다양한 문서를 분석했는데, 다음은 그러한 문서 중 신문사설의 일부이다.

전두환 신군부 세력은 3S(스포츠 · 스크린 · 섹스) 정책의 일환으로 '국풍 81'이라는 대학가요제를 개최한다. 이용이 〈바람이려오〉로 2위에 해당하는 금상을 받으며 기성 가수 반열에 올라섰던 이 가요제에서 1위에 해당하는 대상은 공교롭게도 서울대 그룹사운드 '갤럭시'에게 돌아갔다. "화사한 두 날개 너울거리며 허공을 가르네/⋯⋯/나 이제 포근한 자연의 품에 안겨서/이제 맑은 물 마시며/맑은 달 보며 살겠네"라고 노래한 갤럭시의 〈학〉이라는 노래를 기억하는 사람은 거의 없다. (중략)
　　그다음 해, MBC 대학가요제에서 한양대생 정오차가 부른 〈바윗돌〉이라는 노래가 대상을 차지했다. 그러나 모 신문 인터뷰에서 "굴러, 굴러, 굴러라? 굴러라 바윗돌? 한 많은 이 세상 웃음 한번 웃어보자/⋯⋯"라는 가사가 5월 광주에서 죽어간 친구를 추모하는 뜻에서 만들어졌다는 기사가 실렸다. 그 직후 가요 심사위원회는 이 노래를 금지곡으로 묶어버렸다. 이후 대학가요제 심사위원들은 현란한 댄스풍의 노래들에게 대상과 금상을 몰아주기 시작한다. 그러면서 대학가요제는 학생다운 신선함과 진취성을 잃어버렸고, 대학생 대중들과 유리된 저들만의 가요제로 전락하고 말았다. (강준만, 2003)

위의 사설은 당시 군사 정부에서 시행된 3S 정책과 관련하여 문화예술계에서 이루어진 대중문화의 향락화와 더불어 이러한 현상에 대한 당시의 비판적 시각을 잘 보여준다.

바. 현상에 대한 시각적 자료 혹은 전체적인 조망 제공

다양한 통계, 표, 도표, 그림과 같은 문서는 한 사건이나 현상에 대한 전체적인 조망을 제공한다. 다양한 조직이 가지고 있는 조직도, 현지의 전체적인 조망을 보여주는 지도나 그림, 사건의 전체적인 흐름을 도식화한 그림 등은 연구자로 하여금 현장이나 사건에 대해 전체적으로 바라볼 수 있게 하고, 이러한 측면에서 그 문서는 사건이나 현상에 내재하는 큰 흐름이나 전체적인 의미를 구성하는 데 도움을 줄 수 있다. 이와 같은 예로 Durkheim(1897)의 연구를 살펴보자.

Durkheim은 당시 심리적 현상으로 다루어진 자살에 대한 연구를 통해 자살이 심리적 현상이라기보다는 사회적 현상이라고 했다. 그리고 사회적 현상으로서 자살의 세 가지 유형에 대해 논의했다. 그는 이 연구를 위해 당시 유럽 각국의 통계 자료를 분석했는데 〈표 9-1〉은 그중 일부이다.

〈표 9-1〉 각국의 종교별 인구 100만 명당 자살자 수(Durkheim, 1987)				
	개신교	가톨릭	유대교	연구자
오스트리아(1852~1859)	79.5	51.3	20.7	바그너
프로이센(1849~1855)	159.9	49.6	46.4	바그너
프로이센(1869~1872)	187	69	96	모르셀리
프로이센(1890)	240	100	180	프린칭
바덴(1852~1862)	139	117	87	르로이
바덴(1870~1874)	171	136.7	124	모르셀리
바덴(1878~1888)	242	170	210	프린칭
바이에른(1844~1856)	135.4	49.1	105.9	모르셀리
바이에른(1844~1891)	224	94	193	프린칭
뷔르템베르크(1846~1860)	113.5	77.9	65.6	바그너
뷔르템베르크(1873~1876)	190	120	60	뒤르켐
뷔르템베르크(1881~1890)	170	119	142	뒤르켐

　　통계 자료의 분석을 통해 Durkheim은 자살과 종교적 특성 간에 분명한 연관관계가 발견되지 않았음을 확인했다. 한학진과 최용훈(2012)은 제주 올레길을 탐방한 도보 관광객들이 그러한 경험에 어떤 가치를 부여하는지를 탐구하고, 이를 기반으로 제주 올레길 운영 개선 방안을 도출하기 위한 실용적인 질적연구를 수행했다. 이 연구에서 그들은 제주 올레길 공식 홈페이지에 탑재된 다양한 문서를 분석했는데, 그중에는 다음의 그림도 포함되었다.

[그림 9-1]　제주 올레 코스 및 개발 현황(한학진 · 최용훈, 2012)

　　위의 지도와 같은 자료는 현장을 전체적으로 조망할 수 있는 큰 틀을 제공한다.

3. 다양한 문서의 종류

우리 주변에는 다양한 문서가 존재하고 이는 질적연구의 주요한 정보 원천으로 사용될 수 있다. Plummer(2011)는 이러한 문서로 일기, 편지, 여론, 저널리즘, 논픽션 소설, 뉴 저널리즘, 구체물, 생애사, 사진, 영화, 다큐멘터리, 비디오 등에 대해 논의했으며, Scott(2006)은 자서전, 편지, 사진, 출판물, 대중매체, 인터넷 문서, 공공 기록, 보고서, 통계 자료 등의 문서를 주요한 정보 원천으로 제시했다. Gottschalk(1981)는 문서를 크게 동시대적 문서, 개인적 문서, 공적인 문서로 구분하여 논의한 바 있다. 또한 Emmison과 Smith(2000), Happer(2011)는 사진, 그림과 같은 자료를 질적연구에서 사용할 수 있는 문서의 한 유형으로 보았으며, Buckland(1997)와 Hodder(2011)는 평면 자료를 넘어 삼차원적 입체물도 질적연구에서 사용될 수 있는 문서라고 했다. 여기서는 다양한 문서를 크게 텍스트 문서, 평면적 시각적 문서, 입체적 시각적 문서로 나누어 살펴보자.

가. 텍스트 문서

텍스트 문서는 전통적인 형태의 문자로 구성된 문서를 의미한다. 텍스트 문서는 문서의 가장 일반적인 형태이며, 정보를 문자로 전달한다는 측면에서 연구자가 가장 손쉽게 정보를 획득할 수 있는 자료의 원천이다. 이러한 문서는 크게 동시대적 문서, 개인적 문서, 공적 문서로 구분할 수 있다(Gottschalk, Angell, & Kluckhohn, 1981).

1) 동시대적 문서

동시대적 문서는 기록의 대상이 된 사건과 거의 동시에 기록된 문서를 의미한다(Gottschalk, Angell, & Kluckhohn, 1981). 어떤 사건에 대한 기자 수첩의 메모나 특정한 모임에서 일어난 사건을 즉시 기록한 속기록과 같은 것을 예로 들 수 있다. 동시대적 문서는 사건과 그 기록 사이의 시간적 간격이 좁기 때문에 변형이나 왜곡의 위험이 적어 문서 중 신뢰도가 가장 높다고 할 수 있다.

진료 기록은 진료와 동시에 의사가 기록하는 문서로 동시대적 문서의 가장 전형적인 형태이다. 한 예로 Merlin, Turan, Herbey, Westfall, Starrels, Kertesz, Saag, Ritchie (2014)의 연구에서 사용된 진료 기록을 살펴보자. 연구자들은 에이즈를 비롯한 만성질환을 앓고 있는 환자의 약물 처방과 그에 따른 이상 행동을 탐구하기 위해 환자의 의료 기록에 대한 내용 분석을 실시했다. 다음은 그중 일부이다.

> "그녀는 친구로부터 Lortab(진통제) 10mg을 구입했다고 말했다. 그녀의 어머니는 실제로 이 Lortab을 다른 사람들에게 팔고 있다."
>
> "환자의 딸이 어머니의 진통 패치를 늘려달라는 요청 전화를 했다. 그녀의 어머니가 말하길 25mg은 부족하다는 것이다. 이야기를 좀 더 나누다 보니 집의 누군가가 그녀의 진통 패치를 훔쳐 가고 있는 것 같다."
>
> "환자가 Lortab(진통제)을 오용하고 있는 것으로 보인다. 나는 그녀에게 더 이상 진통제를 처방하지 않기로 했다. 나는 그녀가 모든 진통제를 끊고 HIV에 집중해야 한다고 생각한다. 그리고 나는 진통제에 대한 대안으로 통증 클리닉에 가보기를 권유했다. 또한 그녀에게 약물 남용 프로그램에 참여하기를 권유했다. 내가 이러한

처방을 내리니 그녀는 화를 내며 응급실로 가버렸다. 그녀는 거기에서 진통제를 구하려 할 것이다." (Merlin, Turan, Herbey, Westfall, Starrels, Kertesz, Saag, & Ritchie, 2014)

이러한 진료 기록은 환자의 약물 남용 현상을 보여준다. 연구자들은 진료 기록을 분석하여 에이즈를 비롯한 만성질환 환자들의 약물 오남용에 대해 '약물을 요구하는 환자들', '규정 외의 약물 사용', '중독에 대해 감정적으로 대응하기' 등의 주제를 도출했다. 특히 진료 기록은 기록 당시 의사의 인식과 사고를 작성자의 입장에서 여과없이 보여준다는 측면에서 인터뷰나 참여관찰과는 다른 정보를 제공한다고 할 수 있다.

재판 기록물도 재판 과정에서 법원 속기사가 즉시 기록하고 또한 보존되기 때문에 동시대적 문서에 포함된다. 한 예로 Fabian(2010)의 연구에서 사용된 문서를 살펴보자. 그는 법원에서 괴롭힘 범죄가 어떻게 다루어지는지에 대한 연구를 수행했는데, 이를 위해 괴롭힘 범죄와 관련된 재판의 기록을 분석했다. 다음은 기록물의 일부인 판사의 발언이다.

내가 그 증인의 신뢰성을 평가할 때는 원고, 피고, 경찰, 그리고 재판에 증거를 제시하는 모든 증인의 신뢰성을 함께 판단해야 합니다. 판사는 그 증인 각각의 진술이 타당하지 않게 판단되지는 않는지, 그러한 증언 속에 내부적 모순이나 외부적인 모순이 없는지, 증거가 있는지 등에 대한 것들을 판단해야 합니다. 그리고 재판의 진행 동안 진실성이 의심되는 행위는 없었는지를 살펴보아야 합니다.

증인의 진실성이나 증거를 평가하는 데 정해진 규칙 같은 것은 없습니다. 그것은 항상 사실에 대한 배심원들의 상식, 추론, 경험의 영역에 속해 있습니다. 증인의 보편적인 성실성에 대해 판단할 때 나는 증인의 일반적인 지적 능력을 고려합니다. 그것은 증인의 관찰 능력, 기억력, 증언에 나타나는 증인의 정확성, 증인이 성실하고 진실되게 사실을 말하려고 노력하는지, 편견이 있는지, 침묵하는지, 책임을 회피하는지와 같은 것입니다. 이러한 것들이 내가 증인의 증언을 바라볼 때 고려하는 것입니다. (Fabian, 2010)

이러한 재판 기록물의 분석을 통해 연구자는 괴롭힘 범죄의 재판에서 나타나는 주제로 신뢰성 확보를 위해 경쟁하는 수감자와 피해자, 간과되는 심리 전문가의 의견, 괴롭힘 범죄자의 사회성 부족과 가식성 등을 도출했다.

연설문 또한 연설의 형태로 발표되어 기록되므로 동시대적 문서라 할 수 있다. 특히 유명인사, 정치인의 연설문은 사회적 현상에 대한 사회적 관점을 제공한다는 측면에서 사회학적으로나 정치학적으로 큰 의미가 있다. McDougal(2013)은 미국 대통령 오바마의 연설문을 분석하여 오바마 행정부가 흑인 문제를 어떤 관점으로 바라보는지 논의한 바 있다. 다음은 이 연구에서 분석한 오바마의 연설문 중 일부이다.

정부는 플레이스테이션 게임기를 없앨 수 없습니다. 정부는 적당한 시간에 애들을 잠들게 할 수 없습니다. 정부는 학부모나 교사 모임에 참석할 수 없습니다. 정부는 당신의 아이가 잠자리에 들 때 책을 읽어줄 수 없습니다. 정부는 그들의 숙제를 도와줄 수도 없고 제시간에 학교에 보낼 수도 없습니다. 이러한 것들은 오직 어머니만이 할 수 있고 아버지만이 할 수 있습니다.

우리나라의 유산인 차별이라는 구조적 불평등을 포함한 가장 힘겨운 장벽이 뒤에 남아 있습니다. 그것들은 많은 공동체를 감염시키고 있는 불평등과 국가적 무관심입니다. 이는 우리가 하나씩 무너뜨리기 시작해야 할 장벽입니다. 이러한 것들을 무너뜨리기 위해 힘겨운 노동에 세금 정책을 통해 가치를 부여하고, 많은 집을 보급하고, 전과자들에게 두 번째 기회를 제공해야 합니다. (Mcdougal, 2013)

연구자는 연설문의 분석을 통해 오바마 행정부가 흑인 문제를 개인적, 사회적 문제로 바라보고 있으며, 다른 인종의 문제에 비해 흑인 문제에 더욱더 도덕적인 관점을 부여한다는 것을 확인했다. 권향원과 최도림(2013)은 역대 대통령의 연설문을 분석하여 그들이 사용하는 언어적 상징의 양상을 밝혀냈다. 다음은 이 연구의 자료가 된 연설문의 일부이다.

물가 역시 예상했던 것보다 안정되었고, 금년에는 소비자 물가가 3%대까지 내려갈 것입니다. 외국인 투자는 작년 89억 달러로 크게 증가했으며 금년에는 150억 달러에 달할 것이라 전망합니다. 그 결과, 세계 3대 신용 평가 기관들은 일제히 한국의 신용등급을 투자 적격으로 다시 부활시켰습니다. 이것이야말로 우리의 피 속에서 면면히 흐르고 있는 3.1 구국 정신의 위대한 구현이 아니고 무엇이겠습니까.

우리 군은 군의 최고사령관인 대통령의 지시를 효과적이고도 충실하게 이해해서 혁혁한 성과를 이룩하였습니다. 거꾸로 우리가 만일 승리하지 못했다면 지금 어떻게 되었겠습니까. 나는 자랑스러운 승리를 우리에게 가져다준 국군에게 국민 여러분과 함께 감사와 격려의 박수를 보내고자 하는 바입니다. (권향원·최도림, 2013)

연구자들은 이와 같은 연설문을 분석하여 대통령의 언어적 상징 전략 유형의 하나로 '성과의 덕을 상대에게 돌림'을 도출했다.

2) 개인적 문서

개인적 문서는 개인적 목적에 의해 개인이 작성한 문서이다. 이러한 개인적 문서는 개인적 필요에 의해 작성되거나 출판과 같은 공적인 이유로 작성되기도 한다. 전자의 경우 일기, 편지 등을 예로 들 수 있고, 후자의 경우 자서전, 회고록 등을 예로 들 수 있다. 이 중 사회적 중요 인물이나 전문가가 작성한 개인적 문서는 사회적으로 큰 의미를 가지며, 유명인의 개인적 문서를 기반으로 한 다양한 연구가 있다(김경수, 2013; 김대숙, 2014). 다만 이러한 문서는 사건 이후에 개인이 꾸며서 쓰거나 주관적으로 왜곡하여 기록했을 수도 있음을 유의해야 한다(Gottschalk, 1981). 여기서는 개인적 문서의 대표적인 예로 일기, 편지, 자서전, 회고록에 대해 알아보자.

일기는 정기적인, 개인적인, 동시대적인 기록을 지속하는 개인이 창조하는 문서라 할 수 있다(Alaszewski, 2006). 일기는 개인의 내면적 의식이나 그것의 변화에 대한 정보를 담고 있기 때문에 개인의 사고나 행위의 목적, 의도를 파악하는 데 유용한 정보를 제공한다(Allpert, 1947). 이러한 일기는 그 목적에 따라 개인적 일기, 정치적 일기, 사무적 일기로 구분할 수 있다. 또한 연구와 관련한 일기의 유형은 크게 두 가지로 구분할 수 있는데, 하나는 연구 이전에 이미 존재하는 유형의 일기이고, 또 하나는 연구에서의 필요성에 의해 연구자의 요청으로 연구 참여자가 작성하는 유형의 일기이다. 특히 후자의 경우 연구자의 의도에 따라 특정한 일기 형식을 연구 참여자에게 제공하기도 한다. 그렇다면 이러한 일기를 사용한 연구와 연구에서 사용된 일기를 살펴보자.

문화인류학자인 Geertz(1988)는 저명한 문화인류학자들의 사상과 그들이 남긴 지적 유산을 탐구하는 연구를 수행했다. 이 연구에서 그는 인류학자인 Malinowski의 일기를 분석하여 인류학자가 현장에서 마주하는 다양한 갈등에 대해 논의했다. 다음은 이 연구에 사용된 Malinowski의 일기 중 일부이다.

그 어떤 것도 민족지 연구로 나를 끌어당기지 않는다. 나는 마을로 가서 새로운 문화권이 주는 인상에 예술적으로 굴복했다. 전반적으로 마을은 그다지 우호적인 느낌을 주지 않았다. 확실히 무질서하고 분위기가 산만했다. 웃고 노려보고 거짓말하는 사람들의 난폭함과 고집 때문에 어쩐지 용기가 사라졌다. 이 모든 것에서 길을 찾아야 하다니 ……. (중략)

바라춤 사진을 몇 장 찍을 수 있을까 해서 마을로 갔다. 반 토막짜리 담배를 나눠주고 춤추는 광경을 몇 장면 본 뒤 사진을 찍었지만 결과는 정말 엉망이었다. 빛이 충분하지 않았고 춤꾼들은 카메라의 장시간 노출에 맞추어 오랫동안 포즈를 취해주지 않았기 때문이다. 가끔 그들에게 무척 화가 났다. 자기들 몫의 담배를 받고 나서 그냥 가버렸기 때문에 특히 더 그랬다. 토착민에 대한 전반적인 감정은 '저 야수들을 몰살하라' 쪽으로 기울고 있었다. 많은 경우에 나는 공정하지 못했고 바보같이 행동했다. 도마라로 떠난 여행에서도 그랬다. 내가 보수를 두 배로 주었더라면 그들이 일을 했을 텐데. 결국 나는 최고의 기회를 놓쳤던 것이 분명하다. (Geertz, 1988)

위의 일기는 인류학자가 현지 조사에서 겪은 일들과 그 속에서 느끼는 이중적인 감정에 대한 정보를 잘 보여준다. 이 일기에는 타인에게 드러내기 힘든 개인의 내밀한 생각이 기술되어 있으며, 바로 이것을 통해 연구자는 일기를 쓴 저자의 진솔한 내면을 탐구할 수 있었다.

일기의 두 번째 유형과 관련하여 Emilsson, Svensk, Olsson, Lindh, ÖSter(2011)의 연구에서 사용된 일기를 살펴보자. 이들은 항암 치료 환자 지원 공동체에 참여하는 유방암 환자들의 경험에 대해 탐구했다. 연구를 위해 연구자들은 참여자들에게 방사선 치료 중 참여한 지원 공동체에서의 경험을 일기 형식으로 기록해줄 것을 요청했다. 그리고 일기에 대한 분석을 통해 연구를 수행했다. 연구자들이 요청한 일기는 지원 공동체에 대해 어떻게 생각하는지 6개의 개방형 질문이 포함된 특정한 형식이었다.

역사적 상황이나 시대상 또한 개인의 일기를 통해 드러날 수 있다. 이효인(2013)은 일제 침략기에 주로 활동한 영화인 윤봉춘의 일기를 통해 당시 영화계의 현실을 논의했는데, 다음은 이 연구에 활용된 윤봉춘의 일기 중 일부이다.

> 다소 진전이 있다면 연기가 진전되었다 할 수 있고 카메라맨의 기술이 진전되었다고 볼 수 있다. 그다음 감독술도 완전하지 못하고 시나리오 라이터도 아직 없다. 촬영소라야 경성촬영소가 있지만 본격적으로 일을 하는 것도 아니고 분도가 자신이 이용할 필요가 있을 때마다 한 작품씩 만드는 것이 있고 최남주의 조선영화주식회사가 창립 도중에 있어서 그 결과를 아직 미지수에 둘 수밖에 없고 (중략)
>
> 더욱 금년철 들어서는 일지사변 때문에 외화 수입을 금하고 국산품을 장려한다 해서 절대의 영화 제작이 필요한데도 불구하고 이곳의 영화 생산이란 금년도에도 사오 본밖에 생산치 못하였다. 더욱이 빈약한 우리 영화계에서 예술 영화를 만든다고 비싼 돈을 다대히 들여서 제작한다. 〈인생항로〉가 무성관임에도 6천 원 이상이 들었고 〈심청〉은 토키로 1만 5천 원이 들었다. 〈나그네〉도 에프터 레코드로 된 것인데 1만 원이 넘었고 〈한강〉도 끝내면 1만 6천 원가량 들게 된다. 이런 비용을 들여서 60여 흥행 장소밖에 없는 전국 흥행에 손을 볼 것은 명확한 일이다. (이효인, 2013)

위의 일기는 과거의 현상에 대한 기록이라는 측면에서, 그리고 개인적 수준의 성찰이라는 측면에서 과거의 사회적 현상이 개인적 수준에서 어떻게 구체화되고 있는지를 보여준다. 그리고 이러한 문서를 통해 인터뷰나 참여관찰로는 넘을 수 없는 연구자의 물리적 한계를 극복할 수 있다.

편지 또한 개인적 문서의 한 유형이다. 일기가 개인의 내면적 사고나 감정을 드러내는 데 초점을 맞춘다면, 편지는 기록자와 수신자가 존재한다는 측면에서 개인들 간의 상호작용이 특징적이다. 편지는 그 목적에 따라 개인적 목적인 개인적 편지와 공적 목적인 공식적 편지로 분류할 수 있다(McCulloch, 2004). 전자는 개인과 개인 사이에 주고받는 일상적인 편지라면, 후자는 단체, 기업, 정부, 개인 사이에 주고받는 편이다. 또한 편지의 내용에 따라 행사 알림을 위한 편지, 다른 사람이나 가족에게 정보를 제공하기 위한 편지, 감정을 전달하기 위한 편지, 문학적 편지, 업무적 편지로 구분할 수 있다(Thomas & Znaniechi, 1958).

Thomas와 Znaniechi(1958)는 미국으로 이주한 폴란드 농부의 문화에 대한 인류학적 연구를 수행했다. 이 연구에서는 폴란드 농부들과의 인터뷰를 비롯해 그들의 일기, 편지 등 다양한 문서를 수집하여 활용했다. 다음은 이 연구에서 수집된 Stanislaw Nuczkowski의 편지 중 일부이다.

> "주님의 축복이 함께하기를"
>
> 사랑하는 형제에게: [인사와 안부] 우리는 편지를 별로 하지 않았구나. 아니 거의 하지 않았다고 봐야지. 우리 사이가 왜 그렇게 소원했는지 모르겠구나. 나는 복합적인 감정으로 이 편지를 쓰고 있어. 나는 부모님과 함께 부활절 휴일을 보냈어. 그리고 니가 보낸 편지를 하나하나 읽어보았다. 부모님은 우리가 이기주의자들처럼 너무 자신만을 위해 살고 있다고 한탄하셨어. 그래서 의무감과 신의 도움으로 이 편지에 몇 자 적고 있어. 먼저 형이 부모님을 잊어버리지 않고 기억하고 있는 것에 감사해. 다음에도 부모님을 잊어서는 안 돼. 아버지는 여전히 건강하고 유쾌해. 어머니는 벌써 많이 늙었어. 그래도 나빠 보이지는 않아. 나는 처남들을 모두 만났어. 형이 처남을 알고 있는지 모르겠네. 그냥 평범해. 못생기지도 않았고, 그냥 덩치가 좀 작고 백발이야. 그런데 여동생인 Marya는 많이 아파 보여. 그녀가 어떤지 잘 모르겠어. Stefa는 건강해. 근데 조금 미친거 같아. 그리고 Franciszka는 폐결핵에 걸렸어. 그녀를 살리는 게 가능한지 모르겠어. 지난겨울 동안 계속 아팠고 요즘은 안색이 너무 좋지 않아. (Thomas & Znaniechi, 1958)

편지를 비롯한 다양한 자료의 분석을 통해 연구자들은 미국에 거주하는 폴란드 농부들이 폴란드 문화적인 배경을 유지하면서 미국 문화에 적응한다는 것을 밝혔다. 그리고 이러한 결과로 폴란드적인 것도 아니고 미국적인 것도 아닌 제3의 일류학적 공동체를 구성하고 있다고 했다.

김원곤(2009)은 의사인 고 이영균 교수와 고 닥터 릴리아이의 편지에 대한 분석을 통해 우리나라 흉부외과 영역의 발전 과정을 밝히려 했다. 다음은 이 연구에서 사용된 고 이영균 교수의 편지 중 일부이다.

11월에 뉴욕 Cornell Medical Center의 소장으로 자리를 옮기신다는 소식을 듣고 매우 기쁩니다. 언젠가 뉴욕을 방문할 수 있으면 합니다. 혹시 일본 방문 계획이 있으면 한국에 한번 들러주십시오. 저는 수술 소모품을 구하는 대로 개심술을 좀 더 열심히 할 예정입니다. 조만간 Dr. Bjoerk의 도움으로 SIDA를 통하여 pHmeter-gas monitor와 cardiac monitor가 들어올 예정입니다. SIDA는 과학 분야에서 개발도상국을 도와주고 있는 미국의 AID와 같은 스웨덴 정부 기관입니다. 이 장비들이 들어오면 개심술에 도움이 될 것으로 기대합니다. 여기서의 일은 정말 진전이 느립니다. 자체적으로 장비들을 구하기는 거의 불가능합니다. 스웨덴에서 돌아온 이후 거의 1년 동안 병원 당국에 산화기 부품들을 요청하고 있는 실정입니다. 저의 열악한 환경에 대한 당신의 격려와 이해가 저에게는 큰 힘이 되어 저를 계속 있게 해주고 있습니다. (김원곤, 2009)

위의 편지는 고 이영균 교수가 당시 우리나라의 의료 현실을 얼마나 참혹하게 보았는지를 드러내준다.

일기, 편지와 더불어 개인이 출판이나 기타 목적을 위해 작성한 자서전도 개인적 문서의 한 유형에 속한다. 자서전은 개인이 자기 삶의 과정과 그에 대한 성찰을 기록한 것이다. 자서전은 출판을 염두에 두고 집필하는 경우가 많기 때문에 일기와 같은 개인적 목적의 문서에 비해 자신의 사상과 감정을 그대로 드러내는 데 어려움이 있다는 것이 특징이다(Wood, 1988). 그럼에도 불구하고 자서전은 개인의 삶을 구체적이고 상세하게 그린다는 특징과 함께, 삶에 대한 성찰이 포함되어 있다는 측면에서 개인의 행위와 그 목적을 탐구할 수 있는 주요한 문서이다.

Burk와 Sparkes(2009)는 고산 등반가의 자서전을 분석하여 그들의 자아 구조를 탐구한 바 있다. 이 연구에서는 고산 등반가의 자서전 6편을 분석했는데 다음은 그중 일부이다.

나는 내 목숨을 걸고 세계의 정상에 도달하려고 노력하는 것이 완전히 바보 같은 것이라는 걸 알고 있었다. 나는 행복이 세상에서 가장 높은 산의 정상에 있다는 걸 믿지 않았다. 심지어 그곳에 올라가서 한번 서 보는 것이 나나 나의 삶을 변화시키거나 혹은 더 진보시킨다고 믿지도 않았다.

우리 자신을 부정적인 순환 속으로 빠져들게 만드는 끝없는 생각에 사로잡힌 채 잠드는 것은 불가능했다. 나는 내 자신을 가다듬기 위해내가 이제까지 해온 것과 이제까지 해온 생각을 되짚어보았다. …… 나는 내가 무엇을 했는지 물어보고 싶었다. 내 자신을 고소하고 싶을 정도였다. 그리고 그것들은 내가 틀렸다는 것을 증명하고 있었다. (Burke & Sparkes, 2009)

자서전에 대한 분석을 통해 연구자들은 그들의 삶을 관통하는 세 가지 주제를 도출했다. 그들이 느끼는 심리적인 불쾌감은 필연적으로 그들의 자아와 연결된 것이라는 점, 인지적 모순이라는 존재는 등반가들로 하여금 부정적인 자아의 묘사를 환기시킨다는 점, 회고적인 자아 정당화를 통해 인식 사이에 모순을 감소시키는 것은 자기통합의 필요성에 기인한 것이라는 점이 그것이다.

회고록도 개인이 기술한 개인적 문서의 한 유형이다. 다만 자서전이 한 개인의 삶의 과정에 초점을 맞추어 내용이 진행되는 데 반해 회고록은 특정한 시점이나 사건에 초점을 맞추어 기술된다는 것이 차이점이다.

Connidis(2012)는 성소수자들의 회고록을 분석하여 그들의 삶, 가족과의 관계를 탐구했다. 이 연구는 기존에 출간된 회고록을 바탕으로 이루어졌는데, 다음은 Dan Savage라는 남성의 회고록 중 일부이다.

15세가 되었을 때 나는 내가 동성애자라는 것을 알았다. 하지만 나는 가족들에게 그 사실을 말할 준비가 되어 있지 않았다. 하지만 곧 마음의 준비가 되었고, 시내의 동성애 파티에 놀러 갔다. 하지만 … 내가 동성애자들 주위를 어슬렁거린다면 버스를 타고 지나가는 형제들이 나를 볼 수도 있었다. 또 내가 게이바 안으로 몰래 들어간다면 삼촌들 중의 한 명이 거기서 나오는 나를 볼 수도 있었다. 만약 내가 서점의 동성애 섹션에 서 있다면 조부모나 사촌이나 고모, 삼촌, 가장 끔찍하겠지만 부모님이 나를 볼 수도 있었다. 내가 원하는 만큼 자유로운 동성애자의 삶을 살아가는 유일한 방법은 그들로부터 멀리 떨어지는 것이었다. … 가톨릭 신자인 가족들로부터 멀어지는 것은 당시 하나의 선택의 문제로밖에 보이지 않았다. 나는 가족들이 분노에 차 나를 때릴 것이라고 확신할 수 있었다. … 그리고 나는 의절당할 것이다. (Connidis, 2012)

앞의 회고록에는 저자인 동성애 남성이 느꼈던, 가족에 대한 폭로와 그 이후 상황에 대한 불안이 잘 드러나 있다.

이미 출판된 자서전이나 회고록뿐만 아니라 연구의 한 방법으로 연구 참여자에게 회고록을 써달라고 요청하여 이를 연구에 사용할 수도 있다. Saker(2015)는 연구 참여자들의 회고록을 통해 훌륭한 교육이라는 주제에 접근했다. 그는 연구를 위해 사범대 학생 214명에게 훌륭한 교육에 대한 회고록을 요청했는데 다음은 그중 일부이다.

> … 선생님은 누리를 그룹으로 나누고 각 그룹에 온도계를 주었다. 그리고 각 그룹을 교실 밖으로 데리고 나갔다. 그룹은 온도를 측정했다. 그러고 나서 그룹은 자신의 측정에 대해 발표했다. … 수업의 마지막에 나는 온도계를 어떻게 그리고 어떤 조건에서 사용해야 하는지를 완벽하게 알 수 있었다.
>
> 나는 비록 과학 수업 과정을 싫어하지만 이 프로젝트 코스를 통해 완벽하게 알 수 있었다. 나는 잠망경을 준비해야 했다. 나는 잠망경 만드는 데 필요한 재료를 구하기 위해 목공소와 상점을 들렀다. 그리고 재료를 가지고 잠망경을 만들었다. 스스로 준비하는 과정을 통해 나는 그것에 대해 영구적인 지식을 얻을 수 있었다.
>
> 우리 선생님은 두 종류의 소설을 선택하고 이 소설을 가지고 작업할 지원자 그룹을 만들었다. 우리는 소설의 특징과 외형 등에 대해 조사하기로 결정했다. 그러고 나서 그룹 간의 토의가 이어졌다. … 처음으로 발표한 이후 우리는 그 소설에 대해 넓은 관점을 가지게 된 것을 깨달았다. (Saker, 2015)

연구자는 사범대 학생들의 교육 경험에 대한 회고록을 분석하여 좋은 교육을 구성하는 주제로 실제 삶과 연관된 교육, 적극적인 참여, 배움에의 몰입, 실천과 경험을 통한 학습, 강화와 반복의 기회 제공, 정서적인 경험 제공, 다양한 활동 등을 도출했다.

3) 공적 문서

공적 문서는 공공의 목적으로 공적 집단이나 단체에서 생성한 문서를 말한다. 공적 문서는 대중에게 역사적, 사회적으로 의미 있는 사건 혹은 현상에 대해 전달하거나 그와 관련된 기록을 보전하려는 의도에서 작성되는 문서이며, 대부분의 공적 문서는 일정한 형식이나 양식을 따른다. 국회 기록, 정책, 성명서, 통계, 조사 보고서, 위원회 보고서, 행정부 문서 등이 이러한 공적 문서에 포함된다(Mogalakwe, 2006). 공적 문서는 개인적 목적이 아닌 공공의 목적에서, 그리고 대중에의 공개를 사전에 염두에 두고 작성된다는 측면에서 개인적 문서와 차이가 있다. 공적 문서는 사회 연구에서 중요한 사건이나 현상을 다루며, 문자를 사용한 인공적 가공물로서의 특징이 있다는 측면에서 높은 가치를 지닌다고 할 수 있다(Scott, 1990). 그리고 공적 문서는 사회 전체의 여론을 내포하거나 기관 또는 단체의 공식적인 입장을 내포한다는 측면에서 참여관찰이나 인터뷰를 통한 자료와는 다른 형태의 유용성이 있다.

신문기사는 사회의 현상이나 사건을 다룬다는 측면에서 사회 연구에서 높은 가치가 있다. 따라서 신문기사는 특정한 사회적 이슈에 대한 사회적, 정치적 관점을 탐구하는 연구에서 주로 다루어진다. Platt(2010)은 신문이 알코올 중독을 어떻게 다루는지에 대한 연구를 위해 미국 4개 신문의 기사에 대한 분석을 수행한 바 있다. 2004년부터 2008년까지의 신문에서 알코올 중독과 관련된 기사를 분석했는데 다음은 그중 일부이다.

> 그는 어제 살인죄와 불법무기 소지죄로 기소되었다. 당국은 그가 지난 8월에 출옥한 이후 그의 범죄에 대해 계속적으로 조사하고 있었기 때문에 다른 혐의도 계류 중에 있다. 당국은 Mr. Shobey의 음주 외에 특별한 범행 동기를 밝혀내지 못했다.
>
> 올해 《New York Times》의 취재 결과 국내에서 벌어지는 이라크와 아프가니스탄 퇴역 군인의 살인 범죄에는 음주와 약물 사용이 빈번하게 연관되어 있음이 밝혀졌다.
>
> 그의 음주운전이 16살의 치어리더를 죽음으로 몬 지 얼마 지나지 않아 Mr. Klecker는 그의 문제에 대해 깊이 인식할 수 있었다. 그에 따르면 전쟁터에서 보낸 8개월간의 기간이 그의 정신을 무너뜨렸을 가능성이 있다. (Platt, 2010)

연구자는 신문기사를 분석함으로써 음주 행위에 대한 사회의 시각이 주로 보건과 도덕적 측면에서 다루어질 뿐, 질병으로서 음주를 바라보는 관점이 극히 드물다는 것을 밝혀냈다.

남정은과 정정희(2013)는 1980년부터 2000년까지의 신문기사를 분석하여 당시 사회가 저출산 문제를 어떻게 바라보는지에 대한 내용 분석을 수행했다. 다음은 이 연구에 사용된 신문기사의 일부이다.

영·유아 조기교육 바람은 가히 열풍이다. '△△어학원'은 최근 들어 학부모들의 성화에 못 이겨 국내 어린이들도 받고 있다. … 비교적 싼 가격에 영어 공부를 할 수 있는 3~6세 대상 영·유아 영어 학습지 시장도 급성장하고 있다. (조선일보, 2003. 1. 17.)

　　윤 씨는 이 양이 태어나기 전부터 자녀를 위한 영어 교육 목표를 세웠다. 최종 목표는 이 양을 한국어와 영어에 능통한 '바이링궐(bilingual)'로 키우는 것. 이를 위해 윤 씨는 태교도 영어로 했다. 어린이를 위한 영어 동화 CD를 매일 듣고 좋아하는 미국 드라마를 열심히 시청했다. 일 때문에 바쁜 와중에도 온라인 영어 회화 강의를 틈틈이 들으며 뱃속의 아기와 영어로 대화했다. (동아일보, 2009. 4. 14.) (남정은·정정희, 2013)

신문기사 외에 정부나 기관이 작성한 문서 또한 공적 문서의 한 유형이다. 일반적으로 정부나 기관에서 발표하는 정책문, 성명서 등에는 하나의 정책이나 사회현상에 대한 정부의 관점이 반영되기 때문에 정책 연구와 같은 연구에서 큰 역할을 할 수 있다. Pinto, Manson, Pauly, Thanos, Parks와 Cox(2012)는 캐나다의 온타리오와 브리티시컬럼비아 보건 당국이 발표한 공공 문서에 대한 분석을 통해 정부가 의료 평등을 어떻게 바라보는지를 탐구했다. 다음은 이 연구의 일부분이다.

의료 불평등을 제거하고자 하는 목적은 OPSH(Ontarino Public Health Standards)와 다른 모든 기준을 뒷받침하고 있는 Foundation Standard의 서론에 잘 드러나 있다. 의료 평등을 확보하는 것은 모든 계층의 보건 증진만큼이나 중요한 것으로 나타나고 있다. Foundational Stadard는 공공 의료, 보건의 결정 요인, 의료 평등에 대한 정보를 사용하여 우선지원 계층을 포함한 지역의 요구에 부합하는 프로그램을 구성하기 위해 Board of Health의 요구를 개관하고 있다. 그것과 관련된 제안이 있다. 공공 보건을 담당하는 단체는 이 두 가지 공공 보건의 목적을 동시에 달성할 수 있는데, 그것은 '의료 불평등을 해소하고 전체 계층에 대한 의료 서비스를 극대화하는 것'이다. 보건 불평등을 해소하는 것은 우선지원 계층을 강조함으로써 전체 계층의 건강을 증진하는 방법 또한 가능하다. 예를 들어 '우선지원 계층의 필요에 프로그램과 서비스를 맞춤으로써 공공 보건이 모든 계층의 보건 증진에 공헌할 수 있는 것'이다. 그리고 '공공 보건은 불평등하며, 지위의 불평등을 경험하는 하위 계층에 의해 영향을 받는다.' (Pinto, Manson, Pauly, Thanos, Parks, & Cox, 2012)

연구자들은 보건 당국의 공공 문서를 분석하여 당국이 의료 불평등을 사회 구조적 조건의 결과라고 파악한다는 것을 확인했다.

나. 평면적 시각적 문서

평면적 시각적 문서는 사진, 그림, 이미지와 같이 평면의 형식으로 구성된 문서로서 텍스트 이외의 상징적 기호로 구성된다는 측면에서 텍스트 문서와 차이가 있다. 사진, 광고 포스터, 만화, 표지판, 지도 등은 이러한 평면적 시각 자료의 유형에 속한다(Emmison & Smith, 2000).

1) 사진

20세기에 사진 기술이 비약적으로 발달함과 동시에 사진은 사회학 분야에서 주요한 질적 자료로 활용되어왔다(Emmison & Smith, 2000). 질적연구에서 사진은 생산 목적에 따라 크게 두 가지 유형으로 분류될 수 있다. 첫째는 연구와 별개로 이미 존재하는 사진이고, 둘째는 연구 목적으로 촬영된 사진이다(Emmison & Smith, 2000). 즉 질적연구에서는 이미 존재하는 사진뿐만 아니라 연구 과정에서 촬영된 사진 또한 연구의 주요한 자료로 활용할 수 있다. 이와 관련하여 Bateson과 Mead(1942)는 발리 원주민의 주거생활에 대한 탐구에서 다양한 사진 자료를 활용했으며, Goffman(1979)은 광고 사진에 대한 분석을 통해 현대 사회에 잠재되어 있는 남성과 여성의 성역할에 대한 분석을 수행한 바 있다.

또한 Kohon과 Carder(2014)는 저소득 노인의 삶과 그들이 자신의 정체성을 어떻게 규명하는지에 대한 연구를 수행했다. 이 연구에서 그들은 연구 참여자에게 자신의 삶과 관련된 장면을 촬영해줄 것을 요청했는데, 연구 참여자 중 Denise라는 여성이 촬영한 지폐 몇 장과 동전 사진에 대해 다음과 같은 분석을 내놓았다.

이 사진에서 돈은 카메라로부터 멀리 떨어져 있다. 이러한 앵글은 아마도 돈이 점점 그녀의 손이 닿지 않는 곳으로 멀어지고 있음을 의미한다고 할 수 있다. 왜냐하면 그녀는 더 이상 돈벌이를 기대할 수 없기 때문이다. 그녀는 사진에 대한 의도를 알려주었다. 그것은 몇 푼 안 되는 지폐와 동전을 멀리서 촬영한 것이라고 했다. "그건 내 딸의 생각이었어요. 하지만 나도 동의했지요. 맘에 들어요. 그래요. 나는 그랬어요. 20달러짜리 지폐 몇 장. 그리고 조금 더 있었지요. 정말 적은 돈이지요."
(Kohon & Carder, 2014)

정상원(2017)은 교사의 교육과정 재구성 및 수업 실행과 관련된 연구를 수행했는데, 현장에서 다양한 사진을 촬영하고 이를 분석함으로써 교사의 교육과정 재구성 행위의 의도와 전략을 탐구했다. 다음은 이 연구에 활용된 사진의 일부이다.

[그림 9-2] 교사의 교육과정 재구성과 수업 전략을 보여주는 사진(정상원, 2017)

연구자는 사진을 분석하여 교사들이 단순히 교육과정 재구성에만 매진하는 것이라 아니라 교실의 환경 또한 그러한 재구성된 교육과정에 부합하게 조성한다는 것을 밝혀냈다.

김영천과 김필성(2015)은 학원에서의 학생들의 삶과 학습에 대한 질적연구를 수행했다. 이 연구에서도 다양한 사진 자료를 수집하여 연구에 활용했는데 다음은 그중 일부이다.

[그림 9-3] K 학원의 사진(김영천 · 김필성, 2015)

이러한 사진 분석을 통해 연구자들은 학원에서 이루어지는 교육과정과 수업의 체계성, 소규모 분반의 강점 등을 도출했다.

2) 이미지

이미지 문서는 사진과 유사하지만, 사진처럼 단순히 피사체를 복제하여 구성된다기보다는 의도적으로 창조된 이미지로 구성된다는 측면에서 사진과 차이가 있다. 이러한 이미지에는 만화, 포스터, 그림 같은 것들이 포함될 수 있다. 그렇다면 질적연구에서 이미지가 어떻게 활용되는지 살펴보자.

Eko(2007)는 신문에 실린 정치 지도자의 희화된 이미지를 분석함으로써 그들이 어떻게 탈인간화되고 탈영토화되는지에 대한 탐구를 시도했다. 이 연구에서는 신문에 게재된 다양한 정치 지도자의 이미지를 분석했는데, 그중 《Le Messager》의 책임편집장인 Pius Njawe를 삼키려는 뱀으로 묘사된 카메룬 대통령 Pual Biya의 이미지와 그를 카메룬이라는 과일을 좀먹는 애벌레로 묘사한 이미지에 대해 다음과 같이 분석했다.

> 카메룬의 Paul Biya는 1982년에 대통령에 당선되었고, 수많은 데모와 파업에도 불구하고 아직 권좌에 앉아 있다. 그의 정부는 선거 과정 조작에 능숙하여 그의 연임을 가능하게 했다. 또한 카메룬은 아프리카 대륙에서 언론의 자유가 가장 억압받고 있는 나라 중의 하나이다. 거의 사반세기에 가까운 Biya의 권력 남용은 2개의 만화에서 묘사되었다. [애벌레로 묘사된] 그림에서 그는 카메룬이라는 과일을 좀먹는 부패한 애벌레로 그려져 있다. 이 그림은 Biya 정부 아래의 만연한 부패를 풍자한 것이다.
>
> 사반세기 동안의 Biya의 통치는 권위주의적인 권력 남용으로 대표될 수 있다.

신문은 그러한 정부의 쉽고 편리한 표적이었다. [뱀으로 묘사된 Biya의] 그림은 Le Message Popoli의 만화이다. 카메룬의 Biya를《Le Message》의 편집자인 Pius Njawe를 먹어치우려는 독사로 묘사했다. 이 만화는 Njawe가 대통령이 National Soccer Championship 중에 심장마비가 왔다는 이야기와 만화를 제안했다는 이유로 체포, 구금된 지 6개월 후에 신문에 게재되었다. (Eko, 2007)

앞서 살펴보았던 정상원(2017)의 연구 또한 현장에서 수집된 다양한 이미지를 활용했다. 그중에는 교사들이 재구성한 교육과정을 축약한 이미지가 포함되어 있었는데 다음은 그 일부이다.

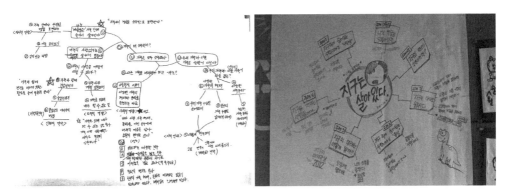

[그림 9-4] 교육과정과 수업의 전체적인 이미지(정상원, 2017)

연구자는 이러한 이미지를 분석함으로써 교사들이 재구성한 교육과정과 수업을 전체적으로 조망할 수 있었다.

3) 동영상

동영상 역시 평면적 시각적 문서의 한 유형이다. 동영상은 사진이나 이미지와 달리 주체 간의 상호작용이 제공된다는 측면에서 상황 속에서 일어나는 상호작용을 포착하는 데 유용하다(Emmison & Smith, 2000). 한 예로 교육학 분야에서 수업 동영상은 수업 중 일어나는 상호작용을 포착하는 유용한 자료로 활용되어왔다. Ward, Branson, Cross, Berson(2016)은 교구인 멀티터치 테이블과 학생들 사이에 이루어지는 상호작용에 대해 연구했는데, 이 연구에서 학생들이 멀티터치 테이블을 사용하는 영상을 주요한 자료로 다루고 분석했다. 정상원(2017)의 연구에서도 다양한 수업 동영상이 문서로 활용되었는데 다음은 그중 일부이다.

[그림 9-5]　교실에서의 상호작용을 보여주는 동영상 중 한 장면(정상원, 2017)

　　영상 분석을 통해 연구자는 재구성 수업 중에 일어나는 교사와 학생의 상호작용, 교사의 전략을 확인할 수 있었다.

다. 입체적 시각적 문서

구체물 혹은 배치와 같은 인공물 또한 문서의 한 유형으로 다루어질 수 있다. 의도적이거나 비의도적인 인간 활동의 결과물로서 인공물은 사람들이 인지하고 유형화한 그들의 삶에 대한 통찰을 제공한다(Hodder, 2011). 예를 들어 닳고 손때 묻은 장인의 도구는 그 장인이 일터에서 보낸 시간과 직업 전문성을 드러내는 문서가 될 수 있고, 잘 정리된 책상은 그 책상을 사용하는 사람의 성향을 드러내기도 한다. 식당 테이블에서 가족 구성원의 위치는 그 가족 구성원의 가정 내에서의 역할을 드러내기도 하며, 오래된 마을의 주택 배치는 그 주택의 주인이 차지하는 마을 내에서의 위치를 보여줄 수도 있다.

　　Emmison과 Smith(2000)는 이러한 입체적 문서의 장점을 다음과 같이 논의했다. 첫째, 입체적 문서를 통해 말로 표현하기 힘든 사회적 참여 과정을 확인할 수 있다. 둘째, 연구자에게 또 다른 주제를 드러내줄 수 있다. 셋째, 연구 참여자를 통하지 않고서도 그들의 사회적 삶을 확인할 수 있다. 넷째, 구체물을 통한 탐구는 연구자와 연구 참여자 간의 권력적 상관관계를 무너뜨릴 수 있다. 이러한 입체적 시각적 문서를 좀 더 자세히 살펴보자.

1) 구체물

사물과 같은 구체물은 그것을 소유한 개인의 삶의 한 단면을 보여준다는 측면에서 유용한 문서의 한 종류라고 할 수 있다. 정상원(2014)은 교사의 학생 평가와 그 기록 과정에 대한 질적연구를 수행했는데, 이 연구에서는 학생의 수행물과 같은 구체물을 입체적 시각적 자료로 수집하여 분석했다. 다음은 그 입체적 시각적 문서의 일부이다.

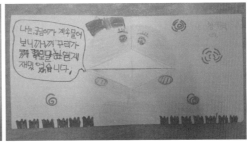

[그림 9-6] 연구에 활용된 학생의 수행물(정상원, 2014)

이러한 문서를 통해 연구자는 학생을 평가하는 과정에서 학생의 수행물로 성실도 등을 평가할 수 있음을 논의했다.

또한 김영천과 김필성(2014)은 학원의 교육과정과 수업에 대한 탐구 과정에서 다음과 같은 구체물을 통해 학원 교육과정의 체계성을 분석했다.

[그림 9-7] 학원 연구에 사용된 구체물(김영천 · 김필성, 2015)

2) 배치

사물의 구조적 배치 또한 입체적 시각적 문서의 한 유형에 포함된다. 특히 사물의 배치가 인간의 의도적인 행위임을 고려할 때, 사물의 배치는 그것과 관계된 주체의 의미 부여를 확인한다는 측면에서 유용한 자료가 될 수 있다. 교육과정 재구성과 수업 전략에 대한 연구에서 정상원(2017)은 교실의 책상 배치에 교사의 의도가 반영되어 있음을 확인하고 교사의 책상 배치와 수업 전략의 관련성을 있는지를 분석했다. 다음은 교실 책상 배치의 일부이다.

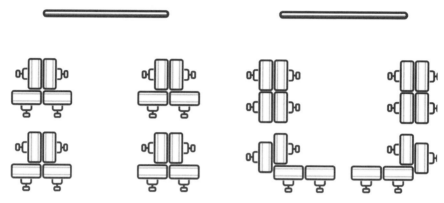

[그림 9-8] 교실에서의 책상 배치(정상원, 2017)

책상 배치에 대한 분석을 통해 연구자는 교사가 책상 배치를 통해 학생들의 상호작용과 협력 활동을 강화한다는 것을 확인했다.

김영천(1997)은 우리나라 초등학교의 교실 생활과 수업에 대한 질적연구를 수행했는데, 특정 상황(놀이, 처벌 등)에서 교실이라는 공간이 어떻게 배치되는지에 대해 논의했다. 다음은 그중 일부이다.

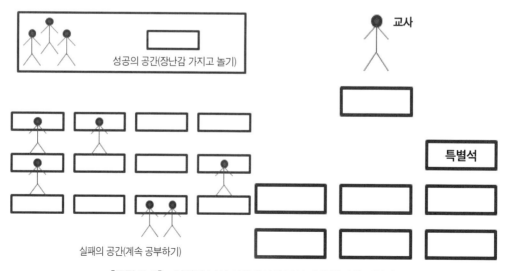

[그림 9-9] 처벌과 보상 상황에서의 교실 배치(김영천, 1997)

4. 문서 수집과 활용 시 유의점

질적연구에서 문서는 인간의 경험, 사회적 관점 등에 대한 정보를 제공하는 유용한 원천이다. 따라서 연구자는 현장으로부터 다양한 문서를 수집하고 분석하여 연구의 질을 확보할 필요가 있다. 이에 현장의 연구자는 문서의 수집과 활용을 적극적으로 시도해야 하는데, 여기서는 성공적인 문서의 수집과 활용을 위해 유의해야 할 몇 가지 사항을 제시하겠다.

가. 문서의 존재나 위치를 미리 예상하고 적극적으로 문서를 수집할 것

연구자는 연구 과정에서 문서와 그것의 위치를 미리 예상하고 이를 구하기 위해 적극적으로 노력해야 한다. 문서는 인터뷰와 참여관찰 자료의 부수적 자료가 아니다. 따라서 연구자는 그 과정에서 우연히 문서를 수집하는 요행을 바랄 것이 아니라 문서를 수집하기 위해 별도의 노력을 기울여야 한다. 이를 위해 연구자는 예상되는 문서, 그러한 문서가 존재할 것으로 예상되는 장소를 미리 확인해야 한다. 이때 조직을 전체적으로 보여주는 조직도, 현장의 구조나 배치를 보여주는 현장 지도와 같은 것은 연구자로 하여금 조직이나 현장에 대한 조망을 갖게 해준다는 측면에서 유용하다. 인터뷰나 참여관찰을 시행할 때도 각 참여자의 위치나 현장의 특징을 고려하여 존재할 것으로 예상되는 문서를 지속적으로 탐색하고 이를 수집하기 위해 노력해야 한다.

나. 연구 참여자에게 문서의 작성을 적극적으로 요청할 것

연구 과정에서 만나게 되는 연구 참여자에게 문서의 작성을 적극적으로 요청할 필요가 있다. 연구 과정에서 연구 참여자가 작성한 문서는 현장이나 현상의 깊은 의미를 드러내주는 또 하나의 자료이다. 연구 참여자가 작성한 일기, 일지, 회고록 등에는 연구 참여자가 가진 사고나 정서 등이 반영되기 때문에 연구자는 이를 통해 현상이나 사건에 대해 좀 더 깊이 이해할 수 있다. 이와 더불어 연구 참여자는 문서 작성 과정을 통해 다시금 자신의 사고나 정서, 행위 등에 대해 성찰하는 기회를 가질 수 있다. 그리고 이러한 연구 참여자의 성찰은 그들로부터 양질의 질적 자료를 수집할 수 있는 기회를 마련해 준다.

다. 문서 수집 후 인터뷰나 참여관찰 자료와의 교차 점검으로 진실성을 확인할 것

문서는 다른 자료와의 교차 점검을 통해 그 진실성을 확인할 수 있어야 한다. 문서는 의도적으로 구성된 인공물이며, 문서의 구성 의도는 그 상황에 따라 문서의 진실성에 긍정적 혹은 부정적인 영향을 미친다. 예를 들어《삼국사기》나《삼국유사》혹은 이와 유사한 왕의 연대기 중 상당수는 당시 왕조나 왕권의 정당성을 확보하려는 의도에서 작성되었는데, 이러한 의도는 문서의 진실성을 훼손할 가능성을 내포한 것이라 할 수 있다. 또한 최근에 인터넷상에서 유포되는 가짜 뉴스와 같은 문서 또한 특정한 의도로 사실을 왜곡한 문서의 전형이다. 의도적 왜곡 외에 저자의 익명성이나 자질 부족으로 인해 왜곡된 내용을 담은 문서도 진실성이 왜곡되었을 가능성이 높다. 특히 인터넷 공간에서 익명으로 유포되는 문서는 진실성이 상당히 의심된다고 할 수 있다.

따라서 연구자는 문서의 진실성에 주의를 기울여야 하는데, 이때 함께 수집된 인터뷰나 참여관찰 자료는 참고 자료가 된다. 만약 문서의 진실성이 의심스러운 경우, 단순히 그 문서를 포기하기보다는 그것을 왜곡시킨 구성자의 의도를 살펴보는 것 또한 흥미로운 주제가 된다. 즉 어떤 문서가 사실과 다른 내용을 담고 있을 때 그러한 왜곡을 불러온 구성자의 의도는 현상에 내재하는 또 다른 주제를 획득하는 흥미로운 계기가 될 수 있다. 앞서 살펴본 정상원(2014)의 연구는 이러한 경우의 전형이다.

정상원은 교사의 평가와 평가 기록 행위에 대한 현상학적 연구를 수행했는데, 이때 교사들이 작성한 학생 평가 기록이 교사들이 실제로 내린 그 학생에 대한 평가와 다르다는 것을 발견하고 이러한 왜곡이 어디에서 발생하는지를 탐구했다. 그 결과 교사가 평가 결과를 기록하는 과정에서 가지고 있는 여러 가지 부담감이 평가와는 다른 내용을 기록하게 만든다는 것을 발견했다.

라. 지속적으로 문서를 생산하고 보관할 것

현장에서 연구자는 지속적으로 문서를 수집하고 보관해야 한다. 문서는 현장에서 수집되거나 연구 참여자에 의해 생산되기도 하지만 연구자로 인해 생성되기도 한다. 그리고 연구자로부터 생성되는 문서는 현상의 의미를 드러내는 또 다른 주요한 자료가 된다. 따라서 연구자는 수집된 문서나 연구 참여자에 의해 생성된 문서 외에 스스로 다양한 문서를 생산하고 이를 연구에 활용해야 한다. 연구자의 일지, 현장에서 촬영한 사진과 동영상 등은 연구자가 생산할 수 있는 주요한 문서이다. 그리고 이러한 문서는 단순히 연구자의 기억을 도와주는 역할을 넘어서 동일한 문서를 연구 과정에서 지속적, 반복적으로 분석할 수 있다는 측면에서 현상의 깊은 의미에 좀 더 수월하게 다가갈 수 있도록 도와 준다. 따라서 연구자는 연구가 이루어지는 동안 계속적인 글쓰기, 사진 및 동영상 촬영 등을 통해 보존 가능한 다양한 문서를 지속적으로 생산해야 한다.

5. 결론

문서는 그것이 지닌 의미와 그 활용의 역사에도 불구하고 주목받기보다는 주변적인 것 으로 남아 있다. 이는 문서를 통해 달성할 수 있는 연구의 수월성은 차치하고라도 문서 를 통해 접근할 수 있는 다양한 의미가 간과된다는 측면에서 안타까운 일이다. 연구자는 연구를 진행할 때 물리적인 한계에 부딪힌다. 연구자는 모든 장소에 항상 있을 수 없다. 이러한 물리적 한계를 극복할 수 있게 해주는 가장 유용한 수단 중의 하나는 바로 현상 에서 수집, 생산된 문서이다.

　따라서 연구자는 자신의 연구에서 수집, 활용할 수 있는 다양한 문서를 확보하여 연 구의 질을 향상하는 데 최선을 다해야 한다. 그리고 문서는 단순히 요행이나 운으로 얻 어지기보다는 연구자의 노력과 시간에 좌우되기 때문에 연구를 위해 헌신하는 자세가 필요하다.

참고문헌

강준만(2003). 한국 현대사 산책(1980년대편 2권): **광주학살과 서울올림픽**. 인물과 사상사.

권향원 · 최도림(2013). 대통령의 언어적 상징 전략에 대한 연구: 역대 김영삼, 김대중, 노무현, 이 명박 대통령의 공식 연설문 분석을 중심으로. **정부학연구**, 19(3), 285-320.

김경수(2014). 이순신의 「난중일기」에 대하여. **이순신연구논총**, 22(1), 1-41.

김대숙(2014). 「백범일지」를 통해서 본 김구 선생의 여성 의식. **여성학연구**, 24(2), 97-122.

김영천(1997). **네 학교 이야기: 한국 초등학교의 교실 생활과 수업**. 문음사.

김영천 · 김필성(2015). **한국 최고의 학원 Top 7**. 아카데미프레스.

김원곤(2009). 50년 전의 편지에서 오늘의 흉부외과를 되돌아본다: 1958년 4월에서 1981년 12 월까지 고 이영균 교수와 닥터 릴리아이와 연관된 서신 39편 분석. *The Korean Jornal of Thoracic and Cardiovascular Surgery*, 42(4), 543-559.

남정은 · 정정희(2013). 자녀 양육 양상을 통해 본 저출산 문제의 이해: 1980년대 중반~2000년대

신문기사 분석을 중심으로. **유아교육연구**, 33(3), 58-78.

양지혜(2017). 가면을 따라 걷기: 전시체제기 어느 전화교환수의 일기(1941~1942)와 피식민지 민의 '내면'. **역사문제연구**, 37, 175-227.

이효인(2013). 윤봉춘 일기 연구: 1935~1937년 윤봉춘 일기를 통한 조선 영화계의 현실 분석. **영화연구**, 55, 455-486.

정상원(2014). 초등학교 학생들의 평가와 성적 기록하기: 교사들의 현상학적 체험들. 진주교육대학교 교육대학원 석사학위 논문.

정상원(2017). 초등학교 교사의 백워드 교육과정 설계와 실천에 대한 근거 이론적 접근. 경북대학교 대학원 박사학위 논문.

한학진 · 최용훈(2012). 제주 올레 도보 여행객의 가치 추구에 관한 연구: 온라인(on-line)상의 질적 자료와 MEC 이론을 적용하여. *Tourism Reseach*, 37, 1-22.

Alaszewski, A. (2006). *Using Diaries for Social Research*. London: Sage Publications.

Allport, G. W. (1947). *The Use of Personal Documents in Psychological Science, Social Science Research Council*. Committee on Appraisal of Research, New York.

Bateson, G. & Mead, M. (1942). *Balinese Charater: A Photographic Analysis*. New York Academy of Sciences.

Benedict, R. (2005). *The Chrysanthemum and the Sword: Patterns of Japanese Culture*. Mariner Books. 노재명 역(2006). **국화와 칼: 일본 문화의 틀**. 북라인.

Briet, R. (1951). *Qu'est-ce la documentation*. Paris: EDIT.

Buckland, M. K. (1997). What is a "Document"? *Journal of the American Society*, 48(9), 804-809.

Burke, S. M. & Sparkes, A. C. (2009). Cognitive dissonance and role of self in high altitude mountaineering: An analysis of six published autobiographies. *Life Writing*, 6(3), 329-347.

Connidis, I. A. (2012). Interview and memoir: Complementary narratives on the family ties of gay adult. *Journal of Family Theory & Review*, 4, 105-121.

Durkheim, E. (1897). *Suicide: A Study in Sociology*. 황보종우 역(2008). **자살론**. 청아출판사.

Eko, L. (2007). It's a political jungle out there. *The International Communication Gazette*, 69(3), 219-238.

Emilsson, S., Svensk, A-C., Olsson, K., Lindh, J., & ÖSter, I. (2011). Experiences from having breast cancer and being part of support group. Notes written in diaries by women durin radiotherapy. *Palliative and Supportive Care*, 10, 99-105.

Emmison, M. & Smith, P. (2000). *Researching the Visual: Images, Objects, Contexts and Interaction in Social and Cultural Inquiry*. Sage.

Fabian, S. C. (2010). "I'll be watching you": Asocio-legal analysis of judicial decisions in Canadian criminal harassment case, 1993-2006. Dessertation of philosophy. Simon Fraser University.

Foucault, M. (1975). *Surveiller et punir*. Naissance De La Prison. 오생근 역(2016). **감시와 처벌: 감옥의 탄생**. 나남.

Foucaut, M. (1973). *Moi, Pierre Rivière, ayant égorgéma mère, ma soeur et mom frère⋯*. 심세광 역(2008). **나, 피에르 리비에르**. 앨피.

Gaillet, L. L. (2010). *Archival Survival: Navigating Historical Research. Working in the Archives*. Southern Illinois University.

Geertz, C. (1989). *Works and Lives: The Anthropologist as Author*. 김병화 역(2014). **저자로서의 인류학자**. 문학동네.

Goffman, E. (1976). *Gender Advertisements*. Harper and Row Publishers.

Gottschalk, L., Angell, R., & Kluckhohn, C. (1981). *The Use of Personal Documents in History, Anthropology, and Sociology*. Omnia-Mikrofilm-Technik.

Gottschalk, L. (1945). *The Historian and The Historical Document*. Ann Arbor: University of Michigan.

Happer, D. (2011). On the Authority of the Image: Visual Methods at the Crossroads. in Denzin, N. K. & Lincoln, Y. S. Ed. (2011). *The Sage Handbook of Qualitative Research*. Sage.

Hodder, J. (2011). The Interpretation of Documents and Material Cuture. in Denzin, N. K. & Lincoln, Y. S. Ed. (2011). *The Sage Handbook of Qualitative Research*. Sage.

Kohon, J. & Carder, P. (2013). Exploring identity and aging: Auto-photography and narrative of low income older adults. *Journal of Aging Studies*, *30*, 47-55.

Longman Dictionaries. (1995). *Longman Dictionary of Comtemporary English* (3th Ed). Longman Dictionaries.

Lynd, R. & Lynd, H. (1956). *Middletown: A Study in American Culture*, New York: Harvest Book.

McCulloch, G. (2004). *Documentary Research in Education, History and the Social Sciences*. London: Falmer Press.

McDougal, S. (2013). Framing the black experience: A discourse analysis of president Barack Obama's speeches. *The Journal of Pan African Studies*, *6*(4), 1-17.

Merlin J. S., Turan, J. M., Herbey, I., Westfall, A. O., Starrels, J. L., Kertesz, S. G., Saag, M. S., & Ritchie, C. S. (2014). Aberrant drug-related behaviors: A qualitative analysis of medical record documentation in patients referred to HIV/chronic pain clinic. *Pain Medicine*, *15*, 1724-1733.

Mogalakwe, M. (2006). The Use of Documentary Research Methods in Social Research. *African Sociological Review*, *10*(1), 221-230.

Otlet, P. (1934). *Traitéde documentation*. Brussels: Editions Mun-daneum.

Penguin Random House. (2015). *Unabridged Dictionary of American English*. http://www.wordreference.com

Pinto, A. D., Manson, H., Pauly, B., Thanos, J., Parks, A., & Cox, A. (2012). Equity in public health standards: A qualitative document analysis of policies from two canadian provinces. *International Journal for Equity in Health*, *11*(1), 28-28.

Platt, A. (2010). From sin to sickness: A qualitative content analysis of four major american newspapers' representations of alcoholism (Order No. 3444173). Available from ProQuest Dissertations & Theses A&I. (857662156). Retrieved from http://search.proquest.com/docview/857662156?accountid=11933

Plummer, K. (2001). *Documents of Life 2: An Invitation ot a Critical Hummanism*, London: Sage

Riles, A. (2006). *Documents: Artifacts of Modern Knowledge*. Ann Arbor: University of Michigan Press.

Schürmeyer, W. (1935). Aufgaben und methoden der dokumentation. *Zentralblatt für Bibliothekswesen*, *52*, 533-543.

Scott, J. (1990). *A Matter of Record: Documentary Sources in Social Research*, Polity, Cambridge.

Scott, J. (2006). *Documentary Research*. Sage.

Seker, H. (2014). Unforgettable teaching: Memoirs of pre-service teachers' encounters with teaching. *Educational Research and Reviews*, *10*(1), 59-68.

Sontag, S. & Rieff, D. (2008). *Reborn: Journal and Notebooks, 1947-1963*. 김선형 역(2013). **다시 태어나다**: 1947-1963. 이후.

Thomas, W. I. & Znaniecki, F. (1958). *The Polish Peasant in Europe and America*. New York: Dover.

Ward, J., Branson, S., Cross, M. D., & Berson, I. R. (2016). Exploring developmental appropriateness of multitouch tables in prekindergarten: A video analysis. *Journal of Research on Technology in Education*, *48*(3), 227-238.

Wood, M. (1988). *The Development of Post modern Self: A Computer-Assisted Comparative Analysis of Personal Documents*. Greenwood Press.

제 10장

자료 분석 방법 설명하기

질적연구에서 자료 분석의 치밀함은 연구의 질을 보장하는 필수 요소이다. 따라서 연구에서 이루어진 분석에 대해 치밀하게 기술하는 것은 독자나 심사자에게 분석에 대한 타당성을 전달하는 주요한 방법이다. 그럼에도 불구하고 많은 질적연구물이 치밀한 분석 과정을 제시하고 있는가에 대해서는 의문의 여지가 있다. 학술지 논문이나 학위 논문과 같은 많은 질적연구물이 자료 분석에 대해 피상적으로 기술하는 경우가 많기 때문이다. 자료 분석에 대한 피상적 기술은 심사자에게 불신을 줄 가능성이 크고, 결과적으로 자료 분석의 타당성을 증명할 추가 자료 제시 요구나 더 나아가 논문 게재의 거부 혹은 학위 논문 인준의 거부를 초래할 수도 있다. 자료 분석의 타당성을 증명할 책임이 기본적으로 연구자에게 있음을 고려하면 연구자는 자신이 수행한 자료 분석의 타당성을 전달할 수 있는 효과적인 방법을 구사해야 한다. 여기서는 자료 분석의 기술과 관련하여 연구자가 참고할 만한 몇 가지 방법을 살펴보자.

1. 자료 분석의 전체적인 개요 제시하기

연구자는 자료 분석의 기술에 앞서 자신의 분석이 연구 목적과 밀접하게 관련되어 있음을 드러내야 한다. 그리고 이를 위해 논문의 서론에 자신의 연구가 무엇을 탐구하고자 하는지 명시적으로 밝힐 필요가 있다. 이는 독자나 심사자로 하여금 연구자의 분석이 연구 목적에 타당한 결과를 도출했는지를 파악할 수 있도록 해줄 뿐만 아니라, 연구자로 하여금 분석 과정에서 자신이 찾고자 하는 바로 그 대상으로 흔들림 없이 나아갈 수 있도록 도와준다.

질적 자료 분석은 자료에 대한 연구자의 주관적 성찰과 해석을 통해 일련의 의미 구조를 구성해가는 과정이라 할 수 있다. 그런 의미에서 질적 자료 분석이란 연구자가 자료를 통해 자신이 찾고자 하는 혹은 구성하고자 하는 대상을 찾아가는 과정이다. 이러한 대상은 때로는 현상을 설명할 수 있는 이론적 체계가 될 수도 있고(Glaser & Strauss, 1967; Glaser, 1978; Strauss & Corbin, 1990; 1998; Charmaz, 2006), 특별한 형식의 경험을 구성하고 있는 주제와 그러한 주제로 이루어진 의미 구조가 될 수도 있다(van Manen, 1990; 2011; 2014; Giorgi, 2009). 또한 사람들이 공유하는 문화적 주제와 이것들이 구성하고 있는 문화 구조가 될 수도 있고(Spradley, 1980), 현상을 관통하는 서사나 개인의 삶을 구성하는 주제(Mandelbaum, 1973; Clandinin & Connelley, 2000), 혹은 연구자 자신의 정체성이나 개인적 수준에서 구체화되는 문화적 주제가 될 수도 있다(Pinar,

1985; 이동성, 2012). 그럼에도 불구하고 연구자가 탐구하고자 하는 대상에 대해 구체적으로 언급하기보다는 문제 의식의 기술이나 그것을 둘러싼 이론적 논의를 제시하는 데 그치는 논문이 종종 발견된다. 이러한 기술 방법은 독자를 혼란에 빠뜨릴 뿐만 아니라 과연 연구자의 분석이 타당한 것인지 판단할 수 없게 만든다.

따라서 연구자는 자신의 연구가 무엇을 밝히려 하는지를 구체적으로 기술해야 하는데, 이러한 구체성은 두 가지 측면에서 구분해볼 수 있다. 즉 탐구하고자 하는 현상과 그것을 바라보는 관점이다. 첫째, 탐구하고자 하는 현상의 기술은 연구자가 어떤 대상을 탐구하려 하는가에 대한 기술이다. 앞서 언급했듯이 질적연구에서는 탐구의 대상이 다양하다. 그리고 이러한 다양성은 실제 연구 전통의 다양성을 가져오기도 한다. 연구자는 자신의 연구에서 분석하고자 하는 대상을 분명히 밝혀 연구에서의 분석이 무엇을 대상으로 하는지 드러내야 한다. 둘째, 대상을 바라보는 연구자의 관점은 연구자가 분석을 통해 밝혀내고자 하는 주제를 의미한다. 그 주제는 문화적 주제, 생애의 전개 과정, 전략 등이 될 수 있다. 이러한 분석의 대상과 관점은 연구자의 연구 목적과 연구 문제를 통해 드러난다. 따라서 분석 대상의 명료성은 필연적으로 연구 목적, 연구 문제 기술의 명료성과 밀접하게 관련된다.

그렇다면 예를 통해 이러한 기술이 어떻게 이루어지는지 살펴보자. 이옥선(2014)은 알코올 중독 여성이 타자와의 관계를 어떻게 경험하는지에 대한 현상학적 연구를 수행했다. 이 연구에서 그는 연구의 목적이자 분석의 대상을 다음과 같이 기술했다.

> 본 연구의 목적은 알코올 중독 여성이 가족 및 타자와의 관계를 어떻게 경험하였는지, 그 경험이 알코올 중독 여성의 생애에서 갖는 본질적 의미를 이해하는 데 있다. 이러한 목적을 달성하기 위한 연구 질문은 다음과 같다.
> '알코올 중독 여성이 체험한 관계는 어떠한가?' (이옥선, 2014)

위에서 연구자는 연구 목적이자 분석 대상을 알코올 중독 여성이 경험하는 타자와의 관계라고 기술했으며, 분석 결과 또한 분석의 목적에 부합하는 것을 보여주었다. 〈표 10-1〉은 이 연구에서의 분석 결과이다.

〈표 10-1〉의 분석 결과를 보면 앞서 분석의 목적으로 기술된 알코올 중독 여성의 관계 체험 구조와 부합한다는 것을 확인할 수 있다. 또 다른 예를 살펴보자. 정정훈(2015)은 쿠레레 방법을 통해 자신이 외국에서 박사 과정을 밟는 동안 겪은 좌절과 불안의 이

〈표 10-1〉	알코올 중독 여성이 체험한 관계성의 체험의 구조(이옥선, 2014)

1. 역기능: 이고 사는 아픈 기억
2. 불안정: 고통의 굴레를 술로 견딤
3. 단절: '나' 혼자가 됨
4. 후회: 지켜내지 못한 '내 자리'
5. 의지: 실패를 딛고 일어서기
6. 희망: 함께 살아가는 삶

해를 시도했는데, 이 연구에서 분석의 목적을 다음과 같이 기술했다.

> 나에게 있어서 쿠레레를 통한 주관성의 재건은 개성화를 위한 한 방법이요, 나 자신
> 과 새로운 관계를 맺기 위한 존재론적 탐구 과정이다. (중략) 이 글에서 나는 쿠레레
> 를 이용하여 내가 박사 과정 중에 겪은 좌절과 불안의 이해를 통한 나의 주관성 회
> 복의 여정을 소개함으로써 쿠레레가 개인의 교육적 경험의 의미 탐구를 더욱 풍요
> 롭게 할 수 있음을 보이고자 한다. (정정훈, 2015)

이러한 분석의 목적을 바탕으로 연구자는 다음 표와 같은 분석 결과를 도출했다.

〈표 10-2〉	분석 결과로서 좌절과 재건의 주제(정정훈, 2015)

1. 좌절과 체포된 자아
2. 이해: 불안 그리고 역설
3. 통합: 억눌린 에고의 체내화
4. 불안의 변증법

2. 분석의 기반이 되는 연구 전통 확인시키기

자료 분석의 기술에서 연구자는 자신이 어떤 연구 전통을 기반으로 했는지 분명하게 밝
혀야 한다. 연구에서 사용한 자료 분석의 절차와 방법이 어떤 연구 전통에 기반한 것인

지를 밝히는 것은 자료 분석에 대한 이론적 타당성을 전달하는 좋은 방법이다. 양적연구에서의 분석이 연구자가 선택한 통계 방법에 기초하여 이루어지는 것처럼 질적연구 역시 분석의 과정과 방법은 연구자가 선택한 연구 전통 혹은 방법적 전통에 기초한다. 즉 연구자가 문화기술적 연구를 한다면 문화기술지 연구 전통에 부합하는 절차와 방법을, 현상학적 연구를 한다면 그에 맞는 방법론적 기반에 부합하는 절차와 방법을 사용해야 한다. 따라서 연구자는 자신이 타당한 방법론적 전통을 기반으로 그에 부합하는 절차와 방법을 사용했음을 전체적으로 기술해야 한다. 그리고 이러한 기술은 연구자의 분석이 타당한 절차와 방법을 통해 이루어졌음을 심사자에게 확인받는 데 효과적이다.

또한 기존의 학자나 연구 전통 안에서 충분히 논의가 진행된 분석 절차와 방법은 분석의 타당성을 확보하는 주요한 이론적 방패가 될 수 있다. 물론 질적연구에서는 연구자의 창의성이 발휘되어야 하고, 이러한 연구자의 창의성은 연구의 질을 높이는 데 필수적인 요소이다. 하지만 창의성 역시 타당성을 인정받아야만 그 연구는 사회과학으로서의 의미를 인정받을 수 있다. 사회과학으로서 질적연구는 타당한 과학적 절차와 방법으로 정당화되기 때문이다. 이러한 측면에서 좀 더 부연하자면, 일부 질적연구자가 질적연구에서 연구자의 주관성을 지나치게 강조하고 이를 바탕으로 자신의 자료 분석을 비롯한 연구 결과의 타당성을 확보하려는 시도는 매우 부적절한 자세라 할 수 있다.

그렇다면 분석의 타당성을 확보하는 기술은 어떻게 효과적으로 이루어질 수 있을까? 그 방법은 크게 두 가지 측면에서 논의할 수 있는데, 분석의 이론적 기반 설명하기, 이론과 분석 절차 및 방법의 관련성 드러내기가 그것이다. 이론적 기반 설명하기는 분석과 관련하여 연구자가 어떤 연구 전통 혹은 학자의 이론적 기반을 가져왔는지, 그리고 이러한 이론의 핵심적 요소가 무엇인지 설명하는 것이다. 이때 연구자는 분석이 어떤 방법론적 기반에서 이루어졌는지와 더불어 그러한 연구 전통 내에서 논의되는 분석과 관련된 핵심적 개념을 개관적으로 살펴보아야 한다. 그리고 그러한 연구 전통 내에서도 구체적으로 어느 학자의 논의에 기반했는지도 기술해야 한다. 동일한 연구 전통 내에서도 학자에 따라 절차와 방법론에 다소 차이를 보이기 때문이다. 따라서 어떤 연구 전통에서 어느 학자의 논의를 자신의 분석에 적용했는지에 대한 개관적인 기술은 심사자로 하여금 분석 절차와 방법에 신뢰를 가지게 할 수 있다.

다음으로는 그러한 방법론이 연구자의 분석 과정에 어떻게 적용되었는지에 대한 기술이 필요하다. 심사자가 분석과 관련하여 확인하고자 하는 것은 연구자가 어떻게 자료를 분석했는가이지, 단순히 분석과 관련된 방법론적 기반을 알고자 함이 아니다. 따라서 연구자는 실제 자신의 분석에 이러한 이론이 어떻게 스며들어 있는지, 그러한 이론을 어떤 방식으로 타당하게 분석에 적용했는지를 밝힘으로써 자신의 분석 과정과 방법의 타당성을 확보해야 한다.

그렇다면 이러한 방법이 적용된 자료 분석의 기술을 살펴보며 이에 대한 이해를 구체화해보자. Clark(2017)는 의료 현장에서 일어나는 성적 수치심에 대한 탐구를 수행했는데, 이 연구에서 자신의 분석에 대해 기술하면서 그 이론적 기반을 다음과 같이 진술했다. 예로 든 인용은 그 연구가 이론적 기반을 어떻게 제시했는지를 보여주기 위한 것이며 인용에 대한 참고문헌은 따로 싣지 않을 것이다.

> 자료는 근거 이론 방법을 기반으로 이루어졌다(Charmaz, 2000; Corbin & Strauss, 2008; Glaser & Strauss, 1967). 근거 이론에 있어 자료 코딩과 분석은 순환적 과정을 통해 이루어진다. (중략) 자료를 분절하고 이에 코드를 부여하였다. 코딩 후 자료를 통해 유사성과 패턴을 분석하였다. 자료를 분석하는 동안 인터뷰 자료를 교차하며 그 유사성과 차이점을 확인하였으며, 이를 통해 성적 수치심의 발달에 영향을 미치는 조건, 성적 수치심의 체험, 성적 수치심 기술의 맥락과 결과를 확인하였다(Creswell et al., 2007). 모든 자료에 대한 코딩이 이루어졌고 주제와 주제로 구성된 범주, 개념을 도출하였다. 2개의 주요 구조가 규명되었으며 다른 범주들을 이러한 구조에 연결하며 이론을 도출하였다. (Ojebode, 2017)

위의 기술에서 연구자는 자신의 분석 방법과 절차가 근거 이론의 전통을 따르고, 또한 Glaser와 Strauss(1967) 같은 학자들의 논의를 따랐음을 밝혔다. 일반적으로 근거 이론의 분석은 초기 코딩(Charmaz, 2006) 혹은 개방 코딩(Glaser, 1978; Strauss & Corbin, 1990; 1998)에서 축 코딩, 이론적 코딩으로 이어지는 일련의 단계로 논의되는데, 연구자는 자신의 분석이 이러한 근거 이론의 절차에 따라 이루어졌다는 것과 그러한 단계 속에서 자신의 분석이 어떻게 진행되었는지를 드러냈다.

또 다른 예를 살펴보자. 박기동과 공진환(2016)은 명예퇴직을 앞둔 중등 체육 교사의 교직 생애를 생애사적 관점에서 탐구했는데, 이 연구에서 이루어진 자료 분석에 대해 다음과 같이 기술했다.

본 연구는 Spradley(1980)가 제시한 방법에 따라 영역 분석 및 분류 분석을 통해 자

료를 분석하였다. 자료 분석과 해석 과정은 다음과 같다. 자료 분석의 첫 번째 단계
는 자료의 영역 분석으로, 전사된 면담 자료를 지속적으로 정독하면서 자료의 내용
을 함축적으로 요약해줄 수 있는 제목을 면담 기록지에 기입하면서 연구 주제의 영
역을 찾았다. 두 번째 단계는 분류 분석으로, 수집된 자료를 체계적으로 분류하기
위한 분류 체계로서 영역 분석에서 부여된 '소'주제를 포괄하는 중간 분류 주제를 찾
고, 다시 중간 제목을 포괄하는 '대'주제를 찾는 방식을 사용하였다. 이 과정에서 수
집된 자료를 지속적으로 정독하고 자료의 분류 체계를 수정 및 보완하였다. (박기
동 · 공진환, 2016)

위의 기술은 연구자가 어떤 방법론적 전통과 그중에서 어떤 학자의 논의를 따랐는
지를 보여주며, 또한 이러한 이론이 자신의 분석에 어떻게 적용되었는지도 기술했다. 다
른 예를 살펴보자. Brauer(2014)는 Personal Learning Network에 참여하는 공립학교의
관리자들이 사회적 네트워크를 통해 어떻게 그것에 참여하고 있으며, 또한 어떻게 그들
의 프라이버시를 관리하는지에 대한 해석적 현상학적 연구를 수행했다. 그는 이 연구에
서 자신의 분석이 어떤 학자의 방법론에 따라 어떻게 이루어졌는지를 다음과 같이 기술
했다.

Smith 등(2009)은 분석의 네 단계 중 첫 번째 단계를 '읽기와 다시 읽기'로 제시한다.
이 첫 번째 단계에서 나는 6명의 연구 참여자들과 진행한 반구조화된 면담의 전사
본에 몰입했다. 읽기와 다시 읽기 단계에서 나는 한 번에 한 참여자의 인터뷰 전사
본에 집중했으며, 이후 다음 참여자로 옮겨 갔다. 이러한 방법론적 실천은 나로 하
여금 참여자의 생활 세계에 들어갈 수 있게 하였으며 그들의 경험을 해석할 수 있
게 하였다. Smith 등(2009)은 IPA 연구자가 읽기와 다시 읽기 단계에서 인터뷰 오디
오를 함께 듣는 것을 통해 연구 참여자의 어조, 감정, 뉘앙스를 확인함으로써 전사
본을 좀 더 깊이 읽을 수 있다고 논의하였다. 이러한 오디오 자료를 들으며 이루어
지는 전사본에 대한 읽기와 다시 읽기는 나로 하여금 연구 참여자의 자료를 더 깊이
이해하고 해석할 수 있게 해주었다. (중략) 분석의 마지막 단계인 도출된 주제들 사
이의 연관성 찾기에서 내가 코딩한 자료는 전체적인 분석을 도출하는 데 사용되었
다. 나는 코딩된 데이터를 점검하여 자료 내에 어떤 패턴이나 관계성이 분명히 드러

나는지 확인하였다. (Brauer, 2014)

위의 예는 연구자가 사용한 방법론적 기반을 기술함과 동시에 그것을 실천하는 과정에서 자신이 구체적으로 어떤 과업을 수행했는지를 보여준다.

3. 연구자의 귀납적 분석 과정을 순차적으로 보여주기

연구자는 자료 분석 기술을 통해 귀납적 절차와 구체적인 예시를 보여주어야 한다. 자신이 수행한 분석의 타당성을 독자나 심사자에게 설득적으로 전달하기 위해서는 자료를 통해 귀납적으로 주제를 도출해가는 과정을 순차적으로 보여주어야 한다. 앞서 제시한 방법이 분석과 관련한 전체적인 과정을 개괄적으로 설명하는 수준의 방법이라면, 이 방법은 좀 더 구체적인 수준의 기술로서, 연구자 자신이 구체적으로 어떤 단계에 따라 분석했으며, 또한 그 단계 내에서 연구자가 구체적으로 어떤 과업을 수행했는지를 독자나 심사자에게 보여줌으로써 자료 분석의 타당성을 전달하는 방법이라 할 수 있다. 그리고 이는 독자나 심사자가 분석 과정을 전체적으로 이해할 수 있게 할 뿐만 아니라 분석 자체에 대해 신뢰할 수 있게 해준다.

하지만 많은 연구는 이러한 기술을 시도하기보다는 분석에 대한 개관적인 기술을 통해 그 분석의 타당성을 전달하고자 하는데, 이러한 유형의 기술은 심사자로 하여금 과연 연구자가 성실하게 분석했는지 의문을 가지게 만든다. 따라서 여기서는 기존의 질적연구 논문에서 발견되는 분석 기술의 문제를 살펴보고, 이를 극복하기 위한 분석 기술 방법으로 귀납적 분석 과정을 순차적으로 보여주기와 연구자의 구체적인 분석 방법 보여주기를 제시한다. 그리고 그 내용을 구분하여 구체적으로 살펴보겠다.

가. 기존 분석 기술 방법의 문제점

기존의 질적연구, 특히 연구 방법에 대한 기술을 요구하는 학술지 논문이나 학위 논문의 경우, 연구에서 이루어진 분석 과정에 대한 기술이 독자나 심사자에게 분석의 타당성을 설득적으로 전달하지 못하는 것으로 보인다. 많은 연구에서 이루어지는 자료 분석에 대한 기술이 개관적 수준에 머물러 심사자에게 충분한 신뢰를 주지 못하기 때문이다. 이에 대해 논의하기 위해 우선 현재 질적 논문에서 이루어지고 있는 분석의 기술을 비판적으로 살펴보자.

　학술지 논문이나 학위 논문을 포함한 대부분의 논문은 일반적으로 제3장에서 분석의 과정과 방법에 대해 기술한다. 하지만 이러한 분석 과정에 대한 기술에서 많은 연구자는 자신이 수행한 분석을 체계적으로 보여주기보다는 '무엇을 하였다' 혹은 '어떤 단계를 따랐다' 내지는 '어떤 방법을 하였다'와 같이 개관적, 피상적으로 진술하고 있다. 이러한 진술의 유형은 크게 두 가지로 구분할 수 있다. 첫 번째 유형은 질적 분석과 관련된 일반적, 이론적 수준의 논의에서 그쳐버리는 것이다. 다음은 이 유형의 예로, 태권도 경기 변화 경험에 대한 현상학적 연구에서 제시된 분석 과정에 대한 기술이다.

> 질적연구에서의 자료 분석은 양적연구에서의 자료 분석과 달리 자료 수집과 자료 분석이 동시에 일어나는 과정이며, 이 과정들은 회귀적이고 반복적이며 역동적이다. 그러나 현상학적 연구를 하기 위해서는 경험을 단순히 상기하는 것만으로는 충분하지 않다. 경험의 본질적인 측면, 즉 의미 구조를 겪은 대로 상기하는 방식으로, 이러한 기술을 가능한 경험으로, 그 경험에 대한 가능한 해석으로 인정하는 방식으로 경험을 상기해야 한다.
>
> 　따라서 현상학적 연구는 체계적으로나 공식적으로 일정하게 분석 절차가 있는 것은 아니며, 실로 겪은 체험을 쓴 글이든, 말로 주고받은 담론이든, 실제 관찰한 것을 쓴 글이든지 간에 연구 참여자에 의해서 묘사된 체험을 기술하는 기법이라 할 수 있다.
>
> 　다시 말해 현상학은 어떠한 경험을 설명이나 분석을 하는 것이 아니라 묘사하는 작업인 것이다. 즉 현상학적 연구는 경험을 묘사하되, 직접 경험한 사람의 관점에서 그 경험을 묘사해야 함을 말하며, 경험의 근원을 논리적, 객관적, 계량적 형태의 단정적이고 전제된 체계 혹은 선입관으로부터 배제하고 "있는 그대로의 체험된 의식을 바탕으로 현상에 대한 탐구를 시작하는 것이다." (김지혁, 2010)

　위의 예에서는 초점이 연구자가 실제로 분석을 위해 어떤 수행을 했는지보다는 자신의 분석과 관련된 이론적 배경을 기술하는 데 그쳤다. 이러한 부류의 기술은 많은 논문에서 가장 빈번하게 발견되는 문제점이라 할 수 있다. 물론 이러한 기술이 분석의 진실성을 부정하는 것은 아니지만, 과연 심사자가 분석의 타당성을 받아들일 수 있을까 하는 의문이 든다. 게다가 이러한 형태의 기술은 심사 과정에서 분석의 타당성을 보여줄 추가 자료를 요구당할 수도 있다.

이와 더불어 분석의 기술과 관련하여 적지 않게 발견되는 또 다른 문제점은 분석 과정을 보여주기보다는 대략적으로 분석 과정과 방법을 설명하는 형태의 기술이다. 다음은 한국에 거주하는 다문화 기혼 여성의 건강 생활에 대한 문화기술지 연구에서 기술된 분석 과정이다.

> 자료 분석은 녹음된 면담 자료와, 제보자의 비언어적 표현 등을 고려한 참여관찰 내용을 토대로 이루어졌다. 녹음한 내용은 반복 청취를 통해 그대로 필사하였고, 현장 일지와 메모를 비교하여 검토하였다. 본 연구에서 다문화 결혼 이주 여성의 건강 생활 양상과 그 의미를 파악하기 위해 여섯 가지 문화 요소, 즉 '시간성', '공간성', '관계성', '대처 전략', '주요 건강 자원', '생활 세계'를 선정하였으며 이는 미시 문화기술지의 문화 요소들과 간호 이론을 참고로 하여 선정되었다. 다음으로 Spradley가 참여관찰법에서 제시한 영역 분석, 분류 분석, 성분 분석을 적용하여 실시하였다. (중략) 영역 분석을 위해 '행위자', '활동', '물건', '행동', '시간', '공간', '사건' 등의 요소들과 이 요소들의 의미론적 관계를 '포함 관계', '공간', '원인-결과', '근본 이유', '행동의 장소', '기능', '수단-목적', '순서', '속성' 등으로 분류틀을 구성하여 파악하였다. (중략) 분류된 영역 중에서 제보자의 '하루 중 시간을 활용하는 방식', '이용하는 사회 서비스 기관의 종류', '주된 생활 공간', '결혼 이주 여성이 관계하는 사람들의 종류', '가출을 촉발시킨 요인', '한국 문화 적응을 위한 대처 방식', '건강 생활을 위한 행위의 종류', '보건의료 서비스 이용 양상', '건강 생활을 위해 이용하는 물건의 종류', '건강 인식 정도', '한국어 의사소통 경험' 등을 선정하여 분류 분석을 실시하였다. (중략) 다음으로 분류 분석에서 찾아낸 문화 범주들을 '주행위자', '구체적 행동들', '사용 언어', '사용 물건' 등의 차원으로 대조하면서 성분 분석을 하였다. (유경숙, 2017)

위의 예에서는 크게 분석의 이론적 기반, 분석의 단계, 그리고 각 단계에서 연구자가 어떤 수행을 했는지를 설명했다. 이러한 기술은 앞서 살펴본 분석의 기술보다 다소 진전된 것이지만 독자나 심사자에게 그 타당성을 전달하기에는 여전히 부족하다고 할 수 있다. 연구자가 분석 과정에서 무엇을 했는지는 설명했지만 어떻게 했는지는 밝히지 않았기 때문이다.

독자나 심사자는 분석 과정에서 있을 수 있는 지나친 편향성 혹은 논리의 비약성을 우려할 수 있다. 그럼에도 불구하고 위와 같은 분석의 기술이 많은 연구에서 빈번히 일어나는 것은 양적연구에서 이루어지는 분석 기술의 영향을 받았기 때문일 것이다. 이를 좀 더 구체적으로 이해하기 위해 양적연구에서 이루어지는 분석의 기술을 살펴보자. 다음은 학교 관리자들의 지도성, 교사 효능감 및 학교 조직 효과성의 관련성에 대한 연구에서 이루어진 분석의 기술이다.

> 기초 분석으로 표본의 특성 정리를 위한 빈도 분석과 각 변인들의 기술 통계량을 확인하였다. 교장의 지도성, 교감의 지도성, 교사 효능감, 학교 조직 효과성에 대한 교사 배경별, 학교 배경별 교사들의 지각 정도의 차이를 분석하기 위해 독립표본 t 검증과 일원분산분석을 실시하였다. 셋째, 교장의 지도성, 교감의 지도성, 교사 효능감, 학교 조직 효과성을 구성하고 있는 요인 간의 상관관계를 파악하기 위해 상관관계 분석을 실시하고, 교장의 지도성, 교감의 지도성, 교사 효능감이 학교 조직 효과성에 미치는 영향을 알아보기 위해 중다회귀분석을 실시하였다. 넷째, 교장의 지도성, 교감의 지도성, 교사 효능감, 학교 조직 효과성 간의 구조 관계를 파악하기 위해서 구조방정식 모형 분석을 실시하였다. 이 연구에서 모든 변수들이 다변량 정규분포를 따른다고 가정하고 요인의 적재치를 계산하는 방법으로 구조방정식 모형에서 일반적으로 많이 쓰이는 추정법인 최대우도법을 사용하였다. 총효과와 간접효과의 유의성을 검증하기 위해 신뢰구간 95%로 하여 쿠트스트래핑을 실시하였고 이를 통해 총효과와 직접효과, 간접효과의 유의도를 검증하였다. (양은주, 2015)

앞의 예에서 확인되는 양적 분석에 대한 기술은 앞서 살펴본 분석의 기술과 유사하다는 것을 확인할 수 있다. 양적 분석의 기술은 주로 자료에 대해 어떤 분석 기법이 사용되었는지에 초점을 맞추고 진술된다. 그럼에도 불구하고 이러한 부류의 분석 기술이 분석의 타당성을 제시하는데 충분한 이유는 분석 기법의 타당성이 이미 수학적으로 증명되었기 때문이다. 또한 각 분석의 기법을 적용하는 데 연구자의 주관성이 개입될 여지가 없으며, 분석의 일체 과정이 수학적 계산식을 통해 이루어지기 때문에, 양적연구에서 연구자는 단지 연구 목적에 부합하는 타당한 분석 기법을 적용했음을 기술하는 것만으로도 분석의 타당성을 독자나 심사자에게 설득적으로 전달할 수 있다. 하지만 질적 분석의 경우, 통계 방법과 달리 연구자가 주요한 분석의 도구이고 이것이 분석의 각 단계 및 방법에 크게 영향을 미치기 때문에 단순히 어떤 방법을 사용했다 정도의 기술로는 그 타당성을 설득적으로 전달하기 힘들다.

그럼에도 불구하고 많은 연구가 피상적이고 개관적인 수준에서 분석 과정을 논의하는 것은 분석 과정의 방대함과 주관성의 구체화에 대한 어려움에 기인한 것이라 할 수 있다. 질적 자료 분석은 양적연구에서의 분석과 달리 순차적으로 이루어지기보다는 순환적으로 이루어지며, 심지어 연구 과정조차도 선형적으로 이루어지기보다는 자료 수집, 자료 분석, 글쓰기가 순환적으로 이루어지는 구조이다. 따라서 이러한 자료 분석 과정을 축약적으로 보여준다는 것은 쉬운 일이 아니다. 또한 연구자의 내적 사고나 논리가 분석 과정에서 명시적으로 드러나기보다는 연구자의 해석과 기술을 통해 드러나기 때문에 텍스트로 구체화하는 것 또한 쉽지 않다. 하지만 이러한 이유로 자료 분석과 관련된 일련의 과정과 방법에 대한 피상적인 설명으로 심사자의 신뢰를 요구하는 형태의 기술은 심사자의 의문을 초래할 수 있다. 그러므로 여기서는 이를 극복하기 위한 방법으로 귀납적 절차 보여주기와 연구자의 분석 방법을 구체적으로 보여주기를 제시한다.

나. 귀납적 분석 절차 보여주기

질적 자료 분석의 기술은 자료로부터 주제에 이르는 귀납적 분석 과정을 순차적으로 보여주어야 한다. 분석에 있어서 귀납적 논리는 질적연구의 주요한 특징 중 하나이다. 즉 질적 자료 분석 자체가 자료로부터 개념을 도출하여 하나의 주제로 구성되어가는 일련의 과정인 것이다. 학자들의 논의를 통해 질적 자료 분석의 귀납적 절차를 살펴보자.

Strauss와 Corbin(1990, 1998)은 근거 이론의 분석 방법으로 지속적인 비교분석에 대해 논의했는데, 자료 분석을 위한 절차로 개방 코딩, 축 코딩, 선택 코딩이라는 일련의 단계를 제시했다. 개방 코딩은 자료로부터 개념을 도출하고 이렇게 도출된 개념을 포괄하는 범주를 도출하는 단계, 축 코딩은 도출된 범주 중 핵심 범주를 중심으로 다른 범주를 연결하여 구조화하는 단계, 선택 코딩은 구조화된 범주를 통합하여 하나의 이론으로 정교화하는 단계로 요약할 수 있다.

근거 이론의 또 다른 학자인 Glaser(1978)와 Charmaz(2006)도 이와 유사한 분석 단계를 논의했는데, 결국 근거 이론의 분석 절차는 자료로부터의 개념 도출, 개념을 기반으로 한 범주 도출, 범주들을 연결하는 구조화, 구조를 종합하여 이론을 도출하는 단계로 정리할 수 있다.

문화기술지 분석에서 Spradley(1980)는 근거 이론에서 논의하는 일련의 귀납적 분석 절차와 유사한 분석 과정에 대해 논의했다. 그가 제시한 일련의 분석 단계인 영역 분석, 분류 분석, 속성 분석, 주제 분석 또한 귀납적으로 이루어지는 자료 분석의 절차라 할 수 있다. 여기서 영역 분석은 자료로부터 도출되는 '용어(term)'를 기반으로 이러한 '용어'를 포함하는 문화적 영역을 도출하는 단계, 분류 분석은 도출된 문화적 영역 내의 용어를 분류하여 하위 범주를 도출하는 단계, 속성 분석은 도출된 '용어' 혹은 범주가 가진 속성과 그 속성의 정도를 확인하는 단계, 주제 분석은 이러한 분석 과정 속에서 도출되는 문화적 주제를 도출하는 단계이다. 이러한 문화기술지 분석 절차 또한 자료 내에서 도출된 개념인 '용어'와 이를 기반으로 도출된 영역이라는 범주, 범주 내의 용어를 분류하고 용어와 범주 사이의 관계 확인을 통해 구성되는 구조, 그러한 범주와 용어의 속성을 확인하며 이루어지는 주제로 나아가는, 점진적이고 귀납적으로 이루어지는 자료 분석의 과정을 보여준다.

이동성과 김영천(2014)은 질적 자료 분석의 귀납적 성격을 보여주는, 6단계로 이루어진 일련의 절차에 대해 논의한 바 있다. 그들은 질적 자료 분석의 포괄적 절차로 6단계, 즉 '자료 읽기/정리', '분석적 메모 쓰기', '1차 코딩', '2차 코딩', '3차 코딩', '연구 결과 재현'을 제시했는데, 이 중 '1차 코딩', '2차 코딩', '3차 코딩'이 구체적인 분석의 단계라 할 수 있다. 1차 코딩은 코드와 범주를 생성하는 단계, 2차 코딩은 코드와 범주의 관계를 파악하는 단계, 3차 코딩은 최종적 코딩을 통해 범주를 통합하고 문화적 주제를 발견하는 단계이다. 이러한 절차 역시 개념에서 주제로 나아가는 질적 자료 분석의 귀납적 성격을 잘 보여주는 것이라 할 수 있다.

자료에 대한 연구자의 직관이 중요시되는 현상학적 분석 또한 귀납적 과정을 통한 주제 도출을 논의하고 있다(van Manen, 1990; Wertz, 2011). 현상학적 분석의 절차는 크게 자료에 대한 반성적 해석적 글쓰기를 통해 본질적 요소 도출하여 주제화하기, 도출된 주제를 통합하여 체험의 구조 도출하기로 요약되는데, 이때 주제화하기는 개념 혹은 범주를 도출하는 단계, 체험의 구조 도출하기는 구조화의 단계로 논의할 수 있다. 결국 현상학적 질적 자료 분석 또한 자료로부터 개념을 도출하여 이를 구조화하는 귀납적 절차를 따르고 있는 것이다.

Saldaňa(2009)는 이렇게 자료로부터 개념, 개념에서 범주로 나아가는 질적 자료 분석의 전체적인 구조를 논의했는데, 이를 확장하면 다음 [그림 10-1]과 같이 정리할 수 있다.

이러한 논의는 결국 질적 자료 분석 과정이 개념 도출하기, 범주 도출하기, 구조 확인하기, 주제 도출하기라는 일련의 귀납적 단계를 통해 이루어져야 함을 드러내는 것이

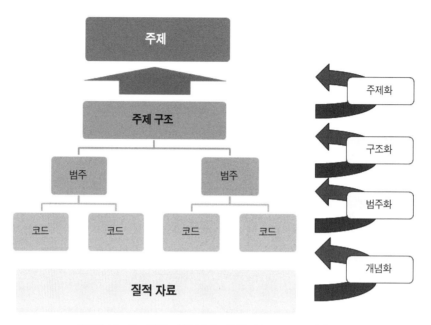

[그림 10-1] 질적 자료 분석 절차(Saldaňa, 2009의 확장)

며, 자료 분석의 기술 또한 귀납적 과정을 심사자가 확인할 수 있는 구조로 기술해야 함을 의미하는 것이다. 따라서 연구자는 자신의 분석이 질적 자료 분석의 특징에 부합하는 과정을 통해 이루어졌음을 기술해야 한다.

자료 분석의 기술에서는 위와 같은 요소가 순차적으로 기술되어야 하는데, 이러한 요소는 다음 〈표 10-3〉과 같이 정리할 수 있다. 하지만 〈표 10-3〉과 같은 기술만으로는 연구자가 수행한 분석의 타당성을 증명하기에 아직 부족하다. 단순히 연구자가 어떤 과정을 거쳐 분석했는지에 대해 설명할 뿐, 그러한 분석이 구체적으로 어떻게 이루어졌는

〈표 10-3〉 자료 분석의 기술에 포함되어야 하는 요소

순서	요소	내용
1	개념화	자료로부터 어떤 개념을 도출했는가?
2	범주화	도출된 개념을 어떻게 관련 지어 어떤 범주를 도출했는가?
3	구조화	도출된 개념과 범주을 어떻게 관련 지어 전체적인 구조를 도출했는가?
4	주제화	전체적인 분석을 통해 어떤 주제를 도출했는가?

지 심사자에게 보여주지 못하기 때문이다. 따라서 이러한 절차에 따른 기술이 좀 더 신뢰성을 주기 위해서는 구체적으로 보여주기 방법을 함께 구사해야 한다. 그렇다면 각 단계에서 구체적으로 보여주기 방법이 어떻게 이루어질 수 있는지 살펴보자.

다. 연구자의 분석 방법을 구체적으로 보여주기

연구자의 분석 방법을 구체적으로 보여주기는 말 그대로 연구자가 분석을 기술할 때 자신이 수행한 분석의 일부를 구체적인 예로 보여주는 기술 방법을 말한다. 이때 보여주는 예는 분석 기술의 각 단계에 따라 달라질 수 있는데, 여기서는 단계에 따라 구체적으로 어떤 예를 통해 연구자의 분석 방법을 보여줄 수 있는지 살펴보자.

1) 개념화 과정 보여주기

개념화 단계에서는 연구자가 어떤 과정을 통해 개념을 도출했는지 보여주어야 한다. 이때 연구자는 자신이 어떤 개념을 어떻게 도출했는지 밝혀야 한다. 그리고 연구자가 수행한 개념 도출 과정과 개념의 구체적인 예를 제시함으로써 이러한 방법을 구체화할 수 있다. 여기서 제시하는 예에는 하나의 자료에 대해 여러 종류의 개념이 도출되는 과정이라든가 하나의 개념이 어떤 지시자(indicator)로부터 비롯되었는가를 보여주는 것 등이 포함된다. 이러한 예는 설명글로 기술하기보다 표로 보여주는 것이 좀 더 효과적이다.

　　홍은진(2015)은 지역의 마을평생교육지도자의 삶과 그들의 마을 평생교육 실천 전략을 탐구했다. 이 연구에서 연구자는 자신의 개념 도출이 어떻게 이루어졌는지를 보여주기 위해 다음과 같은 표를 제시했다.

〈표 10-4〉 홍은진(2015)이 도출한 코드

인터뷰 자료	코드
홍: 어떻게 활동을 시작하신 거예요? 이: 아마 외서에 들어오지 않았으면 이 길을 안 갔을 겁니다. 그 지역에 뿌리내리고 있는 사람들 거기에 들어가기가 쉽지 않거든요. 외서 같은 경우 저한테는 정말 행운이었죠. 들어오는 게, 들어와서 지역사회에 섞이는 것도 참 다른 사람에 비해서 빠르게 할 수 있었고요. 그 역할 중에 하나가 저는 '푸른외서주민회'에 회원 가입하고 같이 활동하면서 그랬던 것 같아요.	평생교육 활동에 참여하기 시작한 마을 평생교육지도자

(다음 쪽에 계속)

이: 지역 주민들은 ○○○ 의원을 중심으로 해서 많은 활동가들이 한번 해보자 하는 생각들이 상당히 많았어요. 많았고 그중에는 저의 학교 선배도 있었고, 그 선배가 저를 이 무리에 잘 섞일 수 있도록 좀 서포트해줬던 거죠. 제가 그 단체의 사무국장을 맡게 된 것도 이 선배가 저를 의도적으로 집어넣은 거죠. 좀 하라고.	조력자들을 통해 마을 활동에 참여하기 시작한 마을평생교육지도자
이: 여기 왔을 당시 하고 지금은 많이 달라져 있는데 주민들이 이 마을 도서관에서 하는 프로그램에 적극적으로 참여한다는 것이죠. 처음에는 1층 체력단련실을 강의실로 사용한다고 싫어하기도 했는데 이제는 그런 말도 없고. 무슨 행사를 하면 스스로 자원봉사를 나서주니까 힘이 나죠. 저도 이것을 봉사로 하는데 그런 모습을 보면서 활동의 의미도 갖게 되고, 좀 더 열심히 해야겠다는 생각도 하고, 사람을 통해 배우고 느끼는 것 같아요. 잘못하는 사람들을 보면 '아, 나는 저러면 안 되겠구나' 나 스스로 고치게 되고 그렇게 되더라고요.	마을 평생교육 활동을 통해 성장하는 마을평생교육지도자
이: 음~ 가장 어렵고 힘든 게 저의 진심이 왜곡되어 전달될 때, 예를 들어서 저는 우리 지역을 정말 살기 좋은 마을 공동체, 지역 공동체가 살아 있는 그런 마을로 만들기 위해서 이런 활동을 하는데, 다른 사람들 눈에는 이게 정치적 야망, 욕심을 가지고 하는 것처럼 이렇게 계속 비치게 된다는 거죠. 그러면서 제가 동참해달라고 부탁을 드려도 그런 눈으로 바라보고 멀리해버리는 이런 분들을 만날 때 이런 관계가 너무 힘들더라구요.	신뢰 형성의 중요성—신뢰가 없으면 의심받는다.

위의 표에는 왼쪽에 자료 중 해당 지시자가, 오른쪽에 지시자로부터 도출된 개념을 기반으로 한 코드가 기술되어 있다. 이러한 표는 심사자로 하여금 개념 도출의 과정이 어떠했는지는 물론이고 연구자가 성실하게 자료 분석에 임했음을 확인할 수 있게 해준다. 또 다른 예를 살펴보자.

Ojebode(2017)는 경영위원회에서 이루어지는 지식 및 기술에 대한 평가와 그것의 활용, 그리고 그것에 대한 학습이 어떻게 이루어지는지에 대한 연구를 수행했다. 그는 분석의 첫 단계인 개념 도출과 관련하여 다음과 같은 표를 제시하며 자신의 개념 도출 과정을 보여주었다.

〈표 10-5〉 Ojebode(2017)의 분석에서 도출된 개념

초기 코딩(줄 단위 코딩)	응답자 1의 인터뷰 발췌
2년간 위원회 과정의 경험	나는 위원회에 참여한 지 2년이 다 되어갑니다. 그동안 한 위원회에만 참여하고 있었어요.

(다음 쪽에 계속)

위원회의 유형: 학술적 위원회 위원의 형태: 선발된 대표들 구성과 구조: 선발된 대표, 전문가, 독립적인 디렉터 위원회 안에서의 활기 학습의 지속성: 사회적 연관성	학술적 위원회예요. 그리고 그 위원회는 선출된 대표들과 위원회에 독립된 구성원들이 있고 학생 대표가 있어요. 스태프 대표는 위원회에 참여할 수 없어요. 그리고 그 위원 중에는 골프를 즐길 정도로 활기찬 멤버도 있다고 생각해요. 위원회가 어떻게 작동하는지 아는 데 2년이 걸렸어요. 그렇다 보니 다시 한 번 선거에 참여하고 싶어요. 주도적인 성향을 키우고, 활동을 할 수 있게 되거나, 지배적인 인물, 어떤 결정을 내리는 이유, 회원의 권리, 위원 간의 관계와 같은 문제들을 해결하는 데 너무 오랜 시간이 걸렸어요.
의사소통 방법: 구두 학습 방법: 정규적 교육 기회나 감정의 결핍 순환적 기능	이사회 멤버로서 가용할 수 있는 것이 무엇인지 교육받습니다. 그리고 다른 때는 다른 위원들에게 전화를 걸어 물어보는 게 더 쉽기도 하지요. 회의에서 나는 소위원회 수준에서 이루어진 주요한 결정이나 특정한 이슈에 대해 논의하고 싶은 의욕이 생기지 않아 고생하기도 합니다.

위의 표는 오른쪽에 개념을, 왼쪽에 자료를 배치하여 개념 도출 과정을 나타낸 것이다.

개념 도출 과정을 보여주는 것과 더불어 연구자가 어떤 개념을 얼마나 도출했는지를 정리하여 기술하는 것 또한 분석의 신뢰성을 더하는 데 큰 역할을 한다. 앞서 살펴보았던 홍은진(2015)의 연구에서는 도출한 개념이 무엇인지 표로 정리하여 보여주었다. 다음의 표는 연구자가 도출한 개념과 그 수를 정리한 것이다.

〈표 10-6〉 홍은진(2015)이 도출한 코드의 예

연구 참여자	코드 수	코드의 예
최상록	109	활동을 통해 변해가는 마을평생교육지도자, 마을 경영 전략-토론의 장 만들기, 청춘의 증발, 세대를 이은 지역 사랑, 신뢰 쌓기-필요한 정보 제공, 리더의 조건-신뢰, 이상적인 공동체, 조력자의 도움, 일상 속의 시대정신, 외연 확대를 위한 노력, 마을 공동체 외연 확대의 필요성, 미래에 있을 수 있는 어려움, 교육을 통해 변해가는 마을, 의사소통을 통해 진행되는 마을일, 숨겨진 잠재력, 마을회관을 짓다, 힘이 되는 조력자, 분열된 마을의 역사적 배경, 아픔을 겪은 사람들이 헌신한다

(다음 쪽에 계속)

이필승	121	집(지역)에 대한 애착으로 마을 활동에 참여, 행동하던 대학 시절, 시대정신이 담긴 시, 가난으로 인해 꿈조차 사치였던 어린 시절, 마을에 대한 지식을 기반으로 문제를 해결한다, 신뢰 쌓기–필요로 하는 것 주기, 스타팅 그룹을 통해 마을 활동이 지탱된다, 중요 조력자로서 스타팅 그룹의 중요함, 울타리의 속성, 울타리의 양면성, 마을 주민의 변화–적극적 참여자로 전환, 마을평생교육지도자에 대한 지원보다 활동에 대한 인정이 중요하다
김보람	97	울타리 허물기의 어려움, 조력자 간의 신뢰가 무너지면 사람들이 떠난다, 지역의 배타성과 공동체의 중요성, 조력자 그룹이 마을 지도자를 지탱하는 힘이다, 변화를 보여주는 마을 주민, 단순한 프로그램 제공자로서의 한계, 희생과 헌신을 통해 신뢰를 구축하려 노력, 대화의 장을 통해 신뢰를 형성한다, 전문가가 되어가는 마을 지도자, 활동을 통해 지도자로 거듭난다. 성취감, 정체성을 찾음으로써 기쁨을 얻는 마을평생교육지도자, 활동을 통해 배우고 배움을 통해 활동을 한다

부수적으로 연구자의 분석 과정을 보여줄 수 있는 현장감 있는 자료를 제시하는 것 또한 연구의 분석 과정에 대한 신뢰성을 확보하는 데 도움이 된다. 이와 관련하여 정상원(2013)은 초등교사의 평가와 평가 기록 경험에 대한 현상학적 연구에서 분석 과정 시 산출된 결과물을 분석의 기술에서 함께 제시했는데 [그림 10-2]는 그러한 결과물이다.

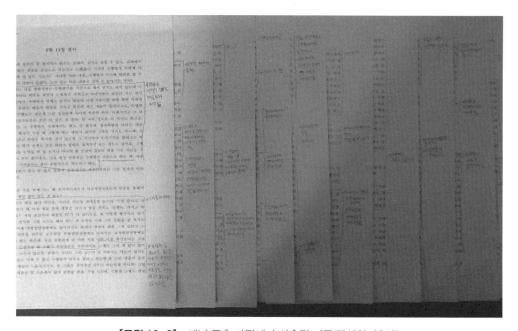

[그림 10-2]   개념 도출 과정에서 산출된 자료(정상원, 2013)

[그림 10-2]에서는 자료와 그러한 자료에 필사로 기록되어 있는, 연구자가 도출한 개념을 확인할 수 있다. 이러한 자료를 사용할 때 유념해야 할 점은 분석의 기술에 대해 분석 과정 속에서 고민해야 한다는 것이다. 즉 분석이 마무리되고 논문을 작성할 때 분석의 기술 방법에 대해 고민하기보다는 분석 과정 속에서 자신이 장차 분석에 대해 어떻게 기술할 것인지를 고민하고, 이와 관련하여 심사자에게 신뢰를 줄 수 있는 자료를 미리 정리하여 분석의 기술에 첨부해야 한다.

2) 범주화 과정 보여주기

범주화 과정의 기술에서 연구자는 도출된 개념을 기반으로 어떤 범주를 도출했는지를 보여주는 예를 제시하여 범주 도출의 타당성을 확보해야 한다. 이때 예는 개념화에서의 방법 보여주기와 유사한데, 연구자가 어떤 개념을 기반으로 하여 그것들을 포괄하는 범주로 어떤 개념을 도출했는지를 직접 보여주어야 한다.

정상원(2017)은 교사의 교육과정 재구성 경험과 그 전략에 대한 연구를 수행했는데, 분석 과정에서 도출된 개념에 기반한 범주 도출 과정을 〈표 10-7〉과 같이 정리하여 제시했다.

〈표 10-7〉 범주화 과정을 보여주는 예(정상원, 2017)

범주	코드
백워드 설계를 힘들게 하는 요인들	이해 도출의 어려움, 불안감, 성취 기준에 대한 맹신, 재구성에 대한 교사의 의식 부족, 백워드와 맞지 않는 학교 체제, 이론과 용어의 낯설음, 템플릿 맹신주의, 백워드에 대한 진지한 고민 부족
수행 과제 도출―R을 중심으로	제대로된 R의 중요성, 잘못된 R의 결과, R에서 P를 도출, R 선정 기준, R을 먼저 고려하는 이유, R로부터 점차 정교해지는 수행 과제
주제망 만들기	탐구망을 통한 이해의 구조화, 탐구망을 이용한 이해 구조화의 장점, 탐구망을 통해 수행 과제 선정, 탐구망을 통해 구조화되는 영속적 이해

〈표 10-7〉은 오른쪽에 개념을, 왼쪽에 그러한 개념을 포괄하는 범주를 배열함으로써 어떤 개념을 기반으로 범주를 도출했는지를 보여준다.

또 다른 예를 살펴보자. 차효록(2013)은 한국 비구니의 생애사에 관한 연구에서 메

범주	주제
몸은 고되지만 마음은 행복한 생활	일을 못해 힘들었으나 행복함
	머슴처럼 일했지만 신나게 생활함
	몸은 고되고 힘들었으나 마음만을 따뜻함
	나를 잊을 정도로 몰입함
	출가를 망설인 것이 후회될 정도로 편안함
	일 많던 행자 시절에도 하루 1천배를 함
	일은 힘들었지만 재미있는 생활

〈표 10-8〉 도출된 주제에 기반한 범주 도출(차효록, 2013)

타코딩의 방법을 통해 범주화를 시도했다. 메타코딩은 개념을 포괄하는 메타 부호를 도출하고 범주를 구성하는 방법이다(Saldaña, 2009). 그리고 그는 분석과 관련하여 〈표 10-8〉과 같은 범주화 과정의 예를 보여주고 전체적인 범주화가 어떻게 이루어졌는지 기술했다. 이러한 범주화를 통해 연구자는 21개의 주제를 기반으로 21개의 하위 범주를, 그리고 이를 기반으로 다시 5개의 범주를 도출했다.

3) 구조화 과정 보여주기

구조화 과정에서는 연구자가 도출된 범주를 어떻게 연결하여 전체적인 의미 구조를 만들어냈는지를 보여주어야 한다. 질적 분석의 결과가 주제로 구성된 의미의 구조를 도출하는 것임을 고려하면, 구조화 단계는 분석의 결과로 현상의 의미 구조를 보여주는 중요한 단계라 할 수 있다. 그렇기 때문에 범주 간의 어떤 관계성에 기반하여 의미 구조를 구성했는지를 심사자에게 보여줄 수 있어야 한다. 구체적인 예를 살펴보자.

조현근(2016)은 시각장애 학생의 대학 생활 적응 과정에 대한 연구를 수행한 바 있다. 이 연구에서 연구자는 자료 분석을 통해 46개의 하위 범주에 기반한 24개의 범주를 도출하고 이를 패러다임 모델에 따라 구조화했다. 패러다임 모델은 중심 현상을 중심으로 하여 그와 관련된 인과적 조건, 맥락적 조건, 중재적 조건, 작용/상호작용 전략, 결과의 여섯 가지 관점에서 범주를 구조화하는 전략인데(Strauss & Corbin, 1990), 이에 따라

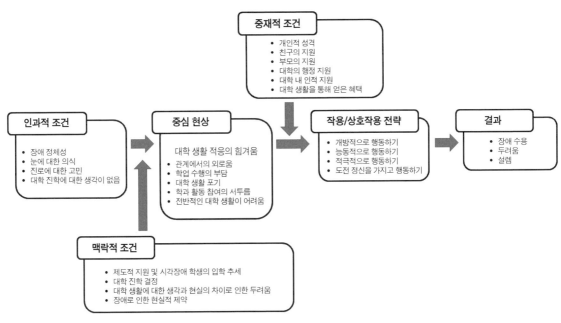

[그림 10-3] 시각장애 학생의 대학 생활 적응 경험의 구조(조현근, 2016)

구조화된 시각장애 학생의 대학 생활 적응 현상의 의미 구조를 다음의 [그림 10-3]과 같이 제시했다.

[그림 10-3]과 같은 예가 근거 이론 전통의 패러다임 모델에 따른 구조화라면, 도출된 주제의 시간적 관련성에 근거한 구조화도 가능하다. 이러한 구조는 주로 선형적 구조를 띠는데, 정상원(2015)은 초기 분석을 통해 도출된 8개의 주제를 기반으로 '부진아 만나기', '부진아와 함께하기', '부진아 떠나보내기'라는 세 가지 범주를 도출하고, 이를 시간적 관련성에 기반하여 〈표 10-9〉와 같이 구조화했다.

이러한 구조화 과정을 보여주기 위해 분석 과정 동안 생성된 산출물을 제시하는 방법 또한 심사자에게 신뢰를 줄 수 있는 효과적인 방법이다. 이와 관련하여 정상원(2013)은 자료 분석 과정에서 이루어진 일련의 구조화 과정을 보여주는 산출물을 분석의 기술과 함께 제시했는데 [그림 10-4]는 그 산출물이다.

4) 주제화 과정 보여주기

주제화 과정에서 연구자는 자료 분석 과정을 통해 탐구한 현상을 드러내는 주제를 도출하는 과정을 보여주어야 한다. 주제화 과정의 핵심 과업은 이전까지의 분석 과정과 그로부터 도출된 전체적인 의미 구조를 아우르는 주제를 도출하는 것이며, 이러한 주제는 일

주제	중위 주제	하위 주제
교사의 부진 학생 지도 경험	부진아 만나기	부진아를 직접 만나기 전부터 그들과의 만남이 시작된다.
		교사는 부진아 판별을 위해 성적 이외의 기준을 사용한다.
	부진아와 함께하기	교사는 부진아와 좋은 관계를 구축하려고 노력한다.
		교사는 부진아를 지도하는 동안 죄책감을 느낀다.
		교사는 부진아를 지도하는 동안 무력감을 느낀다.
		교사는 부진아를 지도하기 위해 자신만의 방법을 사용한다.
	부진아 떠나보내기	교사는 학습된 무기력으로 소진된다.
		교사는 부진아 지도의 성공 경험을 통해 자신을 재건한다.

〈표 10-9〉 초등학교 교사의 부진아 지도 경험의 의미 구조(정상원, 2015)

반적으로 구나 절, 문장의 형태를 띤다. 그리고 이 주제는 그 연구의 제목과 부합하는 것이다. 그런 의미에서 분석을 통해 최종적으로 도출된 주제는 바로 그 연구의 제목을 통해 드러난다고 할 수 있다. 따라서 연구자는 자신이 최종적으로 도출한 연구의 제목이자 주제가 현상의 의미 구조를 전체적으로 아우르는 것임을 드러내는 데 초점을 맞추어야 한다. 구체적인 예를 통해 이러한 주제화 기술의 방법을 살펴보자.

Weiss(2016)는 역경과 고난의 극복 경험에 대한 현상학적 연구를 수행한 바 있다. 이 연구에서 연구자는 홀로코스트의 생존자, 가난을 이겨내고 NASA의 연구원이 된 과학자, 어릴적 사고로 인한 전신마비를 극복한 대학교수, 선천적인 이유로 팔이나 다리가 없음에도 불구하고 명예의 전당에 기록된 레슬링 선수와 세계 기록을 보유하고 있는 산악가, 비영리 인권 단체의 지도자, 지뢰로 두 다리를 잃은 사진기자 등의 경험을 통해 역경과 고난의 극복을 탐구했는데, 그가 분석을 통해 도출한 하위 주제는 〈표 10-10〉과 같다. 이러한 주제를 바탕으로 연구자는 '극복의 원천'이라는 주제를 도출했다. 그리고 우리는 자료 분석을 통해 도출된 상위 주제와 하위 주제가 연구 전체의 주제인 '극복의 원천'에 포괄적이면서 타당하게 포함된다는 것을 확인할 수 있다.

또 다른 예를 살펴보자. 조재성과 최성호(2015)는 한국 학생의 학원에서의 학습 경

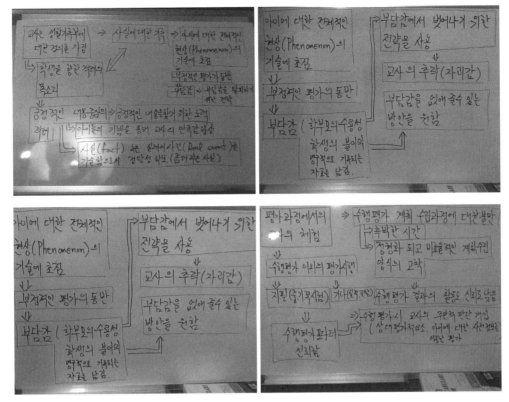

[그림 10-4] 구조화 과정에서의 산출물(정상원, 2013)

<표 10-10> 역경과 고난 극복의 주제(Weiss, 2016)

상위 주제	하위 주제
극복	극복한 사람들은 외부적 지원을 받는다.
	극복한 사람들은 모든 범위의 감정을 포용한다.
	극복한 사람들은 장애 극복을 결심한다.
	극복한 사람들은 장애 속에서 기회를 발견한다.
극복의 원천	원천 묘사하기
	형언할 수 없는 현상
	극복의 원천 경험하기

(다음 쪽에 계속)

	모든 사람은 극복할 수 있는 능력이 있다.
극복 진행하기	극복하는 방법
	상상하기와 이야기하기

험에 대해 탐구했는데, 분석의 결과로 〈표 10-11〉과 같은 주제를 도출했다. 연구자들은 이러한 주제를 바탕으로 학습의 절정에 이르는 학원에서의 학습 경험을 은유적으로 표현한 '클라이맥스(climax): 한국 고등학생의 학원에서의 학습 경험'이라는 주제를 도출했다.

〈표 10-11〉 한국 학생의 학원에서의 학습 경험의 주제(조재성 · 최성호, 2015)

1. 맞춤 학습: 학원은 내가 선택한 곳
2. 컨설팅: 학원은 학습을 책임져주는 곳
3. 상담: 학원은 내 마음을 알아주는 곳
4. 수동적 학습: 학원은 나를 의존적으로 만드는 곳

〈표 10-11〉의 주제를 살펴보면 단순히 대상에 대한 건조한 기술에 머무르는 것이 아니라 좀 더 현상에 민감한 은유를 통해 기술되었음을 확인할 수 있다. 이러한 측면에서 연구자는 주제를 도출할 때 더욱 심미적이고 예술적인 관점에서 주제를 구성할 필요가 있다. 은유가 두드러진 주제를 하나 더 살펴보자.

김영천, 정정훈, 이영민(2006)은 한국 초임교사의 삶에 대해 생애사적 관점에서 탐구했는데, 이 연구에서는 초임교사의 삶에 내재하는 주제를 〈표 10-12〉와 같이 도출했다.

〈표 10-12〉 초임교사의 삶의 주제들(김영천 · 정정훈 · 이영민, 2006)

1. 두 초임교사의 삶
2. 한국 초임교사들의 성장과 고통
3. 간조곡: 쓴 커피 & 달콤한 커피
4. 생존과 탈주의 전략
5. 교사 발달과 자기개발

연구자들은 〈표 10-12〉와 같은 주제를 바탕으로 초임교사의 삶을 관통하는 주제로 '미운 오리 새끼: 한국 초임교사의 1년 생활'이라는 주제를 도출했다.

4. 자료 분석의 결과를 시각적으로 보여주기

자료 분석의 기술에서는 최종적으로 도출된 분석의 결과를 시각적 도구를 통해 제시해야 한다. 자료 분석 기술의 최종 단계는 분석의 결과를 제시하는 것이며, 이때 분석의 결과를 표나 그림과 같은 시각적 자료를 통해 제시하면 심사자에게 결과를 선명하게 전달하는 데 효과적이다. 시각적 도구를 통한 분석 결과의 전시는 질적 자료 분석과 관련하여 지속적으로 강조되고 있는 방법이다. 이와 관련하여 Glaser(1978)는 도형을 비롯한 시각적 도구가 자료 분석의 주요한 도구가 될 수 있음을 논의했으며, Miles와 Huberman (1994) 또한 분석에서의 자료 전시를 강조하고, 효과적인 자료 전시를 통한 분석과 결론 도출, 그 확인을 강조했다. 또한 정상원과 김영천(2014)은 자료 분석의 결과로서 연구 결과를 표나 그림과 같은 시각적 자료로 제시하는 것이 효과적인 글쓰기 전략이 될 수 있음을 논의했다.

자료 분석의 기술에서는 분석의 과정뿐만 아니라 분석의 결과를 분명히 기술해야 한다. 앞서 논의한 자료 분석 기술 방법이 분석 과정의 타당함을 전달하는 데 초점을 맞춘 것이라면, 시각적 도구를 통한 자료 분석 결과의 제시는 분석 결과를 심사자나 독자에게 분명히 제시하기 위한 방법이라고 할 수 있다. 이러한 시각적 도구 사용의 효과는 크게 세 가지 측면에서 살펴볼 수 있다.

첫째, 분석 결과의 시각적 전시는 심사자로 하여금 그 결과를 직관적으로 포착할 수 있게 해준다. 분석의 결과를 글을 통해서만 제시하는 것은 심사자에게 그 결과를 직접적으로 전달하기 어렵다. 또한 심사자에게 연구자의 글을 통해 그 결과를 구성해보는 특별한 노력을 요구한다. 따라서 시각적 자료를 통한 자료 분석 결과의 제시는 심사자가 직관적이고도 직접적으로 그 결과를 포착할 수 있게 한다.

둘째, 시각적 자료는 분석의 결과를 분명하게 전달해준다. 앞서 언급했듯이 오로지 글을 통해서만 결과를 제시하는 경우 심사자는 그것을 통해 자료 분석의 결과를 구성해야 한다. 그리고 그 과정에서 연구자가 제시하고자 한 분석의 결과와 다른 결과를 구성할 수도 있다. 이러한 혼란은 연구자의 분석 결과 기술의 모호함에서 올 수도 있고, 분석 결과 자체의 복잡성에서 비롯될 수도 있다. 표와 그림 같은 시각적 도구는 이러한 혼란을 효과적으로 제거할 수 있다.

셋째, 자료 분석 결과의 시각적 제시는 분석 결과와 연구 결과 기술의 관련성을 직접적으로 확인할 수 있게 해준다. 자료 분석의 결과는 연구 결과의 기술과 직결된다. 분석의 결과가 바로 글쓰기의 뼈대가 되는 것이다. 따라서 분석 결과의 시각적 제시는 연구 결과의 전체적 구조를 직접적으로 드러내기 때문에 심사자는 이를 통해 연구 결과와 글쓰기의 전체적인 구조를 직접적으로 확인할 수 있다.

그렇다면 다양한 시각적 도구에는 어떤 것들이 있는지 살펴보자.

가. 프로세스형 구조

프로세스형 구조는 범주들이 방향성을 가진 선형 구조에 따라 구조화되는 것이다. 이러한 프로세스형 구조는 시간적 선후 관계, 원인-결과 관계 등을 비롯한 순차적 관련성을 가진 주제를 드러내는 데 효과적이다. 프로세스형 구조는 일정한 방향성을 가진 선형적 구조인데, 시작점과 끝점이 존재한다는 측면에서 뒤에서 다룰 순환형 구조와 차이가 있다. 이러한 프로세스형 구조는 시간적 흐름을 기반으로 하는 의미 구조를 드러내는 데 효과적이므로 생애사 연구, 내러티브 탐구 등의 분석 결과를 구성하는 데 효과적이다.

김수희, 정종화, 문송애(2017)는 사고로 1급 지체장애인이 된 이후 34년간 복지재단을 이끌어온 J 씨의 삶에 대한 생애사 연구를 수행했다. 이 연구에서 그들은 J 씨의 삶을 5단계로 구분하여 구조화했는데, 이를 프로세스형 구조로 구성하면 다음 그림과 같다.

[그림 10-5]   1급 중증 장애인 J 씨의 생애사 의미 구조(김수희 · 정종화 · 문송애, 2017)

위의 프로세스 의미 구조는 시간적 구조를 바탕으로 한 중증장애인 J 씨 삶의 주제의 구조를 보여준다.

또 다른 예를 살펴보자. 정상원(2013)이 수행한 교사의 평가와 성적 기록 경험에 대한 연구에서는 그러한 경험의 주제가 지닌 원인-결과 관계를 바탕으로 **[그림 10-6]**과 같은 의미 구조를 제시했다.

생애사 연구 등과 같이 시간적 선후 관계가 주제의 의미 구조에서 주요한 기반이 되는 분석의 경우 위와 같은 프로세스형 구조 이외에 연대표와 같은 시각적 도구 또한 효

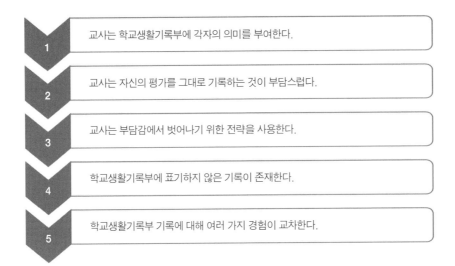

1	교사는 학교생활기록부에 각자의 의미를 부여한다.
2	교사는 자신의 평가를 그대로 기록하는 것이 부담스럽다.
3	교사는 부담감에서 벗어나기 위한 전략을 사용한다.
4	학교생활기록부에 표기하지 않은 기록이 존재한다.
5	학교생활기록부 기록에 대해 여러 가지 경험이 교차한다.

[그림 10-6] 교사의 학생 평가와 성적 기록 경험의 의미 구조(정상원, 2013)

과적인 분석 결과 제시 방법이 될 수 있다.

나. 연대기

시간적 선후 관계를 기반으로 하는 주제의 구조에는 연대기나 일대기가 활용될 수 있다. 연대기는 연대에 따라 주요한 사건을 적은 기록을 말한다. 연대기는 주요한 사건을 시간의 흐름에 따라 일목요연하게 확인할 수 있으므로 생애사 연구나 내러티브 탐구와 같은 서사적 구조에 초점을 맞추는 연구의 분석 결과 제시에 효과적이다. 연대기는 일반적으로 시간 축을 따라 사건이 배열되는 구조이다.

한신갑과 이상직(2017)은 생애사 연구에서 생애사 시간표로서의 연대기를 강조했는데, 이 연구에서 노숙인 박재희(가명) 씨의 생애사 분석 결과로서 생애 이력을 연대기로 구성하여 제시했다. 이 연대기의 일부는 〈표 10-13〉과 같다.

〈표 10-13〉의 연대기는 표 형식이지만 그래프 형식의 생애사 그래프 역시 분석의 결과를 보여주는 효과적인 연대기 양식이다. 생애사 그래프는 시간 축에 따라 삶의 상승과 하강을 그래프로 보여줌으로써 시각적인 효과를 더욱 높인 것이다.

석영미와 이병준(2016)은 결혼 이주 여성의 생애사 연구에서 분석의 결과로 결혼이주 여성의 생애사를 [그림 10-7]과 같은 그래프로 제시했다. 이 그래프에서 'A~B' 구간은 모국에서의 대학 진학과 직장 생활 기간, 'B~C' 구간은 남자친구와의 결별, 이혼, 'C~D' 구간은 한국으로의 결혼 이주, 'D~E' 구간은 이주 후의 고립과 혼란, 어려움, 'E

〈표 10-13〉 노숙인 박재희(가명)의 생애사 연대표(한신갑 · 이상직, 2017)

	연도	67	68	69	70	71	72	73	74	75	76	77	78	79	80	81	82	83	84	85	86	87	88	89	90	91	92	93	94
	연령	12	13	14	15	16	17	18	19	20	21	22	23	24	25	26	27	28	29	30	31	32	33	34	35	36	37	38	39
가족	재혼																												
	별거/이혼																												
	부						농	사															사	망					
	모						농	사																					
	형제자매												큰	형	둘	째	형	사	망										
결혼	결혼																												
	동거																												
	연애																												
주거	부모																												
	자가																												
	전세																												
	월세																												
	기숙사																												
	지인							팔	촌	형	님																		
	비거주시설																												
	지원시설																												
지역	서울																												
	경기																												
	지방							대	구																				
	고향																												
교육	초																												
	중							(경	제	형	편	으	로	진	학	포	기)												
	고																												
	대																												
고용	정규직															양	복	점	재	단	사								
	자영업																							양	복	점			
	비정규직							양	복	점	보	조														양	복	재	단
	일용직																												
	공공근로						공	부																					
	실업																												
	의존																												

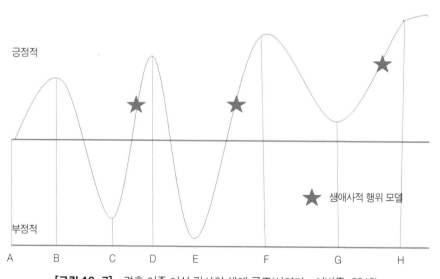

[그림 10-7] 결혼 이주 여성 강사의 생애 구조(석영미 · 이병준, 2016)

~F′ 구간은 학습과 일터 경험, 'F~G' 구간은 시행착오와 성찰, 'G~H' 구간은 원어민 강사로서 성장의 기간에 해당한다. 이러한 그래프는 보는 이로 하여금 시간적 흐름에 따라 생애사의 상승과 하강을 직관적으로 확인할 수 있게 해준다.

다. 순환형 구조

순환형 구조는 일정한 방향성이 있으나 순환형 의미로 인해 시작점이나 끝점이 존재하지 않는 구조를 말한다. 순환형 구조는 일반적으로 원을 따라 일정한 방향으로 배열되는 범주로 구성된다. 이러한 순환형 구조는 의미 구조가 가진 반복성이나 순환성을 표현하는 데 효과적이다. 특히 특정 기간 단위로 반복되는 일상이나 과정 등을 표현하는 데 효과적이며 순환성을 시각적으로 분명하게 전달할 수 있다.

Jantarach와 Soontornwipast(2018)는 태국에서 근무하는 EFL(English as a Foreign Language) 환경의 학생들을 대상으로 영어 교사들이 어떻게 수업을 계획하는가에 대한 탐구를 수행했다. 이 연구에서 그들은 분석의 결과로 '계획 준비하기', '계획하기', '실행하기', '반성하기/평가하기'라는 네 가지 주제가 순환적으로 구성되는 의미 구조를 도출했는데, 이러한 의미 구조를 다음과 같은 순환형 구조로 나타냈다.

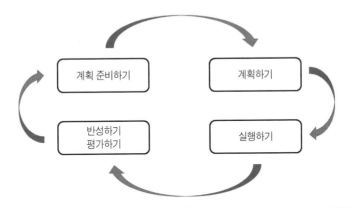

[그림 10-8] 교사의 영어 수업 준비 과정(Jantarach & Soontornwipast, 2018)

위의 그림은 분석의 결과인 교사의 영어 수업 준비 과정 경험의 의미 구조를 보여줄 뿐만 아니라, 그것이 한 번에 그치지 않고 지속적으로 순환적, 반복적으로 일어나고 있음을 순환형 구조를 통해 드러내고 있다. 또 다른 예를 살펴보자.

Jørgensen, Dahl, Pedersen, Lomborg(2012)는 만성폐쇄성폐질환을 앓고 있는 환자가 일상 속에서 일어나는 호흡곤란을 극복하는 방법과 그 과정에 대한 통합적 접근을 시

도한 바 있다. 이 연구에서는 분석의 결과로 환자가 호흡곤란을 극복하는 유형을 '과대평가자(overrater)', '수평파(leveler)', '도전자(challenger)', '과소평가자(underrater)'로 구분하고, 이러한 유형을 통해 일상적인 호흡곤란 극복의 과정을 다음 그림과 같이 제시했다.

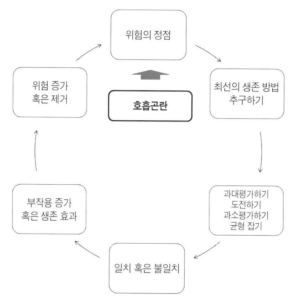

[그림 10-9] 일상에서의 호흡곤란 극복 과정(Jørgensen, Dahl, Pedersen, & Lomborg, 2012)

위의 그림도 마찬가지로 순환형 구조를 통해 분석의 결과를 제시함으로써 극복 과정과 반복적 일상성을 보여준다.

라. 순서도 구조

순서도 구조는 프로세스 구조에 분기점이 더해진 구조로서 분기점에 따라 다양한 진행과정을 보여줄 수 있는 의미 구조 제시 방법이다. 순서도 구조는 방향성이 있다는 측면에서 프로세스 구조와 유사하지만, 분기점이 있고 이를 통해 둘 이상의 과정을 보여주기 때문에 다양한 과정 등과 같은 의미 구조를 하나의 그림을 통해 제시할 수 있다는 것이 특징이다. 이러한 순서도 구조에는 일반적으로 하나의 시작점, 하나 이상의 분기점, 둘 이상의 종착점이 있는데, 연구자는 이러한 구조를 통해 과정의 변화에 영향을 미치는 조건과 그러한 조건으로 인한 다양한 결과를 그림으로 구성하여 제시할 수 있다.

Jinnah와 Stoneman(2008)은 학령기 장애 아동을 둔 가족이 어떤 과정을 통해 보육을 하고 또한 보육의 실패가 어디에서 비롯되는지에 대한 연구를 수행했다. 그들은 분석

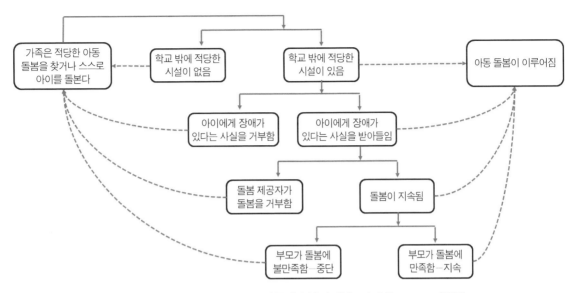

[그림 10-10] 장애 아동을 둔 가족의 돌봄 과정(Jinnah & Stoneman, 2008)

의 결과를 [그림 10-10]과 같은 순서도 구조로 제시했다.

[그림 10-10]의 순서도는 장애 아동을 둔 가족이 학교 밖의 시설 유무, 아동의 장애에 대한 인정 여부, 돌봄 공급자의 지속성, 부모의 만족감 등에 따라 돌봄 과정이 어떻게 이루어지는지를 보여준다. 또 다른 예를 살펴보자.

Iwata, Saiki-Craighill, Nishina, Doorenbos(2018)는 소아 중환자실의 간호사들이 고통스러운 치료 과정의 아이들과 어떻게 상호작용하는지에 대한 탐구를 수행했다. 이 연구에서 연구자들은 분석의 결과로 [그림 10-11]과 같은 순서도를 제시했다. 이 순서도는 아이들의 안정감이라는 조건에 따라 소아 중환자실에서 아동 환자와 간호사 사이의 상호작용 과정이 어떻게 이루어지는지를 보여준다.

마. 패러다임 모델 구조

패러다임 모델 구조는 범주를 맥락적 조건, 중재적 조건, 인과적 조건, 중심 현상, 상호작용 전략, 결과 등의 관점에서 조직하여 현상에 내재하는 의미를 구성하는 의미 구조 제시 방법이다. Strauss와 Corbin(1990; 1998)이 제시한 패러다임 모델 구조는 전체적으로 프로세스 구조와 유사한 형태를 띠고 있으나, 이에 더해 맥락적 조건이나 중재적 요소와 같이 프로세스에 영향을 미치는 맥락과 조건을 포함한 것이다. 따라서 패러다임 모델 구조는 현상의 진행과 그것을 둘러싼 맥락, 그 과정에서 일어나는 중재적 행위 등을 함께

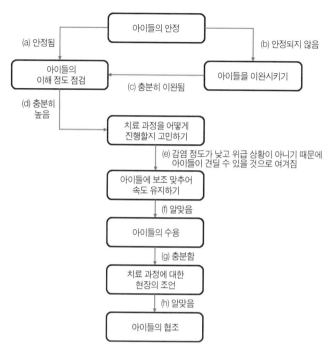

[그림 10-11] 소아 중환자실에서 간호사와 아이들의 상호작용 과정(Iwata et al., 2018)

제시하는 데 효과적이라 할 수 있다.

신문자와 최소영(2012)은 언어치료사가 경험한 말더듬 학생 치료 경험에 대한 근거이론적 분석을 수행했는데, 이러한 분석의 결과를 [그림 10-12]와 같은 패러다임 모델구조로 시각화했다. 이를 통해 언어치료사의 경험 과정과 그것을 둘러싼 맥락, 중재를시각적으로 확인할 수 있다.

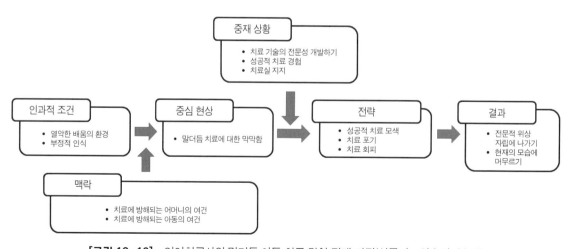

[그림 10-12] 언어치료사의 말더듬 아동 치료 경험 전개 과정(신문자 · 최소영, 2012)

바. 위계적 트리형 구조

위계적 트리형 구조는 범주를 분류하고 이러한 범주의 분류를 위계적으로 배열한 구조를 말한다. 위계적 트리형 구조는 범주의 분류와 그것의 위계를 그림으로 시각화함으로써 현상 안에 내재하는 범주의 유형과 그것들 사이의 유사성, 차별성을 한눈에 확인할 수 있다는 것이 장점이다.

강효민(2016)은 운동을 못하는 학생들이 그로 인해 집단으로부터 배제되는 현상을 탐구했다. 이 연구에서 분석의 결과로 사회적 배제의 기제를 상, 하위 범주로 구성하여 제시했는데, 이를 위계적 트리형 구조로 구성하면 [그림 10-13]과 같다.

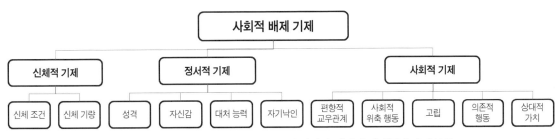

[그림 10-13] 운동 능력 부족으로 인한 사회적 배제의 기제(강효민, 2016)

이 그림은 상위 주제인 '사회적 배제 기제'의 아래에 존재하는 범주와 하위 범주가 어떻게 분류되고 위계화되는지를 시각적으로 보여준다.

Villa, Manara, Brancato, Rocco, Stievano, Vellone, Alvaro(2018)는 요로 절제 수술을 받은 환자들의 경험에 대한 현상학적 연구를 수행했다. 이 연구에서 그들은 분석을 통해 그러한 경험의 의미 구조를 도출했는데, [그림 10-14]는 이를 위계적 트리형 구조로 구성한 것이다.

사. 벤다이어그램

벤다이어그램은 서로 다른 영역과 그 영역 간의 관계를 원을 비롯한 도형으로 구성한 것이다. 이러한 벤다이어그램은 영역과 그 영역 간의 교차, 배제를 보여주고, 또한 각 영역에 존재하는 주제를 시각적으로 보여주기 때문에 의미 구조를 시각적으로 전달하는 데 효과적인 도구가 될 수 있다.

Elliot(2010)은 높은 수준의 간호를 수행하는 간호사가 임상간호에서 어떻게 의사결정 문제에 대응하는지에 대한 탐구를 수행했다. 이 연구에서는 간호사들의 의사결정 과

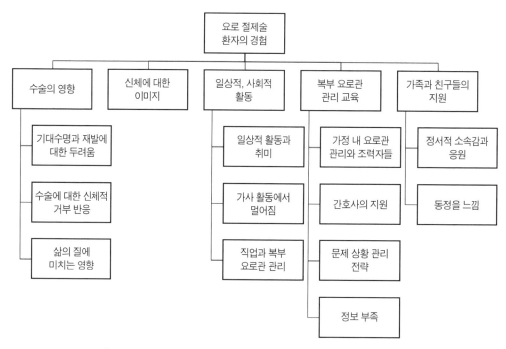

[그림 10-14]   요로 절제술 환자들의 경험 구조(Villa et al., 2018)

정이 환자와의 상호작용 속에서 이루어지고 있음을 논의했는데, 분석의 결과로 간호사의 의사결정 영역을 도출하고 이러한 영역 간의 관련성을 다음과 같은 벤다이어그램으로 구성했다.

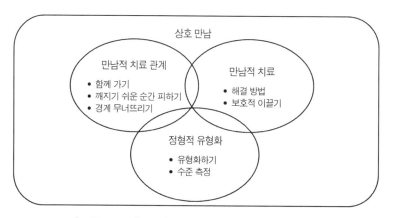

[그림 10-15]   간호사의 의사결정 구조(Elliot, 2010)

앞서 살펴본 정상원(2017)의 교사의 교육과정 재구성 경험에 대한 연구에서는 분석을 통해 도출된 의미 구조를 벤다이어그램을 통해 구성하여, 교사를 둘러싼 맥락과 그러한 맥락 속에서 이루어지는 전략 사이의 관계를 시각적으로 제시했다. 이 연구에서 제시된 분석의 결과는 다음 그림과 같다.

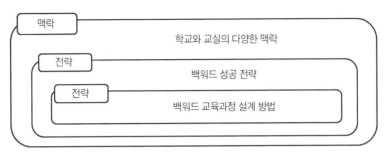

[**그림 10-16**]　교사의 교육과정 재구성 경험의 의미 구조(정상원, 2017)

아. 복합적 구조

복합적 구조는 단순히 하나의 관점에서 의미 구조를 시각화하는 것이 아니라, 위에서 제시한 다양한 구조 혹은 이 외의 구조를 둘 이상 결합하여 의미를 구조화한 형태이다. 특정한 연구는 단순히 하나의 관점으로 연구 대상이 되는 현상을 시각화하기 어려운 경우가 종종 있는데, 이때 하나의 구조로 그것을 구성하려고 애쓰기보다 여러 개의 구조를 혼합적으로 사용하여 구성하는 것은 훌륭한 전략이 될 수 있다.

Thapa, Hannes, Buve, Bhattarai, Mathei(2018)는 HIV 감염의 공개 현상에 대한 근거 이론적 접근을 시도한 바 있다. 이 연구에서는 분석 결과로 HIV 감염 공개의 의미 구조를 [그림 10-17]과 같이 제시했다. [그림 10-17]의 복잡한 구조는 HIV 감염 공개라는 현상 속에 내재하는 다양한 범주와 그것들 사이의 순차적, 맥락적, 매개적 관계를 시각화한 것이다.

5. 결론

질적 자료 분석은 분석의 전체적인 개요의 기술에 초점을 두는 양적 분석과 달리, 방법론적 기반과 분석의 개요를 분명히 밝히고, 그 분석의 귀납적 과정과 각 과정에서 연구자가 수행한 분석 내용을 구체적으로 보여주어야 한다. 그리고 이러한 기술을 통해 심사자나 독자로부터 타당성을 인정받아야 한다. 그럼에도 불구하고 많은 질적연구물이 자

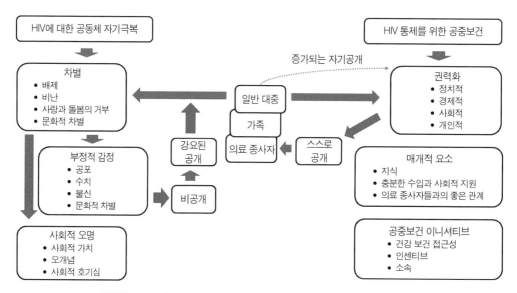

[그림 10-17] HIV 감염 공개 현상의 의미 구조(Thapa et al., 2018)

료 분석의 기술을 단순히 개요를 보여주는 것으로 치부하는 것은 자신의 결론에 대한 타당한 증거를 내놓지 않으면서 그에 대한 신뢰를 요구하는 것과 마찬가지이다. 따라서 연구자는 연구의 질과 타당도를 확보하기 위해 우선적으로 타당한 방법을 통해 분석을 수행하고 창의적인 방법을 통해 자료 분석 과정을 기술하여 분석의 타당성을 확보해야 할 것이다. 앞에서 논의한 몇 가지 방법은 그러한 창의적인 방법의 예라고 할 수 있다.

참고문헌

강효민(2016). 운동 못하는 학생에 대한 사회적 배제의 상호작용성. **한국스포츠사회학회지**, 29(1), 69-88.

김수희 · 정종화 · 문송애. (2017). 중중지체장애인 J 씨의 고용 경험에 관한 생애사 연구. **한국장애인복지학**, 38, 181-211.

김영천 · 정정훈 · 이영민(2006). **미운 오리 새끼: 한국 초임교사의 일 년 생활**. 문음사.

김지혁(2010). 태권도 경기의 변화에 대한 현상학적 논의. 한국체육대학교 대학원 박사학위 논문.

박기동 · 공진환(2016). 지방 도시 체육 교사의 생애사. **스포츠인류학연구**, 11(1), 29-56.

석영미 · 이병준(2016). 결혼 이주 여성 원어민 강사의 생애사 연구. **다문화교육연구**, 9(2), 147-171.

신문자 · 최소영(2012). 언어치료사의 말더듬 아동 치료 경험에 관한 근거 이론 분석. *Communication Sciences & Disorders*, 17(2), 201-218.

양은주(2015). 교장의 지도성과 교감의 지도성이 교사 효능감을 매개로 학교 조직 효과성에 미치는 영향. 인천대학교 대학원 박사학위 논문.

유경숙(2017). 다문화 결혼 이주 여성의 건강 생활에 관한 문화기술지. 인제대학교 대학원 박사학위 논문.

이동성(2012). **질적연구와 자문화기술지**. 아카데미프레스.

이동성 · 김영천(2014). 질적 자료 분석을 위한 포괄적 분석 절차 탐구: 실용적 절충주의를 중심으로. **교육종합연구**, 12(1), 159-184.

이옥선(2014). 알코올 중독 여성의 관계 체험에 관한 현상학적 연구. 건국대학교 대학원 박사학위 논문.

정상원(2013). 초등학교 학생들의 평가와 성적 기록하기: 교사의 현상학적 체험들. 진주교육대학교 대학원 석사학위 논문.

정상원(2015). 초등학교 교사의 부진아 지도 경험에 대한 현상학적 연구. **내러티브와 교육연구**, 3(2), 5-29.

정상원(2017), 초등학교 교사의 백워드 교육과정 설계와 실천에 대한 근거 이론적 접근. 경북대학교 대학원 박사학위 논문.

정상원 · 김영천(2014). 질적연구에서의 현상학적 글쓰기의 전략과 방법의 탐구. **교육문화연구**, 20(3), 5-42.

정정훈(2015). 쿠레레를 통한 주관성의 회복: 좌절과 재건. **질적탐구**, 1(1), 37-65.

조재성 · 최성호(2015). 클라이맥스(Climax): 한국 고등학생의 학원에서의 학습 경험에 대한 질적 연구. **질적탐구**, 1(2), 57-97.

조현근(2016). 근거 이론 접근에 의한 시각장애 학생의 대학 생활 적응 과정. **시각장애연구**, 32(3), 1-33.

차효록(2013). 한국 비구니의 생애사 연구. 서울불교대학원대학교 박사학위 논문.

한신갑 · 이상직(2017). 생애사 연구의 자료 기반 확장: 생애사 시간표를 활용한 구술 생애사 자료의 조직 및 분석. **조사연구**, 18(2), 99-136.

홍은진(2015). 세 마을평생교육지도자의 삶과 마을 평생교육 실천 전략. 대구대학교 대학원 박사학위 논문.

Brauer, J. D. (2014). A hermeneutic phenomenological study of school administrators' participation in personal learning networks and privacy issues. A dissertation of University of Missouri-Kansas City.

Chamarz, K. (2006). *Constucting Grounded Theory: A Practical Guide Through Qualitative Analysis*. Sage.

Clandinin, D. J. & Connelly, F. M. (2000) *Narrative Inquiry: Experience and Story in Quali-*

tative Research. San Francisco: Jossey-Bass Publishers.

Clark, N. (2017). The etiology and phenomenology of sexual shame: A grounded theory study. A dissertation of Seatle Pacific University.

Elliott, N. (2010). 'Mutual intacting': A grounded theory study of clinical judgement practice issues. *Journal of Advanced Nursing*, 66(12), 2711-2721.

Glaser, B. G. & Strauss, A. L. (1967). *The Discovery of Grounded Theory: Strategies for Qualitative Research*. Chicago: Aldine Pub co.

Glaser, B. G. (1978). *Theoretical Sensitivity*. The Sociology Press.

Iwata, M., Saiki-Craighill, S., Nishina, R., & Doorenbos, A. Z. (2018). "Keeping pace according to the child" during procedures in the paediatric intensive care unit: A grounded theory study. *Intensive & Critical Care Nursing*, 46, 70-79.

Jantarach, V. & Soontornwipast, K. (2018). EFL student teachers' lesson planning processes: A grounded theory study. *Arab World English Journal*, 9(3), 311-330.

Jinnah, H. A. & Stoneman, Z. (2008). Parents' experiences in seeking child care for school age children with disabilities—Where does the system break down? *Children and Youth Services Review*, 30(8), 967-977.

Jørgensen, L. B., Dahl, R., Pedersen, P. U., & Lomborg, K. (2013). Four types of coping with COPD-induced breathlessness in daily living: A grounded theory study. *Journal of Research in Nursing*, 18(6), 520-541.

Mandelbaum, D. G. (1973). The study of life history: Ghandi. *Current Anthropology*, 14, 177-207.

Miles, M. B. & Huberman, M. (1994). *Qualitative Data Analysis: An expanded Sourcebook* (2nd ed.). Sage.

Ojebode, A. A. (2017). Learnig in boards: A grounded theory study of UK boards of directors. A Dissertation of University of Wolverhampton.

Pinar, W. F. (1985). Autobiography and an architecture of self. In *Autobiography, Politics, and Sexuality: Essays in the Curriculum Theory 1972-1992*, 201-222. Lang Publishing, Inc.

Salaňa, J. (2009). *The Coding Manual for Qualitative Researchers*. Sage.

Spradley, J. P. (1980). *Participant Observation*. Wadsworth Publishing Company.

Strauss, A. & Corbin, J. (1990). *The Basics of Qualitative Research: Grounded Theoy Procedures and Techniques* (1st Ed.). Sage.

Strauss, A. & Corbin, J. (1998). *The Basics of Qualitative Research: Grounded Theoy Proce-*

dures and Techniques (2nd Ed.). Sage.

Thapa, S., Hannes, K., Buve, A., Bhattarai, S., & Mathei, C. (2018). Theorizing the complexity of HIV disclosure in vulnerable populations: agrounded thoey study. *BHC Public Health*, *18*(1), 162–175.

van Manen, M. (1990). *Researching Lived Experience*. The Univercity of Western Ontario, Canada.

van Manen, M. (2011). *Phenomenolgyonline*. http://www.phenomenologyonline.com

van Manen, M. (2014). *Phenomenology of Practice*. Left Coast Press, Walnut Creek, CA.

Villa, G., Manara, D. F., Brancate, T., Rocco, G., Stievano, A., Vellone, E., & Alvaro, R. (2018). Life with a urostomy: A phenomenological study. *Applied Nursing Reseach*, *39*, 46–52.

Weiss, J. M. (2016). Source of resilience: A phenomenological study. A dissertation of Pacitica Graduate Institute.

Wertz, F. J. (2011). A Phenomenological Psychological Approach to Trauma and Resilience. In Wertz, F. J., Charmaz, C., McMullen, L. M., Josselson, R., Anderson, R., & McSpadden, E. *Five Ways of Doing Qualitative Analysis: Phenomenological Psychology, Grounded Theory, Discourse Analysis, Narrative Research, and Intuitive Inquiry*. The Guilford Press.

제 11 장

타당도 작업 설명하기

질적연구는 과학과 비과학 사이에서 균형을 유지하고 있다. 양적연구와 같이 실증주의에 기초하여 엄격한 타당도가 필요하다는 입장과, 모든 기준과 기존의 가치를 거부하고 타당도의 허구성을 강조하는 입장이 첨예하게 대립한다.

이러한 논쟁에도 불구하고 연구의 결과가 어느 정도의 합리적인 기준에 따라 연구 목적을 효과적으로 달성했음을 증명할 수 있는 기준이 필요하다는 생각이 많은 연구자의 공감을 얻고 있다. 이에 이 장에서는 타당도에 관한 다양한 논의와 더불어 질적연구에서 주로 활용되는 타당도 기준을 살펴보려 한다.

1. 양적연구: 객관적이고 합리적인 타당도의 구안

양적연구에서 타당도는 측정과 관련된다. 측정을 실시할 때 가장 주의해야 할 점은 올바른 측정 도구를 사용했는지 여부이다. 따라서 타당도의 가장 핵심적인 개념은 연구자가 사용한 도구가 측정하고자 하는 대상을 얼마나 잘 측정했는지를 알려주는 기준이라고 설명할 수 있다. 즉 타당도는 검사 결과로 나타난 점수가 검사 목적에 얼마나 부합했는지를 독자에게 알려준다. 따라서 양적연구의 타당도에는 무엇을 측정했는지, 그리고 그것이 얼마나 타당한지에 관련된 정보가 포함되어 있어야 한다.

따라서 양적연구에서 타당도를 설명할 때는 반드시 통계적 방법에 근거한 수치가 제시된다. 일반적으로 사회과학 연구에서는 적절한 타당도 계산법을 사용하여 특정한 수치를 얻었을 때 언어적 표현으로 타당도를 설명한다(성태제, 1995). 다음의 기준은 거의 모든 사회과학 연구에서 통용되는 평가 방법이다.

〈표 11-1〉 타당도 지수에 따른 언어적 평가	
타당도 지수	**타당도 평가**
.00~.20	타당도가 거의 없음
.20~.40	타당도가 낮음
.40~.60	타당도가 있음
.60~.80	타당도가 높음
.80~1.00	타당도가 매우 높음

이처럼 양적연구에서 활용되는 타당도는 연구를 평가할 때 그 연구가 얼마나 과학적으로 이루어졌는지를 검증하는 데 중점을 둔다. 즉 누구나 인정할 수 있는 객관적인 근거에 따라 수행되고 연구자의 주관성이 제거될수록 믿을 수 있는 연구라고 본다. 이는 양적연구에서의 타당도 개념을 형성하는 데 밑바탕이 된다. 지금도 많은 사회과학 연구자는 타당도를 높이는 데 객관성의 문제를 가장 중요한 조건으로 생각하고 있다(Campbell & Stanley, 1963; Cook & Campbell, 1979).

2. 질적연구: 타당도의 다양성에 대한 논의

한편 질적연구에서의 타당도 개념 형성은 양적연구와는 전혀 다른 방향으로 진행되고 있다. 질적연구자들 사이에서 타당도 개념은 논쟁이라는 용어가 적절할 정도로 다양하게 나타나고 있다. 타당도를 어떻게 볼 것인지, 그리고 그 준거를 어떻게 정의할 것인지에 대해 약 30여 년간 많은 주장이 제기되었다. 이에 따라 질적연구에 적합한 타당도와 관련된 다양한 관점과 입장이 들어서게 된다(Eisenhart & Howe, 1992; Erickson, 1989; Lather, 1986; LeCompte & Goetz, 1982; Lincoln & Guba, 1985; Marshall, 1985).

이러한 논쟁의 핵심은 '질적연구에 과연 타당도가 필요한가?'로 요약될 수 있을 것이다. 서로 양립할 수 없는 두 가지 주장이 한꺼번에 제기되었다. 우선 질적연구에 타당도가 필요하다고 생각하는 입장에서는 전통적인 사회과학의 패턴을 그대로 따르는 탐구 절차를 제시하고 있다. 그들은 질적연구자 역시 전통적인 사회과학 연구 집단에 의해 합법화된 탐구 형식을 그대로 모방해야 한다고 주장하고 있다(Miles & Huberman, 1984). 전통적인 입장의 기저에는 객관적인 준거와 절차 없이는 진실을 찾기 위한 과학 행위가 불가능하다는 신념이 존재한다. 따라서 타당도 문제를 해결하기 위해서는 특정한 분석적 절차를 개발하고 적용할 필요가 있다고 생각한다. 이러한 신념에 따라 이들은 실증주의의 논리와 유사한 절차를 개발하고 정교화한다(Lincoln & Guba, 1985).

한편 이러한 관점에 반대하여 몇몇 질적연구자는 타당도에 대한 실증주의적 입장과 실제를 거부하고 있다. 그들은 연구자의 해석을 보편적으로 수용할 수 있도록 만들어주는 특정한 방법이나 절차가 없다고 주장한다. 즉 진리를 찾기 위한 객관적인 증거나 합리적인 기준을 거부하는 것이다. 질적연구의 가장 기본은 현상과 인간에 대한 해석이기 때문에 주체와 객체가 분리될 수 없고 사실과 가치를 떼어놓을 수 없다. 따라서 질적연구 역시 실제 자료나 연구자의 가치관과 유리된 과학적 준거로 평가할 수 없다고 했다(Smith,

1989). 아울러 연구자가 연구에서 중립을 지킬 수 없다는 생각도 거부되고 있다. 따라서 사회현상의 복잡성과 의미 구조를 충분히 이해하고 해석하기 위해 연구 참여자에 대한 보다 깊은 관심과 상호 의사소통이 강조된다. 특히 연구자의 주관성이 연구의 과정에, 결론의 도달에 중요한 역할을 하는 질적연구에서는 보다 사실적이고 확실한 자료를 얻기 위해 연구자가 얼마나 현장에 밀착하여 서로 영향을 주고받았는지를 더 중요하게 여기기도 한다. 이러한 입장을 견지하는 측에서는 실증적이고 과학적인 타당도에 대해 연구자의 시각을 제한하고 통제하는 것으로 생각한다. 또한 타당도를 구성하는 절차도 지나치게 절차와 방법을 강조하기 때문에 질적연구의 정신과 맞지 않는다고 생각한다.

이러한 논쟁의 결과, 타당도와 관련하여 다음의 입장이 바람직하다고 합의되었다. 즉 질적연구에도 연구가 올바르게 수행되었는지 확인할 수 있는 준거가 필요하며, 대신 질적연구에서만 활용할 수 있는 새로운 타당도 기준을 개발해야 한다는 것이다. 물론 이러한 과정이 모든 질적연구자를 만족시킨 것은 아니지만 적어도 질적연구 전문가와 초보자 대부분에게 합리적인 것으로 여겨졌다. 질적연구만의 타당도를 개발하는 것은 더 나아가 질적연구의 합리성과 과학성에 항상 의문을 제기하는 양적연구자를 이해시키는 데에도 큰 역할을 했다. 더 나아가 이러한 생각은 곧 새롭고 참신한 타당도 준거를 개발하는 것으로 이어졌다. 실행 연구(Bradbury & Reason, 2001), 인류학(Hammersley, 1998), 담화 분석(Seale, 1999), 후기구조주의(Lather, 1993), 사회학(Richardson, 1997), 심리학(Kvale, 1989), 교육학(Maxwell, 1992; Smith, 1984; Wolcott, 1990) 등 수많은 지적 전통으로부터 타당도가 만들어졌다. Cho와 Trent(2006)는 이러한 내용을 종합하여 질적연구 타당도를 다섯 가지 목적으로 개념화했다.

가. 진실 찾기로서의 타당도

〈표 11-2〉 진실 찾기로서의 타당도		
목적	**타당도 확인 과정**	**주요한 타당도 기준**
진실 찾기	발전적 귀납	기술적인 멤버 체크 인과적 삼각검증

질적연구의 가장 기초적인 목적이기도 한 진실 찾기에서 타당도라는 용어는 구체적인 현상이나 인물 행동의 본질이 무엇인지를 얼마나 잘 드러냈는지 여부를 검증하는 것으

로 정의된다. 가설을 설정하고 그러한 가설에 맞는 자료만을 수집하는 연역적인 양적연구와 달리 질적연구에서는 현상을 제대로 설명해줄 수 있는 특정한 이론을 발견할 때까지 귀납적인 방식으로 연구를 수행한다. 타당도에도 이러한 귀납의 논리가 적용되며 연구자의 논리와 수집된 자료가 현상과 숨겨진 진실을 밝혀냈다고 인정되어야 한다. 주요한 기법으로는 연구 참여자의 자료 검증과 논리적으로 실시되는 삼각검증이 있다.

나. 심층적인 묘사를 위한 타당도

〈표 11-3〉 심층적인 묘사를 위한 타당도

목적	타당도 확인 과정	주요한 타당도 기준
심층적인 묘사	전체적 사고	묘사 자료에 대한 삼각검증 반복적인 멤버 체크

심층적인 묘사를 목적으로 하는 질적연구에 활용되는 타당도의 경우 그 과정이 논리적이거나 인과적이지 않다. 대신 얼마나 풍부한 자료를 수집했는가에 따라 타당도가 달라지는데, 묘사하는 데 사용한 자료가 세부적이고 최대한 많은 인물의 입장을 담고 있는지를 검증하는 차원에서 삼각검증이 사용된다. 자료 수집의 결과 연구하고자 하는 대상에 관한 지식을 충분히 알게 되었다고 생각될 경우 타당도가 있다고 판정을 내리게 된다. 심층적인 묘사와 관련하여 가장 일반적인 타당도 검증 방법은 묘사한 자료를 연구 참여자에게 보여주고 실제 모습과 얼마나 같은지 비교시키는 것이다.

다. 발전적 타당도

〈표 11-4〉 발전적 타당도

목적	타당도 확인 과정	주요한 타당도 기준
발전적	분류, 인과적	발전의 역사 규명 지속적인 삼각검증

발달 혹은 발전을 꾀하는 질적연구에서는 타당도가 자연스럽게 연구를 수행하기 전과

후를 비교하는 방식으로 나타나게 된다. 연구의 결과가 연구자 혹은 연구 참여자의 발달에 어떻게 기여했는지를 평가하기 위해 꾸준한 증거 수집 과정을 타당도의 주요한 요소로 판단한다. 자료 수집 과정을 최대한 길게 하면 자연스럽게 변화와 발달의 내용을 드러낼 수 있다.

라. 자기 연구에서의 타당도

〈표 11-5〉 자기 연구에서의 타당도		
목적	타당도 확인 과정	주요한 타당도 기준
개인적 에세이	반성적, 미학적	경험에 대한 자기평가 상황에 대한 판단

자기 삶의 경험이나 심리를 탐구하는 목적을 지닌 연구에서는 얼마나 스스로를 정확하게 인식하는지, 그리고 자신이 지녔던 선입견과 문제점을 어떻게 연구 내용과 결과로 솔직하게 고백하는지를 중요하게 판단한다. 따라서 타당도 있는 연구란 연구자가 철저한 성찰을 수행하고 그 내용을 가감 없이 연구 전반에 드러낸 것이다. 한편으로는 자신의 이야기를 예술적인 형태로 잘 드러내는 것 또한 좋은 타당도로 인정받을 만한 기준이 된다.

마. 사회적/프락시스 타당도

〈표 11-6〉 사회적/프락시스 타당도		
목적	타당도 확인 과정	주요한 타당도 기준
사회적/프락시스	연구 참여자의 참여	반성적 멤버 체크 자기비판

마지막으로 제시할 타당도의 내용은 비판적 패러다임의 질적연구에서 활용되는 것이다. 여기서의 타당도 높은 연구란 사회적 혹은 대중의 인식에 변화나 전환이 일어나도록 영향을 끼치는 연구라고 할 수 있다. 따라서 타당도를 검증하는 과정에 연구 참여자가

어떤 역할을 수행했는지, 연구의 결과 그들은 어떤 변화 과정을 겪게 되었는지 등을 나타내려고 노력한다.

3. 주목할 만한 타당도의 종류

질적연구의 타당도 논의를 종합하여 현재 가장 널리 알려지고 활용도 있는 타당도의 종류를 살펴보자. [그림 11-1]에 타당도의 종류를 연도순으로 나타냈다.

[**그림 11-1**] 주목할 만한 타당도의 종류

가. Lincoln과 Guba: 최초의 신뢰성 준거 제공

Lincoln과 Guba는 질적연구에 신뢰성 준거라는 대안적인 개념을 전면적으로 도입함으로써 타당도의 논쟁을 일부 종식시킨 학자이다. 이들이 사용하는 타당도 개념은 지금도 대부분의 패러다임에서 널리 활용될 정도로 파급력이 강하다. 질적연구에서 타당도라고 하면 이들의 준거를 말하는 것이라고 해도 무방하다. Lincoln과 Guba의 신뢰성 준거는 크게 네 가지 개념(신뢰성, 전이성, 의존성, 확증성)으로 구성되어 있다(Lincoln & Guba, 1985). 그중에서 신뢰성 개념은 우리가 탐구하고자 하는 타당도를 직접적으로 지칭하는 개념이라고 할 수 있다. 이와 관련하여 Lincoln과 Guba는 질적연구의 타당도를 높이는 방법으로 크게 다섯 가지 기법을 개발했다.

첫째, 다양한 각도에서 오랫동안 분석하기이다. 장기간 지속되어 도출되는 연구는 신빙성 있는 연구 결과를 도출하기 위한 기초적인 조건이라고 보았다. 둘째, 동료 검증의 사용이다. 연구자의 개인적인 선호와 선입견을 제거하기 위한 방법이며 주로 토론 방식으로 이루어진다. 셋째, 반증 사례의 분석이다. 귀납적으로 연구자의 결론과 반대되는 사례를 끊임없이 찾아다니며 분석하는 방법이다. 넷째, 참조 자료의 보관이다. 이는 자료를 수집할 때 최대한 적절한 자료를 수집하는 것을 말한다. 최대한 원자료를 보관할 것을 권장한다. 다섯째, 참여자에 의한 연구 결과의 검증이다. 연구 참여자에게 연구 결과를 성찰하는 기회를 제공하여 신뢰도를 높일 수 있다.

이처럼 Lincoln과 Guba의 신뢰성 준거는 질적연구와 양적연구의 타당도 개념에 관한 연구 방향을 다르게 만들어주었다는 점에서 중요한 의미를 지니고 있다. 다만 이들이 개발한 준거는 지나치게 실증적인 입장을 견지한다는 비판을 받고 있다. 이후 변화된 다양한 패러다임을 적절히 평가하지 못한다는 문제점을 내재하고 있는 것이다. 이에 따라 좀 더 다양한 관점에서 타당도 기준이 개발될 필요성을 가져오게 되었다.

나. Erickson: 촉매 타당도

연구 과정이 연구 참여자에게 자신을 둘러싸고 있는 삶과 실재에 대해 비판적으로 인식할 수 있는 지식과 안목을 길러주었는지를 평가하는 것이다. 이는 비판적 패러다임을 지지하는 질적연구자가 중요하게 고려하는 준거이기도 하다. 이들의 최종적인 목적은 인간에 대한 해방과 보다 평등하고 정의로운 사회를 위해 현재 상황을 변화시키는 것이다. 따라서 촉매 타당도는 연구 목적이 연구 과정을 통해 실제로 성취되었는지 살펴보고 연구가 정당하고 타당한지 판단하는 기준이 된다.

촉매 타당도의 입장을 선택하는 경우, 연구를 통해 연구 참여자가 자신이 지니고 있는 사회적인 문제에 대해 좀 더 비판적으로 인식하게 되고 자신의 지식과 가치관을 바탕으로 직접 실천하는 과정을 주의 깊게 살펴보아야 할 것이다. 그리하여 연구 참여자와 연구자가 직접 현장의 개선을 위해 나서게 될 때 그 연구의 결과를 긍정적으로 평가할 수 있다.

다. Kvale: 의사소통적 타당도

의사소통적 타당도는 지식인들의 다양하고 치밀한 대화와 토론을 통해 결과가 도출되었는지를 확인하는 과정이다. 포스트모던적 관점에서 결과는 대화와 토론의 장을 통해 도출되며, 대화와 토론은 적과의 경쟁이 아닌 동료 사이의 협동적 대화가 된다. 연구자는 자신의 주장뿐만 아니라 다른 연구자들의 주장 또한 믿을 수 있는지 검증해야 한다.

이러한 과정을 통해 얻고자 하는 것은 완전한 합의가 아니다. 완전한 합의는 본질적으로 가능하지 않다. 다만 여기서 의도하는 바는, 지속적으로 대화와 담론이 형성될 경우 어느 특정한 연구 결과에 대해 관련 있는 연구자들 간에 특정한 의견이나 해결책을 중심으로 공감대가 형성된다는 점에 있다. 즉 계속적인 의사소통은 좀 더 중요하고 타당한 결과가 무엇인지를 밝혀주는 중요한 요인이며, 권력이나 이미 가지고 있는 지식에 근거하지 않고도 훌륭한 연구 결과를 도출하는 데 영향을 끼칠 수 있다.

라. Richardson: 결정화 타당도

타당도와 관련하여 Richardson은 기존의 시각과 차별화되는 새로운 제안을 제시한다. 그것은 바로 삼각검증과 같은 기존의 타당도 기법에 해체와 포스트모더니즘적 관점을 도입한 것이다. 이는 어떤 특정한 현상이나 인물에 대해 단일하고 언제나 적용될 수 있는 옳은 해석이 있을 수 없다는 생각을 다양한 빛을 반사하는 결정에 비유하여 설명했다. 결정화 타당도가 연구 과정에 적용되는 과정은 다음과 같이 정리할 수 있다.

〈표 11-7〉 질적연구에서 결정화 타당도의 활용(Stewart, Gapp, & Harwood, 2017)

연구 과정	설명	공통 과정
자료 수집	면담, 관찰, 문서 등	증거 자료 수집 계속적인 비교 연구 질문 숙고 성찰 적용 다시 보기
삼각검증	방법 인식	
진실성	방법적	
신뢰도	증거에 기반하는 정도	
결정화	과정과 자료 종합	
결과	새로운 의미와 이야기 도출	

Richardson의 주장은 질적연구의 과학성, 엄격성과 예술성 사이에서 고민하던 수많은 질적연구자에게 큰 호응을 불러일으켰다. 결정화 타당도의 보급과 더불어 페미니즘, 재건주의, 시, 문학, 비평, 이미지와 같은 요소가 질적연구의 주요한 주제와 방법을 차지하게 되었다.

결론적으로 결정화 타당도에서 우리가 도출할 수 있는 이미지는 무한한 기회와 더불어 비대칭성, 물질적, 시너지 효과와 같은 것이다. 결정화 타당도에 따를 때 연구자는 예측 불가능한 사회현상의 복잡성으로부터 연구 주제에 대한 풍부한 잠재력을 발굴할 기회를 얻을 수 있다.

마. Bochner: 정직성 타당도

이 입장은 질적연구에서의 타당도를 일종의 정직성으로 보는 것을 의미한다. 여기서 타당도란 일종의 주관성을 의미한다. 과학적이고 엄밀한 타당도를 찾기보다는 오히려 연구자가 연구 과정 속에서 정직하게 연구를 수행하려고 노력하는 내용, 윤리적인 문제로 접근하여 타당도를 규명하자는 것이다. 정직성 타당도란 이처럼 외부인이 평가하기 어려운 질적연구의 타당도 개념을 더욱 극대화하는 측면에서 접근하는 것으로, 다음 여섯 가지를 타당도의 기준으로 제시하고 있다.

〈표 11-8〉 정직성 타당도의 기준
풍부하고 상세한 기술, 적절한 사실과 감정 서술
시간성에 따른 예술적인 내러티브 구조
연구자에 대한 신뢰, 정직성
과거의 불완전한 '나'에 대한 서술
독자에게 연구에 대한 해석의 여지 제공
삶의 의미를 뚜렷하게 제시하는지 여부

바. Lather: 포스트모던 타당도(자기반성/자기성찰 타당도)

자기반성은 질적연구에서 새로운 타당도 기준으로 인정받은 또 다른 내용이다. 반성적 타당도는 인간의 이성을 불완전한 것으로 보는 포스트모더니즘의 인간관을 지지하며, 질적연구자는 자신이 연구 과정에서 얼마나 많은 주관성을 드러냈는지를 분석해야 한다고 주장한다. 연구자가 가지고 있는 개인적인 신념이나 선입견을 숨기고 은폐하는 것보다 오히려 솔직하게 고백하고 어떻게 극복하려고 노력했는지를 서술하는 것이 자기반성 작업이라고 보았다. Lather(1991)의 작업은 연구 과정과 결론에 영향을 끼칠 수 있는 연구자의 잠재적인 편견과 관점을 연구자 스스로 인식하고 비판적으로 성찰하게 함으로써 연구를 보다 진실한 것, 과학적인 것으로 승화시키는 데 기여했다는 평가를 얻고 있다.

반성적 타당도의 방법은 의외로 명료하다. 이는 바로 연구자의 주관적인 자아와 배경이 연구 작업과 연구 참여자의 삶을 표현하는 방식에 어떤 영향을 끼치는지를 논의하는 것이다. 구체적으로는 다음과 같은 과정을 거친다. 첫째, 연구를 시작하기 전에 인물이나 현상에 대해 갖고 있는 특정한 기대나 선입견의 내용을 분석한다. 둘째, 연구를 진행하는 동안 새롭게 느껴지는 긍정적 혹은 불편한 감정을 기술한다. 셋째, 연구자가 느낀 감정과 생각이 어떤 근거에서 발생한 것인지를 탐구한다. 이 작업을 잘 수행하기 위해 연구자는 자신의 연구에 어떤 주관성이 무의식적으로 반영되었는지를 의식적으로 해체하는 작업을 해야 한다. 연구자의 경제적·사회적·학문적 배경, 편견, 연구 자료에 대한 자신의 인상, 참여자와 관련된 자신의 반성 등과 관련된 요소를 점검하는 과정을 수행할 수 있다.

점점 더 많은 질적연구에서 자기반성을 타당도의 중요한 요소로 포함하고 있다. 선구적인 질적연구자들은 연구자 자신의 고유한 특성(사회계층, 피부색, 성별, 취향, 연령, 가치관)이 연구를 수행하는 데 중대한 영향을 끼쳤다는 사실을 가감 없이 드러내고 있다 (Ball, 1990; Krieger, 1983; Wolf, 1992).

3. 보편적으로 적용되는 타당도 기준

이 절에서는 일반적으로 많이 활용되고 있는 질적연구의 타당도 준거를 살펴보자. 세부적인 목록은 다음과 같다.

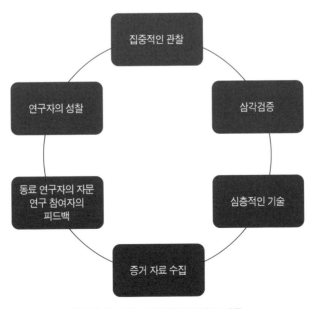

[그림 11-2] 보편적인 타당도 기준

질적연구자는 많은 준거 중에서 적합하다고 생각되는 몇 가지를 연구에 차용하여 사용해야 한다. 많은 준거를 활용할수록 연구는 더욱 연구 주제에 적합해지고 독자에게 믿음을 줄 수 있다. 일반적으로 학위 논문에서는 5개 이상의 타당도 검증 기술을 활용하는 것이 좋다.

가. 집중적인 관찰: 연구하려고 하는 장면이나 인물을 주의 깊게 오랜 시간 관찰한다.

[그림 11-3]   집중적인 관찰(출처: https://www.shutterstock.com)

위 사진은 사진 작가나 동물의 생태를 연구하는 학자가 관찰하고자 하는 대상에 가장 가깝게 접근하여 생활 세계와 관련된 생생한 정보를 수집하는 것을 보여준다. 이들이 수집하는 것은 단순한 사실을 넘어 그 현장이나 동물의 실재와 관련되며 주변 환경, 소리, 기온, 노출된 정도 등과 관련된 정보를 얻으면서 대상의 본질에 다가가게 된다.

이와 같이 질적연구에서 집중적인 관찰은 연구자가 연구 현장을 직접 충분한 기간 동안 꾸준히 관찰하는 것을 의미한다. 장기간 동안 이루어지는 집중적인 관찰은 질적연구의 타당도를 높이는 데 가장 기본적이면서도 핵심적인 역할을 담당한다. 집중적인 관찰을 증명하지 못할 경우 연구가 편파적이거나 왜곡되었을 수도 있다는 비판에서 자유롭지 못하게 된다. 가령 질적연구에서 자료 수집이 한 달 이내에 또는 한두 번 만에 이루어졌을 경우, 그 자료가 연구하고자 하는 일반적인 현상 전체를 담았는가에 의문이 제기될 수 있다. 실천적 연구나 프로그램과 관련된 연구 역시 장기간 수행되지 않으면 단편적인 모습만을 가지고 전체 연구의 효과를 제시하는 위험성이 존재한다. 이러한 측면에서 집중적인 관찰은 연구자가 오랫동안 현장에 있었다는 사실을 증명함과 동시에 가능한 한 모든 종류의 자료를 수집하여 연구의 타당성을 높일 수 있는 방법이다. 집중적인 관찰로 인정받을 수 있는 일반적인 기준은 다음과 같다.

〈표 11-9〉 학문 분야별 집중적인 관찰의 기준

분야	집중적인 관찰 기준	관찰 내용
인류학	6개월~1년	집단 문화, 공유 속성
교육학	3~6개월(또는 한 학기)	수업 실천, 학생들의 행동
사회학	1~3개월(또는 프로그램 1회기)	프로그램 진행 과정
간호학	1~3개월	간호 사이클, 상호작용

한편 다음 사례는 질적연구에서 구체적으로 어느 정도로 관찰이 이루어지고 있는 지를 파악하는 데 도움을 줄 것이다.

〈표 11-10〉 집중적인 관찰 사례

이름(연도)	연구 내용	관찰 기간 및 장소
이현철(2015)	한국 교회 내 부교역자들의 삶과 문화	6개월, 한국 교회
함영기(2008)	수업 전문성 재개념화의 실천적 탐색	9개월, 온라인 커뮤니티
양상희(2016)	임상간호사의 의도적 간호 순회	7개월, K병원
박순덕(2014)	미술과 다문화 교수-학습 프로그램	3개월, 초등학교
김보영(2011)	결혼 이민 여성의 부모 역량 강화 교육	6개월, 대학 부설 교육센터

나. 삼각검증: 연구하려는 대상의 모든 측면을 입체적으로 살펴본다.

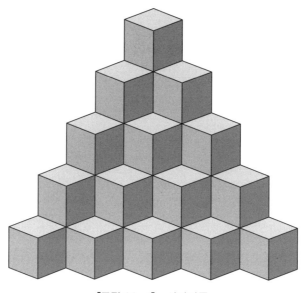

[그림 11-4] 삼각검증

위 그림을 통해 삼각검증의 내용을 유추해볼 수 있다. 블록의 전체 모습을 알기 위해서는 한쪽 모습만 볼 것이 아니라 위, 옆, 앞의 모습을 모두 관찰해야 한다. 반대로 이야기하면, 세 면의 모습을 모두 정확히 관찰한다면 블록의 전체 모습을 알지 못하더라도 비교적 정확하게 유추해낼 수 있다.

이처럼 삼각검증(triangulation)은 말 그대로 수집한 자료와 이를 바탕으로 생성한 연구 결과를 세 가지 이상의 방법으로 검토하는 것을 의미한다. 이것은 수집한 자료를 통합하여 세 번 정도 검토했을 때 가장 정확하면서도 효율적인 결과를 도출할 수 있다는 사실에 근거한 것이다. 본래 삼각검증은 수학이나 공학에서 정확한 측정값을 구하기 위해 사용했던 삼각측정에서 유래한 것으로, 이를 질적연구에 대입하면 어떤 장소나 현상에 대해 알기 위해 다양한 시각에서 활용되는 자료를 통합적으로 활용하는 것이라고 설명할 수 있다. 즉 특정한 자료를 통해 결론을 내릴 때 연구 참여자를 1명 모집하는 것보다 2명 이상 모집하고, 면담 하나만 활용하기보다는 면담과 문서 분석을 동시에 활용하는 것이 좋다고 할 수 있다.

논리적으로 볼 때 삼각검증의 의의는 어떤 사실에 대한 이해를 위해 특정한 한 가지 방법에 의존하기보다는 여러 가지 방법이나 자료에 의존했을 때 그 연구 대상에 대한 탐색과 이해가 좀 더 정확할 수 있다는 데 있다(Mathison, 1988: 13). 모든 연구 방법은 그

나름대로 장점과 단점을 함께 가지고 있기 때문에 2개 이상의 방법을 조합하여 사용함으로써 한 방법의 사용으로 초래될 수 있는 연구 자료 해석에서의 결점과 판단의 오류를 보완하고 동시에 장점을 극대화할 수 있다. 더 나아가 삼각검증은 연구 결과가 올바르다는 사실을 논리적으로 지지해줄 수 있는 강력한 방법이다. 가령 전혀 다른 세 가지 정도의 연구 방법을 사용했을 때 동일한 결과를 도출한다면 그 연구는 정말로 타당도가 높다고 결론을 내릴 수 있다. 이러한 사실은 근거 이론, 혼합 연구와 같은 귀납적이고 합리적인 연구 방법과 결합되었을 때 더욱 큰 효과를 가져올 수 있다. 이처럼 삼각검증은 질적 연구 자료의 타당도를 높일 수 있는 방법으로 널리 알려져 있다.

사례

김영천(1998). 네 학교 이야기

이 책에서는 연구 도구의 삼각검증에 관한 전형적인 예시를 얻을 수 있다. 연구 문제를 규명하기 위해 세 가지 도구(참여관찰, 심층 면담, 비디오 분석)가 적절히 활용되었다. 가장 우선적으로 심층 면담이 사용되었는데, 이 도구는 자료를 풍부하게 만들어주는 역할을 했다. 면담을 하면서 교실에서 일어났던 중요한 사건, 잘 드러나지 않았던 이야기, 그리고 연구 참여자의 숨겨진 마음이나 감정과 관련된 정보를 얻을 수 있었다. 하지만 심층 면담으로는 원하는 정보를 얻을 수 없었다. 민감한 주제에 대해 논의하거나 연구 참여자가 어떻게 대답해야 할지 모르는 질문의 경우에는 명확한 대답을 얻을 수 없었기 때문이다. 따라서 이를 해결하기 위해 참여관찰을 실시했다. 직접 교실을 관찰하여 문제가 되는 상황을 보고 이를 해석하여 연구의 결과로 도출하기도 했다. 한편으로 관찰만으로는 알 수 없는 부분도 있었다. 연구자가 교실의 모든 상황을 보고 외울 수는 없기 때문에 놓치거나 빠지는 내용이 있었다. 따라서 참여관찰을 보완하는 의미에서 비디오로 촬영하고 그것을 분석했다.

사례

박창민(2015). 초등학교 다문화 학생의 수업을 위한 교사들의 협력적 자기 연구

이 연구는 연구자와 연구 참여자의 다양한 측면이 통합된 사례라고 할 수 있다. 연구 참여자들을 통합함으로써 다른 관점을 지닌 사람들과의 진정한 소통이 가능하게 되었다. 이를 통해 편협한 생각을 가지고 있던 연구자의 생각의 지평이 넓어졌다. 연구자의 통합을 위해 다양한 방법이 활용되었다. 구체적으로는 면대면 협의와 온라인 공간에서의 토론을 실시했다. 이러한 내용은 모두 온라인 저장소에 저장되어 연구의 신뢰도를 증명하는 자료로 활용되었다.

사례

황경숙(2015). 다중지능 이론으로 재해석한 모차르트의 오페라 〈마술피리〉

연구자는 초등학생을 위한 오페라 교육 프로그램을 직접 설계하여 적용했다. 이를 통해 종합예술의 집약체인 오페라가 학생들에게 구체적으로 어떤 긍정적인 발달을 가능하게 하는지 밝혀내고자 했다.

연구자가 활용한 방법은 크게 세 가지로 구분할 수 있다. 우선 다중지능검사 척도를 활용하여 학생들이 교육을 받기 전과 받은 후의 변화를 양적연구로 분석했다. 그 결과 통계적으로 학생들에게 다중지능의 몇 가지 요소가 유의미하게 변화했음을 증명했다. 하지만 그것만으로는 학생들이 수업을 진행하면서 실제로 어떤 변화를 느꼈는지, 달라진 점이 무엇인지 알아낼 수 없었다. 이에 추가적으로 심층 면담을 실행하여 학생들의 변화에 대한 정보를 파악했다. 또한 연구자가 작성한 수업 일지를 분석했다. 초등학생들은 자신의 변화에 대해 명확하게 인식하고 이야기하는 경우가 드물었다. 따라서 부족한 심층 면담의 결과를 보완하기 위해 연구자가 학생들을 직접 관찰한 내용을 첨부했다.

다. 심층적인 기술: 글만 읽어도 현장의 모습을 알 수 있도록 매우 자세하게 묘사한다.

[그림 11-5]의 오른쪽 그림은 실제 장소를 그림을 그리는 사람의 느낌과 생각을 담아 묘사한 것이다. 얼핏 보았을 때 사진의 차이를 크게 느끼지 못할 만큼 자세하게 묘사했다. 풍력 발전기, 돌로 쌓은 방파제, 건물의 배치 등이 상당히 사실적이고 그림을 보는 사람들이 더욱 이해하기 쉽게 그려져 있다. 이러한 그림은 심층적인 기술의 전형적인 예라 할 수 있다.

질적연구에서 심층적인 기술은 연구하고자 하는 대상이나 인물에 대해 매우 자세하게 서술함으로써 독자가 연구의 전반적인 배경을 완전히 이해할 수 있게 만들어주는 타당도 검증 방법으로 정의된다(Denzin, 1989: 31). 즉 연구자가 실행하려는 연구가 다른 연구와 어떻게 다른지 명확하게 드러내줌으로써 오히려 연구가 실제 상황을 제대로

[그림 11-5] 심층적인 기술(출처: https://www.shutterstock.com)

반영했다는 사실을 보여주는 효과를 가져온다. 한편으로는 연구자의 연구가 거짓 없이 정말로 이루어진 것이 맞는지에 대한 의문을 해결하는 데에도 심층적인 기술이 도움이 된다. 심층적인 기술을 통해 연구의 상황을 자세하게 설명하면 연구와 관계가 없는 외부 인이 연구를 읽어보았을 때 연구의 결론이 왜 이렇게 나왔는지 이해할 수 있을 것이다. 심층적인 기술에 들어가는 대표적인 요소는 다음과 같다.

〈표 11-11〉 심층적인 기술의 주요 요소

요소	주요 내용
연구 장소의 지리적 특성	도시, 농촌, 번화가, 강이나 산의 유무, 교통편
주변 환경	기후, 중요한 건물이나 공공 기관의 위치
연구 대상 건물의 특징	건물의 배치, 건축학적 특징, 쾌적함, 공간의 용도
인물의 생애	출생, 학창 시절의 경험, 직업 경험, 업적
참여자의 가치관	관련 주제에 대한 생각, 가치관, 비전
연구 참여의 동기	연구 참여자와의 만남, 연구 참여의 동기, 연구에의 기여

이처럼 심층적인 기술을 활용하면 독자가 현장에 직접 방문하거나 인물을 만나지

않고도 그 상황에 대해 곧바로 이해할 수 있다. 이러한 사실은 질적연구자가 연구의 배경을 설명할 때 아주 세세한 부분까지도 빠짐없이 제시하고 묘사적인 글쓰기를 수행할 필요가 있음을 알려준다.

이처럼 언어를 사용하여 현상의 복잡성과 상황을 설명하고자 하는 질적연구의 목적과 특징을 고려했을 때, 현상을 이해하기 충분할 정도로 참여자의 삶과 연구 현장을 얼마나 근접하게 밀도 있게 잘 기술했는지는 타당도의 주요한 척도라고 할 수 있다.

❋ 사례

배영미(2015). 아내 학대 피해 여성을 돕는 생존자의 경험에 대한 내러티브 탐구

연구 참여자에 대한 묘사

그녀는 시골 농부의 딸로 태어났으며 그녀의 아버지는 배우지 못한 농부였지만 다정다감한 분이셨다. 그녀는 한글을 떼지 못하고 학교에 입학했기 때문에 친구들 앞에서 책 읽기가 두려웠다. 그래서였는지 선생님께서는 그녀에게 시험을 보지 않고 갈 수 있는 중학교 진학을 권유하셨다. 그러나 시험을 보는 중학교에 입학하고 싶었던 그녀는 아버지께 중학교 입학 원서를 사다 달라고 부탁드렸다.

어느 날 아버지께서는 밤하늘의 별을 보며 앉아 있던 그녀를 보고 "우리 딸은 시인이 될 것 같네."라고 말씀하셨다. 배움도 짧으셨던 아버지께서는 아무 의도도 없이 그 말씀을 하셨을 텐데 그녀는 시간이 많이 지나 성인이 된 지금까지도 그 말씀이 강하게 뇌리에 박혀 있다.

이 경험은 그녀의 생애 속에서 배움과 지식의 갈구를 가장 강조하고 있었다. 배움이 짧았던 부모와 경제적으로 넉넉지 않은 환경에서 자란 그녀는 자신의 상황을 개선해나가기 위해 지식이 필요하다고 인식했다. 이에 그녀는 배움에의 열망을 충족하기 위해 학업을 지속해나갔고 배움을 추구하는 삶을 살아왔다.

❋ 사례

김영천 · 김필성(2016). 아빠는 죽어도 학원은 죽지 않는다

연구 장소에 대한 묘사

학원 교실은 한 반에 최대 16명 정도의 학생들이 공부할 수 있는 소규모이다. 교실에 있는 것이라고는 1명이 앉는 책상 16개뿐이며 2개씩 붙어서 총 8줄로 배치되어 있다. 앞쪽 벽면을 다 채울 수 있는 크기의 칠판이 있으며 사방에는 눈의 피로를 줄이도록 녹색의 벽이 있을 뿐이다. 학교에서처럼 창문이 없고 게시판이 없어 그림이나 장식품 등도 보이지 않는다. 이와 같이 학원 교실은 공부만을 위한 공간으로서 학생들의 시선 분산을 최대한 줄인다.

라. 증거 자료 수집: 결과와 관련된 실제 자료를 축적한다.

〈표 11-12〉 증거 자료 수집의 예시

수집 방법	수집 자료	자료 분량
참여관찰	참여관찰 기록지	공책 2권(A4 30장)
	수업 녹음 파일	8개, 15시간
심층 면담	수업 녹음 전사지	A4 63장
	학원 대표 면담 녹음 파일 및 녹음 전사지	파일 6개, 10시간, A4 28장
	학원장 면담 녹음 파일 및 녹음 전사지	파일 2개, 2시간, A4 9장
	학원 교사 면담 녹음 파일 및 녹음 전사지	파일 3개, 4시간, A4 14장
	학원생 면담 녹음 파일 및 녹음 전사지	파일 2개, 3시간, A4 11장
문서 분석	학원 교육과정 파일 자료 및 문서 자료	파일 40개, A4 54장
	학원 교재 및 학생 산출물	예시 교재 4권, A4 12장
기타	성찰 일지	공책 1권(A4 16장)

연구의 결과를 증명해줄 수 있는 실제 자료를 수집하는 것은 질적연구의 타당도를 높이는 또 다른 방법이다. 단순히 면담을 통해 연구 참여자의 진술을 그대로 제시하는 것보다 그들의 행동, 직접 제작한 산출물, 성적표, 행동 관찰 일지 등을 병행하여 제시하는 것은 연구 결과를 더 믿음직하게 만들어준다.

증거 자료에는 연구자가 쓴 현장 일지, 사진, 비디오테이프, 신문, 문서 자료 등이 있다. 연구자가 직접 수집한 생동감 있는 자료는 그 자체로도 연구자의 부족한 기억력과 인간의 오감이 가질 수 있는 주관성을 줄여주는 효과를 부여한다. 추가적으로 연구자가 수집하여 언제든지 제시할 수 있는 실물 자료는 연구자의 해석이 틀리지 않았다는 것을 입증하는 데 도움이 된다. 최근에는 디지털 기술의 발달로 증거 자료를 수집하기가 훨씬 수월해졌다. 목소리는 녹음기로 수집할 수 있고 행동과 사건에 관한 자료는 카메라 및 비디오카메라로 소리까지 생생하게 담아낼 수 있다. 실물 자료 역시 과거에는 눈으로 보고 기억하는 수밖에 없었지만 지금은 모든 내용을 사진이나 영상과 같은 컴퓨터 파일로 변환하여 언제든지 꺼내 확인할 수 있다.

이러한 자료를 연구 결과 부분에 모두 담는 것은 현실적으로 어렵지만 학위 논문의 경우 부록의 형태로 제시할 수 있다. 또한 연구 심사 과정에서 심사위원이 연구 결과와 관련된 자료를 요청할 경우 구조화하여 제공할 수 있을 것이다. 즉 논문 결과를 읽는 사람이나 심사위원이 왜 그렇게 결과가 도출되었는지를 알고 싶을 때 또는 해석의 신뢰성을 의심할 때 연구의 신뢰성을 높일 수 있는 효과적인 자료로 이용하는 것이다. 이러한 연구 자료를 확인할 수 있다면 그 논문의 신뢰성과 맥락 적합성을 인정할 수밖에 없을 것이다.

〈표 11-13〉 증거 자료 수집의 예시

연구 제목	수집한 증거 자료
하미용(2015). 장애 자녀를 둔 다문화 가정 어머니의 가족생활 경험에 관한 내러티브 탐구	전사 자료: A4 용지 339장 분량 연구 일지: A4 용지 35장 분량 현장 노트, 대화 메모, 연구 참여자 편지, 시집, 가족 사진, 센터 이용 기록 자료
장효순(2014). 예비 과학교사의 수업 전문성 신장을 위한 교육 실습과 연계된 대학 강좌 개발에 관한 실행 연구	현장 과학교사의 수업 동영상 자료 강의 녹화 자료 예비교사 활동 산출물 교육 실습 수업 녹화 자료 예비교사 인터뷰 자료 서술형 설문 자료 교육 실습 일지 연구 일지 및 수업 노트

마. 동료 연구자의 자문, 연구 참여자의 피드백: 많은 사람에게 의견을 듣는다.

[그림 11-6] 동료 연구자의 자문, 연구 참여자의 피드백(출처: https://www.shutterstock.com)

동료 연구자의 자문은 연구 과정에 실제 그 이론을 공부하고 있는 학습 동료를 참여시켜서 1인 연구자가 범할 수 있는 방법적, 해석적, 절차적 오류를 줄이려고 노력하는 것을 말한다. 동료 연구자에게 자문을 받으면 혼자서 연구할 때 종종 범하는 주관적인 해석을 대부분 방지할 수 있다. 주로 연구의 배경에 대해 잘 알거나 깊은 지식을 소유한 인물을 연구에 초청하여 자료에 대한 연구자의 해석이 과연 정확한지 평가해달라고 부탁하면서 이루어진다. 그들은 이 과정을 통해 연구자가 연구 참여자의 관점에 지나치게 동조한다거나, 연구의 객관성을 잃을 만큼 주관적이 되는 위험을 지적해줄 수 있다. 또한 연구자가 놓쳐버린 연구 문제, 관점, 아이디어를 상기시키고 보다 신선하고 대안적인 아이디어를 제공함으로써 좀 더 믿을 만한 연구 결과를 만드는 데 기여할 수 있다.

한편 연구 참여자의 피드백은 질적연구의 타당도 작업에서 가장 중요하면서도 확실한 준거 중의 하나이다. 질적연구에서는 참여자의 관점(Geertz, 1975)과 참여자의 눈으로 바라보는 것(Bryman, 1988)이 강조되며, 더 나아가 참여자의 관점과 해석에 의해 설명되고 이해되어야 한다.

이러한 연구 참여자의 피드백을 위해서는 우선 연구자가 수집된 자료와 이론적 배경을 토대로 1차 분석을 실시하고 잠정적인 결론을 도출해야 한다. 그 이후 그 내용을 연구 참여자에게 직접 보여주고 의견을 청취한다. 피드백 과정에 참여한 연구 참여자는 연구자가 도출한 연구 결과 및 논문의 초안을 읽고 자신이 진술한 내용의 의미가 맞는지, 연구자의 의도가 연구의 맥락과 문제에 잘 반영되었는지, 연구 결과에 만족하는지 등을 연구자에게 전달한다. 이 과정을 통해 외부자인 연구자가 내부자인 연구 참여자의 세계를 얼마나 근접하게 그리고 이해했는지를 참여자가 평가하는 것은 연구 결과의 신뢰성을 확인하는 효과적인 방법이므로 그들의 입장을 반영할 필요가 있다. 연구 참여자가 연구자의 잠정적인 결론이나 분석을 호의적으로 평가하는 경우에는 연구 결과가 적절하다고 판단할 것이다.

✄ 사례
김수미(2016). 신장 이식 수혜 청소년의 질병 경험에 관한 내러티브 탐구

나는 각 연구 참여자들과의 3~4회 면담을 통해 구두 및 서면으로 나와 연구 참여자와의 해석을 확인하는 과정을 반복하였고, 면담이 끝난 후는 전화와 이메일을 통하여 최종적인 의미 해석을 확인하였다. 이때 나는 이야기 해석에 있어서 해석학적 거리두기를 실천하였고, 연구자의 무지(not-knowing)의 원리를 지켰다.

그 과정에서 나는 연구에 임하기 전 신장 이식 수혜 청소년에 대해 가졌던 나의 편견을 발견하였고, 그 편견에 의해 그들의 이야기를 해석하지 않도록 노력하였다. 그중 하나는 '신장 이식 수혜 청소년들이 이식 수술에 대하여 모두 긍정적으로 받아들일 것이며 의료진에 대해서도 호의를 가질 것이다'였는데, 병원 시스템에 대한 불만들이 이야기되었고 이식 수술이 완전한 해결이 아니었음을 듣게 되었다. 이때 병원에서 일했던 사람으로서 병원의 입장을 설명하고 싶었고, 연구 참여자의 회의적인 시각들 못지않게 희망적인 이야기도 적잖이 이야기될 것을 기대하였으나 이러한 기대가 자칫 연구 참여자들에게 강요가 되지 않도록 주의하였다.

✄ 사례
이혜선(2015). 미술치료 전문가의 윤리적 딜레마와 실천행동 연구

본 연구는 미술치료 전문가가 경험하는 윤리적 딜레마와 이를 해결하기 위한 윤리적 실천행동의 전략, 그리고 미술치료 전문가는 어떤 과정을 거쳐 윤리적 실천행동을 하는지를 탐색하고 이해하는 데 목적이 있다. 연구 참여자 선정은 이론적 표본 추출을 통한 목적 표집으로 7명의 연구 참여자를 선정하였으며, 이들을 대상으로 수집한 면담 자료를 근거 이론 접근 방법으로 질적 분석하였다.

이 과정에서 사용된 연구 참여자의 피드백 내용은 다음과 같다. 연구 참여자 3은 결과를 받아 보고 다시 한 번 자신을 돌아보고 생각하게 되었다고 응답하였으며, 미술치료 전문가로서의 윤리적인 접근의 중요성을 강조하였다. 참여자 5는 윤리에 대해 스스로 다시 생각해보는 계기가 되었다면서 로저스의 '일치성'과 '보편성'을 이야기하였으며, 참여자 7은 본 연구의 참여자가 되기 전에는 윤리라는 것을 어떤 행동을 하지 말라는 부정 명령으로 생각하였으나, 연구 참여를 통해 그것이 어떤 행동을 해야 한다는 긍정 명령인 것을 깨닫게 되었다고 이야기하였다. 또한 연구 참여자들은 미술치료 전문가로서 몇 가지 제한점에 대해서 이야기했다. 참여자 4는 자신의 이야기가 미술치료 전문가들을 대표한다는 사실에 두려움이 있었다. 연구자는 이러한 내용들을 모두 조합하여 연구의 내용을 수정하였다.

바. 연구자의 성찰: 스스로 변화되는 내용을 포착하여 기록으로 남긴다.

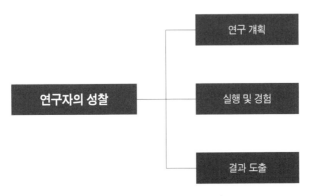

[그림 11-7] 연구자의 성찰

마지막으로 제시할 성찰 요소는 질적연구에서의 타당도가 지닌 철학적 특성을 가장 많이 반영하는 내용이라고 할 수 있다([그림 11-7] 참조). 쉽게 말해 성찰은 연구가 시작되기 이전에 연구자가 이미 가지고 있었던 선험적 이론이나 가설 또는 시각이 실제 현장작업을 통해 어떻게, 얼마나 변화되었는가를 탐색하는 과정을 의미한다. 연구에서 성찰이 제 기능을 발휘하면 초기에 설정했던 연구 가설이 변화되거나 연구 문제가 심화되는 등의 효과를 불러일으킨다. 즉 연구 과정 속에서 연구의 내용이나 방향이 계속적으로 변화했다면 그것은 연구자가 방황한 것이 아니라 지속적인 성찰 과정을 통해 올바른 방향을 찾는 작업이 성공적으로 이루어졌다는 것으로 해석될 수 있다.

이처럼 연구자의 성찰은 타당도 측면에서 사회현상과 세계에 대한 질적연구의 가정을 그대로 반영하고 있다. 연구자는 사회현상의 복잡성과 심층적 의미 구조를 찾아내기 위해 개방적, 유연적, 비결정적인 연구 시각과 연구 개념을 설정해야 한다. 이러한 접근은 연구자가 연구 이전에 기대하지 못했던 다양한 자료와 시각을 발견할 수 있는 기회를 증가시킬 것이다. 그다음으로 기존의 연구 시각(설정된 연구 문제나 가설, 이론)이 실제 연구 세계와 조우했을 때 어떻게 변화되는지를 주의 깊게 살펴보아야 한다. 연구자는 연구 작업을 해나가면서 연구를 시작하기 이전의 연구 문제나 내용이 실제 상황에 의해 어떻게 변이되고 변화되는지 알아보고 이론과 현상 간에 어떤 괴리가 발생하는지에 대해 반성할 필요가 있다. 성찰의 결과 연구자가 미리 설정한 연구 질문과는 다른 내용을 발견하거나 기존의 것보다 훨씬 발전된 연구 질문을 개발할 수 있을 것이다.

〈표 11-14〉 연구자 성찰의 예시

제목	연구자 성찰의 내용
김진원(2017). 중도 입국 청소년의 직업훈련에 관한 참여 실행 연구	청소년들의 직업 능력이 정말 향상되는가? 훈련 과정에서 나타나는 심리적 변화는 무엇인가? 그들이 느끼는 가장 큰 문제는 무엇인가? 실제적으로 도움을 주어야 할 부분은 무엇인가? 훈련(연구)이 끝나면 어떻게 해야 할까?
이재용(2016). 초등교사의 자기성찰 경험에 관한 현상학적 연구	초등교사의 자기성찰 경험이 지닌 본질적인 주제는 무엇인가? 나의 경험이 포함되지 않은 체험 자료의 의미는 어떻게 파악하는가? 가르친다는 것의 기술적인 의미는 무엇인가? 교사가 성장을 지향한다는 것의 방향은 교사인가? 학생인가?
김한범(2017). 학생 선수 운동부 정체성 경험에 대한 내러티브 연구	운동부 폭력의 피해자가 왜 가해자로 변하는가? 운동부의 폐쇄성은 어디서 오는 것인가? 불합리한 요소를 극복하고 해결하려고 한 사례는 없는가? 지도자들은 운동부 경험을 어떻게 활용하는가? 자유로운 운동부는 존재하지 않는가? 운동을 하다가 공부를 선택하는 경우는 왜 그럴까?

참고문헌

성태제(1995). **타당도와 신뢰도**. 양서원.

Ball, S. J. (1990). Self doubt and soft data: social and technical trajectories in ethnographic fieldwork. *Internation Journal of Qualitative Studies in Education*, 3(2), 157-171.

Bryman, A. (2003). *Quantity and Quality in Social Research*. Routledge.

Campbell, D. T. & Stanley, J. C. (1963). Experimental and quasi-experimental designs for research. *Handbook of Research on Teaching*, 171-246.

Cho, J. & Trent, A. (2006). Validity in qualitative research revisited. *Qualitative Research*, 6(3), 319-340.

Cook, T. D. & Campbell, D. T. (1979). The design and conduct of true experiments and quasi-experiments in field settings. In *Reproduced in Part in Research in Organizations: Issues and Controversies*. Goodyear Publishing Company.

Denzin, N. K. (1989). *The Research Act: A Theoretical Introduction to Sociological Methods* (3rd ed). New Jersey: Prentice Hall.

Eisenhart, M. A. & Howe, K. R. (1992). Validity in educational research. *The Handbook of Qualitative Research in Education*, 643-680. London: Sage.

Erickson, F. (1989). The meaning of validity in qualitative research. *Handbook of Research on Teaching*. New York: Macmillan.

Geertz, C. (1975). On the nature of anthropological understanding: Not extraordinary empathy but readily observable symbolic forms enable the anthropologist to grasp the unarticulated concepts that inform the lives and cultures of other peoples. *American scientist*, 63(1), 47-53.

Hammersley, M. (1998). *Reading Ethnographic Research* (2nd ed). London: Longman.

Krieger, S. (1983). *The Mirror Dance: Identity in a Women's Community*. Temple University Press.

Kvale, S. (1989). To Validate is to Question. In S. Kvale (ed.) *Issues of Validity in Qualitative Research*, pp. 73-92. Lund, Sweden: Studentlitteratur.

Lather, P. (1991). *Getting Smart: Feminist Research and Pedagogy within/in the Postmodern*. Routledge.

Lather, P. (1993). Fertile obsession: Validity after poststructuralism. *The Sociological Quarterly*, 34(4), 673-693.

Lather, P. (1986). Issues of validity in openly ideological research: Between a rock and a soft place. *Interchange*, *17*(4), 63-84.

LeCompte, M. D. & Goetz, J. P. (1982). Problems of reliability and validity in ethnographic research. *Review of Educational Research*, *52*(1), 31-60.

Lincoln, Y. S. & Guba, E. G. (1985). *Naturalistic Inquiry*. Thousand Oaks: Sage.

Marshall, C. (1985). Appropriate criteria of trustworthiness and goodness for qualitative research on education organizations. *Quality and quantity*, *19*(4), 353-373.

Mathison, S. (1989). Why triangulate? *Educational Researcher*, *17*(2), 13-17.

Maxwell, J. (1992). Understanding and validity in qualitative research. *Harvard Educational Review*, *62*(3), 279-300.

Miles, M. B. & Huberman, A. M. (1984). Drawing valid meaning from qualitative data: Toward a shared craft. *Educational Researcher*, *13*(5), 20-30.

Reason, P. & Bradbury, H. (2001). *Handbook of Action Research: Participative Inquiry and Practice*. London: Sage.

Richardson, L. (1997). *Fields of Play: Constructing an Academic Life*. New Brunswick. NJ: Rutgers University Press.

Seale, C. (1999). *The Quality of Qualitative Research*. London: Sage.

Smith, J. (1984). The problem of criteria for judging interpretive inquiry. *Educational Evaluation and Policy Analysis*, *6*(4), 379-391.

Smith, J. (1989). *The Nature of Social and Educational Inquiry: Empiricism versus Mixed Methods and Validity in Qualitative Research Interpretation*. Norwood, NJ: Ablex Publishing Corporation.

Stewart, H., Gapp, R., & Harwood, I. (2017). Exploring the alchemy of qualitative management research: Seeking trustworthiness, credibility and rigor through crystallization. *The Qualitative Report*, *22*(1), 1-19.

Wolcott, H. (1990). On Seeking and Rejecting Validity in Qualitative Research. In E. Eisner & A. Peshkin (eds). *Qualitative Inquiry in Education: The Continuing Debate*, pp. 121-152. New York: Teachers College Press.

Wolf, D. P. (1992). Assessment as an episode of learning. *Assessment Update*, *4*(1), 5-14.

제12장

질적 자료와 텍스트를
질적으로 바꾸기

질적연구는 근본적으로 글쓰기 작업이다. 글쓰기는 질적연구의 가장 핵심적인 과업일 뿐만 아니라 양적연구와 질적연구를 구분하는 가장 큰 특징이기도 하다. 따라서 연구자는 연구 결과를 도출한 시점에 전체 내용과 구조를 질적으로 만들어야 하며, 그 내용과 형식을 고민할 때도 어떻게 하면 더욱 질적연구처럼 만들 수 있을까 마지막까지 숙고하는 노력이 필요하다. 따라서 여기서는 질적연구를 더욱 질적으로 보이게 하는 글쓰기 방법을 살펴보겠다.

1. 논문 제목을 매력적으로 만들기

질적연구의 제목은 매력적이고 연구 전체를 관통하는 의미를 드러내야 한다. 질적연구의 제목은 책의 제목과 같다. 서점이나 도서관 등에서 서가에 꽂혀 있는 책을 살펴볼 때를 생각해보자. 그 많은 책 중에서 눈길을 끄는 책을 골라 내용을 살펴본다. 그리고 이때 우리의 눈길을 끄는 가장 주요한 요소는 책의 제목이다. 우리는 책의 제목을 통해 그 내용을 짐작하고 흥미를 갖게 된다.

질적연구물의 제목도 이와 다르지 않다. 질적연구물의 제목 또한 수많은 연구 사이에서 독자의 눈길을 끌어 읽어보게 만든다. 그러한 측면에서 우리나라 질적연구물의 제목이 보여주는 연구 내용 축약 형식의 제목 짓기는 비록 그 내용을 선명하게 전달하는 데에는 성공했을지언정 독자의 흥미를 끄는 매력은 부족하다고 볼 수 있다. 우선 이러한 내용 축약형 제목의 예를 살펴보자.

〈표 12-1〉에 제시한 연구 제목은 연구 내용 축약형 제목의 대표적인 예이다. 이러한 형식의 제목 짓기는 크게 두 가지에 초점이 맞추고 있다. 첫째, 탐구의 대상이 되는 경험 혹은 현상을 드러내는 데 초점을 맞춘다. 〈표 12-1〉에서 '초심 여성 청소년 동반자의 위험 경험', '외상 사건 이후 성장 과정', '정보화 마을' 등은 그 연구가 탐구하고자 하는 대상을 나타낸다. 둘째, 그 대상에 접근하는 방법을 드러내는 데 초점을 맞춘다. '질적연구', '근거 이론', '문화기술지'와 같은 표현은 그 연구가 어떤 방법과 관점으로 탐구 대상에 접근했는지를 보여준다.

이러한 제목은 연구 내용을 선명하게 드러내는 데에는 효과적이라 할 수 있지만 질적연구의 특징을 드러내는 데에는 다소 부족함이 있다. 질적연구의 텍스트는 호소적이면서 독자를 이끌어야 한다는 것을 고려하면(van Manen, 1997), 질적연구물은 그 시작 시점이 제목에서부터 독자에게 매력적으로 다가설 필요가 있다. 〈표 12-2〉의 예는 매력

〈표 12-1〉 내용 축약형 질적연구 제목

제목	연구 내용
초심 여성 청소년 동반자의 위험 경험에 대한 질적연구(배영광 · 권경인, 2018)	초심 여성 청소년 동반자가 상담 현장에서 겪는 위험 경험에 대해 현상학적으로 접근. 경험에 내재하는 세 개의 주제로 '도움을 주려고 찾아간 대상으로부터 언어 위협, 폭력 행동, 도구로 인한 폭력과 성적인 위협을 간접적 · 직접적으로 경험하며 두려움', '홀로 고통의 정서를 견디며 지쳐버린 자신을 발견함', '지속적으로 남겨진 외상의 기억 속에서 상담 개입의 전체적인 조망을 할 수 있게 됨'을 도출.
외상 사건 이후 성장 과정 분석: 근거 이론을 중심으로(송현 · 이영순, 2018)	성인 11명의 외상 사건 이후 경험에 대해 근거 이론 접근을 통해 탐구. 외상 후 '정서 다루기', '생각 다루기', '수용하기', '일어나기'의 경험 단계를 통해 경험이 나아가는 과정을 도출.
정보화 마을에 대한 문화기술지 연구(황희영 · 김종호, 2013)	경북 지역 두 정보화 마을의 문화적 특성을 탐구. 문화적 주제를 크게 정보화 마을의 변천과 주민의 인식 변화 측면에서 도출. 문화적 주제로 '공짜 컴퓨터 받기', '나의 일 그리고 마을의 일', '장도가 집단과 관망자 집단', '비참여 집단 포용하기', '희망과 과제' 등을 도출.

〈표 12-2〉 질적연구물의 제목

제목	연구 내용
회복된 자아(restored self): 마리화나를 통한 고통 제거에 대한 현상학적 연구(Lavie-Ajayi & Shvartzman, 2018)	의료적 마리화나 사용자 19명의 경험에 대해 현상학적으로 접근. 연구 결과로 '안도의 한숨', '평범함으로 돌아가기', '마리화나 사용의 부작용' 등의 주제를 도출. 의료적 마리화나를 통해 자신을 회복하는 환자들의 경험을 도출.
공들여 만들기(craftness): 해킹에 대한 문화기술지 연구(Steinmetz, 2015)	논쟁적인 주제인 '해킹'에 대해 문화기술지 방법으로 접근. '해킹'의 문화적 주제로 '특별한 지적 능력', '기술의 강조', '도구와 해킹 과제에 대한 주인 의식', '조합과 유사한 사회 구조와 학습 구조', '헌신 의식', '결과보다 과정을 강조', '공통적인 현상학적 경험', '범죄화 경향'을 도출. 이에 기반하여 해킹의 과정이 관습을 거스르는 창조(craft)임을 논의.
황금 실(the golden thread): 유년기 교육에서의 창의성 개발에 있어서 중추적 역할을 하는 교육자와의 연결성. 아일랜드 생애사 연구(O'Conner, 2015)	창의적인 아일랜드인 5명의 삶에 대한 생애사적 연구. 연구의 결과로 창의성 개발에 있어 좋은 교육자와의 만남이 핵심적 요소임을 밝힘. 학생과 좋은 교육자의 관계가 황금 실의 역할을 한다는 것을 논의.

적인 제목 짓기를 통해 질적연구의 특징을 잘 드러낸 것이다.

〈표 12-2〉의 연구 제목은 앞서 살펴본 내용 축약형 제목과 달리 좀 더 은유적이며, 상징적으로 연구 내용을 드러내고 있다. 이러한 연구 제목은 내용 축약형 제목보다 독자나 심사자에게 좀 더 매력적으로 다가온다. '회복된 자아'의 경우 의료적 마리화나 사용을 통해 점차 잊었던 자신으로 돌아가는 과정을, '공들여 만들기'의 경우 파괴적인 과업으로 알려져 있던 해킹에 대한 역설적 논의를, '황금 실'은 교사와 학생의 관계가 얼마나 중요한가를 은유적 표현을 통해 강조한 것이다. 그리고 이러한 제목은 내용 축약형 제목이 말할 수 없는 많은 것을 독자에게 전달한다.

창의적이고 매력적인 제목은 연구자의 독창성, 문학적 감수성, 연구 결과에 대한 깊은 이해를 바탕으로 창의적으로 구성된 것이라 할 수 있다. 그렇다면 매력적인 제목을 만들기 위해 참고할 수 있는 몇 가지 방법을 살펴보자.

가. 은유적 표현으로 제목 짓기

은유적 표현으로 제목 짓기는 은유법이나 제유법과 같은 은유적 방법으로 제목을 짓는 것이다. 질적 글쓰기에서 은유적 표현은 많은 학자가 지속적으로 강조해온 주제 중의 하나이다(Richardson, 1990; van Manen, 1997; Nicol, 2008). 은유법은 표현하고자 하는 주제의 핵심을 독자에게 익숙한 개념에 비유하여 전달할 수 있을 뿐만 아니라, 그 은유가 가진 함축성으로 인해 짧은 단어나 구를 통해서도 많은 의미를 전달할 수 있다. 따라서 은유적 표현은 매력적인 제목을 짓는 유용한 방법이다.

은유법을 통한 제목 짓기의 대표적인 예로 Benedict(1946)의 연구를 들 수 있다. 이 연구에서 연구자는 일본의 국민성에 대한 문화기술지 연구를 시도했는데, 연구의 결과로 일본 국민성에 내재한 억압성과 폭력성이라는 두 가지 주제를 도출했고, 이를 기반으로 억압성을 상징하는 '국화'와 폭력성을 상징하는 '칼'이라는 은유적 표현을 통해 '국화와 칼(the chrysanthemum and the sword)'이라는 연구 제목을 구성했다. 다음은 제목에 대한 연구자의 고찰 중 일부이다.

> 일본인을 다룬 저작에는 세계 어느 국민에게도 쓰인 적이 없는 '그러나 또한'이라
> 는 표현이 남발되고 있다. 정직한 관찰자가 일본인 이외의 다른 국민에 관해 기술할
> 때, 만약 그 나라 국민이 예의 바르다고 말할 경우 "그러나 또한 그들은 불손하다"고

말하지 않는다. (중략) 미를 사랑하고, 예술가를 존경하고, 국화 가꾸기에 신비한 능력을 지닌 국민에 관한 책을 쓸 경우에도 "그러나 또한 그 민족은 칼을 숭배하며 무사에게 최고의 영예를 돌린다"는 내용으로 그 국민의 성격을 규정하는 경우는 없다.

그렇지만 이 같은 모순은 일본에 관한 저작에서는 모두 용인된다. 일본에 관해 기술할 때 이런 모순은 모두 진실이다. 칼도 국화와 함께 그림의 중요한 구성 요소가 된다. 일본인은 싸움을 좋아하면서도 동시에 얌전하며, 제국주의적인 모습을 드러내면서도 동시에 탐미적이다. 또 불손한 듯 보이면서도 예의 바르고 완고한 듯 보이지만 상황에 대한 적응력이 뛰어나다. (Benedict, 1946)

일본 국민성에 대한 연구자의 성찰은 어떻게 은유적 표현이 연구 제목으로 이어졌는지를 잘 보여준다.

나. 문학작품 차용하기

기존 문학작품의 제목에 기반한 연구 제목 짓기도 매력적인 제목을 구성하는 좋은 방법이다. 문학작품을 차용한 연구 제목은 은유를 사용한 제목과 마찬가지로 짧은 구와 절을 통해 많은 내용을 독자나 심사자에게 전달할 수 있다. 그 제목의 배경이 되는 문학작품에 대한 지식을 통해 연구에 함축되어 있는 주제를 그려볼 수 있기 때문이다. 그러므로 문학작품을 차용하여 제목을 지을 때는 무엇보다 연구의 주제나 결과에 부합하는 문학작품을 선정하여 차용하는 것이 중요하다.

김영천, 정정훈, 이영민(2006)은 초임교사의 1년 생활에 대한 연구를 수행했는데, 그들은 이 연구의 제목으로 '미운 오리 새끼: 한국 초임교사의 일 년 생활'을 선택했다. 다음은 제목에 대한 연구자들의 기술이다.

우리는 이 연구를 진행하면서 이 책의 제목에 대하여 고민을 거듭하였다. 초임교사, 한국의 초임교사, 진정한 교사 되기, 교사로서 산다는 것 등 여러 가지 표현들 중에서 우리가 왜 '미운 오리 새끼'라는 표현으로 결정했는지에 대해서 이야기하고자 한다. (중략) 우리들을 감동시키는 것은 절망적인 상황에서 각고의 노력과 희망을 바라보며 성공을 이루어낸 용기 있는 사람들의 이야기이다. 우리는 이 책의 제목을 결정하는 과정에서 이러한 감동적인 이야기들에 주목하게 되었다. (중략) 이러한 감동적인 이야기들 중에 우리가 '미운 오리 새끼'에 주목한 것은, 유난히 크고 보기 싫게 태어난 오리 새끼 한 마리가 다른 오리들에게 구박을 받고 농가를 뛰쳐나와 거리를 방황하고 얼음으로 뒤덮인 고생스러운 겨울도 지나고 봄이 왔을 때 오리 새끼는 저도 모르게 하늘을 날 수 있게 된다는 이야기의 주제가 갖는 매력이 초임교사의 삶을 잘 대변해줄 것이라 여겼기 때문이다. 오리 새끼는 사실은 백조의 새끼였으며, 자신이 처한 괴롭고 슬픈 시절을 꿋꿋하게 견뎌내 찾은 행복을 자만하지 않고 겸손하게 누리게 된다는 이야기를 담은 매우 잘 알려진 이야기이다. (김영천·정정훈·김영민, 2006)

위의 기술은 초임교사의 삶을 아직 백조가 되지 못한 미운 오리 새끼의 삶과 비교하고, 그들의 성장과 비상이 백조가 되게 만들며, 또한 그러한 과정이 독자에게 큰 감동이 됨을 이야기하고 있다. 그러한 측면에서 동화인 〈미운 오리 새끼〉가 연구의 훌륭한 제목이 될 수 있음을 밝혔다.

다. 연구자의 목소리 사용하기

연구의 과정 속에서 발견한 연구 참여자의 목소리 또한 연구 제목으로 활용될 수 있다. 질적연구에서 연구 참여자의 목소리는 중요한 의미를 가진다. 연구 참여자의 목소리를 통해 연구자가 탐구하고자 하는 현상이 그들의 관점에서 어떻게 보이는지를 알 수 있기 때문이다. 따라서 연구 참여자의 목소리를 제목을 통해 드러내는 것은 연구의 결과를 드러내는 주요한 방법이다(Saldaña, 2009). 특히 연구 참여자의 목소리 중 현상을 관통하는 결정적 표현은 연구 제목의 훌륭한 원천이 된다.

Thompson, Cook, Duschinsky(2017)는 환자의 가정에 거주하며 근무하는 재가 간호사의 경험에 대한 탐구를 수행했는데, 이 연구에서 다음과 같은 인터뷰 자료를 제시했다.

Alice: 그렇게 느껴지지 않아요. 저는 제가 간호사인지에 대한 확신이 서지 않아요

(I'm not sure I'm nurse). 그건… 당신이 간호사로서 생각하는 것의 일부와 관련된
거예요. 그러니까 내가 간호사로서 해야 하는 것이라고 생각하는 그런 것이에요.
병상 옆에서 간호를 할 때 임상적인 수행을 하는 것이 중요한 것이라 여겨지지요.
하지만 여기서는 사회적인 어떤 것이 더 중요해요. (Thompson et al., 2017)

연구자들은 이러한 자료에 대한 분석을 통해 다음과 같이 결론을 내렸다.

연구 참여자들은 전체적으로 인간 중심 간호를 중요시하지만 간호사로서 이러한
간호가 주로 임상적이고 의학적인 기술과 중재를 통해 제공되어야 한다고 생각하
고 있다. 그리고 그들의 이러한 생각은 그들의 과업 정체성에 기반을 두고 있다. 반
면 그들은 재가 간호사를 필요로 하는 사회적 복지를 만족시키기 위해 기꺼이 자신
들의 활동을 변형하고 있다. 따라서 그들은 인간 중심 간호에 대한 헌신을 보여줌에
도 불구하고 그러한 간호는 다른 전문 성인 간호사와는 다른 대체적인 정체성으로
간주된다. (Thompson et al., 2017)

위와 같은 연구 참여자의 목소리와 그것에 대한 성찰을 통해 〈“내가 간호사인지 확
신할 수 없어요”: 재가 간호사의 과업 정체성에 대한 해석학적 현상학적 연구〉라는 제목
을 도출했다.

2. 논문 전체/각 장(chapter)을 질적연구 분위기로 바꾸기

질적연구 논문 전체의 목차와 각 장의 제목은 질적연구의 분위기를 드러내고 연구의 전
체적인 내용을 보여줄 수 있는 것이어야 한다. 질적연구물에서 목차는 연구 결과를 전체
적으로 보여주는 뼈대와 같다. 따라서 목차는 전체적인 하나의 주제를 중심으로 한 흐
름을 이루어야 하며, 또한 그 속에 내재되어 있는 의미를 매력적으로 드러내는 표현으로
구성되어야 한다. 하지만 우리나라의 질적연구물에서 발견되는 논문 전체의 목차와 그
표현이 과연 질적연구에 부합하는가에는 아쉬움이 있다.

국내 질적연구물의 목차와 장 제목에서 나타나는 아쉬움은 크게 두 가지로 요약할 수 있다. 첫째, 양적연구의 목차를 그대로 답습하는 연구이다. 일반적으로 양적연구는 서론, 이론적 배경, 연구 방법, 연구 결과, 결론 및 제언으로 이루어져 있다. 이러한 목차는 양적연구의 성질에 특화된 것이라 할 수 있는데, 양적연구의 경우 개념과 개념 사이의 관련성을 밝히는 데 초점을 맞추기 때문에 그러한 개념의 기반이 되는 이론을 다루는 이론적 배경, 연구의 모형과 가설을 비롯한 연구 설계를 제시하는 연구 방법, 통계적 분석 결과를 제시하는 연구 결과, 그리고 연구 결과에 대한 연구자의 해석을 제시하는 결론의 구조로 되어 있다. 하지만 이러한 구조는 자료의 분석과 연구 결과로서의 글쓰기를 분리할 수 없는 질적연구의 목차로는 적합하지 않을 뿐만 아니라, 질적연구의 특징인 현상에 대한 깊은 이해를 독자에게 전달하는 데 부적절하다.

김혜경(2016)은 도시에 거주하는 독거 여성 노인의 삶과 그들의 건강 생활에 대한 질적 접근을 시도했다. 연구자는 이 연구에서 다음과 같은 목차를 제시했다.

〈표 12-3〉 김혜경(2016)의 논문 목차

1. 서론
2. 문헌 고찰
3. 연구 방법
4. 연구 결과
5. 논의
6. 결론 및 제언

위의 목차만 보아서는 질적연구가 맞는지 파악하기 힘들다. 또한 질적 논문을 통해 연구자가 무엇을 논의하고자 하는지 혹은 무엇을 밝혀냈는지를 알기 어렵다. 물론 각 장의 하위 절과 구체적인 글쓰기에서 탐구 결과를 충분히 기술했지만 목차만으로는 논문이 구체적으로 논의하려는 것이 무엇인지 알기 힘들다.

둘째, 질적연구의 목차는 그 연구가 밝힌 주제를 드러내기보다는 단순한 현상의 언급에 그치는 목차이다. 질적연구가 독자에게 제시하고자 하는 것은 연구의 대상이 아니라 그러한 대상 안에 내재하는 주제이다. 그러므로 목차에서도 주제가 전체적인 흐름 속에 잘 드러나게 제시해야 한다. 그럼에도 불구하고 현상에 대한 단순한 언급에 기반한 목차는 연구가 어떤 현상을 다루고 있는지를 드러낼 뿐이지, 그 연구가 구체적으로 어떤 주제를 밝혔는지에 대해서는 알려주지 못한다.

여현철(2018)은 한국전쟁 납북자 가족의 생애사 연구를 통해 그들의 삶 속에 내재한 주제를 탐구했다. 연구자는 목차에서 다음과 같은 주제와 범주를 제시했다.

〈표 12-4〉 여현철(2018)의 목차

5장 질적 생애사 연구 결과 분석
  1절 범주적 내용 분석
    1. 납북자 가족의 공포의 대상
    2. 납북자 가족에게 미친 사회·문화적 요인
    3. 납북자 가족의 고통(아픔)과 기억의 변화
  2절 통합적 형태 분석
    1. 시간적으로 본 납북자 가족의 감정 변화
    2. 납북자 가족의 피해 형태 분석
    3. 세대 간으로 본 납북자 가족의 피해 인지도
  3절 담론적 분석
    1. 납북자 가족의 원망의 대상
    2. 연좌제 폐지 전후 비교를 통한 납북 가족의 생애사
    3. 국가의 연좌제 적용과 적용 대상의 윤리
  4절 만델바움·쉬체의 이론으로 본 납북자 가족의 생애사 분석
    1. 차원의 관점에서 본 생애사 분석
    2. 전환기의 관점에서 본 생애사 분석
    3. 적응기의 관점에서본 생애사 분석

위의 목차는 앞서 살펴본 양적연구의 목차 차용에 비해 다소 진전된 내용을 독자에게 전달하고 있다. 하지만 목차의 주요한 내용이 분석의 대상이나 관점을 기술하는 데 초점을 맞추고 있어 이것만 보아서는 결과적으로 어떤 생애사적 주제를 도출했는지 알 수 없다. 예를 들어 '납북자 가족의 공포의 대상'이라는 목차는 그 절에서 무엇을 다루고 있는지는 확인할 수 있지만 납북자 가족의 공포의 대상이 무엇인지는 알 수 없다. 이러한 목차 역시 비록 현상의 주제를 기술하는 데에는 성공했다 할지라도 목차를 통해 주제를 독자에게 전달하는 데에는 다소 아쉬움이 남는다.

따라서 질적연구의 분위기를 유지하고 연구의 결과를 독자에게 전달하기 위해서는 목차 구성에 두 가지 방법을 고려해야 한다. 목차를 통해 연구 결과로 주제 드러내기와 다양한 수사적 방법을 통해 목차의 질적 분위기 강조하기가 그것이다.

가. 목차를 통해 연구 결과로 주제 드러내기

질적연구의 목차는 무엇보다 연구자가 그 연구를 통해 어떤 주제를 도출했는지를 분명히 드러내야 한다. 질적연구에서 주제는 연구자가 연구를 통해 밝혀낸 현상을 관통하는 요소임과 동시에, 연구자가 글쓰기를 통해 독자에게 전달해야 하는 핵심 요소이다. 따라서 질적연구물은 목차에서부터 주제를 독자에게 전달하는 데 세심한 배려를 해야 한다. 연구자는 목차를 구성할 때 독자가 목차를 읽는 것만으로도 주제를 분명하게 파악할 수 있도록 해야 한다. 이렇게 주제를 드러낸 목차의 예를 살펴보자.

홍은진(2015)은 마을평생교육지도자 3명의 삶에 대한 생애사 연구를 통해 그들의 삶의 궤적과 그러한 삶을 관통하는 생애사적 주제, 그리고 그들의 성공 전략을 탐구했다. 그리고 다음과 같이 총 세 개의 장에 걸쳐 목차를 구성했다.

〈표 12-5〉 홍은진(2015)의 목차

4장 세 마을평생교육지도자들의 삶의 여정
  1. 최상록의 삶의 여정: 마을회관 중심의 지도자
  2. 김보람의 삶의 여정: 행복학습센터 중심의 지도자
  3. 이필승의 삶의 여정: 마을도서관 중심의 지도자
  4. 요약
5장 마을평생교육지도자들의 경험의 특징
  1. '더불어 사는 삶'의 가치 체험
  2. 마을에 대한 애정의 생성
  3. 마을과 함께하는 성장
  4. 활동 방해 요인의 적극적 극복
  5. 활동을 통해 자존감, 자기 가치 발견
  6. 요약
6장 마을평생교육지도자들의 실천 전략
  1. 조력자 확보하기
  2. 울타리 세우기: 교육 장소와 프로그램 개발하기
  3. 마을 이해하기
  4. 주민과의 신뢰 구축하기
  5. 울타리 허물기: 공동체 확장하기
  6. 요약

위의 목차는 앞서 살펴본 목차들과 달리 목차만 살펴보아도 논문의 전체적인 구조와 연구자가 어떤 주제를 도출했는지를 쉽게 확인할 수 있다.

나. 다양한 수사적 방법으로 목차의 질적 분위기 강조하기

연구자는 목차를 구성할 때 은유나 상징 등의 다양한 방법으로 질적 분위기를 강조할 필요가 있다. 이는 앞서 논의한 매력적인 제목 만들기와 같은 맥락이라고 할 수 있다. 연구자는 제목뿐만 아니라 목차에서도 각 장과 절의 제목을 좀 더 매력적으로 만들어 질적 분위기를 강조하고, 이를 통해 독자를 끌어당길 수 있어야 한다. 매력적이고 질적 분위기가 강조된 목차를 만들기 위해 다양한 수사적 방법을 사용할 수 있는데, 몇 가지 예를 통해 살펴보자.

Winning(2011)은 타지에서의 이방인의 경험에 대한 연구를 수행했는데, 이 연구에서 다음과 같은 주제를 목차로 제시했다.

〈표 12-6〉 Winning(2011)의 목차
1. 당신은 어디에서 왔나요? 2. 당신은 여기서 무엇을 하고 있나요? 3. 당신은 여기에 얼마나 머물렀나요? 4. 당신은 이곳을 좋아하나요? 5. 당신은 여기에 얼마나 머물 건가요? 6. 내가 여기 머물러도 될까요?

〈표 12-6〉의 목차는 전체적으로 의문형을 사용했는데, 이러한 의문은 연구자가 연구를 위해 던지는 물음이자 대상이 되는 경험과 관련된 근원적인 물음이다. 그리고 연구자는 이러한 물음을 통해 독자의 흥미를 유발하고 있다.

Adnam(2008)은 교회에서 찬송 노래하기의 경험에 대한 현상학적 연구를 수행했다. 그는 연구의 결과를 〈표 12-7〉과 같은 목차로 제시했다.

〈표 12-7〉 Andam(2008)의 목차

3장 Eldridge Baptist Church에서의 찬송가 부르기 촉진하기
  1. 목가적 리더십의 중요성: 조절, 영향, 위임
  2. 현존하는 음악적 리더십: 민감한 협력
  3. 찬송가 결정하기: 섬세한 균형
  4. 혼합된 일요일 서비스의 재료: "찬가"와 "찬양팀"
  5. 결론

(다음 쪽에 계속)

4장 찬송 노래하기 형식: 노래하기 속에서 노래에 존재하기(being-in-song-in-singing)

  1. 노래에 참여하기

  2. 단지 노래하기

    가. "마음 없는" 노래하기

    나. "의미 없는" 말들

    다. "열정 없는" 노래하기

  3. 노래하기 "속으로"

    가. "압도되기"

    나. "들어올려지기"

    다. "몸짓하기"

    라. "진정으로 찬양하기"

  4. 결론

5장 찬양 노래하기: 진정성과 행위

  1. 찬송가를 부르는 자

    가. 노래하기 혹은 노래하지 않기

    나. 개인성과 독창성

    다. 나, 우리, 그리고 "중요성의 지평"

    라. 찬양, 말, 찬가, 코러스

  2. 음악적 지도자와 동료들

    가. 독창성과 맥락성

    나. 음악적 지도자, 찬송가 부르는 자, 테크놀러지

〈표 12-7〉의 목차는 반복법, 두음법, 병렬법 등을 사용한 것으로, 수사적 표현을 통해 연구자가 도출한 주제를 좀 더 매력적으로 전달하고 있다.

또 다른 예를 살펴보자. Lewis(2018)는 간호대학 유급생의 삶에 대한 내러티브 탐구를 수행했다. 이 연구 결과의 목차는 〈표 12-8〉과 같이 종합해볼 수 있다.

〈**표 12-8**〉 **Lewis(2018)의 연구 결과의 목차**

4. 결과

  4.1. 재수강은 감정적인 여정이다.

    4.1.1. "재수강 때문에 마음이 심란했어요."–Catherine의 이야기

    4.1.2. 스토리 라인에 대한 논의

  4.2. 재수강은 나에게 매우 도움이 된다.

    4.2.1. "재수강을 하는 것이 기뻤어요."–Rose Fairground의 이야기

    4.2.2. 스토리 라인에 대한 논의

〈표 12-8〉의 목차는 앞서 살펴본 것과 다른 형태를 띠고 있다. 첫째, 각 절의 제목이 단어나 구의 수준을 넘어 문장으로 제시되었다. 이러한 문장 형식의 절 제목은 단어나 구에 비해 주제를 더욱 분명하고 구체적인 형태로 드러낼 수 있다. 둘째, 절의 제목을 연구 참여자의 목소리로 구성했다. 연구 참여자의 목소리에 기반한 절 제목은 주제의 기술에 좀 더 현장감과 생생함을 부여한다.

황경숙(2015)은 다중지능 이론에 기반하여 설계한 오페라 교육을 통해 초등학교 학생들이 어떤 교육적 경험을 하는가에 대한 연구를 수행했다. 연구자는 〈표 12-9〉와 같이 오페라의 '막' 형식을 빌려 목차를 구성했다.

〈표 12-9〉 황경숙(2015)의 목차
5. 〈마술피리〉 오페라를 부르다: Performance
scene 1. 왕자를 공격하는 구렁이
scene 2. 다메가 구렁이를 죽이다
scene 3. 타미노 왕자와 파파게노의 만남
scene 4. 밤의 여왕 등장
scene 5. 모노스타토스의 집
scene 6. 마술피리를 부는 타미노 왕자
scene 7. 파파게노의 은종
scene 8. 밤의 여왕 궁전
scene 9. 자라스트로와 파미나 공주
scene 10. 자라스트로와 타미노 왕자
scene 11. 타미노와 파미나의 시련
scene 12. 파파게노와 파파게나의 만남
scene 13. 타미노 왕자와 파미나 공주
scene 14. 불, 물의 시련
scene 15. 피날레

〈표 12-9〉의 목차는 기존의 목차 구성 방법이 아닌 오페라의 구성 형식을 차용한 것으로, 이는 오페라에 기반한 설계와 그 속에서의 학생의 경험이라는 연구의 특징을 잘 반영했다.

3. 연구 내용과 결과를 논리적으로 설득하기

질적연구자는 설득적인 글쓰기를 통해 자신의 연구 내용과 그로 인해 도출된 결과를 독자에게 논리적으로 전달해야 한다. 질적연구와 관련된 가장 널리 퍼져 있는 오해 중의 하나는 연구자의 주관성에 대한 지나친 강조라 할 수 있다. 즉 일부 연구자, 특히 질적연구를 처음 시도하는 초보 연구자는 질적연구가 연구자의 주관성을 주요한 도구로 한다는 점을 지나치게 강조하고, 자신의 논의를 뒷받침하는 실증적 자료 제시나 논리적 타당성을 소홀히 하는 경우가 있다. 하지만 이는 사회과학 연구 방법으로서의 질적연구 방법을 상당히 오해하고 있는 것이며, 또한 질적연구 방법의 과학적 가치를 위협하는 것이라할 수 있다.

연구자가 자신의 연구가 지닌 사회과학적 텍스트로서의 성격을 확립하고 독자가 과학적 연구 결과로 받아들이게 하려면 자신이 탐구한 주제를 실증적 자료와 함께 제시하고, 또 논리적으로 그러한 주제를 기술함으로써 타당성을 확보하려고 노력해야 한다. 그렇지 못하면 독자는 연구를 사변적 에세이나 연구자의 감상 정도로 받아들이게 된다. 게다가 학위 논문이나 학술지 논문의 심사자가 논문을 그렇게 받아들인다면 인준 거부나 게재 거부로 이어질 수 있다. 따라서 연구자는 자신의 연구가 단순히 연구자의 예상이나 추측이 아닌 실증적 자료에 대한 논리적 추론의 결과물임을 강조할 필요가 있다. 이러한 설득적 결과 전달을 위한 두 가지 방법은 실증적 자료 제시하기와 연구자의 해석을 풍부하게 드러내기이다.

가. 실증적 자료 제시하기

연구자는 연구 결과의 기술에서 자신의 연구 결과를 뒷받침할 수 있는 실증적 자료를 풍부하게 제시해야 한다. 그리고 독자는 연구자가 제시하는 실증적 자료를 확인함으로써 연구자의 결과가 충분한 근거에 기반한 것임을 확신하게 된다. 질적연구에는 다양한 실증적 자료가 활용될 수 있다. 그것은 텍스트 형식일 수도 있고, 이미지와 같은 시각적 자료일 수도 있다. 또한 양적연구에서 주로 사용하는 통계 자료도 질적연구의 결과를 뒷받침하는 실증적 자료로 사용될 수 있다.

질적연구에서 주로 사용되는 실증적 자료 제시 방법은 텍스트 형식의 자료 제시이다. 인터뷰 자료, 참여관찰 자료, 문서 자료 등이 주로 텍스트 형식으로 제시된다. 인터뷰의 경우는 구술 형태로 자료가 수집되고, 참여관찰 자료의 경우 연구자의 관찰 형태로 자료가 수집되지만 모두 텍스트 형식으로 전사되어 활용된다는 측면에서 텍스트 형식의 자료 제시로 볼 수 있다.

　　Feltrin, Newton, Willetts(2018)는 막 졸업한 간호사들이 어떻게 간호사 문화에 적응하는지, 그리고 그러한 과정에서 어떤 적응 전략을 사용하는지에 대한 연구를 수행했다. 이 연구에서 그들은 연구 참여자의 인터뷰 자료를 실증적 자료로 제시하고 논의를 진행했는데, 그중 '자아 구체화(self-embodiment)와 자기 개념화(self-consciousness)' 주제에 대해 다음과 같이 기술했다.

> 졸업한 간호사들은 개인으로서 또 전문가로서의 자신을 타인에게 스스로 드러내는 상당한 수준의 자신감을 요구받는다. (중략) 결과적으로 이것은 동료들의 판단과 기대를 줄여줌으로써 그들의 적응을 돕는다. 졸업한 지 7개월이 된 Emily는 다음과 같이 설명한다.
>
> 　　내가 모르는 것에 대해 말하고 내가 알고 있는 것에 대해 자신감을 가지는 것
>
> 　　졸업한 지 8개월 된 Kevin은 '맞추어 들어가기(fit in)' 위해 졸업 간호사들이 사용하는 전략에서 그들의 개성을 먼저 드러내는 것이 중요하다는 것을 이해하고 있었다.
>
> 　　먼저 나를 드러내고 그들이 나에게 그들을 드러낼 수 있도록 노력해야 해요.
>
> 　　대부분의 참여자들은 의식적으로 전문가로서의 자아를 투영하는 것이 적응의 주요한 전략임을 지적했다. 졸업 간호사들은 가정에서의 삶과 전문가가 되기 위한 작업, 그리고 긍정적인 성향을 분명히 구분해야 한다고 이야기하였다.
>
> 　　내 삶에서 일어나는 여러 가지 일이 있어요. … 하지만 내가 일터로 오면, 특히 일에 있어서는 불평을 하거나 칭얼거리지 않으려고 노력하고 특히 그런 모습을 남들에게 보이지 않으려고 노력해요. 야, 쟤 오늘 기분이 안 좋네 같은 것이요. (Feltrin, Newton, & Willetts, 2018)

　　텍스트 자료 외에 그림이나 사진, 이미지와 같은 평면적 시각 자료, 구체물이나 현장의 배치와 같은 입체적 시각 자료 또한 연구자의 논의를 뒷받침하는 실증적 자료가 된다. 이때 입체적 시각 자료는 주로 사진 형식으로 제시된다.

정상원(2017)은 초등학교 교사가 교육과정 설계 이론인 백워드 교육과정 설계를 어떻게 교육 현장에 적용하는지에 대한 연구를 수행했다. 이 연구에서 교사들이 자신의 수업을 성공시키기 위해 다양한 방법으로 교실 환경을 조성하고 있음을 논의하면서 이와 관련된 사진 자료를 제시했는데, 다음은 시각적 자료 제시를 통한 논의 전개의 일부분이다.

초등교사들은 다양한 구성물을 통해 교실 환경을 백워드 환경으로 변화시키고 있었는데 그것들은 크게 게시물 형태, 발표 공간의 확보를 위한 구성물 등이었다. 이러한 전략은 이을수와 최인호의 교실 환경에서 가장 잘 드러나고 있는데 우선 이을수의 교실 환경을 살펴보도록 하자. 다음은 이을수의 교실 내 환경을 보여주는 사진들이다.

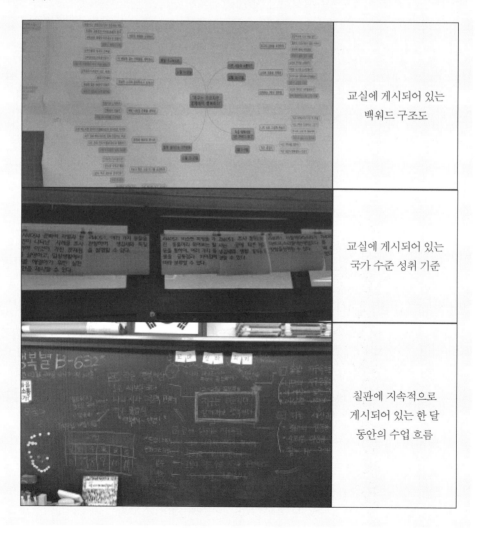

　　이을수의 교실은 각종 게시물로 가득 차 있다. 앞서 (중략) 이을수는 이러한 게시물을 통해 학생들에게 지속적으로 수업의 흐름을 주지시켜줌으로써 한 달이라는 긴 시간 동안의 백워드 교육과정 설계와 실천의 흐름을 유지하고자 노력하고 있다.

(정상원, 2017)

　　통계 자료 제시 또한 연구자가 논의를 실증적으로 뒷받침할 수 있는 좋은 방법이다. 일반적으로 통계 자료는 양적연구에서 주로 사용되고 질적연구에서는 활용되지 않는 자료라고 오해하는 연구자도 있으나 양적 자료 또한 현상의 의미를 드러내는 훌륭한 자료가 된다.

　　이용숙과 이수현(2016)은 대학생의 점심식사 문화를 탐구함으로써 그 방식과 대학생들이 그것에 부여하는 의미에 대해 문화기술지적 접근을 시도했다. 이 연구에서 대학생들이 주로 점심식사를 하는 장소에 대해 통계 자료를 기반으로 기술했는데 다음은 그중 일부이다.

　　점심식사를 많이 하는 장소로서 학생식당이 1순위인 것은 남학생과 여학생이 마찬가지이지만, 학교 근처 식당과 편의점은 성별로 차이가 있다. 남학생은 여학생보다 학교 근처 식당을 1순위로 든 경우가 8% 정도 더 많은 대신 교내 편의점을 든 경우는 10% 더 적다. 학년별로는 4학년 학생은 학생식당이 1순위인 경우가 절반이 넘을(52.7%) 정도로 다른 학년보다 훨씬 많은 반면, 학교 근처 식당이 1순위인 경우는 가장 적은 것(23.6%)으로 나타났다.

(중략)

답안	전체	성별		학년			
		남	여	1학년	2학년	3학년	4학년
총 응답자 수	200	100	100	40	53	52	55
학생식당	40.0	40.0	40.0	37.5	35.8	32.7	52.7
학교 근처 식당	34.0	38.0	30.0	42.5	39.6	32.7	23.6
교내 편의점	8.0	3.0	13.0	2.55	7.55	15.4	5.5

(하략)

(이용숙 · 이수현, 2016)

나. 연구자의 해석을 풍부하게 드러내기

연구 내용과 결과의 타당성을 확보하고 그것을 통해 독자에게 설득적으로 접근하기 위해 연구자는 자신이 도출한 결과로 나아가는 과정에서 이루어진 해석과 기술을 풍부하게 기술해야 한다. 그래야만 독자는 연구자의 해석과 기술을 따라가면서 연구자의 논리를 확인하고 평가하며, 때로는 이의를 제기하거나 공감하는 과정을 경험하고 결과적으로 그러한 해석과 기술 속에 내재하는 연구자의 논리를 타당한 것으로 받아들이게 된다. 따라서 연구자의 해석에 대한 풍부한 기술은 주제를 드러내는 방법일 뿐만 아니라 연구를 관통하는 연구자의 논리를 드러내는 효과적인 방법이다.

　　Boger(2011)는 컴퓨터 프로그램을 통해 학생들의 온라인 활동을 감시하는 교사의 체험에 대한 연구를 수행했는데, 그러한 감시에 대해 다음과 같은 해석을 기술했다.

　　교사는 희망을 가지고 학생들의 온라인 경험에 대한 통찰력을 얻기 위해 학생 추적 보고서를 검토하지만 곧 교사가 할 수 있는 일에 대한 한계를 깨닫게 된다. 교사가 온라인 교실의 공간에서 만든 매 순간의 움직임을 추적할 순 있지만 학생이 주어진 내용을 읽는 데 방해를 받고 있는지 아닌지에 대해 알 방법은 없다. 학생들이 온라인에 언제, 얼마나 오래, 얼마나 자주 접속하는지를 확인하는 것은 이러한 측면에서 도움이 되지 않는다.

　　교사가 추적 소프트웨어가 내장된 학습 관리 도구(LMS)를 사용하여 전자적으로 학생들을 감시할 때, 보이는 학생들의 경험은 일차원적인 것이다. 보거나 목소리를 들을 사람이 없다. 대신에 교사는 학생들의 온라인 경험의 특정한 차원을 대표할 것이라고 생각되는 숫자에 의존할 뿐이다. 몇 가지 미리 정해진 변수에 맞추어 학생들의 경험을 환원하는 것은 교사들이 그 경험을 제대로 보는 것을 방해한다. 교사는 학생들이 접근한 댓글과 그들이 어떻게 소통하는지 알 수 없다. 그리고 교사는 자신이 읽고 있는 것의 깊이에 대해 궁금한 채로 있게 될 것이다. 교사는 그것이 이해 가능한지, 피상적 읽기인지, 전혀 읽을 수 없는 것인지 말할 수 없을 것이다. 마우스 클릭 횟수를 세거나 온라인 접속 시간을 계산하는 알고리즘은 온라인상에서 어떤 일이 일어나고 있는지 전체적인 개요를 제공할 수 있다. 하지만 그것은 학생들의 삶의 경험이나 일어난 상황에 대한 묘사에 대해서는 설명해줄 수 없다. 이와 같이 학생들의 경험을 나타내는 숫자는 독특함이나 경험의 주관적인 복잡함을 설명할 수 없다. (Boger, 2011)

연구자의 해석은 독자로 하여금 컴퓨터를 통해 학생을 관찰하는 것이 결국 학생의 피상적인 모습만을 확인할 수 있을 뿐, 진실된 파악으로 나아갈 수 없다는 주제를 논리적으로 타당한 것으로 받아들이게 만든다.

또 다른 예를 살펴보자. Li(2002)는 교실에서 이루어지는 대화(conversation)에 대한 연구에서 토론과 대화가 서로 다른 성격을 가진 어떤 것임을 기술했는데, 그 둘의 의미가 어떻게 다른지에 대해 각각의 어원을 기술함으로써 논리를 전개했다. 다음은 그러한 기술의 일부이다.

> 'discuss(토의하다)'는 타동사이고 'converse(대화하다)'는 자동사이다. 우리는 'discussing an issue(주제에 대해 토론하기)'라고 말하지 'converse an issue(주제에 대해 대화하기)'라고 말하지 않는다. (중략) 라틴어 'discutere'는 '거칠게 흔든다, 분쇄하다, 박살내다, 흩어버리다, 흐트러뜨리다'를 의미한다. 우리는 이러한 때림, 타격함, 질타함과 같은 거친 의미를 'concussion(충격을 주다)', 'percussion(타악기)' 같은 단어에서 확인할 수 있다. 두 주체가 하나의 토픽이나 대상에 대해 토론할 때 그 대상은 요동치고, 충돌하고, 공격당한다. 그리고 논쟁하고 열성적으로 반대할 그 주체 자신이 그 대상과 같은 방식으로 취급되기도 한다. 사실상 이러한 이유 때문에 '격렬한 논쟁'이라고 하는지도 모른다. 유사하게 '토론하기'라는 말 역시 어원적으로 '싸움, 전투'와 '치다, 때리다' 같은 의미를 암시한다. '토의'와 '토론'은 둘 다 강요, 갈등, 대립, 대결이라는 의미를 내포하고 있다.
>
> 하지만 'conversation(대화)'은 이런 강제적인 행동이라는 어원적 의미를 가지고 있지 않다. 'conversation'은 '누구와 관련 맺다'와 '돌아보다, 머물다, 살다'라는 의미를 가진 라틴어 'conversari'에서 어원을 찾을 수 있다. 'conversation'이라는 단어는 함께함, 접촉함과 관련된 감각을 불러일으키는 것처럼 보인다. 접두사 'con'은 그것과 관련된 'converge(집중하다)'(한곳을 향하게 하다), 'contact(접촉하다)'(매우 가깝게 붙어 있다), 'convene(소집하다)'(모이다)와 같은 단어처럼 가까이 모여 있는 감각을 연상시킨다. 이러한 함께함의 의미가 'conversation'의 어원적인 의미의 바탕인 것처럼 보인다. 좋은 대화는 대화가 공유된 세상 속에서 함께하는 삶의 감각이나 공간을 창조한다는 측면에서 토론과 다르다. (Li, 2002)

위의 기술은 토론과 대화를 구분하는 논리를 독자에게 전달함으로써 독자가 논리를 파악하고 평가할 수 있는 기회를 제공한다.

4. 텍스트에 몰입할 수 있도록 이야기하기

질적연구에서 연구자는 독자가 텍스트에 몰입할 수 있는 다양한 방법을 구사해야 한다. van Manen(2011)은 현실 세계와 구분되는 개념인 텍스트 세계에 대한 논의에서 글쓰기란 텍스트의 세계로 들어가는 것이며, 독자의 읽기 또한 텍스트의 세계로 들어가는 것과 다르지 않다고 했다. 질적연구의 글쓰기는 이처럼 독자를 텍스트의 세계로 이끌고, 이를 통해 독자를 텍스트에 몰입시켜야 한다. 이를 위해 연구자는 다양한 전략을 쓸 수 있지만 여기서는 어조, 인칭, 구체성의 관점에서 그 방법을 살펴보자.

가. 대화의 어조 유지하기

대화를 하는 듯한 어조의 유지는 독자로 하여금 텍스트와 대화하는 경험을 하게 해준다. 그리고 대화적 어조를 통해 텍스트는 독자와의 관계성을 지속할 수 있으며, 독자로 하여금 대중이 아닌 바로 자신을 향해 텍스트가 말을 걸고 있다고 느끼게 한다. 이러한 독자와 텍스트의 관계성은 질적연구에서 지속적으로 강조되어온 주제로서(Richardson, 1990; Shakespear, 2009; Blowers, 2014), 독자를 텍스트에 몰입하게 할 뿐만 아니라 독자로부터 진정한 변화를 이끌어내는 주요한 전략이다(Drisko, 2005).

　　대화적 어조는 기본적으로 연구자가 글을 쓰는 방식의 변화를 통해 달성할 수 있는다. 즉 대중을 향해 글을 쓴다는 생각을 버리고, 어떤 사람에게 자기가 밝혀낸 결과를 잘 설명한다는 마음으로 말을 걸고 이야기하듯이 글을 쓰는 것이다. 또한 대화 상황에서 주로 이루어지는 질문하기, 혹은 '나', '당신' 등의 인칭대명사로 독자를 지칭하기 등의 방법은 독자로 하여금 텍스트가 자신에게 말을 걸고 있다고 느끼게 할 수 있다.

　　van Manen(1986)은 학생, 학부모, 교사에게 가르치는 것이 어떤 의미인지에 대한 현상학적 연구를 수행했다. 이 연구에서 그는 교육에서 이루어지는 '경이로움에 대한 경험'을 다음과 같이 기술했다.

> 배움은 궁금할 때 시작된다. 궁금해하도록 가르칠 수 있는가? 우리는 어린이를 궁금하게 할 수 있는가? 스스로 궁금하게 할 수 있는가? 궁금함은 우리의 마음을 열어 놓고 있을 때 우리를 찾아오는 은총과 같은 것이다. (van Manen, 1986)

이러한 기술에서 연구자는 지속적으로 독자에게 질문을 던지는 글쓰기를 통해 독자와의 대화적 어조를 유지하고 있다. 앞서 살펴본 Boger(2011)의 연구에서도 독자에게 물음 던지기를 통해 대화적 어조를 유지하고 있다.

> 학생들이 온라인에 접속하는 시간과 관련된 정보에 다가서는 것은 믿을 수 없을 정도로 쉬운 것이다. 하지만 이것이 아주 많은 시간과 노력을 요구한다면 교사가 이 통계를 보기 위해 시간을 할애할까? 직접적으로 교사에게 학생들이 교과서를 펴놓는 시간이 얼마나 되는지에 대한 통계를 유지하라고 하는 교육적 시나리오는 우스운 일이다. 하지만 온라인 세계에서 교사는 학생들이 전자 문서를 브라우저에서 얼마 동안 접속하고 있는지 확인하는 데 시간을 할애한다. 상식적으로 봐도 이러한 정보가 교육 자료 혹은 이것과 얼마나 연결되어 있는지에 대해 나타내는 것이 매우 적다는 것은 사실이다. 이 통계에 접근할 수 있는 편리함은 전자적으로 학생들을 온라인상에서 관찰할 수 있는 특별한 경험에 대한 유혹을 가지게 한다. (Boger, 2011)

나. 일인칭 사용하기

일인칭 시점의 글쓰기 방법 또한 대화적 어조를 유지하는 좋은 방법이다. 일인칭 시점의 글쓰기는 '나', '당신'과 같은 인칭대명사를 빈번하게 사용함으로써 독자로 하여금 텍스트가 바로 독자 자신에게 말을 거는 듯한 느낌을 가지게 만들며 텍스트와 독자 사이의 일대일 대화 관계를 형성한다.

김영천(2013b)은 초임교사의 삶과 그들이 겪는 많은 어려움에 대한 탐구를 수행했다. 이 연구에서 그는 일인칭을 사용한 글쓰기를 종종 시도했는데 다음은 그중 일부이다.

> 나는 당장 청소를 시작했고 구석구석 들어 있던 물건을 모조리 끄집어냈다. 정말 엄청나게 많은 물건이 쏟아져 나왔다. 청소를 시킨 남학생은 빗자루와 밀걸레를 들고 장난을 치고 있고, 여학생은 그나마 청소에 열중하고 있었다. 여학생 몇 명은 서로 경쟁하듯이 "제가 선생님 자리 치울까요?" 하면서 나에게 잘 보여보겠다는 투의 말투로 요구했다. 아무래도 이 아이들은 3학년 때도 선생님 자리를 청소해본 경험이

> 있는 것 같았다. 대부분 아이들은 선생님 자리를 정리 정돈하는 것이 선생님의 총애를 받은 것으로 여기고 있고, 실제 선생님들도 총애하는 아이들에게 자리를 맡기는 경우가 많다는 것은 이미 여러 교육 관련 서적을 통해 알고 있는바 "선생님 자리는 선생님이 청소할게요." 하고 돌려보냈다. 그 아이들은 약간 실망한 눈빛으로 돌아갔다. 좀 안돼 보였다. 그냥 청소하라고 할 걸 그랬나 싶었지만 이미 돌이킬 수 없는 상황이었다. (김영천, 2013b)

다. 구체적으로 보여주기

현상이나 사건에 대한 구체적인 기술 또한 독자를 텍스트로 끌어들이는 좋은 방법이 될 수 있다. van Manen(1997)은 독자로 하여금 자신이 바로 거기에 있는 것처럼 느낄 수 있게 하고 독자의 생활 세계와 텍스트 속의 생활 세계를 관통하는 글쓰기의 중요성에 대해 논의하면서 질적 글쓰기에서 구체적인 기술의 중요성을 언급했다. 즉 질적연구의 글쓰기는 구체적인 글쓰기를 통해 독자로 하여금 자신이 그 세계에 존재하는 것처럼 느낄 수 있게 하여 독자를 텍스트로 이끌어야 한다는 것이다.

Washington(2017)은 전통적인 대면적 학습 코스에서 교사의 학습 관리 시스템(learning management system) 사용에 대한 연구를 수행했다. 그는 이 연구에서 연구 참여자의 목소리를 직접적으로 전달하고 구체적인 글쓰기를 시도했는데, 다음은 제시된 자료의 일부분이다.

> 학습 기회와 더불어 그녀는 그녀가 학생 콘텐츠 상호작용이라고 일컫는 것에 대해 이야기해주었다. 그녀는 "외부로 나가는 연결선이 여기 있어요. 유튜브 비디오, 그림, 다큐멘터리 같은 것 말이에요. 때로 애니메이션이 되기도 하는데 보통은 그것이 더 시각적인 정보가 되지요. 그런 것들은 텍스트 형식의 정보는 아니지만 학생들이 다시 읽어야 하는 것들과 다르지 않아요. 그것은 학생들이 상호작용할 수 있는 소재가 되지요. 그래서 그런 것이 학생 콘텐츠 상호작용이 될 수 있어요."라고 말했다. 다음으로 그녀는 과제, 강의, 평가를 우리에게 보여주었다. 그녀는 "여기에 과제가 있어요. 해결 과제. 그래서 내가 교실에서 강의를 하는 동안 학생들은 녹음을 할

수 있어요. 파워포인트 자료도 온라인으로 제공받을 수 있고. 그 시간에 필기를 하지 않지요. 그래서 그들은 수업을 듣고 나는 이메일과 안내를 보내지요." (Washington, 2017)

5. 인상적인 방법으로 감동 주기

질적연구 글쓰기는 연구자가 독자에게 전달하고자 하는 의미를 강조하고 이를 통해 독자를 감동시킬 수 있어야 한다. 질적연구에서 전달하고자 하는 것은 단순한 사실 수준의 정보가 아니라 어떤 현상이나 경험 안에 내재하는 의미이다. 그리고 이러한 의미는 전달되는 것이라기보다 독자에 의해 받아들여지는 것이다. 따라서 독자가 의미를 받아들이고 고개를 끄덕이게 만들기 위해서는 단순한 정보 전달의 글쓰기가 아닌 의미를 강조하는 글쓰기가 되어야 하고, 이를 통해 독자를 감동시켜 공감을 불러일으켜야 한다.

독자를 감동시키는 글쓰기는 다양한 수사적 기법을 통해 달성할 수 있다(Richardwon, 1990; van Manen, 1997; Nicol, 2008). 시적 표현과 같은 문학적 표현은 독자의 감동을 이끌어낼 수 있는 주요한 방법이다. 여기서는 이러한 수사적 장치를 통해 독자를 감동시킬 수 있는 몇 가지 방법을 살펴보자.

가. 이미지적 표현 사용하기

시각적, 청각적 이미지와 같은 이미지적 표현의 사용은 독자로 하여금 감동을 이끌어내는 좋은 방법이다. 이러한 이미지적 표현은 독자로 하여금 텍스트에 대한 인지적 접근을 넘어 의미에 대한 종합적 접근을 가능하게 함으로써 의미의 다양한 측면을 경험하게 만든다. 그리고 다양한 측면의 경험을 통해 독자는 텍스트가 전해주는 의미에 감동할 수 있다.

Camargo(2011)는 응급실에서 일어나는 환자의 죽음이 간호사에게 어떻게 경험되는지에 대한 연구에서 응급실의 급박한 사건을 다음과 같이 기술했다.

창백하고 땀에 젖은 얼굴이 내 앞에 있다. 중환자실에서 내게 익숙한 소리는 산소 호흡기, 모니터, 그리고 중환자실에서의 다른 행동 절차에 따른 경고음 같은 것이다. 그럼에도 불구하고 나는 무엇이 잘못되었는지 알 수 없었다. 나는 죽음 속에 존재한다고 느꼈다. 왜? 어떻게 내가 내 환자가 죽었다는 걸 알 수 있었을까? 나는 몰랐지만 중환자실에서 예전에 겪은 죽음에 관한 경험이 생생하게 내 마음속에 되살아났다. 중환자실에서의 모든 경험과 기억이 다시 되살아나고 되살아나서 새로운 경험으로 마주하게 되었다. (중략)

죽음의 색이 내가 어디에 있든 그곳에 반영되는 것 같다. 죽음이 가까워지고 있다. 내 방이 조용하고 환하다. 하지만 그럼에도 불구하고 죽음은 중요하고 다르다. 나는 내 주변을 둘러보고는 병실의 밝기와 강도가 바깥의 어둠 사이에서 대조를 이룬다는 것을 알았다. 밖과 안 모두 이 남자의 죽음에는 무관심하다. (Camargo, 2011)

위의 기술에서 연구자는 '창백한', '경고음', 그리고 죽음에 대한 밝고 어두움의 이미지 같은 시각적, 청각적 이미지를 통해 현상을 기술함으로써 독자에게 그 의미를 강조하고 있다.

나. 은유와 비유 사용하기

은유와 비유 같은 수사법은 독자에게 의미를 전달하는 주요한 방법이다. Richardson (1990)은 사회과학 텍스트에서의 은유와 비유 사용의 중요성을 논의했는데, 이러한 은유와 비유는 독자에게 익숙한 대상을 통해 의미를 드러냄으로써 독자로 하여금 의미에 공감하게 만든다.

Fujita(2002)는 기다림의 의미에 대해 탐구했는데, 이 연구에서 그는 다양한 기다림의 종류와 그것의 의미를 논의했다. 다음의 기술에서는 무언가를 얻기 위해 이루어지는 기다림을 물질 세계의 기다림으로 논의하면서 그러한 기다림을 자판기에서 물건을 뽑는 것에 비유했다.

자판기 동전도 넣지 않고 버튼도 누르지 않은 채 자판기 앞에서 기다리고 있는 것은 바보 같은 짓이다. 한편으로 필요한 작업이 이미 수행되었다 하더라도 결과가 나오기까지의 기다림은 여전히 불가피한 것이다. (중략) 기계적인 세상에서 기다림(아

무엇도 하지 않거나 필요악적인)과 효율적인 수행을 통해 예상되는 어떤 결과를 가져올 준비와 같은 것들은 엄밀히 구별된다. 마치 커피자판기에서 커피를 뽑는 것처럼 말이다. (Fujita, 2002)

위의 기술에서 연구자는 자판기에서의 수행과 원하는 결과를 얻기 위한 기다림을 은유적으로 보여줌으로써 물질 세계에서의 기다림의 의미를 독자에게 전달하고 있다.

다. 일화적 표현 사용하기

일화(anecdote)는 의미를 전달하고 강조하는 효율적인 도구이다. 질적연구에서 일화는 현상의 의미를 보여주는 짧은 이야기 형식의 글을 말한다. 즉 연구자가 수집한 자료에서 발견되는 사건이나 현상을 원자료 그대로의 형태로 제시하기보다는 이를 편집하여 이야기 형태로 자료를 재구성한 것을 의미한다. van Manen(1990; 2014)은 질적 글쓰기에서 일화의 가치를 논의하면서 일화가 현상의 의미를 구체적으로 전달할 수 있는 효과적인 도구라고 했다. 또한 Humphrey와 Watson(2009), 김영천(2013a)은 이야기를 사용한 의미 전달의 글쓰기로서 소설적 글쓰기에 대해 논의했는데, 소설적 글쓰기 역시 이야기의 형식을 차용한다는 측면에서 일화적 표현과 유사한 개념이라 할 수 있다. 반면 일화가 연구자가 의미를 전달하기 위해 자료로부터 구성된 이야기임을 고려하면, 연구자가 포착한 장면을 묘사하는 비네트(vinette)와는 구별되는 개념이라 할 수 있다(Ely, 2007). 즉 일화는 연구자에 의해 구성되는 것이며, 자료를 기반으로 하나 단순히 장면을 보여주기보다는 의미를 강화하기 위해 이야기 형식으로 의미를 전달하는 글쓰기이다. 구체적인 사례를 통해 일화적 표현을 살펴보자.

정상원(2014)은 교사의 학생 평가와 성적 기록 경험에 대한 연구에서 교사에게 학생을 평가한다는 것이 어떤 의미인지를 다음의 일화를 통해 보여주었다.

그날은 6학년 졸업식이었다. 졸업식이 끝나고 아이들에게 생활통지표를 나누어준 후 아이들을 집으로 보냈다. 얼마 후 한 어머니로부터 전화를 받았다.

"선생님, 저 별님이 엄만데요. 그런데 아이가 결석한 적이 없는데 개근상을 안 받아 왔네요."

> "아, 네, 별님이 상장이랑 상품이 학교에 있네요. 상을 한꺼번에 많이 받다 보니
> 까 이름을 빠뜨렸나 봅니다. 죄송합니다."
>
> 나의 실수에 대해 누차 사과를 드렸음에도 그 어머니는 내가 느끼기에 좀 심하
> 다 싶을 정도로 항의를 하시고 전화를 끊었다. 혹시나 하는 마음에 학생의 생활기록
> 부를 살펴보았다. 1학년부터 5학년 때의 생활기록부 내용에는 학생에 대한 긍정적
> 인 부분만 부각되어 있었는데 내가 작성한 6학년 생활기록부는 부정적인 내용이 다
> 소 부각되어 있었다. 물론 그렇지 않을 것이라는 생각을 했지만 어머니의 그러한 다
> 소 지나친 항의가 내가 기록한 생활기록부 내용 때문일 수도 있다는 생각을 지울 수
> 없었다. (정상원, 2014)

위의 일화는 교사에게 있어 평가의 기록이 단순히 객관적 사실을 기록하는 것 이상
의 어떤 것임을 보여주며, 이러한 일화는 단순한 설명이 아닌 의미를 보여주는 구체적인
이야기로 이루어져 있다.

6. 문학과 논문 사이에서 균형을 맞추며 글 쓰기

질적연구는 문학과 논문 사이의 균형을 맞추며 문학적인 표현과 사회과학 연구물로서
의 가치를 함께 포용해야 한다. 이는 질적연구 논문이 단순히 의미를 전달하는 감수성
있는 텍스트를 넘어 사회과학으로서 학술적 가치를 지녀야 함을 의미한다. 따라서 질적
연구물은 지속적으로 학술적 시사점을 드러내야 하며, 또한 자신의 텍스트를 학문적 세
계와 연결시켜야 한다. 이처럼 문학과 논문 사이에서 균형을 맞추는 가장 보편적인 방법
은 자신의 연구 결과를 기존의 연구 결과나 학술적 개념과 연결시키는 것이다. 이를 통
해 연구자는 자신의 연구 결과를 학술적인 성과로 부각해야 한다.

Uengwongsapat, Kantaruksa, Klunklin, Sansiriphun(2018)은 10대 청소년 아버지의
경험에 대한 연구를 수행한 바 있다. 이 연구에서 그들은 현상을 관통하는 주제로 '10대
아버지로 성장하기'를 도출하고, 이러한 과정이 '미래 역할에 대한 갈등 인내하기', '임박
한 아버지 되기 받아들이기', '기대되는 10대 아버지에 대한 감각 발달시키기'로 이루어
짐을 논의했는데, 결론에 대해 다음과 같이 기술했다. 다만 아래의 인용은 연구자가 어
떻게 자신의 연구 결과를 기존의 연구와 연결시키는지를 보여주기 위한 것이며, 따라서

별도의 참고문헌으로 제시하지 않을 것임을 밝혀둔다.

> 먼저 우리의 연구에서 가장 빈번하게 드러나는 아버지들은 그들이 곧 아버지가 될 것이라는 것을 알고 충격을 받았다. 그들은 아버지가 되는 것이 청소년으로서의 삶을 끝내는 것이라고 생각했다. 이러한 결과는 Sampaio 등(2014)의 연구 결과에서도 확인되는데, 그는 10대 아버지들이 청소년기를 잃는 것에 대해 슬퍼함을 논의했다. 이러한 결과, 즉 젊음의 상실로 인해 충격 받음은 학술적 연구에서 지속적으로 발견된다. Bordignon 등(2014)은 10대 빈곤 계층 아버지들에 대한 연구에서 이와 유사한 재정적 책임감으로 인한 공포의 감정과 스트레스를 논의했다. 우리의 연구에서 10대 아버지들은 다가올 아버지 됨의 새로운 요구를 충족하기 위해 분투하고 있었다. 청소년기에 아이를 가지는 것은 희생을 요구한다. 그리고 많은 연구 참여자는 '평범한' 10대의 삶이 끝나는 것을 두려워하고 있었다. 이러한 결과는 Futris 등(2017)의 연구 결과와도 일치한다. 그들은 청소년 아버지들이 새로운 직업을 찾거나 학업을 중단해야 하는 것에 갈등을 느끼고 있음을 논의했다. 또한 Sriyasak 등(2015)은 최초의 10대 아버지들이 아버지가 되는 것에 있어 성인 아버지가 느끼는 것보다 더 심각한 갈등과 불확실성을 경험함을 논의했다. (Uengwongsapat, Kantaruksa, Klunklin, & Sansiriphun, 2018)

위의 기술은 단순히 연구 결과를 제시하기보다는 기존의 이론이나 연구와 연관지으며 현상의 의미를 학술적 성과로 전환시켰다는 것을 확인시켜준다.

7. 결론

질적연구에서 글쓰기는 연구의 성패를 결정 짓는 중요한 과업이다. 따라서 연구자는 자신이 도출한 의미를 독자에게 효과적으로 전달하기 위해 다양한 전략을 사용해야 한다. 그리고 이러한 전략은 제목의 구성에서부터 시작되어, 연구의 결과를 일목요연하게 보여주는 목차 만들기, 독자를 설득하고 텍스트에 몰입시키기, 독자에게 감동 주기, 연구의 결과를 학술적으로 발전시키기에 이르기까지 지속적으로 구사되어야 한다. 이때 연구자의 창의성과 이론적 민감성은 성공적 글쓰기를 이끄는 주요한 기반이다. 연구자의 창의성과 더불어 앞서 살펴본 다양한 방법은 연구자가 성공적 글쓰기를 수행하는 데 유용한 참고가 될 것이다.

참고문헌

김영천(2013a). **질적연구 방법론 III: Writing**. 아카데미프레스.

김영천(2013b). 한국 교사가 되기 위한 그 머나먼 성장의 기록들: 초임교사는 울지 않는다. 아카데미프레스.

김영천 · 정정훈 · 김영민(2006). **미운 오리 새끼: 한국 초임교사의 일 년 생활**. 문음사.

김혜경(2015). 도시 거주 여성 독거 노인의 건강과 삶에 대한 질적연구. 삼육대학교 대학원 박사학위 논문.

배영광 · 권경인(2018). 초심 여성 청소년 동반자의 위험 경험에 대한 질적연구. **상담학연구**, 19(2), 149-171.

송현 · 이영순(2018). 외상 사건 이후 성장 과정 분석: 근거 이론을 중심으로. **지역과 세계**, 1, 195-222.

여현철(2017). 전시 납북자 가족의 생애사 연구: 납북자 가족의 피해 경험을 중심으로. 고려대학교 대학원 박사학위 논문.

이용숙 · 이수현(2016). 대학생의 점심식사 방식과 점심식사에 부여하는 의미: 문화기술적 연구. **비교문화연구**, 22(2), 329-390.

정상원(2014). 초등학교 학생들의 평가와 성적 기록하기: 교사의 현상학적 체험들. 진주교육대학교 교육대학원 석사학위 논문.

정상원(2017). 초등학교 교사의 백워드 교육과정 설계와 실천에 대한 근거 이론적 접근. 경북대학교 대학원 박사학위 논문.

홍은진(2015). 세 마을평생교육지도자의 삶과 마을 평생교육 실천 전략. 대구대학교 대학원 박사학위 논문.

황경숙(2015). 다중지능 이론으로 재해석한 모차르트의 오페라 〈마술피리〉: 한국 초등학교 학생들의 교육적 경험. 한양대학교 대학원 박사학위 논문.

황희영 · 김종호(2013). 정보화 마을에 대한 문화기술지 연구: 경상북도 정보화 마을의 두 사례를 중심으로. **한국사회와 행정연구**, 24(3), 373-408.

Adnams, G. A. (2008). The experience of congregational singing: An ethno-phenomenological approach. Dissertation of Unversity of Alberta.

Benedict, R. (1946). *The Chrysanthemum and the Sword: Patterns of Japanese Culture*. Mariner Books. 노재명 역(2006). **국화와 칼: 일본 문화의 틀**. 북라인.

Blowers (2014). Writing an Ethnography. http://bethelcollege.edu/user/

Boger, T. (2011). Teacher Watching Students Electronically. Phenomenologyonline. http://phenomenologyonlin.com

Carmago, P. (2011). What is it like for nurse to experience the death of their patients?. http://www.phenomenologyonline.com

Drisko, J. W. (2005). Writing Up Qualitative Research. *Families in Society*, *Vol. 86*(4). pp. 589-593

Ely (2007). *In-Forming Re-Presentation. Handbook of Narrative Inquiry: Mapping a Methodology*. Sage. 강현석 · 소경희 · 박민정 · 박세원 · 박창언 · 염지숙 · 이근호 · 장사형 · 조덕주 역(2011). **내러티브 탐구를 위한 연구 방법론**. 교육과학사.

Feltrin, C., Newton, J. M., & Willetts, G. (2018). How graduate nurses adapt to individual ward culture: A grounded theory study. *Journal of Advanced Nursing*, 1-12.

Fujita, M. (2002). *Modes of Waiting. Writing in the Dark*. The Univercity of Western Ontarino, Canada.

Humphrey, M. & Watson, T. J. (2009). Ethnographic Practice: From 'Writing-Up Ethnographic Research' To 'Writing Ethnography'. *Organizational Ethnography: Studing the Complexities of Everyday Life*. Sage.

Lavie-Ajayi, M. & Shvartzman, P. (2018). Restored self: A phenomenological study of pain relief by cannabis. *Pain Medicine*, *0*(0), 1-8.

Lewis, L. S. (2018). The stories of nursing student repeaters: A narrative inquiry study. *Nurse Education in Practice*, *28*, 109-114.

Li, S. (2002). *Classroom Conversation. Writing in the Dark*. The Univercity of Western Ontarino, Canada.

Nicol, J. J. (2008). Creating Vocative Texts. *Qualitative Report*, *Vol. 13*(3). pp. 316-334.

O'Connor, D. (2016). The golden thread: Educator connectivity as a central pillar in the development of creativity through childhood education. an irish life history study. *Education 3-13*, *44*(6), 671-681.

Richardson, L. (1990). *Writing Strategies: Researching Diverse Audiences*. Sage.

Saldaňa, J. (2009). *The Coding Manual for Qualitative Researcher*. Sage.

Shakespeare(2009). *Writing Ethnography. Writing Qualitative Research on Practice*. Sense Publishers.

Steinmetz, K. F. (2015). Craft(y)ness: An ethnographic study of hacking. *British Journal of Criminology*, *55*(1), 125-145.

Thompson, J., Cook, G., & Duschinsky, R. (2018). "I'm not sure I'm a nurse": A hermeneutic phenomenological study of nursing home nurses' work identity. *Journal of Clinical Nursing*, 27(5-6), 1049-1062.

Uengwongsapat, C., Kantaruksa, K., Klunklin, A., & Sansiriphun, N. (2018). Growing into teen fatherhood: A grounded theory study. *International Nursing Review*, 65(2), 244-253.

van Manen, M. (1997). From meaning to method. *Qualitative Heath Research. Vol. 7*, No. 3, pp. 345-369.

van Manen, M (1986). *The Tone of Teaching.* 정광순 · 김선영 역(2012). **'가르친다는 것'의 의미.** 학지사.

van Manen, M. (2011). Phenomenolgyonline. from http://www.phenomenologyonline.com

Washington, G. (2017). Learning management systems in traditional face-to-face courses: A narrative inquiry study. A dissertation of University of Phoenix.

Winning, A. (2011). Homesickness. Phenomenologyonline. http://phenomenologyonlin.com

저자 소개

김영천   한양대학교와 동 대학원을 졸업하고, 미국 오하이오 주립대학교에서 교육과정학과 질적연구 전공으로 박사학위를 받았다. 현재 진주교육대학교 교육학과 교수로 재직 중이다. 한국문화관광부와 대한민국학술원 등에서 우수저서상을 총 6회 수상하였다. 한국다문화교육학회 부회장과 한국초등교육학회 부회장을 역임하였고, 한국질적탐구학회를 창립하였으며, 현재는 아시아질적탐구학회를 창립하고 제1대 회장을 역임하고 있다.

50권 이상의 저서와 약 80편의 논문을 게재하였고 2016년부터 한국교육문화와 학습문화에 대한 국제화 작업을 시작하여《Shadow Education, the Curriculum, the Culture of Schooling in South Korea》(2016),《Shadow Education as the Worldwide Curriculum Studies》(2019),《Theorizing Shadow Education and Academic Success in East Asia》(2021)을 출간하였다. 2021년에 그림자 교육과정(Shadow Curriculum)의 용어를 세계 교육학 대백과 사전(2021)에 등재하였다. 2023년《South Korean Education and Learning Excellence as a Hallyu: Ethnographic Understanding of a Nation's Academic Success》를 출간하면서 한국교육의 장점을 교육한류(K-Education)로 개념화하고 이를 국제적으로 널리 알리는 작업을 하고 있다.

정상원   진주교육대학교를 졸업하고 동 대학원에서 석사학위를, 경북대학교에서 교육학 박사학위를 취득하였다. 초등학교 교사로 재직하며 초등교육과 관련한 다양한 연구를 수행하였으며, 현재는 춘천교육대학교 교육학과에 근무하고 있다. 교육과정 이론, 질적 연구방법, 현상학적 질적 연구 방법론에 관심을 가지고 연구활동을 하고 있다. 저서로는《질적연구 방법론 V: Data Analysis》(2017),《질적 자료분석: 파랑새 2.0 소프트웨어》(2016)가 있다. 2018년 12월 Norman Denzin 교수가 편집자로 활동하는 질적연구 국제학술지 International Review of Qualitative Research 특별호에 〈Becoming a qualitative researcher with a postcolonial sensiblity in south Korea〉를 게재하였다.

조재성   한양대학교에서 교육과정 전공으로 박사학위를 받았으며, 현재 광주교육대학교 교육학과에서 교수로 재직하고 있다. 교육과정과 질적연구에 대한 깊은 관심을 바탕으로 질적탐구학회 등을 비롯한 다수의 학문 공동체에서 왕성하게 활동하고 있다. 주요 연구 분야는 교육과정, 교육과정개발, 창의적체험활동 등이며, 연구 방법으로 실행연구, 내러티브 탐구, 자문화기술지, 포토보이스 등에 관심을 갖고 있다. 대표 저서로《실행연구: 이론과 방법》(2016)이 있으며, 가장 최근에《교육대학교 초임 교수의 수업 경험에 관한 내러티브 탐구》(2023)를 발표하였다.

질적연구 아틀라스

열다섯 가지 성공전략

발행일 2024년 5월 24일 초판 2쇄 발행

저자 김영천 · 정상원 · 조재성 | **발행인** 이한성 | **발행처** (주)아카데미프레스

주소 04157 서울시 마포구 독막로 320, 태영데시앙 오피스텔 803호

전화 02-3144-3765 | **팩스** 02-6919-2456 | **이메일** info@academypress.co.kr

웹사이트 www.academypress.co.kr | **출판등록** 2018. 6. 26 제2018-000184호

ISBN 979-11-964756-4-2 93370

값 28,000원